국사오빠의

한국사

임호택 편저

능력검정시험

적중노트

중급

넥서스

출제 경향 및 합격 전략

합격을 위한 첫걸음은 어떤 교재를 선택하느냐에 있다.

시중에 단기 합격을 외치는 많은 요약형 교재들이 있다. 그러나 요약형 교재들의 단점은 국사에 대한 지식이 부족한 사람들의 경우 기본서보다도 공부하기가 더 어렵고 시간도 오히려 더 많이 걸릴 수 있다는 것이다. 이 책을 쓴 국사르바는 요약형 족집게 교재로 유명해진 인물이다. 요약형 교재의 장점과 단점을 누구보다 잘 알고 있다. 이러한 노하우를 바탕으로 기존의 단점을 보완하여 독학이 가능한 요약형 교재를 만든 것이 바로 이 적중노트이다. 다른 책들과 비교하면 무엇이 다른지 확실히 알 수 있을 것이다. 이 책은 어느 책보다 빨리 여러분들을 고득점 합격으로 인도할 것이다.

나오는 주제가 계속 반복 출제된다. 바뀌는 것은 혼선을 주기 위한 자료뿐이다.

한국사능력검정시험 중급의 경우 출제된 주제와 내용이 반복해서 출제되고 있다. 고득점 합격의 관건은 문제의 핵심 키워드를 잡아내는 자료 분석 능력에 있다. 문제에 제시된 자료만 잘 분석하면 답은 쉽게 찾을 수 있도록 출제되므로 지엽적인 내용에 얽매이지 말자.

지엽적인 만점 방지용 문제는 과감하게 버려라.

한국사능력검정시험에서는 간혹 틀리라고 주는 황당한 문제가 등장한다. 그런 문제들에 불안해할 필요가 전혀 없다. 이 책은 여러분이 여유 있게 3급을 획득할 수 있도록 구성해 놓았다.

예상 문제 풀이는 최소한으로, 기출 문제 풀이는 확실하게 하자.

시간이 아주 많아 장시간을 두고 공부하는 사람이라면 예상 문제를 많이 풀어 보는 것이 전혀 나쁠 이유가 없다. 하지만 장시간을 공부할 여유가 있는 사람이라면 중급을 볼 필요 없이 바로 고급 응시를 준비하라고 권하고 싶다. 중급을 준비하는 사람들은 다른 공부와 병행하는 사람이 대다수이므로 단기간 치열하게 공부해서 합격해야 한다. 따라서 예상 문제를 풀 시간에 기출 문제를 한 문제라도 더 풀어 보는 것이 좋다. 예상 문제는 이 책에 수록된 문제만으로 충분하며, 각 주제별로 다시 나올 수 있는 대표 유형의 기출 문제들까지 수록해 놓았다. 그러나 시간이 여유 있다면 네이버 한국사 사랑 카페에 들어와 더 많은 기출 문제와 해설을 접하여 이왕이면 더 높은 점수를 얻기를 바란다.

4급은 의미가 없다. 3급을 목표로 해야 한다.

중급은 60점 이상 70점 미만 합격자에게 4급, 70점 이상 합격자에게는 3급 급수를 부여하고 있다. 그러나 사회에서는 사실상 3급 이상을 요구하는 곳이 거의 대부분이다. 초·중등 교사 임용 시험 응시 자격은 한국사능력검정시험 3급 이상 합격자에 한해 부여하고 있으며, 국비 유학생과 해외 파견 공무원 선발 국사 시험도 한국사능력검정시험 3급 이상 합격으로 대체하는 등 대부분의 기관에서 3급 이상 또는 2급 이상을 자격 요건으로 하고 있다.

**2급(고급 60점 이상)과
3급(중급 70점 이상) 중
어느 것이 더 쉬울까?**

사실 고급과 중급은, 배우는 내용과 범위에 있어서는 거의 비슷하다. 다만 고급은 시험 유형이 좀 더 어렵고 답을 요구하는 내용도 중급에 비해 지엽적인 부분을 묻는다. 1급 취득을 목표로 한 사람이라면 중급을 거치지 않고 바로 고급을 응시하라고 말하고 싶지만, 최소 3급이 필요한 사람이라면 중급을 선택하는 것이 더 현명한 선택이다.

**시험은 주관식이 아니라
객관식이다.**

우리는 주관식 문제에 대한 두려움으로 토씨 하나 틀리지 않고 외우려는 습관이 배어 있다. 그러나 이렇게 한국사 능력검정시험을 준비하면 결국 포기하게 된다. 현재의 한국사 능력검정시험은 주관식 문제를 출제하지 않는다. 따라서 단어 하나하나에 얽매이지 말고 큰 흐름과 기본적인 개념을 잡는 데에 주력해야 한다. 이 책에는 출제 포인트는 물론 공부 요령까지 각 단원별로 설명해 놓았으며 중요한 내용은 중요 표시를 해 두어 책의 설명을 따라 공부하면 독학으로도 어렵지 않게 합격할 수 있다.

**공부할 의지가 부족하면
네이버 한국사 사랑 카페를
활용하라.**

국사르바는 약 5만 명에 달하는 네이버 한국사 사랑 카페를 운영하고 있다. 카페에 방문하면 많은 사람들이 얼마나 열심히 공부하고 있는 지를 느낄 수 있고, 서로 간에 정보를 공유할 수 있다. 공부에서의 어려움과 고민이 있으면 국사르바에게 메일을 보내 도움을 청하면 된다. 또한 카페에서 기존 기출 해설 자료들을 제공하고 있다. 이 책의 기출 문제와 예상 문제보다 더 많은 문제를 풀어 보고 싶다면 카페에 가입하여 무료로 자료들을 제공받으면 된다. 본 책을 구입한 분들은 카페 최고 등급으로 등업되어 카페의 모든 자료들을 무료로 활용할 수 있다.

여러분들의 합격 소식을
네이버 카페 한국사 사랑(http://cafe.naver.com/historysubnote)에서
학수고대하고 있겠습니다.

국사르바 임호택 올림

한국사능력검정시험이란?

학교 교육에서 한국사의 위상은 날로 추락하고 있는데, 주변 국가들은 역사 교과서를 왜곡하고 심지어 역사 전쟁을 도발하고 있다. 한국사의 위상을 바르게 확립하는 것이 무엇보다 시급한 실정이다. 이러한 현실에서 우리 역사에 관한 패러다임의 혁신과 한국사 교육의 위상을 강화하기 위하여 국사편찬위원회에서는 한국사능력검정시험을 마련하였다. 국사편찬위원회는 우리 역사에 대한 관심을 제고하고, 한국사 전반에 걸쳐 역사적 사고력을 평가하는 다양한 유형의 문항을 개발하고 있다. 이를 통해 한국사 교육의 올바른 방향을 제시하고, 자발적 역사 학습을 통해 고차원적 사고력과 문제 해결 능력을 배양하고자 한다.

·특징·

한국사능력검정시험은 한 나라의 국민으로서 가져야 하는 기본적인 역사적 소양을 측정하고, 역사에 대한 전 국민적 공감대를 형성하기 위한 시험으로 다음과 같은 특징을 갖고 있다.

① 한국사 학습 능력을 측정할 수 있는 대표적인 시험이다.
② 응시자의 계층이 다양하다.
③ 국가 기관인 국사편찬위원회가 주관한다.
④ 참신한 문항 개발에 노력하고 있다.
⑤ '선발 시험'이 아니라 '인증 시험'이다.

·출제 유형·

한국사능력검정시험의 문항은 역사 교육의 목표 준거에 따라 다음의 여섯 가지 유형으로 구분된다.

① **역사 지식의 이해** : 역사 탐구에 필요한 기본적인 지식, 즉 역사적 사실·개념·원리 등의 이해 정도를 묻는 영역이다.

② **연대기의 파악** : 역사의 연속성과 변화 및 발전을 이해하고 있는지를 묻는 영역이다. 역사 사건이나 상황을 시대 순으로 정확하게 이해하고 인과 관계를 파악할 수 있는가를 묻는다.

③ **역사 상황 및 쟁점의 인식** : 제시된 자료에서 해결해야 할 구체적 역사 상황과 핵심적인 논쟁점, 주장 등을 찾을 수 있는가를 묻는 영역이다. 문헌 자료, 도표, 사진 등의 형태로 주어진 자료에서 해결해야 할 과제를 포착하거나 변별해 내는 능력이 있는가를 측정한다.

④ **역사 자료의 분석 및 해석** : 자료에 나타난 정보를 해석하여 그 의미를 파악할 수 있는가를 묻는 영역이다. 정보의 분석을 바탕으로 자료의 시대적 배경과 사회적 의미를 해석할 수 있는가를 측정한다.

⑤ **역사 탐구의 설계 및 수행** : 제시된 문제의 성격과 목적을 고려하여 절차와 방법에 따라 역사 탐구를 설계하고 수행할 수 있는 능력이 있는가를 묻는 영역이다.

⑥ **결론의 도출 및 평가** : 주어진 자료의 타당성을 판별하고, 여러 자료를 종합하여 결론을 도출할 수 있는가를 묻는 영역이다.

· 시험 요강 ·

① 평가 등급: 6개 등급(1급 ~ 6급)

시험 구분	고급	중급	초급
인증 등급	1급(70점 이상)	3급(70점 이상)	5급(70점 이상)
	2급(69~60점)	4급(69~60점)	6급(69~60점)
문항 수	50문항(5지 택1형)	50문항(5지 택1형)	40문항(4지 택1형)
배점	100점 만점(문항별 1~3점 차등 배점)		

② 평가 내용

시험 구분	평가 등급	평가 내용
고급	1~2급	한국사 심화 과정으로 차원 높은 역사 지식, 통합적 이해력 및 분석력을 바탕으로 시대의 구조를 파악하고, 현재의 문제를 창의적으로 해결할 수 있는 능력 평가
중급	3~4급	한국사 기초 심화 과정으로 한국사에 대한 기본적인 이해를 바탕으로 한국사의 흐름을 대략적으로 이해할 수 있는 능력과, 전반적인 이해를 바탕으로 한국사의 개념과 전개 과정을 체계적으로 파악할 수 있는 능력 평가
초급	5~6급	한국사 입문 과정으로 한국사에 대한 흥미와 관심을 가지고 있으면 누구나 이해할 수 있는 기초적인 역사 상식을 평가

③ 시험 시간

등급	시간	내용	소요 시간
고급 (1~2급)	10:00~10:10	오리엔테이션(시험시 주의 사항)	10분
	10:10~10:15	신분증 확인(감독관)	5분
	10:15~10:20	문제지 배부 및 파본 검사	5분
	10:20~11:40	시험 실시(50문항)	80분
중급 (3~4급)	10:00~10:10	오리엔테이션(시험시 주의 사항)	10분
	10:10~10:15	신분증 확인(감독관)	5분
	10:15~10:20	문제지 배부 및 파본 검사	5분
	10:20~11:40	시험 실시(50문항)	80분
초급 (5~6급)	10:00~10:10	오리엔테이션(시험시 주의 사항)	10분
	10:10~10:15	신분증 확인(감독관)	5분
	10:15~10:20	문제지 배부 및 파본 검사	5분
	10:20~11:20	시험 실시(40문항)	60분

· 활용 및 특전 ·

① 2012년부터 한국사능력검정시험 2급 이상 합격자에 한해 행정자치부에서 시행하는 5급 국가 공무원 공개 경쟁 채용 시험 및 외교관 후보자 선발 시험에 응시 자격 부여

② 2013년부터 한국사능력검정시험 3급 이상 합격자에 한해 교원 임용 시험 응시 자격 부여

③ 국비 유학생, 해외 파견 공무원, 이공계 전문 연구 요원(병역) 선발 시 국사 시험을 한국사능력검정시험 (3급 이상 합격)으로 대체

④ 일부 공기업 및 민간 기업의 사원 채용이나 승진 시 반영

⑤ 2014년부터 한국사능력검정시험 2급 이상 합격자에 한해 행정자치부에서 시행하는 지역 인재 7급 견습 직원 선발 시험에 추천 자격 요건 부여

이 책을 보는 법

이 책을 보는 데 필요한 방법을 알려 준다. 책 전체의 구성을 이해하고 살펴본다면 내용 이해가 훨씬 빨라질 것이다.
표와 그림, 지도, 사진에서 '사료 읽기'와 '보충하기'까지 전체의 구성을 이해함으로써 효과적으로 공부할 수 있다.

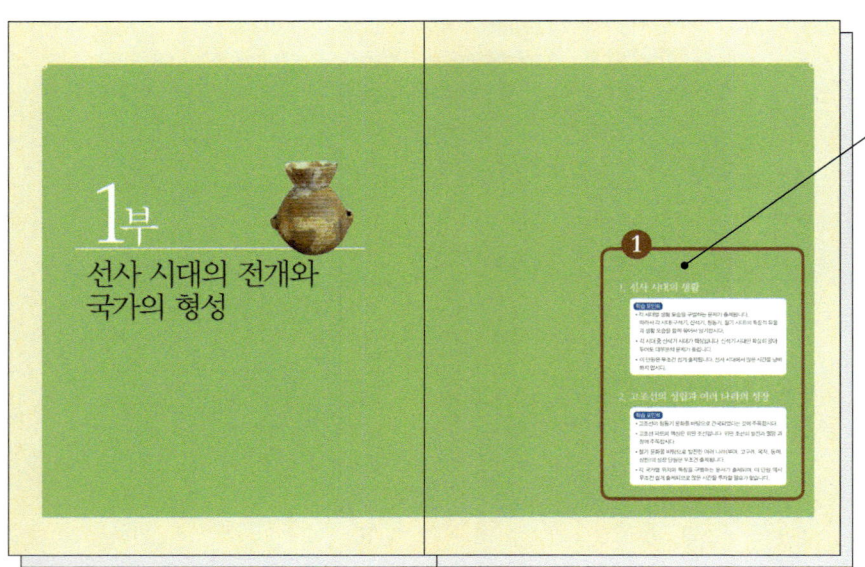

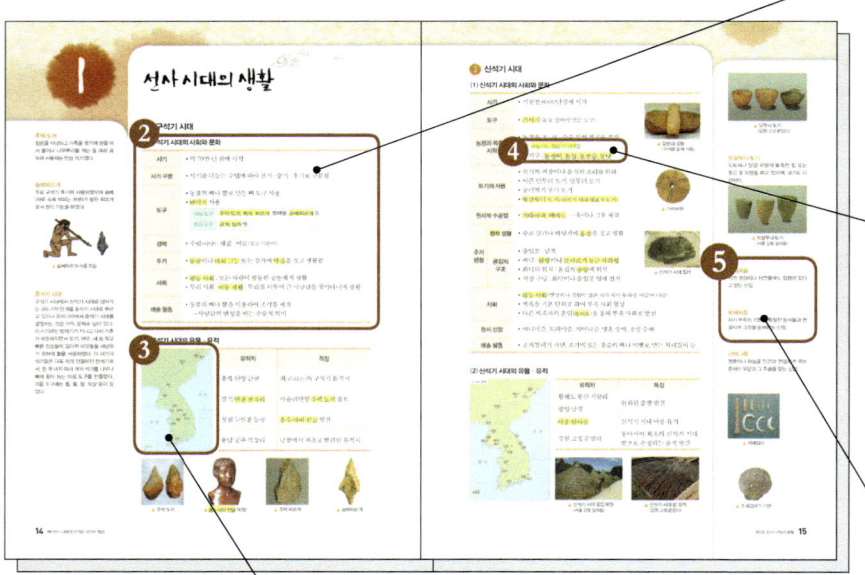

1 학습 포인트

각 단원을 시작하기 전에 단원별 출제 경향과 집중해야 할 학습 포인트를 콕 집어서 제시하였다.

2 표로 구성된 본문

나열식이 아닌 표로 구분을 지어 내용을 정리함으로써 쉽고 빠르게 이해할 수 있도록 돕는다.

4 핵심 문구 표시

본문 내용 중 출제된 내용과 출제 유력한 부분은 노란색으로 색칠해서 표기해 두었다.

5 용어 해설

본문을 이해하는 데 필요한 용어 해설과 배경 지식을 상세히 덧붙여 참고하도록 하였다.

3 지도 자료

본문의 내용을 이해하는 데 도움을 주는 다양한 지도를 담았다.

6 보충하기

덧붙여 보충 설명이 필요한 부분은 '보충하기'에서 보완해 주어 이해를 돕는다.

7 사진 자료

시험에 꼭 나오는 사진 자료만 엄선해서 모았다.

8 사료 읽기

옛 문헌에서 기사, 가사 등에 이르기까지 다양한 사료의 내용을 '사료 읽기'에 담았다.

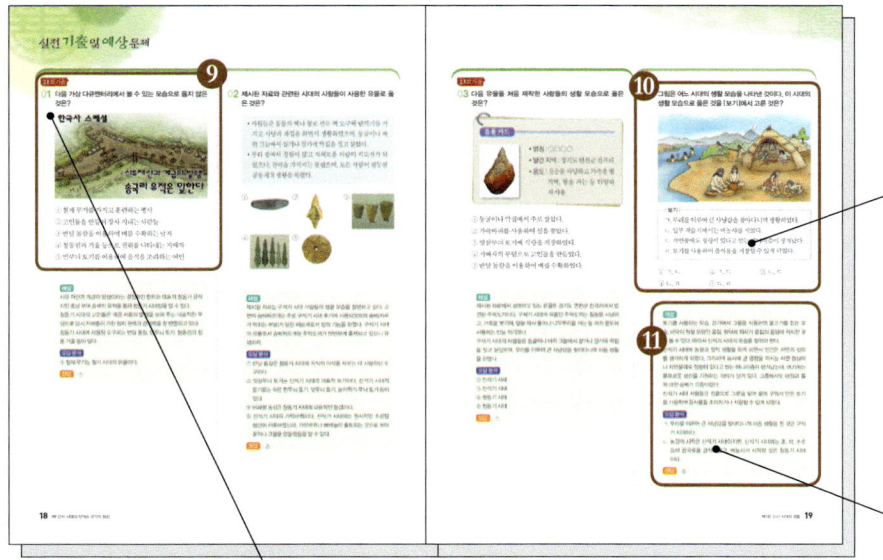

10 족집게 예상 문제

앞으로 시험에 꼭 나올 만한 문제를 엄선해 소개한다. 철저한 기출 문제 분석을 토대로 만들어진 예상 문제가 합격률을 높여 줄 것이다.

11 문제 해설

필자의 상세하고 친절한 해설이 문제 이해를 돕는다. '오답 분석'에서 틀린 문제에 대한 이해를 높일 수 있다.

9 대표 기출 문제

단원별 실전 문제를 풀면서 학습 내용을 점검해 볼 수 있다. 특히, 역대 기출 문제 중에서도 대표적인 문제들을 직접 풀어 보면서 실전 감각을 높이자.

차례

1부

선사 시대의 전개와 국가의 형성

3부

고려의 성립과 발전 (한국 중세사)

2부

고대 국가의 성립과 발전

4부

조선의 성립과 발전

1부

선사 시대의 전개와
국가의 형성

1. 선사 시대의 생활

학습 포인트

- 각 시대별 생활 모습을 구별하는 문제가 출제됩니다. 따라서 각 시대 (구석기, 신석기, 청동기, 철기 시대)의 특징적 유물과 생활 모습을 함께 묶어서 암기합시다.
- 각 시대 중 신석기 시대가 핵심입니다. 신석기 시대만 확실히 알아 두어도 대부분의 문제가 풀립니다.
- 이 단원은 무조건 쉽게 출제됩니다. 선사 시대에서 많은 시간을 낭비 하지 맙시다.

2. 고조선의 성립과 여러 나라의 성장

학습 포인트

- 고조선이 청동기 문화를 바탕으로 건국되었다는 것에 주목합시다.
- 고조선 파트의 핵심은 위만 조선입니다. 위만 조선의 발전과 멸망 과정에 주목합시다.
- 철기 문화를 바탕으로 발전한 여러 나라(부여, 고구려, 옥저, 동예, 삼한)의 성장 단원은 무조건 출제됩니다.
- 각 국가별 위치와 특징을 구별하는 문제가 출제되며, 이 단원 역시 무조건 쉽게 출제되므로 많은 시간을 투자할 필요가 없습니다.

1 선사 시대의 생활

1 구석기 시대

(1) 구석기 시대의 사회와 문화

시기	• 약 70만 년 전에 시작
시기 구분	• 석기를 다듬는 수법에 따라 전기 · 중기 · 후기로 구분됨
도구	• 동물의 뼈나 뿔로 만든 뼈 도구 사용 • 뗀석기 사용 사냥 도구 : 주먹 도끼, 찍개, 찌르개, 팔매돌, 슴베찌르개 등 조리 도구 : 긁개, 밀개 등
경제	• 수렵(사냥) · 채집 · 어로(물고기잡이)
주거	• 동굴이나 바위 그늘 또는 강가에 막집을 짓고 생활함
사회	• 평등 사회 : 모든 사람이 평등한 공동체적 생활 • 무리 사회 · 이동 생활 : 무리를 이루어 큰 사냥감을 찾아다니며 생활
예술 활동	• 동물의 뼈나 뿔을 이용하여 조각품 제작 → 사냥감의 번성을 비는 주술적 의미

주먹 도끼
짐승을 사냥하고 가죽을 벗기며 땅을 파서 풀이나 나무뿌리를 캐는 등 여러 용도에 사용하는 만능 석기였다.

슴베찌르개
주로 구석기 후기에 사용되었으며 슴베(자루 속에 박히는 부분)가 달린 찌르개로서 창의 기능을 하였다.

▲ 슴베찌르개 사용 모습

중석기 시대
구석기 시대에서 신석기 시대로 넘어가는 과도기적 단계를 중석기 시대로 부르고 있으나 우리나라에서 중석기 시대를 설정하는 것은 아직 문제로 남아 있다. 이 시기에는 빙하기가 지나고 다시 기후가 따뜻해지면서 토끼, 여우, 새 등 작고 빠른 짐승들이 많아져 이것들을 사냥하기 위하여 활을 사용하였다. 이 시기의 석기들은 더욱 작게 만들어진 잔석기로서, 한 개 내지 여러 개의 석기를 나무나 뼈에 꽂아 쓰는 이음 도구를 만들었다. 이음 도구에는 톱, 활, 창, 작살 등이 있었다.

(2) 구석기 시대의 유물 · 유적

유적지	특징
충북 단양 금굴	최고(最古)의 구석기 유적지
경기 연천 전곡리	아슐리안형 주먹 도끼 출토
청원 두루봉 동굴	흥수 아이 인골 발견
충남 공주 석장리	남한에서 최초로 발견된 유적지

▲ 주먹 도끼

▲ 흥수 아이 인골 (복원)

▲ 주먹 찌르개

▲ 슴베찌르개

국사르바의
한국사
능력검정시험
적중노트

중급

국사르바의
한국사능력검정시험 적중노트 중급

편저자 임호택
펴낸이 임상진
펴낸곳 (주)넥서스

초판 1쇄 발행 2013년 9월 5일
2판 1쇄 발행 2015년 4월 10일
2판 5쇄 발행 2020년 2월 21일

출판신고 1992년 4월 3일 제311-2002-2호
주소 10880 경기도 파주시 지목로 5
전화 (02)330-5500 팩스 (02)330-5555
ISBN 979-11-5752-319-1 13910

www.nexusbook.com

② 신석기 시대

(1) 신석기 시대의 사회와 문화

시기	• 기원전 8000년경에 시작	
도구	• <mark>간석기</mark>(돌을 갈아서 만든 도구)	
농경과 목축의 시작	• 농경은 조·피·수수 등의 잡곡류 경작 🔆 <mark>벼농사는 청동기 시대임</mark> • 농기구 : <mark>돌괭이, 돌삽, 돌보습, 돌낫</mark>	
토기의 사용	• 곡식의 저장이나 음식의 조리를 위해 • 이른 민무늬 토기, 덧무늬 토기 • 눌러찍기 무늬 토기 • <mark>빗살무늬 토기</mark>(신석기 시대 대표적 토기)	
원시적 수공업	• <mark>가락바퀴, 뼈바늘</mark> → 옷이나 그물 제작	
주거 생활	**정착 생활**	• 주로 강가나 바닷가에 <mark>움집</mark>을 짓고 생활
	움집의 구조	• 출입문 : 남쪽 • 바닥 : <mark>원형</mark>이나 <mark>모서리가 둥근 사각형</mark> • 화덕의 위치 : 움집의 <mark>중앙</mark>에 위치 • 저장 구덩 : 화덕이나 출입문 옆에 설치
사회	• <mark>평등 사회</mark>(연장자나 경험이 많은 자가 자기 부족을 이끌어 나감) • 씨족을 기본 단위로 하여 부족 사회 형성 • 다른 씨족과의 혼인(<mark>족외혼</mark>)을 통해 부족 사회로 발전	
원시 신앙	• 애니미즘, 토테미즘, 샤머니즘, 영혼 숭배, 조상 숭배	
예술 활동	• 조개껍데기 가면, 조가비 또는 짐승의 뼈나 이빨로 만든 치레걸이 등	

▲ 갈판과 갈돌
(곡식을 갈 때 사용)

▲ 가락바퀴

▲ 신석기 시대 집터

(2) 신석기 시대의 유물·유적

*신석기 유적

유적지	특징
황해도 봉산 지탑리 평양 남경	탄화된 좁쌀 발견
<mark>서울 암사동</mark>	신석기 시대 마을 유적
강원 고성 문암리	동아시아 최초의 신석기 시대 밭으로 추정되는 유적 발견

▲ 신석기 시대 움집 복원
(서울 강동 암사동)

▲ 신석기 시대 밭 유적
(강원 고성 문암리)

▲ 덧무늬 토기
(강원 고성 문암리)

빗살무늬 토기

도토리나 달걀 모양의 뾰족한 밑 또는 둥근 밑 모양을 하고 있으며, 크기도 다양하다.

▲ 빗살무늬 토기
(서울 강동 암사동)

애니미즘

자연 현상이나 자연물에도 정령이 있다고 믿는 신앙.

토테미즘

자기 부족의 기원을 특정한 동식물과 연결시켜 그것을 숭배하는 신앙.

샤머니즘

영혼이나 하늘을 인간과 연결시켜 주는 존재인 무당과 그 주술을 믿는 신앙.

▲ 치레걸이

▲ 조개껍데기 가면

반달 돌칼

곡식의 이삭을 자르는 데 사용한 수확용 농기구.

▲ 반달 돌칼

민무늬 토기

청동기 시대의 대표적인 토기로 지역에 따라 모양이 약간씩 다른데, 밑바닥이 편평한 원통 모양의 화분형과 밑바닥이 좁은 팽이형이 기본적인 모양이며, 빛깔은 적갈색이다.

▲ 민무늬 토기

미송리식 토기

밑이 납작한 항아리 양쪽 옆으로 손잡이가 달리고 표면에 집선 무늬가 있는 것이 특징이다.

▲ 미송리식 토기

선민사상

우세한 부족은 스스로 하늘의 자손이라고 믿는 선민사상을 가지고 주변의 약한 부족을 통합하거나 정복하였다.

고인돌

청동기 시대 지배층(족장)의 무덤으로 청동기 시대 계급 발생을 보여 주는 대표적 유물이다. 당시 지배자의 경제력과 정치 권력을 반영하고 있다.

3 청동기 시대

(1) 청동기 시대의 사회와 문화

시기		• 기원전 2000년경~기원전 1500년경에 시작
도구	청동기	• 비파형 동검, 거친 무늬 거울 등
	간석기	• 농기구 : 반달 돌칼, 바퀴날 도끼, 홈자귀 등 💡 청동기는 농기구로 사용하지 않았다.
	토기	• 민무늬 토기, 미송리식 토기, 붉은 간토기
경제 · 사회		• 농경과 목축 확대 • 일부 저습지에서 벼농사 시작 • 사유 재산(빈부 격차 발생)과 계급의 발생 • 권력을 가진 지배자 출현 : 족장(군장) 출현 • 청동기 제작과 관련된 전문 장인 출현 • 선민사상을 내세워 주변 지역 정복
주거	특징	• 움집의 지상 가옥화
	구조	• 바닥 : 직사각형 • 화덕의 위치 : 한쪽 벽으로 이동 • 저장 구덩 : 따로 설치하거나 한쪽 벽면을 밖으로 돌출시킴
무덤		• 고인돌, 돌무지무덤, 돌널무덤

🌀 신석기 시대와 청동기 시대의 움집 비교

구분	신석기 시대 움집(반지하)	청동기 시대 움집(지상 가옥화)
입지	강가나 바닷가	구릉지(배산임수, 집단 취락)
바닥 모양	원형이나 모서리가 둥근 사각형	직사각형
화덕의 위치	중앙	한쪽 벽
저장 구덩	화덕이나 출입문 옆	따로 설치하거나 한쪽 벽면을 밖으로 돌출

(2) 청동기 시대의 유물

▲ 비파형 동검

▲ 거친 무늬 거울

▲ 청동기 시대 석기

▲ 탁자식(북방식) 고인돌 (황해 안악)

▲ 바둑판식(남방식) 고인돌 (전북 고창)

▲ 청동기 시대 집터

④ 철기 시대

(1) 철기의 사용

시기		• 기원전 5세기경에 시작
도구	청동기	• 세형동검, 잔무늬 거울
	철기	• 철제 무기, 철제 농기구
토기		• 민무늬 토기의 다양화 • 검은 간토기 • 덧띠 토기
무덤		• 널무덤, 독무덤
중국과의 활발한 교류		• 중국 화폐 출토 : 명도전, 오수전, 반량전 • 한자 사용 : 경남 창원 다호리 붓

▲ 창원 다호리 붓
(한자 사용 근거)

▲ 반량전

청동기 문화의 독자적 발전

세형동검 잔무늬 거울	• 청동기 시대 후반 이후에 비파형 동검은 한국식 동검인 세형 동검으로, 거친 무늬 거울은 잔무늬 거울로 그 형태가 변해감
거푸집	• 청동 제품을 제작하는 틀로, 전국의 여러 유적에서 발견되고 있음 • 우리나라에서 청동기를 직접 제작하였음을 알 수 있음

▲ 세형동검   ▲ 거푸집

(2) 철기 시대의 유물

▲ 덧띠 토기   ▲ 검은 간토기   ▲ 널무덤   ▲ 독무덤

보충하기 **청동기·철기 시대의 예술**

▲ 농경 무늬 청동기   ▲ 반구대 바위그림 탁본   ▲ 고령 양전동 알터 바위그림
                    (울산 울주 대곡리)

명도전
중국 춘추 전국 시대에 연나라와 제나라, 조나라에서 사용한 청동 화폐.

▲ 명도전

반량전
진에서 사용한 청동 화폐.

농경 무늬 청동기
농사를 짓고 있는 모습이 새겨져 있다.

울주 반구대 바위그림
거북, 사슴, 호랑이 등의 동물과 여러 종류의 고래, 그물에 걸린 동물 등이 새겨져 있다. 이것은 사냥과 고기잡이의 성공과 풍성한 수확을 비는 것으로 보인다.

고령 양전동 알터 바위그림
동심원, 십자형, 삼각형 등의 기하학 무늬가 새겨져 있으며, 동심원은 태양을 상징한다. 이 바위그림 유적은 다른 지역의 청동기 시대 농업 사회에서 보이는 태양 숭배와 같이 풍요로운 생산을 비는 제사 터와 같은 의미를 지닌다.

실전 기출 및 예상 문제

01 다음 가상 다큐멘터리에서 볼 수 있는 모습으로 옳지 않은 것은?

① 철제 무기를 가지고 훈련하는 병사
② 고인돌을 만들어 장사 지내는 사람들
③ 반달 돌칼을 이용하여 벼를 수확하는 남자
④ 청동검과 거울 등으로 권위를 나타내는 지배자
⑤ 민무늬 토기를 이용하여 음식을 조리하는 여인

해설
사유 재산과 계급의 발생이라는 결정적인 힌트와 대표적 청동기 유적지인 충남 부여 송국리 유적을 통해 청동기 시대임을 알 수 있다. 청동기 시대의 고인돌은 계급 사회의 발생을 보여 주는 대표적인 무덤으로 당시 지배층이 가진 정치 권력과 경제력을 잘 반영하고 있다. 청동기 시대에 사용된 도구로는 반달 돌칼, 민무늬 토기, 청동검과 청동 거울 등이 있다.

오답 분석
① 철제 무기는 철기 시대의 유물이다.

정답 ①

02 제시된 자료와 관련된 시대의 사람들이 사용한 유물로 옳은 것은?

- 사람들은 동물의 뼈나 뿔로 만든 뼈 도구와 뗀석기를 가지고 사냥과 채집을 하면서 생활하였으며, 동굴이나 바위 그늘에서 살거나 강가에 막집을 짓고 살았다.
- 무리 중에서 경험이 많고 지혜로운 사람이 지도자가 되었으나, 권력을 가지지는 못했으며, 모든 사람이 평등한 공동체적 생활을 하였다.

①  ②  ③

④  ⑤

해설
제시된 자료는 구석기 시대 사람들의 생활 모습을 설명하고 있다. ②번의 슴베찌르개는 주로 구석기 시대 후기에 사용되었으며 슴베(자루가 박히는 부분)가 달린 찌르개로서 창의 기능을 하였다. 구석기 시대의 유물로서 슴베찌르개와 주먹도끼가 빈번하게 출제되고 있으니 유념하자.

오답 분석
① 반달 돌칼은 청동기 시대에 곡식의 이삭을 자르는 데 사용하던 도구이다.
③ 빗살무늬 토기는 신석기 시대의 대표적 토기이다. 신석기 시대의 토기로는 이른 민무늬 토기, 덧무늬 토기, 눌러찍기 무늬 토기 등이 있다.
④ 비파형 동검은 청동기 시대의 대표적인 동검이다.
⑤ 신석기 시대의 가락바퀴이다. 신석기 시대에는 원시적인 수공업 생산이 이루어졌는데, 가락바퀴나 뼈바늘이 출토되는 것으로 보아 옷이나 그물을 만들었음을 알 수 있다.

정답 ②

23회기출

03 다음 유물을 처음 제작한 사람들의 생활 모습으로 옳은 것은?

유물 카드

- 명칭 : ○○○○
- 발견 지역 : 경기도 연천군 전곡리
- 용도 : 짐승을 사냥하고 가죽을 벗기며, 땅을 파는 등 다양하게 사용

① 동굴이나 막집에서 주로 살았다.
② 가락바퀴를 사용하여 실을 뽑았다.
③ 빗살무늬 토기에 식량을 저장하였다.
④ 지배자의 무덤으로 고인돌을 만들었다.
⑤ 반달 돌칼을 이용하여 벼를 수확하였다.

해설
제시된 자료에서 설명하고 있는 유물은 경기도 연천군 전곡리에서 발견된 주먹도끼이다. 구석기 시대의 유물인 주먹도끼는 짐승을 사냥하고, 가죽을 벗기며, 땅을 파서 풀이나 나무뿌리를 캐는 등 여러 용도에 사용하는 만능 석기였다.
구석기 시대의 사람들은 동굴이나 바위 그늘에서 살거나 강가에 막집을 짓고 살았으며, 무리를 이루어 큰 사냥감을 찾아다니며 이동 생활을 하였다.

오답 분석
② 신석기 시대
③ 신석기 시대
④ 청동기 시대
⑤ 청동기 시대

정답 ①

04 그림은 어느 시대의 생활 모습을 나타낸 것이다. 이 시대의 생활 모습으로 옳은 것을 |보기|에서 고른 것은?

보기

ㄱ. 무리를 이루어 큰 사냥감을 찾아다니며 생활하였다.
ㄴ. 일부 저습지에서는 벼농사를 지었다.
ㄷ. 자연물에도 정령이 있다고 믿는 애니미즘이 생겨났다.
ㄹ. 토기를 사용하여 음식물을 저장할 수 있게 되었다.

① ㄱ, ㄴ   ② ㄱ, ㄷ   ③ ㄴ, ㄷ
④ ㄴ, ㄹ   ⑤ ㄷ, ㄹ

해설
토기를 사용하는 모습, 강가에서 그물을 사용하여 물고기를 잡는 모습, 바닥이 원형 모양인 움집, 화덕의 위치가 움집의 중앙에 위치한 것을 볼 수 있다. 따라서 신석기 시대의 모습을 찾아야 한다.
신석기 시대에 농경과 정착 생활을 하게 되면서 인간은 자연의 섭리를 생각하게 되었다. 그리하여 농사에 큰 영향을 끼치는 자연 현상이나 자연물에도 정령이 있다고 믿는 애니미즘이 생겨났는데, 여기에는 풍요로운 생산을 기원하는 의미가 담겨 있다. 그중에서도 태양과 물에 대한 숭배가 으뜸이었다.
신석기 시대 사람들은 진흙으로 그릇을 빚어 불에 구워서 만든 토기를 사용하여 음식물을 조리하거나 저장할 수 있게 되었다.

오답 분석
ㄱ. 무리를 이루어 큰 사냥감을 찾아다니며 이동 생활을 한 것은 구석기 시대이다.
ㄴ. 농경의 시작은 신석기 시대이지만, 신석기 시대에는 조, 피, 수수 등의 잡곡류를 경작하였고, 벼농사가 시작된 것은 청동기 시대이다.

정답 ⑤

실전 기출 및 예상 문제

05 다음 도구를 처음 제작하여 사용했던 시기에 볼 수 있는 모습으로 적절한 것은?

① 철제 공구와 철제 무기가 등장하였다.
② 목책과 환호를 설치하고 구릉 위에 취락을 이루었다.
③ 가락바퀴나 뼈바늘을 이용하여 옷이나 그물을 만들었다.
④ 사람이 죽으면 독에 넣어 매장하였다.
⑤ 사유 재산제와 계급이 발생하였다.

* 목책 : 적의 침입에 대비해 말뚝을 박아 만든 울타리
* 환호 : 취락을 방어하기 위해 설치한 도랑

해설
좌측 사진은 갈돌과 갈판, 우측 사진은 빗살무늬 토기이다. 두 유물이 처음 제작된 시기는 신석기 시대이다. 신석기 시대에는 원시적인 수공업 생산도 이루어졌는데, 가락바퀴나 뼈바늘이 출토되는 것으로 보아 옷이나 그물을 만들어 사용하였음을 알 수 있다.

오답 분석
① 철제 공구와 철제 무기가 등장한 것은 철기 시대이다.
② 목책과 환호를 설치하고 구릉 위에 취락을 이룬 것은 청동기 시대이다.
④ 독무덤은 철기 시대의 무덤 양식이다.
⑤ 사유 재산제와 계급이 발생한 것은 청동기 시대이다.

정답 ③

06 (가)~(다) 시대의 생활 모습으로 옳지 <u>않은</u> 것은?

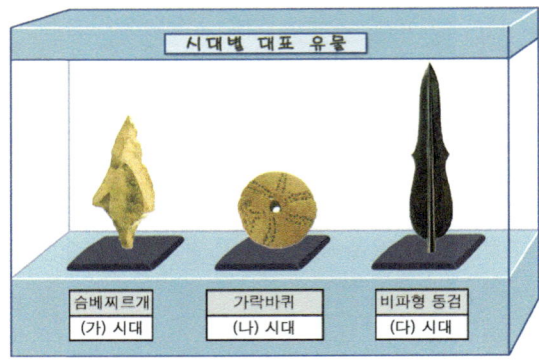

① (가) - 사냥과 어로, 채집을 하여 생활하였다.
② (나) - 집터는 대개 움집 자리로, 바닥은 원형이나 모서리가 둥근 사각형이다.
③ (다) - 청동으로 만든 농기구를 사용하여 농사를 지었다.
④ (가), (나) - 계급이 없는 평등 사회였다.
⑤ (나), (다) - 간석기를 사용하였다.

해설
(가)는 구석기 시대, (나)는 신석기 시대, (다)는 청동기 시대이다.
① 구석기 시대에는 사냥과 어로, 채집을 하여 생활하였다.
② 신석기 시대의 집터는 대개 움집 자리로, 바닥은 원형이나 모서리가 둥근 사각형이다.
④ 구석기와 신석기 시대는 평등 사회였다.
⑤ 간석기는 신석기 시대뿐 아니라, 청동기 시대에도 사용했다. 청동기 시대 대표적인 간석기로는 곡식의 이삭을 자르는 데 사용하던 반달 돌칼이 있다.

오답 분석
③ 청동기 시대에 청동기는 농기구로 사용되지 않았다. 그 이유는 청동기의 구리 성분 때문에 재질이 물러 농기구로 적합하지 않았을 뿐더러 매우 귀한 물건이었기 때문이다.

정답 ③

07 다음 유물을 통해 알 수 있는 사실로서 가장 적절한 것은?

① 막집이나 동굴에서 주로 생활하였다.
② 중국과의 교류가 활발하였다.
③ 자연물에도 정령이 있다고 믿는 애니미즘이 생겨났다.
④ 계급이 없는 평등 사회였다.
⑤ 농경과 목축이 시작되었다.

해설
좌측의 유물은 중국 춘추 전국 시대에 연나라 등에서 사용한 청동 화폐 명도전이고, 우측의 유물은 경남 창원 다호리 유적에서 나온 붓이다. 두 유물 모두 철기 시대의 유물로서, 우리 민족이 철기 시대에 중국과 활발하게 교류했음을 보여 준다. 특히 창원 다호리 유적에서 나온 붓을 통해 당시에 이미 우리나라에서 한자를 쓰고 있었음을 알 수 있다.

오답 분석
① 구석기 시대
③ 신석기 시대
④ 구석기와 신석기 시대
⑤ 신석기 시대

정답 ②

---

08 다음 유물들이 처음 사용된 시대의 사회 모습으로 옳지 않은 것은?

① 돌무지덧널무덤이 만들어졌다.
② 사유 재산과 계급이 발생하였다.
③ 반달 돌칼을 이용하여 벼를 수확하였다.
④ 지배자의 무덤인 고인돌을 만들었다.
⑤ 선민사상을 가지고 정복 활동을 하였다.

해설
좌측의 유물은 미송리식 토기, 우측의 유물은 비파형 동검이다. 이 유물들이 처음 사용된 시기는 청동기 시대이다.
청동기 시대에는 사유 재산과 계급이 발생하였고, 족장의 무덤으로 고인돌을 만들었으며, 우세한 부족은 스스로 하늘의 자손이라고 믿는 선민사상을 가지고 주변의 약한 부족을 통합하거나 정복하고 공납을 요구하였다. 또, 곡식의 이삭을 자르는 데 사용하던 반달 돌칼을 이용하여 벼를 수확하였다.

오답 분석
① 돌무지덧널무덤은 신라에서 주로 만든 무덤이다. 청동기 시대의 무덤 양식으로는 고인돌, 돌널무덤, 돌무지무덤이 있다. 돌무지무덤과 돌무지덧널무덤을 혼동하지 말도록 하자. 돌무지덧널무덤에 대해서는 고대 문화사 편에서 공부하도록 하자.

정답 ①

고조선의 성립과 여러 나라의 성장

1 고조선의 성립과 발전

(1) 고조선의 건국

건국 (기원전 2333)	• 단군왕검이 건국 • 청동기 문화를 바탕으로 건국
고조선의 세력 범위를 알려주는 유물	• 탁자식(북방식) 고인돌 • 비파형 동검 • 미송리식 토기

▲ 비파형 동검

▲ 고조선의 세력 범위

단군 이야기 수록 문헌
일연의 「삼국유사」
이승휴의 「제왕운기」

사료읽기

단군 이야기 (청동기 시대의 문화를 배경으로 한 고조선의 성립 사실 반영)

㉠ 옛날 하늘신 환인의 아들 환웅이 천하를 다스리고 인간 세상을 구원하고자 하는 생각이 있었다. 환인이 그 뜻을 알고 천하를 살펴보니 태백산이 널리 인간을 이롭게 할 만한 곳이므로 천부인 3개를 가지고 내려가 다스리게 하였다. 환웅은 천부인 3개와 ㉡ 3,000의 무리를 이끌고 태백산 신단수 밑에 내려왔는데 이곳을 신시라 하였다. 그는 ㉢ 풍백, 우사, 운사로 하여금 인간의 360여 가지의 일을 주관하게 하였는데 그중에서 곡식, 생명, 질병, 형벌, 선악 등 다섯 가지 일이 가장 중요한 것이었다. ㉣ 이로써 인간 세상을 교화하고 인간을 널리 이롭게 하였다. 이때 곰과 호랑이가 사람이 되기를 원하므로 환웅은 쑥과 마늘을 주고 이것을 먹으면서 100일간 햇빛을 보지 않는다면 사람이 될 것이라고 하였다. ㉤ 곰은 금기를 지켜 21일 만에 여자로 태어났고 환웅과 혼인하여 아들을 낳았다. 이가 곧 ㉥ 단군왕검이었다.

「삼국유사」

※ 단군 이야기에 비친 사회상
㉠ 하늘의 자손(천손)임을 내세워 부족의 우월성 과시(선민사상)
㉡ 청동기 시대의 주거지인 구릉 지대에 정착
㉢ 농경 생활 : 풍백, 우사, 운사를 두어 바람, 비, 구름 등 농경에 관계되는 것을 주관하게 함
㉣ 지배층은 홍익인간의 이념인 '널리 인간을 이롭게 한다'는 통치 이념을 내세움
㉤ 곰을 숭배하는 부족은 환웅 부족과 연합하여 고조선을 형성(토테미즘)
㉥ 제정 일치의 지배자 : 단군(제사장) + 왕검(정치적 지배자) → 제정일치 사회임을 알 수 있음

(2) 고조선의 성장

기원전 4세기경	• 요서 지방을 경계로 중국의 연과 대립
기원전 3세기경	• 부왕, 준왕과 같은 강력한 왕이 등장하여 왕위 세습 • 상, 대부, 장군 등의 관직을 둠
기원전 2세기경	• 중국의 진·한 교체기에 위만이 무리를 이끌고 입국 • 위만은 준왕의 신임을 받아 서쪽 변경 수비를 담당

(3) 위만 조선의 성립과 발전 (기원전 194)

성립	• 위만이 수도인 왕검성에 쳐들어가 준왕을 몰아내고 왕위 차지
발전	• 철기 문화를 본격적으로 수용 (수공업 융성, 상업과 무역 발달) • 활발한 정복 사업을 전개하여 광대한 영토 차지 • 중국의 한(漢)과 남방의 진(辰) 사이에서 중계 무역으로 이익을 취함

(4) 멸망 (기원전 108)

한(漢)의 침략으로 멸망	• 위만 조선의 성장을 우려한 한(漢) 무제가 수륙 양면으로 침략 • 고조선은 1차의 접전(패수)에서 대승을 거둠 • 위만의 손자 우거왕은 약 1년에 걸쳐 한에 대항 • 지배층의 내분이 일어나 왕검성이 함락되어 멸망 (기원전 108)
한 군현(한사군) 설치 및 소멸	• 고조선 멸망 이후 한은 고조선의 옛 땅에 군현을 설치함 • 한 군현은 토착민의 강력한 반발로 점차 약화, 결국 고구려의 공격을 받아 소멸됨

(5) 고조선의 사회

8조법	살인죄	• 사람을 죽인 자는 즉시 죽인다.	• 생명 · 노동력 중시
	상해죄	• 남에게 상처를 입힌 자는 곡식으로 갚 는다.	• 농경 사회
	절도죄	• 도둑질을 한 자는 노비로 삼되, 용서받 고자 하는 자는 50만 전을 내야 한다.	• 사유 재산 보호 · 중시 • 계급 사회
한 군현 설치 이후		• 토착민의 저항, 법 조항이 60여 조로 증가, 풍속이 각박해짐	

사료 읽기

고조선의 8조법

······ (고조선에서는) 백성들에게 금하는 법 8조가 있었다. 그것은 대개 사람을 죽인 자는 즉시 죽이고, 남에게 상처를 입힌 자는 곡식으로 갚는다. 도둑질을 한 자는 노비로 삼는다. 용서받고자 하는 자는 한 사람마다 50만 전을 내야 한다. 비록 용서를 받아 보통 백성이 되어도 풍속에 역시 그들은 부끄러움을 씻지 못하여 혼인을 하고자 하여도 짝을 구할 수 없었다. 이러해서 백성은 도둑질을 하지 않아 대문을 닫고 사는 일이 없었다. 여자는 모두 정조를 지키고 신용이 있어 음란하고 편벽된 짓을 하지 않았다. 농민은 대나무 그릇에 음식을 담아 먹고, 도시에서는 관리나 장사꾼을 본받아 술잔 같은 그릇에 음식을 담아 먹는다.

「한서」

위만 조선의 의미
위만은 고조선으로 들어올 때 상투를 틀고 조선인의 옷을 입고 있었고, 왕이 된 뒤에도 나라 이름을 그대로 조선이라 하였다. 또한 위만의 정권에는 토착민 출신으로 높은 지위에 오른 자가 많았다. 따라서 위만의 고조선은 단군의 고조선을 계승한 것이다.

한사군(한 군현)
고조선 멸망 후 한이 고조선 일부 지역에 설치한 4개의 행정구역으로 낙랑군, 진번군, 임둔군, 현도군을 말한다.

8조법
고조선의 사회상을 알려 주는 것으로, 3개 조목의 내용만 전해진다.

사출도(부여의 지방 행정 구역)
부여는 5부족 연맹체 국가로, 중앙에 왕이 있고, 각 지방에는 가축의 이름을 딴 마가, 우가, 저가, 구가가 다스리는 사출도가 있었다.

부여에 관한 중국측 기록
부여의 사람들은 체격이 매우 크고, 성품이 강직, 용맹하며, 근엄하고 후덕하여 다른 나라를 노략질하지 않았다.

부여의 왕권 미약
가(加)들은 왕을 추대하기도 하였고, 수해나 한해를 입어 오곡이 잘 익지 않으면 그 책임을 왕에게 묻기도 하였다.

2 여러 나라의 성장(철기 문화를 바탕으로 발전)

(1) 부여 : 만주 송화(쑹화)강 유역의 평야 지대를 중심으로 성장

5부족 연맹체 (연맹 왕국)	• 왕은 중앙을, 왕 아래 마가, 우가, 저가, 구가는 사출도를 다스림 • 대사자, 사자 등의 관리 존재
왕권 미약	• 가(加)들은 왕을 추대하기도 하고, 흉년이 들면 왕에게 책임을 물음
농경과 목축	• 농경과 목축을 주로 함
특산물	• 말, 주옥, 모피 등이 유명함
순장	• 왕이 죽으면 많은 사람을 껴묻거리와 함께 묻음
영고(12월)	• 영고라는 제천 행사가 12월에 열렸음(수렵 사회의 전통을 보여 줌)
우제점법	• 전쟁이 일어나면 제천 의식을 행하고, 소를 죽여 굽으로 길흉을 점침
형사취수제	• 형이 죽으면 형수를 아내로 삼음
법률 (4조목)	• 살인자는 사형에 처하고 그의 가족은 노비로 삼는다. • 도둑질한 자는 물건 값의 12배를 배상한다.(1책 12법) • 간음한 자는 사형에 처한다. • 투기가 심한 부인은 사형에 처한다.
발전과 멸망	• 1세기 초에 왕호 사용, 중국과 외교 관계 수립 • 3세기 말 선비족의 침략으로 쇠퇴 • 5세기 말 고구려에 편입(494)

▲ 여러 나라의 성장

(2) 고구려 : 부여에서 내려온 주몽이 동가강 유역(압록강 지류) 졸본 지방에 건국

5부족 연맹체	• 졸본에서 국내성으로 천도 • 5부족 연맹을 토대로 발전
정복 활동	• 한 군현을 공략하여 요동 지방 진출 • 옥저를 정복하여 공물을 받음
상가·고추가 사자, 조의, 선인	• 왕 아래에 상가, 고추가 등의 대가들이 있었으며, 각기 사자·조의·선인 등 관리를 거느렸음
제가 회의	• 중대한 범죄자는 제가 회의를 통해 사형하고, 가족은 노비로 삼음
서옥제	• 혼인을 정한 뒤 신부 집 뒤에 조그만 집을 짓고 자식을 낳아 장성하면 아내를 데리고 신랑 집으로 돌아가는 제도
부경(약탈 경제)	• 피정복민으로부터 획득한 공물 등을 저장하는 창고
동맹(10월)	• 10월에 추수 감사제인 동맹이라는 제천 행사 실시
조상신 숭배	• 건국 시조인 주몽과 그 어머니 유화 부인을 조상신으로 섬겨 제사
형사취수제 등	• 1책 12법, 우제점법, 형사취수제

고구려에 관한 중국 기록
고구려에는 큰 산과 깊은 골짜기가 많고 평원과 연못이 없어서 계곡을 따라 살며, 골짜기 물을 식수로 마셨다. 좋은 밭이 없어서 힘들여 일구어도 배를 채우기에는 부족하였다. 사람들의 성품은 흉악하고 급해서 노략질하기를 좋아하였다.

국동대혈
고구려에서는 10월에 추수감사제인 동맹이라는 제천 행사를 성대하게 치르고 아울러 왕과 신하들이 국동대혈에 모여 함께 제사를 지냈다.

▲ 국동대혈(중국 길림성 집안)

(3) 옥저·동예 : 옥저(함경도 동해안에 위치), 동예(강원도 북부 동해안에 위치)

읍군·삼로	• 왕이 없고 읍군, 삼로라는 군장이 지배
고구려의 압력	• 고구려의 압력을 받아 크게 성장하지 못함
지리적 조건	• 변방에 치우쳐 있어 선진 문화의 수용이 늦었음 • 토지 비옥, 해산물 풍부
옥저	
고구려에 공납	• 고구려에 어물, 소금 등을 공납으로 바침
민며느리제	• 일종의 매매혼
가족 공동 무덤	• 한 가족의 뼈를 함께 매장
동예	
방직 기술 발달	• 명주와 삼베를 짜는 등 방직 기술 발달
특산물	• 단궁(활), 과하마(키가 작은 말), 반어피(바다표범 가죽)
무천(10월)	• 매년 10월 무천이라는 제천 행사 거행
족외혼	• 씨족 사회의 유습인 족외혼을 엄격하게 지킴
책화	• 다른 부족의 영역 침범 시 노비, 소, 말로 변상
철·여자형 집터	• 철(凸)자 모양의 집터와 여(呂)자 모형의 집터

사료 읽기

옥저에 관한 삼국지 위서 동이전의 기록

옥저는 큰 나라 사이에서 시달리고 괴롭힘을 당하다가 마침내 고구려에 복속되었다. 고구려는 그 나라 사람 중에 대인을 뽑아 사자로 삼아 토착 지배층과 함께 통치하게 하였다.

동예에 관한 삼국지 위서 동이전의 기록

동예는 대군장이 없고 한대 이후로, 후, 읍군, 삼로 등의 관직이 있어서 하호를 통치하였다. 예의 풍속은 산천을 중요시하여 산과 내마다 구분이 있어 함부로 들어가지 않는다.

(4) 삼한 : 한반도 남부 지역

성립	• 한반도 남부의 진과 고조선 유이민의 결합 → 마한, 변한, 진한 성립
마한	• 경기, 충청, 전라도 지방에서 발전 • 54개의 소국들로 구성
변한	• 김해·마산 지역을 중심으로 발전 • 12개의 소국들로 구성
진한	• 대구·경주 지역을 중심으로 발전 • 12개의 소국들로 구성

▲ 마한의 토실   ▲ 마한의 무덤

삼한 사회의 모습	
정치·제사 (제정 분리)	• 마한의 목지국 지배자가 마한왕(진왕)으로 추대되어 삼한 전체 주도 • 대족장은 신지 등으로, 소족장은 읍차 등으로 불림 • 제사장인 천군이 소도에서 제사 주관 → 제정의 분리
경제	• 철제 농기구 사용으로 농경 발달, 벼농사 발달(저수지 축조) • 변한의 철 생산 활발 → 낙랑, 왜 등에 수출
사회	• 두레(공동 노동 조직), 초가 지붕의 반움집이나 귀틀집에 거주
제천 행사	• 수릿날(씨 뿌린 뒤인 5월), 계절제(가을 곡식을 거두어들이는 10월)
삼한의 변동	• 마한 54국의 하나인 한강 유역의 백제국이 마한 지역을 통합해 감 • 변한 12국의 하나였던 구야국이 가야 연맹체의 기틀을 다져 감 • 진한 12국의 하나였던 사로국이 신라의 기틀을 다져 감

옥저의 민며느리제

장래에 혼인할 것을 약속하면, 여자가 어렸을 때 남자 집에 가서 성장한 후, 남자가 예물을 치르고 혼인을 하는 일종의 매매혼이다.

옥저의 가족 공동 무덤

가족이 죽으면 시체를 가매장했다가 나중에 그 뼈를 추려서 가족 공동 무덤인 커다란 목곽에 안치하였다. 또, 목곽 입구에는 죽은 자의 양식으로 쌀을 담은 항아리를 매달아 놓기도 하였다.

동예의 집터

▲ 동예의 철자형 집터

▲ 동예의 여자형 집터

삼한의 소도

삼한에는 신성 지역으로 소도가 있었는데 이곳에서 천군은 농경과 종교에 대한 의례를 주관하였다. 천군이 주관하는 소도는 군장의 세력이 미치지 못하는 곳으로, 죄인이 도망하여 이곳에 숨으면 잡아가지 못했다.

실전 기출및 예상 문제

01 (가) 국가에 대한 설명으로 옳은 것은?

① 제가 회의를 열어 죄인을 처벌하였다.
② 왕권 강화를 위해 불교를 수용하였다.
③ 철을 생산하여 낙랑, 왜에 수출하였다.
④ 사회 질서를 유지하기 위한 8조법이 있었다.
⑤ 왕과 신하들이 국동대혈에 모여 제사를 지냈다.

해설

제시된 장면은 중국의 한과 남방의 진 사이에서 중계 무역을 통해 이익을 보고 있는 고조선의 모습을 보여 주고 있다. 고조선은 사회 질서를 유지하기 위한 8조법이 있었으나, 3개 조목의 내용만 전해진다.

※ 고조선의 8조법(요약)
• 사람을 죽인 자는 즉시 죽인다.
• 남에게 상처를 입힌 자는 곡식으로 갚는다.
• 도둑질을 한 자는 노비로 삼되, 용서받고자 하는 자는 50만 전을 내야 한다.

오답 분석

① 제가 회의는 고구려의 귀족 회의로, 중대한 범죄자가 있으면 제가 회의를 통하여 사형에 처하고, 그 가족을 노비로 삼았다.
② 삼국 시대 고구려, 백제, 신라에 해당한다.
③ 변한에서는 철이 많이 생산되어 낙랑, 왜 등에 수출하였다.
⑤ 고구려에서는 10월에 추수 감사제인 동맹이라는 제천 행사를 성대하게 치르고 아울러 왕과 신하들이 국동대혈에 모여 함께 제사를 지냈다.

정답 ④

02 다음 지도는 어느 나라의 세력 범위를 나타낸 것이다. 이 나라에 대한 설명으로 옳지 않은 것은?

① 상, 대부, 장군 등의 관직을 두었다.
② 사회 질서를 유지하기 위한 8조법이 있었다.
③ 건국 이야기를 통해 제정일치 사회임을 알 수 있다.
④ 부왕, 준왕 등 강력한 왕이 등장하여 왕위를 세습하였다.
⑤ 철기 문화를 바탕으로 건국되었다.

해설

우리나라 최초의 국가인 고조선에 대해 묻고 있다.
①, ④ 고조선은 기원전 3세기경에 부왕, 준왕 같은 강력한 왕이 등장하여 왕위를 세습하였으며, 그 밑에 상, 대부, 장군 등의 관직도 두었다.
② 고조선의 사회상은 당시의 8조법을 통해 이해할 수 있는데, 그중 살인, 상해, 절도죄에 대한 처벌의 3개 조항이 전해진다.
③ 단군의 건국 이야기의 단군왕검은 제사장을 의미하는 단군과 정치적 지배자를 의미하는 왕검의 복합 명칭이다. 이를 통해 고조선이 제정일치의 사회였음을 알 수 있다.

오답 분석

⑤ 우리나라 최초의 국가인 고조선은 청동기 문화를 바탕으로 건국되었다.

정답 ⑤

03 다음의 법이 있었던 국가에 대한 설명으로 옳은 것은?

〈○○의 법〉
• 사람을 죽인 자는 사형에 처한다.
• 남에게 상처를 입힌 자는 곡식으로 갚는다.
• 도둑질을 한 자는 노비로 삼되, 용서받고자 하는 자는 50만 전을 내야 한다.

① 책화라는 풍습이 있었다.
② 왕 아래 상가, 고추가 등의 대가들이 있었다.
③ 천군이 다스리는 소도라는 신성 지역이 있었다.
④ 왕 밑에 마가, 우가, 저가, 구가 등이 있었다.
⑤ 한의 침략으로 멸망하였다.

해설
칠판에 제시된 내용은 고조선의 8조법이다. 위만 왕조의 고조선은 철기 문화를 본격적으로 수용하였다. 철기의 사용은 농업과 무기 생산을 중심으로 한 수공업을 더욱 융성하게 하였고, 그에 따라 상업과 무역도 발달하였다. 이 무렵, 고조선은 사회와 경제의 발전을 기반으로 중앙 정치 조직을 갖춘 강력한 국가로 성장하였다. 그리고 우세한 무력을 바탕으로 활발한 정복 사업을 전개하여 광대한 영토를 차지하였다. 또, 지리적 이점을 이용하여 동방의 예나 남방의 진이 직접 중국의 한과 교역하는 것을 막고, 중계 무역의 이득을 독점하려 하였다. 이러한 경제적, 군사적 발전을 기반으로 고조선은 중국의 한과 대립하였다. 이에 불안을 느낀 한의 무제는 수륙 양면으로 대규모 침략을 감행하였다. 고조선은 1차의 접전(패수)에서 대승을 거두었고, 이후 약 1년에 걸쳐 한의 군대에 맞서 대항하였으나, 장기간의 전쟁으로 지배층의 내분이 일어나 왕검성이 함락되어 멸망하였다.(기원전 108)

오답 분석
① 동예
② 고구려
③ 삼한
④ 부여

정답 ⑤

---

04 (가)에 들어갈 사실로서 옳은 것을 |보기|에서 고르면?

준왕의 신임을 받아 서쪽 경계를 수비하던 위만은 세력을 점차 확대하여 수도인 왕검성에 쳐들어가 준왕을 몰아내고 왕이 되었다.

(가)

고조선은 한 무제의 침략에 맞서 약 1년에 걸쳐 완강하게 대항하였으나 장기간의 전쟁으로 지배층의 내분이 일어나 왕검성이 함락되어 멸망하였다.

보기
ㄱ. 한 군현이 설치되고, 법 조항이 60여 조로 증가하였다.
ㄴ. 철기 문화를 본격적으로 수용하였다.
ㄷ. 중국의 한과 남방의 진 사이에서 중계 무역을 전개하였다.
ㄹ. 금관가야를 정복하여 영토를 넓혔다.

① ㄱ, ㄴ   ② ㄱ, ㄷ   ③ ㄴ, ㄷ
④ ㄴ, ㄹ   ⑤ ㄷ, ㄹ

해설
(가)는 위만 조선의 성립과 고조선(위만 조선)의 멸망 사이에 들어갈 내용이므로 위만 조선의 활동을 찾는 문제이다. 위만 왕조의 고조선은 철기 문화를 본격적으로 수용하였고 지리적 이점을 이용하여 중국의 한과 남방의 진 사이에서 중계 무역으로 이익을 얻었다.

오답 분석
ㄱ. 고조선이 멸망하자 한은 고조선의 일부 지역에 군현을 설치하여 지배하고자 하였다. 한의 군현이 설치된 후 억압을 당하던 토착민은 이주하거나 단결하여 한의 군현에 대항하였다. 이에 한의 군현은 엄한 율령을 시행하여 자신들을 보호하려 하였다. 그에 따라 법 조항도 60여 조로 증가하였고, 풍속도 각박해져 갔다.
ㄹ. 금관가야는 6세기에 신라의 법흥왕에 의해서 멸망하였다.

정답 ③

실전 기출 및 예상 문제

05 다음 대화에 해당되는 나라에 대한 설명으로 옳은 것은?

가뭄과 장마로 곡식이 영글지 않고 있습니다. 왕을 마땅히 바꾸어야 합니다.

저가, 구가 등을 불러 새로운 왕을 추대하는 문제를 논의해야 할 것 같습니다.

① 순장의 풍습이 있었다.
② 동맹이라는 제천 행사가 있었다.
③ 신지, 읍차 등의 지배자가 있었다.
④ 단궁과 반어피가 특산물로 유명하였다.
⑤ 천군이 다스리는 소도라는 지역이 있었다.

해설
부여에는 왕 아래에 가축의 이름을 딴 마가, 우가, 저가, 구가와 대사자, 사자 등의 관리가 있었다. 이들 가(加)는 저마다 따로 행정 구획인 사출도를 다스리고 있어서, 왕이 직접 통치하는 중앙과 합쳐 5부를 이루었다. 가들은 왕을 추대하기도 하고, 수해나 한해를 입어 오곡이 잘 익지 않으면 그 책임을 왕에게 묻기도 하였다.
부여에서는 왕이 죽으면 많은 사람을 껴묻거리와 함께 묻는 순장의 풍습이 있었다.

오답 분석
② 동맹은 고구려의 제천 행사이고, 부여에서는 영고라는 제천 행사가 12월에 열렸다.
③ 삼한에는 신지, 읍차 등의 지배자가 있었다.
④ 동예의 특산물로는 단궁, 과하마, 반어피 등이 유명하였다.
⑤ 삼한에는 천군이 다스리는 소도라는 신성 지역이 있었다.

정답 ①

06 다음 혼인 풍속이 있었던 나라에 대한 설명으로 옳은 것은?

혼인 풍속은 미리 말로 정혼을 한 뒤 여자 집에서 뒤편에 작은 별채를 짓는데, 그 집을 서옥이라고 부른다. …… 자식을 낳아서 장성하면 남편은 아내를 데리고 집으로 돌아온다.
「삼국지」 위서 동이전

① 왕과 신하들이 국동대혈에 모여 함께 제사를 지냈다.
② 신지, 읍차 등의 지배자가 있었다.
③ 12월에 영고라는 제천행사를 열었다.
④ 특산물로는 단궁, 과하마, 반어피 등을 생산하였다.
⑤ 철이 많이 생산되어 낙랑, 왜 등에 수출하였다.

해설
제시된 자료는 고구려의 혼인 풍습인 서옥제이다. 서옥제는 혼인을 정한 뒤 신부 집 뒤꼍에 조그만 집을 짓고, 거기서 자식을 낳아 장성하면 아내를 데리고 신랑 집으로 돌아가는 제도이다.
고구려에서는 10월에 추수 감사제인 동맹이라는 제천 행사를 성대하게 치르고, 아울러 왕과 신하들이 국동대혈에 모여 함께 제사를 지냈다.

오답 분석
② 삼한의 지배자 중에서 세력은 큰 것은 신지, 작은 것은 읍차 등으로 불렸다.
③ 부여에서는 12월에 영고라는 제천 행사를 열었는데, 이것은 수렵 사회의 전통을 보여 주는 것이다.
④ 동예의 특산물로는 단궁이라는 활과 작은 말을 뜻하는 과하마, 바다표범의 가죽인 반어피 등이 유명하다.
⑤ 삼한 중 변한에서는 철이 많이 생산되어 낙랑, 왜 등에 수출하였다.

정답 ①

07 다음 국가에 대한 설명으로 옳은 것은?

> 5월이면 씨뿌리기를 마치고 귀신에게 제사를 지낸다. …… 그들의 춤은 수십 명이 모두 일어나서 뒤를 따라가며 땅을 밟고 구부렸다 치켜들었다 하면서 손과 발로 서로 장단을 맞추었다. 10월에 농사일을 마치고 나서도 이렇게 한다. …… 귀신을 몹시 믿기 때문에 고을마다 한 사람을 뽑아 세워서 천신에게 제사 지내는 것을 주관하게 했는데, 이 사람을 천군이라 불렀다.

① 시체를 가매장하였다가 그 뼈를 추려서 목곽에 안치하는 풍습이 있었다.
② 신성 지역으로 소도가 있었다.
③ 중대한 범죄자는 제가 회의를 통하여 사형에 처하였다.
④ 가(加)들이 저마다 사출도를 다스렸다.
⑤ 무천이라는 제천 행사가 있었다.

해설
삼한에서는 농경이 발달하면서 해마다 씨를 뿌리고 난 뒤인 5월 수릿날과 가을 곡식을 거두어들이는 10월에 계절제를 열어 하늘에 제사를 지냈다.
삼한에는 정치적 지배자 외에 제사장인 천군이 있었고 신성 지역으로 소도가 있었는데, 이곳에서 천군은 농경과 종교에 대한 의례를 주관하였다. 천군이 주관하는 소도는 군장의 세력이 미치지 못하는 곳으로, 죄인이라도 도망을 하여 이곳에 숨으면 잡아가지 못했다. 이러한 제사장의 존재에서 고대 신앙의 변화와 제정의 분리를 엿볼 수 있다.

오답 분석
① 옥저
③ 고구려
④ 부여
⑤ 동예

정답 ②

08 (가) 나라를 지도에서 옳게 찾은 것은?

> [　(가)　]는 큰 나라 사이에서 시달리고 괴롭힘을 당하다가 마침내 고구려에 복속되었다. 고구려는 그 나라 사람 중에 대인을 뽑아 사자로 삼아 토착 지배층과 함께 통치하게 하였다. 사람이 죽으면 가매장을 한다. 겨우 시체가 덮일 만큼 묻었다가 가죽과 살이 다 썩은 다음에 뼈만 추려 곽 속에 넣는다. 온 집 식구를 모두 같은 곽에 넣어 둔다.
>
> 「삼국지」위서동이전

① (가)　② (나)　③ (다)　④ (라)　⑤ (마)

해설
제시된 자료에서 주목해서 보아야 할 부분은 하단부에 있는 가족 공동 무덤 풍속이다.
옥저에서는 가족이 죽으면 시체를 가매장하였다가 나중에 그 뼈를 추려서 가족 공동 무덤인 커다란 목곽에 안치하였다. 또, 목곽 입구에는 죽은 자의 양식으로 쌀을 담은 항아리를 매달아 놓기도 하였다. 함경도 동해안에 위치한 옥저는 소금과 어물 등 해산물이 풍부하였고, 고구려에 소금과 어물 등을 공납(공물)으로 바쳤다.

오답 분석
① 부여
② 고구려
④ 동예
⑤ 삼한

정답 ③

2부

고대 국가의
성립과 발전

1. 고대의 정치

- 왕의 업적을 외우는 것이 가장 기본이 되나, 주관식이 아니라 객관식으로 출제되므로 완벽하게 외우려고 부담 갖지 말아야 합니다. 노란색으로 표시된 중요 부분을 따라가며 눈에 익히는 수준으로 공부하시기 바랍니다.

- 삼국의 통치 체제는 어떤 국가에 어떤 제도가 있었는지 국가별로 기억해 두어야 합니다.

- 고구려의 대외 전쟁과 신라의 삼국 통일 과정은 시기를 묻는 문제가 출제되므로 시기를 잘 파악해 두어야 합니다.

- 통일 신라와 발해 역시 왕들의 업적을 중심으로 공부하시되, 특히 신라 중대와 하대의 차이점을 묻는 문제는 항상 출제되므로 두 시기의 특징을 확실히 구분해야 합니다.

2. 고대의 사회·경제·문화

- 고대의 사회 파트는 출제 비중이 상대적으로 낮습니다. 중요 핵심 사항인 신라의 화백 회의, 화랑도, 골품 제도 등 굵직한 주제에 주목하도록 합시다.

- 고대의 경제 파트 역시 출제 비중이 상대적으로 낮으며, 크게 어렵지 않게 출제됩니다. 시간 투자를 많이 하지 마시고 노란색 중요 표시해 둔 곳을 집중적으로 공부합시다. 특히 신라 하대에 활약한 장보고의 활동은 반복해서 출제되고 있으니 잘 체크해 둡시다.

- 한국사능력검정시험에서는 정치사와 문화사의 비중이 가장 높습니다. 고대 문화사 역시 매회 2~3문제가 출제되고 있으므로 좀 더 집중해서 공부해야 합니다. 특히 불교사가 출제 비중이 높으며, 각 문화유산들은 국가별, 지역별로 구분할 수 있어야 합니다.

고대의 정치

1 삼국·가야의 성립과 발전

(1) 고구려

건국 (기원전 37)	• 부여에서 남쪽으로 내려온 주몽이 졸본에서 건국 • 이후 졸본에서 국내성으로 천도
태조왕 (1세기 후반)	• 계루부 고씨의 왕위 독점 세습 • 옥저 복속 등 정복 활동
고국천왕 (2세기 후반)	• 5부의 개편 : 부족적 전통의 5부를 행정적 성격의 5부로 개편 • 족장들은 중앙 귀족으로 편입 • 왕위 부자 상속 : 형제 상속에서 부자 상속으로 바뀜 • 국상 을파소의 건의로 춘대추납의 진대법 실시
미천왕(4세기)	• 서안평 점령 및 낙랑군 축출 → 남쪽 진출의 발판 마련
고국원왕 (4세기)	• 선비족 전연의 침공으로 위기를 맞음 • 백제 근초고왕의 공격으로 평양성에서 전사함
소수림왕 (4세기)	• 전진의 승려 순도에 의해 불교가 전래됨 • 불교 공인(불교 수용), 태학(국립 교육 기관) 설립, 율령 반포
광개토 대왕 (4세기 말~ 5세기 초)	• 후연을 격파하고 요동 지역 확보 • 만주 지역 정복 • 백제를 공격하여 한강 이북 차지 • 신라에 침입한 왜 격퇴 • '영락' 연호 사용(우리나라 최초의 연호)
장수왕 (5세기)	• 중국의 남북조와 각각 교류 • 남진 정책 - 국내성에서 평양으로 천도(427) - 백제 수도 한성 함락(475) - 한강 유역 장악

▲ 5세기 고구려 전성기의 세력 판도

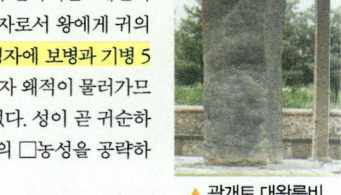

사료 읽기

광개토 대왕의 왜구 격퇴

(영락) 9년(399) 기해에 백제가 서약을 어기고 왜와 화통하므로, 왕은 평양으로 순수해 내려갔다. 신라가 사신을 보내 왕에게 말하기를 "왜인이 그 국경에 가득 차 성을 부수었으니, 노객은 백성된 자로서 왕에게 귀의하여 분부를 청한다."라고 하였다. …… 10년(400) 경자에 보병과 기병 5만을 보내 신라를 구원하게 하였다. …… 관군이 이르자 왜적이 물러가므로, 뒤를 급히 추격하여 임나가라의 종발성에 이르렀다. 성이 곧 귀순하여 복종하므로, 순라병을 두어 지키게 하였다. 신라의 □농성을 공략하니, 왜구는 위축되어 괴멸하였다.

「광개토 대왕릉 비문」

▲ 광개토 대왕릉비
(길림성 집안)

고대 국가의 특징
중앙 집권 국가
왕권 강화
율령 반포
불교의 수용
영토 확장(정복 활동)

고국천왕의 5부 개편
고국천왕은 부족적 전통을 지녀 온 순노부, 소노부, 관노부, 절노부, 계루부의 5부를 행정 구역의 성격을 띤(방위명을 가진) 동부, 서부, 남부, 북부, 중부의 5부로 개편하였다.

진대법
먹을거리가 모자란 봄에 곡식을 빌려 주었다가 가을에 추수한 것으로 갚게 하는 제도.

중원(충주) 고구려비
한반도에 있는 유일한 고구려의 비석으로, 5세기 고구려와 신라의 관계는 물론, 고구려가 5세기 장수왕 때 한강 유역을 확보하였음을 알려 준다.

▲ 중원 고구려비(충북 충주)

(2) 백제

건국 (기원전 18)	• 고구려 유이민 세력과 한강 유역 토착 세력의 결합 • 백제 건국의 주도 세력이 고구려와 같은 계통
고이왕(3세기)	• 한강 유역 장악, 관등제 정비, 관복제 도입, 율령 반포
근초고왕 (4세기)	• 왕위 부자 상속 • 마한 정복 • 고구려의 평양성 공격(고국원왕을 전사시킴) • 중국의 요서·산둥 지방과 일본의 규슈 지방 진출 • 가야에 대한 지배권 행사 • 중국의 동진 및 왜와 교류 • 일본에 칠지도 하사 • 고흥이 역사책 「서기」 편찬
침류왕(4세기)	• 불교 공인(동진의 마라난타에 의해 불교 전래)
비유왕(5세기)	• 신라의 눌지왕과 나제 동맹 체결(433) : 고구려 장수왕의 남하 정책에 대항하기 위해
개로왕(5세기)	• 장수왕의 공격으로 한성 함락(475) 및 한강 유역 상실(개로왕 전사)
문주왕(5세기)	• 개로왕의 아들 문주왕은 웅진(공주)으로 천도(475)
동성왕(5세기)	• 신라의 소지 마립간(소지왕)과 결혼 동맹(493)을 맺어 고구려에 대항
무령왕 (6세기)	• 지방의 22담로에 왕족 파견 : 지방에 대한 통제 강화 • 중국 남조의 양(梁)과 교류

▲ 4세기 백제의 발전(근초고왕)

성왕 (6세기)

• 대외 진출이 쉬운 사비(부여)로 천도(538), 국호를 남부여로 고침
• 중앙 관청을 22부로 확대 정비, 수도를 5부로, 지방을 5방으로 정비
• 중국 남조의 양(梁)과 화친 강화
• 노리사치계로 하여금 일본에 불교를 전함
• 나제 동맹의 결렬(553)과 관산성 전투

551년	신라 진흥왕과 연합하여 고구려를 공격해 한강 유역 부분적 수복 (백제는 한강 하류를, 신라는 한강 상류 차지)
553년	진흥왕의 배신으로 한강 하류를 신라에게 빼앗김
554년	신라를 공격하다가 관산성(옥천) 전투에서 성왕 전사

보충하기 — 백제와 중국 남조와의 교류

무령왕릉은 중국 남조의 영향을 받은 벽돌무덤이며, 「양직공도」에는 6세기 양나라에 파견된 백제 사신을 그리고 해설하였다. 따라서 무령왕릉과 「양직공도」를 통해 백제가 중국의 남조와 교류하였음을 알 수 있다.

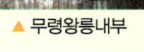

▲ 무령왕릉 내부

▲ 「양직공도」의 백제 사신도

백제의 건국

백제는 고구려 주몽의 아들 온조가 남하하여 한강 유역의 하남 위례성에 정착한 후 마한 소국의 하나로 발전하였다.

석촌동 계단식 돌무지무덤

서울 석촌동에 있는 백제의 무덤으로, 고구려 초기의 무덤 양식과 매우 비슷하다. 이는 백제 건국의 주도 세력이 고구려와 같은 계통이라는 건국 이야기의 내용을 뒷받침한다.

▲ 계단식 돌무지무덤
(서울 송파 석촌동)

백제의 수도 변천

시대	시기
한성 (서울)	건국 ~ 개로왕
웅진 (공주)	문주왕~성왕16
사비 (부여)	성왕16~의자왕

(3) 신라

건국 (기원전 57)	• 진한 소국의 하나인 사로국에서 출발 • 경주 지역 토착민 집단과 유이민 집단 결합 • 박·석·김의 3성이 교대로 왕위 차지
내물 마립간 (4세기)	• 낙동강 동쪽의 진한 지역 거의 차지 • 김씨에 의한 왕위 계승권 확립 • 대군장을 뜻하는 <mark>마립간</mark> 왕호 사용 • <mark>광개토 대왕의 도움으로 왜 격퇴</mark>
눌지 마립간 (5세기)	• 백제의 비유왕과 나제 동맹 체결(433) : 장수왕의 남하 정책에 대항 • 왕위 부자 상속, 고구려 <mark>묵호자에 의해 불교 전래</mark>
소지 마립간 (5세기)	• 경주에 시장 개설 • 백제 동성왕과 결혼 동맹(493)
지증왕 (6세기)	• 국호를 사로국에서 <mark>신라</mark>로, 왕의 칭호를 <mark>마립간에서 왕으로 변경</mark> • 수도와 지방의 행정 구역 정리 • 시장을 감독하는 관청인 동시전 설치 • <mark>이사부에게 우산국(울릉도)을 복속케 함</mark> • 소를 이용한 <mark>우경 실시</mark>, 순장 금지
법흥왕 (6세기)	• 병부 설치, <mark>율령 반포, 공복 제정</mark>, 골품제 정비 • <mark>이차돈의 순교로 불교 공인</mark> • '<mark>건원</mark>' 연호 사용 : 자주 국가로서의 위상을 높임 • 김해 지역의 <mark>금관가야 정복</mark>(532)
진흥왕 (6세기)	• <mark>화랑도를 국가적인 조직으로 개편</mark> • 불교 교단 정비 (사상적 통합 도모) • 한강 유역 장악 및 함경도 지역 진출 • 고령의 <mark>대가야 정복</mark>(562) • 거칠부가 「국사」 편찬

▲ 호우명 그릇 (경주의 호우총에서 발굴된 것으로, 바닥에는 '乙卯年 國岡上 廣開土地好太王 壺杆 十'이라는 글씨가 새겨져 있어, <mark>당시 신라와 고구려의 관계를 보여 준다.</mark>)

호우명 그릇의 의미
당시 고구려와 신라의 긴밀한 관계를 보여주는 것으로 고구려가 신라에 영향력을 행사하였음을 알 수 있다. 또한 광개토 대왕이 신라에 침입한 왜를 격퇴했다는 광개토 대왕릉 비문의 기록을 뒷받침한다.

국호 신라의 의미
왕의 덕업이 날로 새로워져서 사방을 망라한다는 의미이다.

신라의 왕호 변천

왕호	시기
거서간	박혁거세
차차웅	남해
이사금	유리~흘해
마립간	내물~소지
왕	지증~

진흥왕의 한강 유역 장악
진흥왕은 한강 유역을 장악함으로써 경제 기반 강화와 전략적 거점을 확보할 수 있었으며 <mark>황해(당항성)를 통하여 중국과 직접 교역할 수 있는 유리한 발판을 마련하였다.</mark>

▲ 단양 적성비

▲ 북한산비

🔵 **보충하기**   **진흥왕(540~576)의 정복 활동 관련비**

▲ 신라 진흥왕 때의 영토 확장

진흥왕의 정복 활동에 관한 사실은 단양 적성비와 4개의 순수비를 통해 잘 알 수 있다.

비명	의미
단양 적성비(551)	한강 상류 진출
북한산비(555)	한강 하류 확보
창녕비(561)	대가야 정벌 (대가야 멸망 1년 전에 세움)
황초령비·마운령비(568)	함경도 지역 진출

(4) 가야 연맹

위치	• 낙동강 하류 변한 지역에서 성장
전기 가야 연맹 (금관가야 중심)	• 3세기경 김해의 금관가야가 중심이 되어 연맹 왕국으로 발전 • 4세기 말~5세기 초 신라 내물왕을 후원하기 위해 출병한 광개토 대왕의 공격을 받고 거의 몰락하여 가야의 중심 세력 해체
후기 가야 연맹 (대가야 중심)	• 5세기 후반 고령 지방의 대가야를 새로운 맹주로 하여 후기 가야 연맹 이룩 • 6세기 초 백제, 신라와 대등하게 세력 다툼, 신라의 법흥왕과 결혼 동맹을 맺어 국제적 고립 탈피 노력
멸망	• 신라의 법흥왕에 의해 금관가야 멸망(532) • 신라 진흥왕에 의해 대가야 멸망(562) • 중앙 집권적 고대 국가로 발전하지 못하고 연맹 왕국 단계에서 소멸

▲ 가야의 판갑옷과 투구

가야 연맹의 위치

가야의 경제와 문화

경제	• 농경 문화 발달, 풍부한 철 생산 • 낙랑과 왜의 규슈 지방을 연결하는 중계 무역 발달
문화	• 철제 무기와 갑옷, 토기 등이 발달 • 가야의 토기는 일본에 전해져 일본 스에키 토기에 영향을 줌 • 대가야의 우륵은 신라에 망명하여 신라인들에게 가야금 전수 • 대표 유적지 : 김해 대성동 고분군, 고령 지산동 고분군

▲ 가야의 금관

▲ 가야의 수레 토기

사료읽기

(금관)가야를 건국(42년)한 김수로왕 이야기

서기 42년 3월에 북쪽 구지에서 누군가를 부르는 것 같은 이상한 소리가 났다. 200~300명 정도가 이곳에 모이자 사람 말소리가 들렸는데 그 형체를 보이지 않고 소리만 났다.

"하느님께서 나에게 명하시길, 이곳에 와서 나라를 세우고 임금이 되라고 하셨다. 그래서 내려온 것이다. 너희들은 모름지기 산봉우리 위에서 흙을 파면서 노래하기를, '거북아 거북아 머리를 내어라. 만일 내밀지 않으면 구워서 먹겠다.'라고 하면서 춤을 추어라. 그렇게 하면 곧 대왕을 맞이하게 되어 기뻐 춤을 추게 될 것이다." 구간들이 그 말처럼 모두 기뻐하면서 노래를 불렀다. 얼마 되지 않아 하늘을 우러러보았더니 붉은 줄이 하늘로부터 내려와 땅에 닿았다. 줄의 끝을 찾아보니 붉은 보자기 속에 금 상자가 있었고, 상자를 열어 보니 황금알 여섯 개가 있었다. 12일이 지난 뒤에 알에서 차례로 사내아이가 태어났다. 처음으로 세상에 나타났기 때문에 이름을 수로(首露)라고 하였다. 나라는 대가락이라 불렸는데 가야국이라고도 하였다. 나머지 다섯 명도 각각 다섯 가야의 왕이 되었다.

「삼국유사」 가락국기

구지봉

삼국의 지방 통치
삼국은 최상급 지방 행정 단위로 부와 방 또는 주를 두고 지방 장관을 파견하였다. 그 아래의 성이나 군에도 지방관을 파견하였으나 말단 행정 단위인 촌에는 지방관을 파견하지 않고 토착 세력을 촌주로 삼았다.

촌주
지방관을 보좌하면서 촌락 내의 행정과 군사 실무의 처리에 중요한 역할을 담당하였다.

백제의 정사암 회의
호암사에 정사암이라는 바위가 있다. 국가에서 재상을 뽑을 때 후보자 3~4명의 이름을 써서 상자에 넣어 바위 위에 두었다. 얼마 뒤에 열어 보아 이름 위에 도장이 찍혀 있는 자를 재상으로 삼았다. 이 때문에 정사암이라는 이름이 생기게 되었다. 「삼국유사」

여수장우중문시
우중문이 30만 대군으로 침공해 왔을 때 을지문덕은 다음과 같이 조롱하는 시를 써 보냈다. "귀신 같은 책략은 하늘의 이치를 다했고 오묘한 꾀는 땅의 이치를 깨우쳤네. 싸움에서 이긴 공이 이미 높으니 만족함을 알고 그치기를 바라오."

천리 장성
고구려가 당의 침략에 대비하여 631년(영류왕 14)부터 16년의 공사 끝에 완성(647, 보장왕 6)한 성으로 북쪽의 부여성(농안)에서 남쪽의 비사성(대련)에 이른다. 연개소문은 이 성곽 축조를 감독하면서 요동 지방의 군사력을 장악하여 정권을 잡을 수 있었다.

---

② 삼국의 통치 체제

구분		고구려	백제	신라
관등제		10여 관등	16관등	17관등
수상		대대로	상좌평	상대등
귀족 회의		제가 회의	정사암 회의	화백 회의
지방 행정	수도	5부	5부	6부
	지방(지방 장관)	5부(욕살)	5방(방령)	5주(군주)
	촌	• 말단 행정 단위 • 지방관을 파견하지 않고 토착 세력을 촌주로 삼았음		
군사 조직		• 지방 행정 조직은 그대로 군사 조직이기도 하였음 • 각 지방의 지방관은 곧 군대의 지휘관 • 국가의 주민 통치는 본질적으로 군사적 지배의 성격을 띰		

③ 고구려와 수·당의 전쟁(6세기 말~7세기)

(1) 국제 정세의 변화

수의 통일	• 수나라가 남북조로 분열된 중국을 통일함(581)
남북 vs 동서	• 남북 세력(돌궐-고구려-백제-왜) vs 동서 세력(신라-수)

(2) 고구려와 수의 전쟁

원인	• 고구려가 영양왕(590~618) 때 요서 지방을 선제 공격(598)
문제 침입(598)	• 수 문제의 대군이 침입하였으나 요하를 굳게 지켜 막아 냄
양제의 침입과 살수 대첩(612)	• 수 양제가 113만 대군을 이끌고 고구려 침략 • 수는 요동성 공격 및 우중문의 30만 별동대로 평양성을 공격케 함 • 을지문덕이 30만 별동대를 살수(청천강)에서 대파(살수 대첩, 612)

(3) 고구려와 당의 전쟁

당의 건국 (618)	• 무리한 침략 전쟁으로 국력이 쇠퇴한 수가 멸망하고 당이 건국됨 • 건국 초기 고구려와 친선 관계 유지, 당 태종 즉위 후 관계 악화
고구려의 강경책	• 고구려는 당의 침입에 대비하여 천리 장성 축조 • 권력을 장악한 연개소문은 당나라에 강경 정책 추진
당의 침입과 안시성 전투	• 당 태종이 대군을 이끌고 고구려를 침략 • 안시성에서 양만춘과 군민이 합심하여 당의 군대를 격퇴함(645)

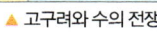

▲ 고구려와 수의 전쟁

▲ 고구려와 당의 전쟁

4 신라의 삼국 통일

(1) 나·당 동맹(나·당 연합, 648)

백제의 압박	• 백제 의자왕이 신라의 대야성 등 40여 성 함락(642, 선덕 여왕 11)
나·당 동맹	• 김춘추가 당으로 건너가 나·당 동맹 체결(648, 진덕 여왕 2)
무열왕의 즉위	• 진덕 여왕의 뒤를 이어 태종 무열왕(김춘추, 654~661)이 즉위함

(2) 백제의 멸망(660)과 부흥 운동

나·당 연합군의 공격과 백제의 멸망	• 황산벌 전투(660)에서 김유신의 신라군이 백제 계백의 결사대 격파 • 당군은 금강 하구로 침입 • 사비성이 함락되면서 멸망(660, 의자왕 20) • 당은 백제의 옛 땅에 웅진 도독부(660)를 설치하고 지배하려 함
백제 부흥 운동	• 복신과 흑치상지, 도침 등이 왕자 풍(부여풍)을 왕으로 추대 • 주류성(복신, 도침)과 임존성(흑치상지)을 거점으로 군사를 일으킴 • 부흥군은 200여 성을 회복하고 사비성과 웅진성의 당군을 공격 • 왜의 백제 부흥군 지원 : 백강 전투(663)에서 나·당 연합군에게 패배 • 지도층의 분열과 나·당 연합군에 의해 부흥 운동 좌절

백강 전투(663)
왜의 수군이 백제 부흥군을 지원하기 위해 백강 입구까지 왔으나 나·당 연합군에게 패배하였다.

(3) 고구려의 멸망(668)과 부흥 운동

멸망 원인	• 수·당과의 전쟁으로 인한 국력 소모 • 연개소문 사후 지배층의 권력 쟁탈전
고구려의 멸망 (668, 보장왕)	• 나·당 연합군의 공격 →평양성 함락 • 당은 고구려의 옛 땅에 안동 도호부를 설치(668)하여 지배하려 함
고구려 부흥 운동	• 한성(황해도 재령) 　－ 검모잠이 안승을 왕으로 추대 • 오골성을 근거지로 고연무의 저항 • 금마저(전북 익산) 　－ 신라는 안승을 보덕국왕으로 임명

▲ 백제와 고구려의 부흥 운동

고구려 부흥 운동
고구려 멸망 이후 보장왕의 서자 안승을 받든 검모잠과 고연무 등은 고구려의 유민을 모아 한성(황해도 재령)과 오골성을 근거지로 부흥 운동을 전개하였다. 이들은 한때 평양성을 탈환하기도 하고 후에 신라의 도움을 받으면서 기세를 떨치기도 하였다.

신라의 고구려 부흥 운동 지원
안승은 당군에 대처하는 방안 등을 둘러싸고 검모잠과 대립하게 되어 그를 죽이고 신라로 투항하였다. 신라는 안승을 금마저에 머물게 하고 674년 보덕국왕으로 봉해 고구려 유민들을 당의 세력을 축출하는 데 이용하려 하였다.

(4) 나·당 전쟁과 삼국 통일

당의 한반도 지배 야욕	• 웅진 도독부 설치(660, 공주) • 계림 도독부 설치(663, 경주) • 안동 도호부 설치(668, 평양)
매소성 전투	• 675년, 당의 20만 대군 격파
기벌포 전투	• 676년, 당의 설인귀 수군 섬멸
삼국 통일	• 676년, 대동강~원산만을 경계로 통일

삼국 통일(문무왕 16)의 의의와 한계	
의의	• 당 세력을 무력으로 축출(자주성)
한계	• 외세(당)를 이용한 통일 • 대동강 이남 지역을 확보하는 데 그침

▲ 나·당 전쟁

5 남북국(통일 신라·발해)의 발전

신라의 시대 구분(삼국사기식 구분)

시대	상대	중대	하대
왕	박혁거세~진덕 여왕	무열왕~혜공왕	선덕왕~경순왕
시기	통일 전	통일 무렵 이후	통일 신라 말기
혈통	성골	진골(무열왕계)	진골(내물왕계)

(1) 통일 신라의 발전(신라 중대)

태종 무열왕 (654~661)	• 최초의 진골 출신 왕 → 혜공왕 때까지 무열왕 직계 자손 왕위 계승 • 당과 연합하여 백제를 멸망시킴(660) • 집사부의 장관인 시중의 기능 강화, 상대등 세력 억제
문무왕 (661~681)	• 당과 연합하여 고구려를 멸망시킴(668) • 당군을 격파해 삼국 통일 이룩(676)
신문왕 (681~692)	• 김흠돌의 난을 계기로 귀족 세력을 숙청하고 전제 왕권을 강화함 • 9주 5소경 체제의 지방 행정 조직 완비 • 중앙 정치 기구와 군사 조직(9서당 10정) 정비 • 문무 관리에게 관료전을 지급하고 귀족의 경제 기반인 녹읍 폐지 • 유학 교육을 위한 국학 설립 • 만파식적 피리
성덕왕 (702~737)	• 백성들에게 정전 지급(국가의 토지 지배력 강화)
경덕왕 (742~765)	• 진골 귀족들의 반발로 전제 왕권이 흔들리기 시작 • 녹읍 부활

(2) 신라 하대의 사회 동요

진골 귀족들의 왕위 쟁탈전	• 이찬 김지정의 난(780) 중에 혜공왕이 피살되어 상대등이었던 김양상 (내물왕 10대손)이 선덕왕이 됨 • 김헌창의 난(822, 헌덕왕 14)
농민 봉기	• 원종·애노의 난(889, 진성 여왕 3) : 강압적 수취에 항거 • 농민 항쟁 전국적 확산
지방 호족 세력 성장	• 중앙 정부의 통제에서 벗어나면서 반독립적 세력으로 성장 • 성을 쌓고 군대를 보유해 스스로 성주 또는 장군이라 칭함 • 지방의 행정권과 군사권 장악
新사상 유행	• 선종 유행(선종 불교 확산) 및 풍수지리설 유행
6두품 세력과 선종 승려	• 신라 골품제 사회 비판, 새로운 정치 이념 제시 • 지방 호족 세력과 연계하여 사회 개혁 추구

신라 중대와 하대의 비교

중대	하대
• 왕권의 전제화(상대적으로 진골 귀족 세력 약화) • 집사부 시중 세력 강화, 상대등 세력 약화 • 6두품 세력이 왕권과 결탁해 상대적으로 부각 • 6두품 세력은 학문적 식견을 바탕으로 왕의 정치 적 조언자로 활동하거나 행정 실무 담당	• 왕권 약화, 귀족 연합 정치 운영 • 중앙 귀족들의 왕위 쟁탈전 • 지방 세력들도 왕위 쟁탈전에 가담 • 중앙 정부의 지방 통제력 약화, 국가 재정 악화 • 지방 호족의 성장(6두품 및 선종 승려와 연계)

무열왕의 왕권 강화
왕명을 받들고 기밀 사무를 관장하는 집
사부의 장관인 시중의 기능을 강화하고
귀족 세력의 이익을 대변하던 상대등의
세력을 억제하여 통일 이후 귀족 세력이
약화되고 왕권이 전제화될 수 있는 바탕
을 마련하였다.

김흠돌의 난(681)
신문왕이 즉위하던 해에 신문왕의 장인
김흠돌의 모역 사건이 있었다. 이 사건
에 많은 귀족이 관련되어 있어서 귀족에
대해 대대적인 숙청이 행해졌다.

녹읍과 관료전
녹읍은 국가에서 관료 귀족에게 지급한
일정 지역의 토지로, 조세를 수취할 뿐
만 아니라 그 토지에 딸린 노동력을 징
발할 수 있었다. 반면에 관료전은 조세
수취만 가능(수조권만 인정)하고 노동
력 징발은 불가능하였다.

만파식적
신문왕이 아버지 문무왕을 위해 감은
사를 짓고 추모하는데, 죽어서 바다 용
이 된 문무왕과 하늘의 신이 된 김유신
이 동해의 한 섬에 대나무를 보냈다. 이
대나무를 베어 피리를 만들어 불자, 나
라의 모든 근심과 걱정이 해결되었다고
한다.

김헌창의 난(822)
웅천주 도독 김헌창은 무열왕계 후손인
아버지 김주원이 원성왕에 밀려 왕위에
오르지 못한 것에 불만을 품고 웅주(공
주)에서 국호를 '장안', 연호를 '경운'이
라 하고 난을 일으켰으나 진압되었다.
김헌창의 아들인 김범문도 825년(헌덕
왕 17)에 난을 일으켰으나 진압되었다.

원종·애노의 난(신라 하대)

진성 여왕 3년(889)에 나라 안의 여러 주·군에서 공부(貢賦)를 바치지 않으니, 창고가 비고 나라의 쓰임이 궁핍해졌다. 왕이 사신을 보내어 독촉하였으나, 이로 말미암아 곳곳에서 도적이 벌 떼같이 일어났다. 이에 원종, 애노 등이 사벌주(상주)에 의거해 반란을 일으키니, 왕이 나마 벼슬의 영기에게 명해 잡게 하였다. 영기가 적진을 쳐다보고는 두려워하여 나아가지 못하였다.

「삼국사기」

(3) 통일 신라의 통치 체제

중앙 정치 기구 (14부)	• 집사부를 중심으로 관료 기구의 기능 강화 • 집사부 시중의 지위를 높였고, 그 아래에는 위화부를 비롯한 13부를 두고 행정 업무를 분담하게 함 • 사정부 : 감찰 기구, 관리의 비리와 부정을 방지하기 위해

지방 행정 조직 (9주 5소경)	• 전국을 9주로 나눔
	  - 군사적 기능보다 행정적 기능 강화
	  - 주 아래에 군이나 현을 두어 지방관 파견
	  - 촌은 토착 세력인 촌주가 다스림
	• 5소경 설치
	  - 군사·행정상의 요지에 설치
	  - 수도 금성(경주)이 지역적으로 치우쳐 있는 것을 보완
	  - 각 지방의 균형 있는 발전을 꾀함
	• 특수 행정 구역 : 향, 부곡
	• 외사정 파견 : 지방관을 감찰하기 위하여
	• 상수리 제도 실시 : 지방 세력을 견제하기 위하여

군사 조직 (9서당 10정)	• 9서당(중앙군)
	  - 신라, 고구려, 백제, 말갈, 보덕국인으로 편성 (민족 융합 정책)
	• 10정(지방군)
	  - 9주에 1정씩 배치, 북쪽 국경 지대인 한주(한산주)에 2정 배치

▲ 남북국의 형세

통일 신라의 중앙 관부

집사부	: 국가 기밀 사무
위화부	: 문관 인사 담당
조부·창부	: 수취 업무
예부	: 교육, 의례
영객부	: 외교, 사신 접대
승부	: 육상 교통 사무
병부	: 국방 사무
좌이방부	: 형벌, 법률
우이방부	: 형벌, 법률
선부	: 해상 교통
공장부	: 수공업 사무
예작부	: 토목, 건축
사정부	: 관리 감찰

5소경
서원경(청주)
중원경(충주)
남원경(남원)
금관경(김해)
북원경(원주)

향·부곡
향이나 부곡에 사는 사람은 농민과 대체로 비슷한 생활을 하였으나, 일반 농민보다 어려운 형편이었다. 농민보다 더 많은 공물 부담을 져야 했기 때문이다.

상수리 제도
지방 세력을 통제하기 위해서 이들을 일정 기간 수도에 와서 거주하게 하던 것으로 고려 시대에는 기인 제도로 이어졌다.

발해의 독자적 연호
(중국과의 대등함 과시)

왕(이름)	연호
고왕 (대조영)	천통
무왕 (대무예)	인안
문왕 (대흠무)	대흥
선왕 (대인수)	건흥

신라도
발해의 상경을 출발하여 동경과 남경을 거쳐 동해안을 따라 신라에 이르던 교통로를 말한다. 8세기 전반에 개설된 것으로 추정되나, 자주 이용된 것은 8세기 후반 이후 9세기 전반까지이다.

(4) 발해의 발전과 멸망

건국(698)	• 대조영이 고구려 유민, 말갈인 집단과 함께 길림성 동모산에서 건국
무왕 (719~737)	• 이름 : 대무예　• 연호 : 인안 • 장문휴의 수군으로 당의 산둥 지방(산둥 반도 등주(덩저우)) 공격 • 요서 지역에서 당군과 격돌, 돌궐 · 일본과 연결하여 당과 신라 견제
문왕 (737~793)	• 이름 : 대흠무　• 연호 : 대흥 • 당과 친선 관계, 당의 문물을 받아들여 체제 정비 • 신라와 상설 교통로(신라도) 개설 • 수도를 중경에서 상경으로 천도
선왕 (818~830)	• 이름 : 대인수　• 연호 : 건흥 • 대부분의 말갈족을 복속시키고 요동 지역으로 진출(최대 영토 확보) • 남쪽으로는 신라와 국경을 접할 정도로 넓은 영토 차지 • 중국인들은 전성기를 맞은 발해를 '해동성국'이라 부름 • 5경 15부 62주의 지방 제도 완비
멸망(926)	• 거란의 침략을 받아 멸망(926)

보충하기　발해의 고구려 계승 근거
• 일본에 보낸 국서에 '고려' 또는 '고려국왕'이라는 명칭 사용
• 문화의 유사성 : 불상, 굴식 돌방무덤의 모줄임 천장 구조(정혜공주 묘) 등
• 발해 멸망 후 발해의 유민들(왕자 대광현 등)이 대거 고려에 망명하였고, 고려 태조는 이들을 우대하고 동족 의식을 분명히 함

(5) 발해의 통치 체제

발해의 중앙 관제
정당성 : 왕명 집행
선조성 : 왕명 반포
중대성 : 왕명 작성
중정대 : 관리 감찰
문적원 : 서적 관리
주자감 : 국립 대학

중앙 정치 조직 (3성 6부)	• 당의 제도(3성 6부)를 수용하였으나, 그 명칭과 운영은 독자성 유지 • 국정 총괄 : 정당성 장관 대내상 • 이원적 통치 체제, 유교적 명칭의 6부 　- 좌사정이 충, 인, 의 3부를, 우사정이 지, 예, 신 3부를 각각 나누어 관할
지방 행정 조직	• 5경 : 전략적 요충지 • 15부 : 지방 행정의 중심지 • 62주 : 부 아래 하부 행정 단위
군사 조직	• 중앙군으로 10위를 두어 왕궁과 수도 경비 • 지방 행정 조직에 따라 지방군을 편성하여 지방관이 지휘하게 함

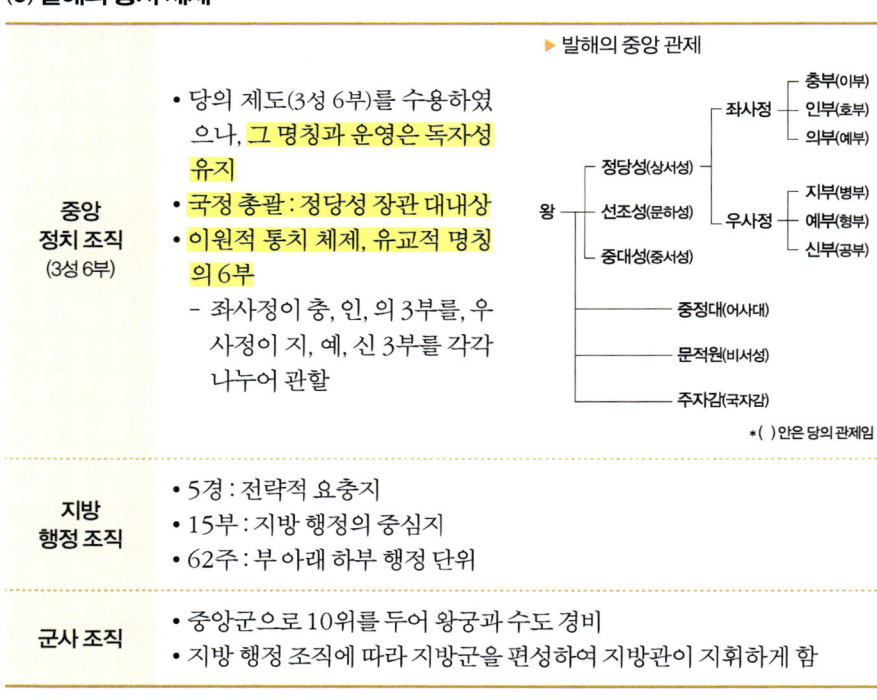

▶ 발해의 중앙 관제

* ( )안은 당의 관제임

(6) 후삼국의 성립

성립	• 견훤과 궁예가 신라 말의 사회 혼란을 틈타 독자적 정권 수립
견훤의 후백제 건국(900)	
도읍 (완산주)	• 상주 호족 아자개의 아들로 태어난 견훤이 전라도 지방의 군사력과 호족 세력을 토대로 완산주(전주)에 도읍을 정하고 후백제 건국(900)
세력 범위	• 충청도와 전라도 지역 장악
외교 관계	• 중국(후당, 오월 등)과 외교 관계를 맺음
한계	• 신라에 적대적(신라를 공격하여 경애왕을 자살하게 함) • 농민에 대한 지나친 조세 수취 및 호족 포섭 실패
궁예의 후고구려 건국(901)	
건국 (901)	• 궁예는 신라 왕족의 후예로서 북원(원주) 지방의 초적 양길의 휘하로 들어가 세력을 키움 • 세력이 커지자 송악(개성)에 도읍을 정하고 후고구려 건국(901)
국호 변경, 천도	• 국호를 마진으로 바꾸고 도읍을 철원으로 옮김 • 후에 다시 국호를 태봉으로 변경
한계	• 지나친 조세 수취, 죄 없는 관료들을 살해 • 미륵 신앙을 이용하여 전제 정치 도모 → 신하들에 의해 궁예 축출

(7) 고려의 성립과 민족의 재통일 과정

고려 건국 (918)	• 태조 왕건의 활동
	  - 송악 지방의 호족 출신
	  - 궁예의 신하가 되어 한강 유역 및 금성(나주) 점령
	  - 궁예를 몰아내고 신하들의 추대 형식을 빌려 왕위에 오름
	  - 고구려 계승을 내세워 국호를 고려라 하고(918), 송악으로 천도
	  - 신라에 대하여 적극적 우호 정책
	  - 중국의 5대 여러 나라와 외교 관계를 맺음

발해 멸망	• 거란의 침략으로 발해 멸망(926) → 발해 유민들의 고려 망명
신라의 항복	• 태조는 경순왕의 항복을 받아 전쟁 없이 신라 통합(935)
후백제 멸망 (936)	• 견훤은 왕위 계승에 불만을 품은 장남 신검에 의해 금산사에 갇힘 • 견훤이 금산사를 탈출해 고려에 귀순(935) • 고려가 신검의 후백제군을 격파하고 후삼국을 통일함(936)

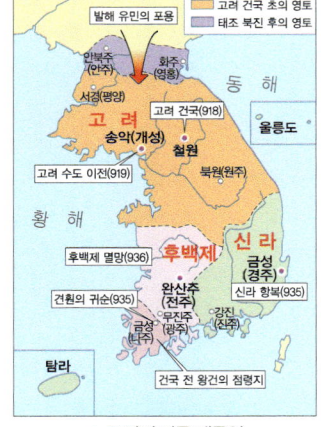

▲ 고려의 민족 재통일

사료읽기

궁예

궁예는 신라 사람으로 성은 김씨이고 아버지는 제47대 헌안왕 의정이며, 어머니는 헌안왕의 후궁이었다. …… 머리를 깎고 승려가 되어 스스로 선종(善宗)이라 이름하였다. …… 선종이 왕이라 자칭하고 사람들에게 이르기를 "이전에 신라가 당나라에 군사를 청해 고구려를 격파하였기 때문에 옛 서울 평양은 오래되어서 풀만 무성하게 되었으니 내가 반드시 그 원수를 갚겠다."라고 하였다.
「삼국사기」

실전 기출 및 예상 문제

01 지도와 같은 형세를 이룬 시기의 고구려에 대한 사실로 옳은 것은?

① 졸본에서 국내성으로 도읍을 옮겼다.
② 낙랑군을 축출하여 영토를 확장하였다.
③ 을파소의 건의로 진대법을 실시하였다.
④ 천리 장성을 축조하여 당의 침략에 대비하였다.
⑤ 남한강 상류 지역에 충주 고구려비를 건립하였다.

해설

제시된 지도를 보면 고구려가 한강 전 지역을 장악하고 있다. 따라서 고구려의 최대 전성기인 5세기 장수왕 때의 형세임을 알 수 있다. 장수왕은 427년에 평양으로 도읍을 옮기고 적극적인 남하 정책을 추진하였다. 그 결과 백제의 수도 한성을 함락하고 한강 전 지역을 포함해 죽령 일대에서 남양만을 연결하는 선까지 그 판도를 넓혔다. 이러한 고구려의 한강 유역 진출은 남한강 유역에 세운 중원 고구려비(충주 고구려비)에 잘 나타나 있다.

오답 분석

① 유리왕 때(1세기)의 사실이다.
② 미천왕 때(4세기)의 사실이다.
③ 고국천왕 때(2세기)의 사실이다.
④ 천리 장성은 고구려가 당의 침략에 대비하여 647년(보장왕 6)에 16년의 공사 끝에 완성하였다.

정답 ⑤

02 다음의 내용을 뒷받침할 수 있는 유물로 가장 적절한 것은?

(영락) 9년(399) 기해에 백제가 서약을 어기고 왜와 화통하므로, 왕은 평양으로 순수해 내려갔다. 신라가 사신을 보내 왕에게 말하기를 "왜인이 그 국경에 가득 차 성을 부수었으니, 노객은 백성된 자로서 왕에게 귀의하여 분부를 청한다."라고 하였다.……10년(400) 경자에 보병과 기병 5만을 보내 신라를 구원하게 하였다.

해설

제시된 자료는 고구려 광개토 대왕릉 비문이다. 광개토 대왕은 5만의 군사를 보내 신라에 침입한 왜를 격퇴하였다. 경주의 호우총에서 발굴된 호우명 그릇 바닥에는 "乙卯年 國岡上 廣開土地好太王 壺杅十(을묘년 국강상 광개토지호태왕 호우십)"이라는 글씨가 새겨져 있어, 당시 신라와 고구려의 관계(신라가 고구려의 정치적 영향을 받고 있었음)를 보여 주며, 광개토 대왕이 신라에 침입한 왜구를 격퇴한 사실을 뒷받침해 준다.

오답 분석

① 중원 고구려비 : 충북 충주에 있는 중원(충주) 고구려비는 한반도에 있는 유일한 고구려의 비석으로, 고구려가 5세기 장수왕 때 한강 유역을 확보하였음을 알려 준다.
③ 단양 적성비 : 신라 진흥왕의 한강 상류 진출을 입증한다.
④ 북한산비 : 신라 진흥왕의 한강 하류 확보 사실을 입증한다.
⑤ 칠지도 : 백제 근초고왕이 일본에 하사한 것으로 백제와 왜의 교류 관계를 보여 준다.

정답 ②

03 (가)~(다)를 수도로 삼았던 시기의 백제에 대한 설명으로 옳지 <u>않은</u> 것은?

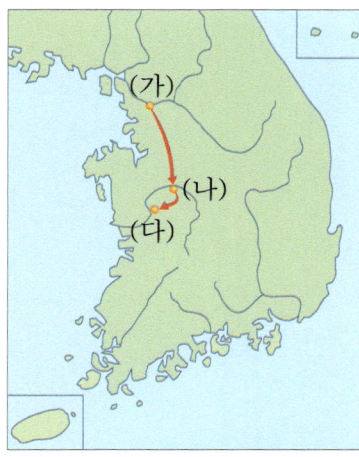

① (가) - 고구려를 견제하기 위해 중국 북위에 국서를 보냈다.
② (나) - 신라 소지왕과 결혼 동맹을 맺었다.
③ (나) - 지방의 22담로에 왕족을 파견하였다.
④ (다) - 일시적으로 한강 유역을 되찾았다.
⑤ (다) - 불교를 공인하여 중앙 집권 체제를 뒷받침하였다.

> [해설]
> 지도의 (가)는 한성, (나)는 웅진(공주), (다)는 사비(부여)이다.
> ① 백제는 5세기 개로왕 때 고구려 장수왕의 남하 정책에 대항하기 위해 중국 북위에 국서를 보내기도 하였으나, 장수왕의 공격으로 한성이 함락되고 한강 유역을 상실하였으며, 개로왕도 전사했다. 이에 백제는 문주왕 때 웅진(공주)으로 천도하였다.(475)
> ② 웅진 천도 이후 동성왕 때에는 신라의 소지 마립간(소지왕)과 결혼 동맹을 맺어 고구려에 대항하였다.
> ③ 무령왕 때에는 지방의 22담로에 왕족을 파견하여 지방에 대한 통제를 강화하였다.
> ④ 성왕 때에는 대외 진출이 쉬운 사비(부여)로 천도하고(538), 국호를 남부여로 고치면서 중흥을 꾀하였다. 성왕은 고구려의 내정이 불안한 틈을 타서 신라와 연합하여 일시적으로 한강 유역을 부분적으로 수복하였지만 곧 신라에게 빼앗기고, 자신도 신라를 공격하다가 관산성에서 전사하였다.

> [오답 분석]
> ⑤ 백제는 4세기 침류왕 때 불교를 공인하여 중앙 집권 체제를 사상적으로 뒷받침하였다.

> [정답] ⑤

24회 기출

04 지도의 비석을 세운 왕의 업적으로 옳은 것은?

① 경주에 동시전을 설치하였다.
② 금관가야를 복속해 영토를 확장하였다.
③ 화랑도를 국가적인 조직으로 정비하였다.
④ 군사 조직을 9서당과 10정으로 편성하였다.
⑤ 김흠돌의 난을 진압하고 왕권을 강화하였다.

> [해설]
> 제시된 자료는 6세기 신라 진흥왕 때의 정복 활동 관련 비석과 영토 확장 지도이다. 신라는 6세기 진흥왕 때에 이르러 내부의 결속을 더욱 강화하고 활발한 정복 활동을 전개하면서 삼국 간의 항쟁을 주도하기 시작하였다. 진흥왕은 국가 발전을 위한 인재를 양성하기 위해 화랑도를 국가적인 조직으로 개편하고, 불교 교단을 정비하여 사상적 통합을 도모하였다. 이를 토대로 진흥왕은 고구려의 지배 아래에 있던 한강 유역을 빼앗고 함경도 지역으로까지 진출했으며, 남쪽으로는 고령의 대가야를 정복(562)하여 낙동강 서쪽을 장악하였다.

> [오답 분석]
> ① 신라의 지증왕은 6세기 초에 시장을 감독하는 관청인 동시전을 설치하였다.
> ② 신라의 법흥왕은 김해 지역의 금관가야를 정복하여 영토를 확장하였다.(532)
> ④ 통일 신라의 신문왕은 중앙군을 9서당으로, 지방군을 10정으로 편제해 군사 조직을 정비하였다.
> ⑤ 통일 신라의 신문왕은 김흠돌의 모역 사건(김흠돌의 난)을 계기로 귀족 세력을 숙청하고 정치 세력을 다시 편성하였다.

> [정답] ③

실전 기출 및 예상 문제

05 다음 유물을 남긴 국가에 대한 탐구 활동으로 옳지 <u>않은</u> 것은?

갑옷과 투구 　　　　　 수레 토기

① 삼국유사에 일부 전하는 가락국기를 분석한다.
② 고구려군의 공격으로 주도 세력이 변화한 과정을 살펴본다.
③ 나·당 연합군에 의해 멸망한 과정을 조사한다.
④ 삼국유사에 전하는 김수로왕 설화를 분석한다.
⑤ 일본 스에키 토기에 대해 조사한다.

해설

제시된 유물들은 가야의 유물들이다.
① 「가락국기」는 고려 시대에 편찬된 가야에 관한 역사책으로 일부 내용이 「삼국유사」에 남아 있다.
② 가야는 4세기 말~5세기 초 신라를 후원하는 고구려 광개토 대왕의 공격을 받고 거의 몰락하여 가야의 중심 세력이 해체되고 낙동강 서쪽 연안으로 축소되었다. 이로 인해 김해 금관가야를 중심으로 하는 전기 가야 연맹이 해체되었고, 5세기 후반에는 고령 지방의 대가야를 새로운 맹주로 하여 후기 가야 연맹이 형성되었다.
④ 「삼국유사」에는 금관가야를 건국한 김수로왕 설화가 전해진다.
⑤ 가야의 토기는 일본에 전해져 일본 스에키 토기에 직접적인 영향을 주었다.

오답 분석

③ 가야는 532년 신라 법흥왕에 의해 금관가야가 정복당했고, 562년에는 진흥왕에 의해 대가야가 멸망하면서 가야 연맹은 완전히 해체되고 말았다.

정답 ③

22회 기출

06 다음 자료에 해당하는 국가에 대한 탐구 활동으로 가장 적절한 것은?

> 북쪽 구지에서 이상한 소리가 들렸다. …… 마을 사람들이 다시 모여서 상자를 열어 보니 알 여섯이 모두 어린애가 되어 있었다. …… 그 달 보름에 왕위에 올랐는데, 세상에 처음 나타났다고 하여 이름을 수로라 하였다.

① 평양 천도의 목적을 분석한다.
② 김해 대성동 고분군을 조사한다.
③ 정사암 회의의 기능을 파악한다.
④ 담로가 설치된 지역을 찾아본다.
⑤ 단양 적성비의 내용을 알아본다.

해설

제시된 자료는 금관가야를 건국한 김수로의 탄생 설화(가야 건국 설화)이다. 따라서 김해 금관가야에 대한 탐구 활동으로 가장 적절한 내용을 고르는 문제이다. 김해 대성동 고분군은 경남 김해시 대성동에 있는 금관가야 시대의 무덤 유적이다.

오답 분석

① 427년 고구려의 장수왕은 도읍을 국내성에서 평양으로 옮기고 적극적으로 남하 정책을 추진하였다.
③ 정사암 회의는 백제의 귀족 회의체로 이러한 귀족 합의 기구는 왕권을 견제하는 기능도 하였다.
④ 6세기 백제의 무령왕은 지방의 22담로에 왕족을 파견하여 지방에 대한 통제를 강화하였다.
⑤ 단양적성비(551)는 신라 진흥왕의 한강 상류 진출 사실을 입증한다.

정답 ②

07 다음 자료와 관련된 전쟁이 발생한 시기를 연표에서 옳게 고른 것은?

> 우중문이 30만 대군으로 침공해 왔을 때 을지문덕은 다음과 같이 조롱하는 시를 써 보냈다.
> "귀신같은 책략은 하늘의 이치를 다했고 오묘한 꾀는 땅의 이치를 깨우쳤네. 싸움에서 이긴 공이 이미 높으니 만족함을 알고 그치기를 바라오."

589		618		645		660		668		676	
	(가)		(나)		(다)		(라)		(마)		
수의 중국 통일		당의 건국		안시성 싸움		백제 멸망		고구려 멸망		삼국 통일 완성	

① (가) ② (나) ③ (다) ④ (라) ⑤ (마)

해설

제시된 자료는 을지문덕이 수나라 우중문에게 보낸 한시이다. 612년 백만이 넘는 대군을 이끌고 침략해 온 수 양제는 요동성을 공격하였으나 함락시키지 못하였다. 이에 우중문의 30만 별동대로 하여금 고구려의 수도 평양성을 공격하게 하였다. 수의 군대는 평양성 부근까지 도달하였고, 이때 을지문덕은 우중문에게 다음과 같은 시를 지어 보냈다.

> "귀신같은 책략은 하늘의 이치를 다했고 오묘한 꾀는 땅의 이치를 깨우쳤네. 싸움에서 이긴 공이 이미 높으니 만족함을 알고 그치기를 바라오."

군량이 떨어져 더 이상 공격을 해 봐야 승리하기 힘들다고 판단한 수나라의 별동대는 퇴각을 결정하였고, 을지문덕은 철수하는 적을 살수에서 대파하여 결정적인 승리를 거두었다.(살수 대첩, 612)

정답 ①

08 다음 자료의 사건이 발생한 시기를 연표에서 옳게 고른 것은?

> 유민을 모아 봉기한 검모잠은 패강 남쪽 지역에서 당나라 관리와 승려를 살해하고 도망쳤다. 이후 그는 한성에서 안승을 맞이하여 왕으로 추대하면서 부흥 운동을 본격화하였다.

612		660		668		676		698		900
	(가)		(나)		(다)		(라)		(마)	
살수 대첩		백제 멸망		고구려 멸망		신라 삼국 통일		발해 건국		후백제 건국

① (가) ② (나) ③ (다) ④ (라) ⑤ (마)

해설

검모잠, 안승 등을 통해 고구려 부흥 운동에 관한 내용임을 알 수 있다. 고구려 멸망(668) 이후 보장왕의 서자 안승을 받든 검모잠과 고연무 등은 고구려의 유민을 모아 한성(황해도 재령)과 오골성을 근거지로 부흥 운동을 전개하였다. 이들은 한때 평양성을 탈환하기도 하고, 후에는 신라의 도움을 받으면서 기세를 떨치고도 하였으나, 결국 실패하였다.

정답 ③

09 밑줄 친 '왕'에 대한 설명으로 옳은 것은?

> 왕이 배를 타고 그 산에 들어가니 용이 검은 옥대를 가져다 바쳤다. …… 용이 대답하기를 "대왕께서 이 대나무를 가지고 피리를 만들어 불면 천하가 화평할 것입니다. 이제 대왕의 아버님께서는 바닷속의 큰 용이 되셨고, 유신은 다시 천신이 되셨는데, 두 성인이 같은 마음으로 이처럼 값으로 따질 수 없는 보배를 저를 시켜 보냈습니다."라고 하였다.

① 관료전을 지급하고 녹읍을 폐지하였다.
② 당과 연합하여 백제를 멸망시켰다.
③ 최초의 진골 출신 왕이었다.
④ 귀족들의 반발로 녹읍이 부활되었다.
⑤ 독서삼품과를 실시하였다.

해설

제시된 자료는 '만파식적'에 대한 내용이고 밑줄 친 '왕'은 통일 신라의 신문왕(7세기)이다. '만파식적'이라는 피리의 설화에 따르면 신문왕이 아버지 문무왕을 위하여 감은사를 짓고 추모하는데, 죽어서 바다의 용이 된 문무왕과 천신이 된 김유신이 합심하여 동해의 한 섬에 대나무를 보냈다고 한다. 이 대나무를 베어서 피리를 만들어 부니, 적의 군사가 물러가고, 물결이 평온해졌다고 한다.

오답 분석

② 무열왕(김춘추)은 당과 연합하여 백제를 멸망시켰다.(660)
③ 성골의 마지막 왕인 진덕 여왕이 죽고 김유신의 후원을 받은 무열왕이 즉위하면서 진골 출신이 왕위를 계승하게 되었다.
④ 경덕왕 때(8세기)에는 귀족들의 반발로 관료전이 폐지되고 녹읍이 부활되었다.
⑤ 신라 하대 원성왕(8세기) 때에는 유교 경전의 이해 수준을 시험하여 관리를 채용하는 독서삼품과를 마련하였다.

정답 ①

---

10 다음 기획안에 들어갈 장면으로 가장 적절한 것은?

> 〈역사 다큐멘터리〉
> **강력한 왕권을 꿈꾸었던 ○○왕**
> ■기획 의도
> ○○왕의 재위 기간에 있었던 사건들을 소재로 하여 그가 왕권을 강화하고 국가 체제를 정비해 간 과정을 입체적으로 조명하고자 한다.
> #1. 김흠돌의 난을 진압하는 군대
> #2. 국학 설립을 알리는 신하
> #3. 5소경에 부임하는 관리

① 청해진을 수비하는 군인
② 우산국을 정벌하는 장군
③ 첨성대를 건립하는 석공
④ 녹읍 폐지에 실망하는 귀족
⑤ 황산벌 전투에서 활약하는 화랑

해설

김흠돌의 난과 국학 설립이라는 힌트를 통해 신라 중대 강력한 왕권을 행사한 신문왕이라는 것을 알 수 있다. 신문왕은 김흠돌 모역 사건을 계기로 귀족 세력을 숙청하고 정치 세력을 재편성했으며, 유교 정치 이념의 확립을 위해 유학 사상을 강조하고, 유학 교육을 위한 국학을 설립하였다. 또한 문무 관리에게 관료전을 지급하고 귀족의 경제적 기반이었던 녹읍을 폐지하였다.

오답 분석

① 신라 하대에 장보고는 지금의 전라남도 완도에 청해진을 설치(828)하고 해적을 소탕하여 남해와 황해의 해상 무역권을 장악하였다.
② 신라 지증왕 때(512) 이사부 장군은 우산국(울릉도)을 정벌하였다.
③ 첨성대가 세워진 것은 7세기 선덕 여왕 때이다.
⑤ 김유신의 신라군과 백제 계백의 결사대가 맞선 황산벌 전투는 660년에 있었던 사건으로, 당시 신라의 왕은 태종 무열왕, 백제의 왕은 의자왕이었다.

정답 ④

11 밑줄 친 '왕'에 대한 설명으로 옳은 것을 |보기|에서 고른 것은?

> • <u>왕</u>의 이름은 '무예'로 고왕 대조영의 아들이다. 인안이라는 연호를 쓰고 영토를 개척하였다. 「발해고」
> • <u>왕</u>이 이르기를 "흑수가 당과 더불어 앞뒤로 우리를 치려는 것이다." 하고 흑수를 치게 하였다. 「신당서」

┌─ 보기 ─────────────────────────────┐
ㄱ. 동북방의 여러 세력을 복속하고 북만주 일대를 장악하였다.
ㄴ. 신라와 상설 교통로를 개설하여 대립을 해소하려 하였다.
ㄷ. 수도를 중경 현덕부에서 상경 용천부로 옮겼다.
ㄹ. 장문휴의 수군으로 당의 산둥 지방을 공격하였다
└─────────────────────────────────┘

① ㄱ, ㄴ 　　② ㄴ, ㄷ 　　③ ㄱ, ㄹ
④ ㄴ, ㄹ 　　⑤ ㄱ, ㄷ

해설

밑줄 친 '왕'은 발해의 2대 왕인 무왕이다. 무왕은 영토 확장에 힘을 기울여 동북방의 여러 세력을 복속하고 북만주 일대를 장악하였다. 발해가 세력을 확대하자 신라는 북방 경계를 강화하였고 흑수부 말갈도 당과 연결하고자 하였다. 이에 발해의 무왕은 장문휴의 수군으로 당의 산둥 지방을 공격하게 하는 한편, 요서 지역에서 당군과 격돌하였다.

발해의 무왕과 문왕의 업적을 구분하는 문제는 어느 시험을 막론하고 단골 주제로 출제되고 있으니 유념하자.

※ 발해의 수도 변천

• 고왕 : 동모산
• 문왕 : (동모산 →) 중경 → 상경 → 동경
• 성왕(주의 : 선왕 아님) : 동경 → 상경

(문왕 때 동모산에서 중경 현덕부로 천도하였다는 데에는 견해 차이가 있다. 문왕 때 중경 현덕부 → 상경 용천부 → 동경 용원부로 천도한 것만 기억해도 충분하다.)

오답 분석

ㄴ과 ㄷ은 문왕에 대한 설명이다.

정답 ③

24회기출

12 다음과 같은 대화가 있었던 시기의 사회 모습으로 옳지 않은 것은?

① 풍수지리설이 성행하였다.
② 변발과 호복이 확산되었다.
③ 지방에서 호족이 성장하였다.
④ 귀족들이 대토지를 소유하였다.
⑤ 참선을 중시하는 선종이 유행하였다.

해설

대화의 내용에서 '원종과 애노가 상주에서 반란을 일으켰다.'(원종·애노의 난, 889(진성 여왕 3))는 내용을 볼 때, 신라 하대임을 알 수 있다. 신라 하대에는 귀족들의 정권 다툼과 대토지 소유 확대로 백성의 생활은 더욱 어려워졌으며, 사회가 혼란해지면서 지방에서는 호족이라 불리는 새로운 세력이 성장하였다. 또한 산세와 수세를 살펴 도읍, 주택, 묘지 등을 선정하는 인문 지리적 학설인 풍수지리설이 성행하고 참선을 중시하는 선종이 유행하였다.

오답 분석

② 변발과 몽골식 복장인 호복이 확산된 시기는 고려 원 간섭기 때의 모습이다.

정답 ②

2 고대의 사회·경제·문화

1 고대의 사회

(1) 삼국 시대의 신분 제도 : 귀족·평민·천민

특징	• 개인의 신분은 능력보다는 그가 속한 친족의 사회적 위치에 따라 결정
귀족	• 왕족을 비롯한 옛 부족장 세력이 중앙 귀족으로 재편성
평민	• 대부분 농민으로서 자유민이나 정치·사회적으로 많은 제약을 받았음 • 나라에서 부과하는 조세를 납부하고 노동력을 징발당함
천민	• 천민의 대부분은 노비로 왕실과 귀족 및 관청에 예속됨 • 전쟁 포로, 죄인, 귀족의 빚을 갚지 못한 경우 노비로 전락

(2) 삼국의 사회 모습

고구려	• 지배 계층 : 왕족인 고씨를 비롯한 5부 출신의 귀족들 • 반역자는 화형에 처한 후 다시 목을 베고, 그 가족을 노비로 삼음 • 적에게 항복한 자나 전쟁에서 패한 자 역시 사형 • 도둑질한 자는 12배 배상 • 진대법 (고국천왕, 을파소) • 지배층의 혼인 풍습 : 형사취수제, 서옥제
백제	• 지배층 : 왕족인 부여씨와 8성의 귀족 • 언어, 풍속, 의복이 고구려와 유사함 • 도둑질한 자는 귀양 보냄과 동시에 2배 배상 • 관리가 뇌물을 받거나 국가 재물 횡령 시 3배를 배상하고 죽을 때까지 금고형

신라	• 화백 회의 : 만장일치의 귀족 합의제, 귀족의 단결 도모, 왕권 견제
	• 화랑도 (원시 사회의 청소년 집단에서 기원)
	   – 화랑(귀족 자제 중에서 선발) + 낭도(귀족은 물론 평민까지 포함)
	   – 계층 간의 대립과 갈등을 조절·완화하는 구실
	   – 명산대천을 찾아다니며 제천 의식을 행하고 사냥, 전쟁에 관한 교육을 받음
	   – 원광 법사가 세속 5계를 가르쳐 마음가짐과 행동 규범을 제시함
	• 골품 제도 (혈연에 따라 사회적 제약이 가해짐)
	   – 골품은 개인의 사회·정치 활동 범위를 제한함
	   – 관등 승진의 상한선이 골품에 따라 정해져 있음
	   – 가옥의 규모와 장식물, 복색이나 수레 등 일상 생활까지 규제하는 기준
	   – 삼국 통일 이후 3두품에서 1두품 사이의 구분은 실질적 의미를 잃고 평민과 등등하게 간주됨

▲ 신라의 골품과 관등표

진대법의 실시 목적
고국천왕 때 먹을거리가 모자란 봄에 곡식을 빌려주었다가 가을에 추수한 것으로 갚게 하는 진대법을 실시하였다. 이는 가난한 농민을 구제하여 국가 재정과 국방력을 유지하고, 귀족 세력이 커지는 것을 막기 위한 정책이었다.

고구려 평민의 혼인 풍습
고구려의 평민은 남녀 간의 자유로운 교제를 통하여 혼인했는데, 남자 집에서 돼지고기와 술을 보낼 뿐 다른 예물은 주지 않았다. 신부 집에서 재물을 받았을 때에는 딸을 팔았다고 여겨 부끄럽게 생각하였다.

신라의 화백 회의
화백 제도는 각 집단의 부정을 방지하고 귀족의 단결을 굳게 하며, 국왕과 귀족 간의 권력을 조절하는 기능을 담당하였다. 귀족들은 화백 회의를 통하여 국왕(진지왕, 576~579)을 폐위시킨 적도 있었고, 새 국왕을 추대하는 데 영향력을 발휘하면서 왕권을 견제하기도 하였다.

세속 5계
사군이충 : 충성으로 임금을 섬김
사친이효 : 효도로 어버이를 섬김
교우이신 : 믿음으로 벗을 사귐
임전무퇴 : 싸움에 임해서는 물러남이 없음
살생유택 : 산 것을 죽임에는 가림이 있음

(3) 남북국의 사회 모습

통일 신라	중대	• 왕권 강화, 6두품 출신은 국왕을 보좌하면서 정치적 진출 활발
	하대 (신라 말)	• 귀족들의 정권 다툼과 대토지 소유 확대, 자영농 몰락 • 지방 호족의 등장, 국가 재정 악화, 강압적 조세 징수 • 상주에서 일어난 원종·애노의 난을 시작으로 농민 항쟁 전국적 확산
발해	지배층	• 왕족인 대씨와 고씨 등 고구려계 사람들이 대부분
	피지배층	• 발해의 주민 중 다수는 말갈인 　- 고구려 전성기 때부터 고구려에 편입된 종족 　- 이들 중 일부는 지배층이 되거나 촌락의 우두머리가 되어 국가 　　행정 보조
	사회 모습	• 당의 제도와 문화 수용, 고구려와 말갈 사회의 전통적 생활 모습 유지
	지식인	• 당에 유학하여 빈공과에 응시하고 때로는 신라인과 수석을 다투기 　도 함

2 고대의 경제

(1) 수취 제도

구분	삼국 시대	통일 신라
조세	• 재산의 정도에 따라 호를 나누어 곡 물과 포 징수	• 생산량의 1/10 정도 수취
공물 (공납)	• 특산물 징수	• 촌락 단위로 그 지역의 특산물 징수
역	• 15세 이상 남자의 노동력 동원	• 군역과 요역으로 이루어짐 • 16~60세 남자 대상

(2) 통일 신라의 민정 문서(신라 장적, 신라 촌락 문서)

민정 문서의 내용
토지는 논, 발, 촌주위답, 내시령답 등 토지의 종류와 면적을 기록하고, 사람들은 인구, 가호, 노비의 수와 3년 동안의 사망, 이동 등 변동 내용을 기록하였다. 그 밖에, 소·말의 수, 뽕나무·잣나무·호두나무의 수까지 기록하였다. 특히, 사람은 남녀별로 구분하고 16세에서 60세의 남자의 연령을 기준으로 나이에 따라 6등급으로 구분하여 기록하였다. 호(가구)는 사람의 많고 적음에 따라 상상호(上上戶)에서 하하호(下下戶)까지 9등급으로 나누어 파악하였다. 기록된 4개 촌은 호구 43개에 총인구는 노비 25명을 포함하여 442명(남 194, 여 248)이며, 소 53마리, 말 61마리, 뽕나무 4249그루 등의 재산을 소유하고 있었다.

개요	• 발견 : 1933년 일본 도다이사(동대사) 쇼소인(정창원) • 조사 지역 : 서원경(청주) 부근의 4개 촌락 • 문서 작성 : 촌주가 3년마다 작성 • 작성 목적 : 조세 수취와 노동력 징발의 기준 마련
조사 대상	• 호구 : 호는 사람의 많고 적음에 따라 9등급으로 구분 • 인구 : 사람은 남녀로 나누고, 연령을 기준으로 하여 6등급으로 구분 • 기타 : 토지, 뽕나무, 잣나무, 호두나무, 소, 말 등
의의	• 당시 촌락의 경제 상황과 국가의 세무 행정을 알 수 있는 자료

▲ 통일 신라의 민정 문서

빈공과
당에서 외국인을 대상으로 실시한 과거 시험.

요역
국가가 백성의 노동력을 징발하던 제도.

왼쪽 용어 설명

녹읍
국가에서 관료 귀족에게 지급한 일정 지역의 토지로서, 조세를 수취할 뿐만 아니라 그 토지에 딸린 노동력을 징발할 수 있었다.

식읍
국가에서 왕족, 공신 등에게 준 토지와 가호로서, 조세를 수취하고 노동력을 징발할 권리를 부여하였다.

관료전
7세기 신문왕 때 문무 관리에게 지급한 토지로서, 토지에 대한 수조권만 인정되었다.

우경
소를 이용해 농사짓는 것을 의미한다. 우리나라에서는 신라 지증왕 3년(502)에 우경을 시작했다는 기록이 있다.

휴한 농법
삼국 시대와 통일 신라 시대에는 시비법(비료를 주는 방법)이 발달하지 못하여 토지에서 계속 경작하지 못하고 1년 또는 몇 년 동안 묵혔다가 경작하는 휴한 농법(휴경법)이 일반적이었다.

서시와 남시
경주의 인구가 증가하고 상품 생산이 늘어나 지증왕 때 설치된 동시만으로는 상품 수요를 감당하기 어려워 7세기 효소왕 때에 서시와 남시가 추가로 설치되었다.

(3) 토지 제도의 변화

삼국 시대	• 귀족들은 국가에서 준 녹읍과 식읍 보유
통일 신라	• 신문왕(7세기) : 문무 관리에게 관료전 지급, 녹읍 폐지 • 성덕왕(8세기) : 백성들에게 정전 지급 • 경덕왕(8세기) : 귀족층의 반발로 녹읍 부활

(4) 경제 활동

구분	삼국 시대	통일 신라	발해
농업	• 철제 농기구 보급 • 우경의 확대 • 시비법의 미발달로 휴한 농법이 일반적		• 밭농사 중심(기후 때문에) • 일부 지역에서 벼농사 • 목축과 수렵 발달 – 솔빈부의 말(수출품) – 모피, 녹용, 사향 수출
상업	• 시장 설치 : 동시(지증왕) • 동시전 설치(지증왕)	• 시장 증설 : 서시와 남시 • 서시전, 남시전 설치	• 수도 등 도시와 교통 요충지에 발달
수공업	• 관청(관영) 수공업		• 금속 가공업, 도자기업 • 직물업(삼베, 명주) 등

무역 활동	
고구려	• 남북조 및 북방 유목 민족과 무역
백제	• 남중국 및 왜와 무역 활발
신라	• 한강 유역 획득 이전 : 고구려와 백제를 통해 중국과 무역 • 한강 유역 진출 이후 : 당항성을 통하여 중국과 직접 교역
통일 신라	• 당과의 공무역 및 사무역 발달 • 8세기에 이르러 일본과의 무역 활발 • 울산항이 국제 무역항으로 번성 – 이슬람 상인까지 왕래 • 신라인의 당 진출 : 신라방(신라인 거주지), 신라소(자치 행정 기관), 신라관(여관), 신라원(사찰, 절)
발해	• 당, 신라, 거란, 일본 등과 무역 • 당과 교류 : 당이 산둥 반도 덩저우에 발해관 설치 • 일본과의 무역 : 한 번에 수백 명이 오갈 정도로 활발 • 수출품 : 모피, 인삼, 불상, 자기, 말 등 • 수입품 : 귀족 수요품(비단, 책 등)

▲ 남북국 시대의 무역로

보충하기 통일 신라의 장보고(?~846, 신라 하대에 활약)
• 일찍이 당에 들어가 무령군 소장으로 활동하다가 귀국
• 완도에 청해진을 설치(828, 흥덕왕 3)하고 해적을 소탕하여 남해와 황해의 해상 무역권 장악
• 산둥 반도의 적산촌에 법화원 건립 : 일본 승려 엔닌이 당의 불교 성지를 돌아보고 기록한 「입당구법순례행기」에 법화원 의식이 수록되어 있음
• 신무왕(신라 45대 왕, 재위 : 839) 즉위에 공을 세웠으나 귀족의 견제를 받아 살해됨

3 고대의 문화

(1) 교육 및 역사 편찬·유학의 보급

고구려	• 수도에 태학 설립(소수림왕) : 유교 경전과 역사서 교육 • 지방에 경당 설립(평양 천도 이후) : 사립 교육 기관, 한학과 무술 교육 • 역사서 : 영양왕 때 이문진이 「신집」 5권 편찬
백제	• 5경 박사와 의박사, 역박사 등을 두어 유교 경전과 기술학 교육 • 역사서 : 근초고왕 때 고흥이 「서기」 편찬
신라	• 임신서기석 : 유교 경전 공부 사실 반영 • 역사서 : 진흥왕 때 거칠부가 「국사」 편찬

통일 신라	• 국학 설립(유학 교육 기관)
	  - 신문왕 때 설립
	  - 경덕왕 때 국학을 태학감으로 개칭 : 박사와 조교를 두어 유교 경전 교육
	• 독서삼품과(원성왕, 신라 하대)
	  - 유교 경전 이해 수준을 시험해 관리 채용
	  - 골품 제도로 인해 제대로 기능 발휘 못함
	  - 학문과 유학을 널리 보급시키는 데 이바지
	• 김대문(신라 중대 진골 출신, 신라의 문화를 주체적으로 인식)
	  - 「화랑세기」(화랑의 전기), 「고승전」(유명한 승려의 전기), 「한산기」(한산주 지방의 지리지) 등을 지었음
	• 신라 중대의 유학자
	  - 강수(6두품) : 외교 문서에 능함(답설인귀서)
	  - 설총(6두품) : 원효의 아들, 이두 정리
	• 신라 하대의 유학자 최치원(6두품)
	  - 당의 빈공과 급제, 당에서 「토황소격문」 문장을 지어 이름을 떨침
	  - 귀국 후 진성 여왕에게 개혁안 10여 조 건의(받아들여지지 않음)
	  - 저서 : 「계원필경」

발해	• 주자감(문왕) : 귀족 자제에게 유교 경전 교육 • 당에 유학생 파견 : 당의 빈공과 급제자 여러 명 배출

(2) 삼국의 불교 수용

수용 배경	• 새로운 국가 정신의 확립에 기여할 사상 필요 • 강화된 왕권을 이념적으로 뒷받침해 주는 사상 필요
고구려	• 4세기 소수림왕 때 중국 전진에서 온 순도에 의해 불교가 전래되어 공인됨
백제	• 4세기 침류왕 때 동진에서 온 마라난타에 의해 불교가 전래되어 공인됨
신라	• 5세기 눌지왕 때 고구려 묵호자에 의해 불교 전래 • 6세기 법흥왕 때 이차돈의 순교로 불교 공인
역할	• 중앙 집권화와 왕권 강화에 기여, 고대 문화 발전에 공헌 • 사상적 통일에 기여
성격	• 호국 불교(국가의 안녕과 평안 기원), 현세 구복적

임신서기석
비문은 화랑으로 보이는 두 사람이 공부와 인격 도야에 관해 맹세한 내용이다. 이를 통해 신라의 청소년들이 유교 경전을 공부하였다는 사실을 알 수 있다.

▲ 임신서기석

토황소격문
최치원이 당나라에 있을 때 황소의 난이 일어나자 황소를 성토하기 위하여 지은 격문으로서, 황소가 이 격문을 읽다가 자신도 모르게 침상에서 내려앉았다는 일화가 있다.

이차돈 순교비
받침돌과 6면의 몸돌로 구성된 이 비에는 이차돈의 순교 장면이 조각되어 있다. 하늘에서 꽃비가 내리고, 목에서 흰 피가 솟는 모습이 「삼국유사」에 전하는 내용과 일치한다.

▲ 이차돈 순교비

(3) 통일 신라의 불교와 풍수지리설

<table>
<tr><td colspan="2" align="center">신라 중대의 불교</td></tr>
<tr>
<td>원효
(617~686)</td>
<td>
• 화쟁 사상 주장
  - 모든 것이 한마음에서 나온다는 일심 사상을 바탕으로, 다른 종파들과 사상적 대립을 조화시키고 분파 의식을 극복하려고 노력함
• 아미타 신앙(정토종) 전도
  - 나무아미타불만 염불하면 극락으로 왕생할 수 있다는 아미타 신앙 전도 → 불교 대중화에 기여
• 저서 : 「대승기신론소」, 「십문화쟁론」, 「금강삼매경론」 등
</td>
</tr>
<tr>
<td>의상
(625~702)</td>
<td>
• 화엄 사상 정립 : 모든 존재가 상호 의존·조화를 이루고 있다는 사상
  - 신라 화엄종 개창, 화엄 사상을 바탕으로 교단 형성 및 제자 양성
• 부석사를 비롯한 여러 사원 건립 : 불교 문화의 폭 확대
• 아미타 신앙과 함께 현세에서 고난을 구제받고자 하는 관음 신앙을 이끎
</td>
</tr>
<tr>
<td>혜초
(704~787)</td>
<td>
• 「왕오천축국전」 저술
  - 자신이 돌아본 인도와 중앙아시아 여러 나라의 풍물을 생생하게 기록
</td>
</tr>
<tr><td colspan="2" align="center">신라 하대의 불교(선종 불교의 확산)</td></tr>
<tr>
<td>선종의
특징</td>
<td>
• 신라 말 널리 유행, 실천적 경향
• 좌선·참선 중시(불립문자, 견성오도)
• 지방 호족의 이념적 지주
• 선종 승려들은 지방 호족 출신이 많았음
• 선종 승려들은 지방 호족과 결합하여 각 지방에 근거지 마련 : 9산 선문
</td>
</tr>
<tr>
<td>선종의
영향</td>
<td>
• 지방을 근거지로 성장하여 지방 문화 역량의 증대를 가져옴
• 선종 승려는 6두품 지식인과 함께 고려 사회 건설에 사상적 바탕 마련
</td>
</tr>
<tr><td colspan="2" align="center">풍수지리설</td></tr>
<tr>
<td>전래</td>
<td>• 신라 말기에 도선 등 선종 승려들이 중국에서 유행한 풍수지리설을 들여옴</td>
</tr>
<tr>
<td>특징</td>
<td>
• 산세와 수세를 살펴 도읍, 주택, 묘지 등을 선정하는 인문 지리적 학설
• 국토의 효율적인 이용과 관련되어 있음
</td>
</tr>
<tr>
<td>영향</td>
<td>
• 경주 중심의 지리 개념에서 벗어나 다른 지방의 중요성 자각 계기 마련
• 국토를 재편성하려는 주장으로 발전하여 신라 정부의 권위를 약화시킴
</td>
</tr>
</table>

▲ 9산 선문

(4) 도교

<table>
<tr>
<td>전래</td>
<td>
• 삼국 시대에 전래
• 산천 숭배나 신선 사상과 결합해 귀족 사회를 중심으로 환영을 받았음
</td>
</tr>
<tr>
<td>특징</td>
<td>
• 불로장생과 현세의 구복 추구   • 고구려 연개소문의 도교 장려
</td>
</tr>
<tr>
<td>유물</td>
<td>
• 고구려 : 강서대묘의 사신도   • 백제 : 금동 대향로, 산수 무늬 벽돌

▲ 현무도(평남 강서대묘)   ▲ 백제 금동 대향로   ▲ 백제 산수 무늬 벽돌
</td>
</tr>
</table>

왕오천축국전
1권 필사본이 전하고 있다. 1908년에 프랑스 학자 펠리오가 중국 둔황의 천불동에서 발견하였으며, 현재 프랑스 국립 도서관에 소장되어 있다.

▲ 왕오천축국전

교종과 선종
신라 말에는 경전의 이해를 통해 깨달음을 추구(경전 연구 및 교단 조직 중시)하는 교종과 달리 실천 수행을 통하여 마음 속에 내재된 깨달음을 얻는다는 선종 불교가 널리 확산되었다. 선종의 확산은 왕실 및 귀족의 후원을 받으며 발전한 기존의 교종 중심 체제를 뒤엎는 혁신적인 것이었다.

9산 선문
선종 승려들은 지방 호족 출신들이 많았다. 이들은 지방 호족과 결합하여 각 지방에 근거지를 마련하였는데, 그중에서 대표적인 9개의 선종 사원이 9산 선문이다.

불립문자·견성오도
불립문자(不立文字)는 문자에 구애받지 않는 것을 뜻하고, 견성오도(見性悟道)는 인간의 본성을 참선을 통해 깨닫는다는 뜻이다.

도교의 영향
고구려 고분에 그려진 사신도는 도교의 방위신(동 : 청룡, 서 : 백호, 남 : 주작, 북 : 현무)을 그린 것으로 죽은 자의 사후 세계를 지켜 주리라는 믿음을 표현하고 있다. 백제의 금동 대향로는 신선들이 사는 이상 세계를 형상으로 표현하였고, 산수 무늬 벽돌에는 자연과 더불어 살고자 하는 생각이 담겨 있다.

(5) 과학 기술의 발달

삼국 시대	• 천문 현상 관측 및 기록 : 농경과 밀접한 관련이 있음을 인식 • 고구려 : 별자리를 그린 천문도, 철을 다루는 기술 발달 • 백제 : 금속 기술 발달(칠지도, 금동 대향로) • 신라 : 금세공 기술 발달(금관), 7세기 선덕 여왕 때 첨성대를 세워 천체 관측
통일 신라	• 「무구정광대다라니경」(목판 인쇄술과 제지술의 발달) 　- 발견 : 불국사 3층 석탑(석가탑)에서 발견됨 　- 시기 : 8세기 초에 만들어진 두루마리 불경 　- 제작 종이 : 닥나무로 만들어짐 　- 의의 : 현존하는 세계에서 가장 오래된 목판 인쇄물

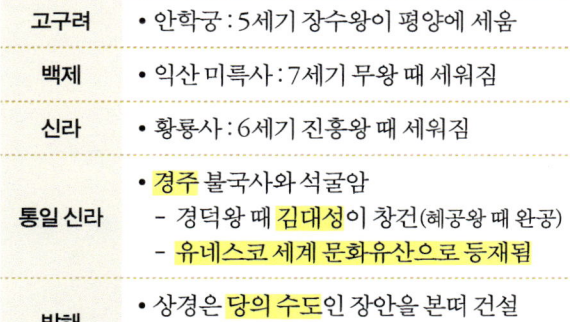
▲ 무구정광대다라니경

(6) 건축

고구려	• 안학궁 : 5세기 장수왕이 평양에 세움
백제	• 익산 미륵사 : 7세기 무왕 때 세워짐
신라	• 황룡사 : 6세기 진흥왕 때 세워짐
통일 신라	• 경주 불국사와 석굴암 　- 경덕왕 때 김대성이 창건(혜공왕 때 완공) 　- 유네스코 세계 문화유산으로 등재됨
발해	• 상경은 당의 수도인 장안을 본떠 건설 　- 상경의 주작대로

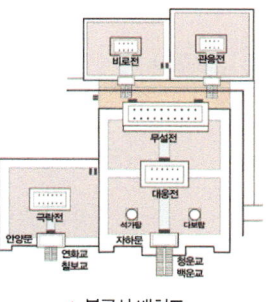
▲ 불국사 배치도

(7) 불상

구분	불상명	특징
고구려	• 금동 연가 7년명 여래 입상	• '연가'라는 연호가 새겨져 있음
백제	• 서산 용현리 마애 여래 삼존상	• '백제의 미소'로 유명함
신라	• 경주 배리 석불 입상	
삼국 시대 특징	• 삼국 시대에는 미륵보살 반가 사유상이 많이 제작됨	
통일 신라	• 석굴암의 본존불과 보살상	• 당시 조각의 최고 경지를 보여 줌
발해	• 이불병좌상	• 고구려 양식 계승

▲ 금동 연가 7년명 여래 입상

▲ 서산 용현리 마애 여래 삼존상(서산 마애 삼존불)

▲ 금동 미륵보살 반가 사유상

▲ 석굴암 본존불

▲ 이불병좌상

칠지도
백제와 왜의 교류 관계를 보여 주는 유물로 일본의 이소노카미 신궁에 보관되어 있다.

▲ 칠지도

신라의 첨성대(경주)
신라 선덕 여왕 때 건립한 가장 오래된 천문대이다.

▲ 첨성대

발해의 불교
고구려 불교를 계승한 발해의 불교는 왕실과 귀족을 중심으로 성행하였는데, 문왕은 스스로 불교적 성왕으로 일컫기도 하였다.

부여 정림사지 5층 석탑

이 탑에는 신라와 연합하여 백제를 멸망시킨 당나라 장수 소정방이 '백제를 정벌한 기념탑'이라는 뜻의 글귀를 새겨 놓아 한때 '평제탑'이라 불리는 수모를 겪기도 하였다.

황룡사 9층 목탑

7세기에 신라의 선덕 여왕이 자장의 건의로 호국적 염원을 담은 황룡사 9층 목탑을 세웠으나, 고려 시대 몽골의 침입으로 불타 버렸다.

승탑과 탑비

팔각원당형을 기본형으로 삼고 있는 승탑과 승려의 일대기를 비에 새겨 세운 탑비는 세련되고 균형감이 뛰어나다. 이런 승탑과 탑비는 지방 호족의 정치적 역량이 성장하였음을 반영하고 있다.

범종 및 석등

▲ 성덕 대왕 신종

▲ 법주사 쌍사자 석등(충북 보은)

▲ 발해의 석등(흑룡강성 영안)

(8) 탑

① 삼국 시대(고구려는 주로 목탑을 건립했는데 현존하지 않는다)

백제		신라
▲ 익산 미륵사지 석탑 ▲ 사리호와 사리 봉안기	▲ 부여 정림사지 5층 석탑	▲ 경주 분황사 모전 석탑
• 목탑의 모습을 많이 지님 • 서탑 일부가 남아 있음 • 사리호와 사리 봉안기 발견	• 익산 미륵사지 석탑 계승 • '평제탑'이라 불리는 수모를 겪기도 함	• 선덕 여왕 때 건립 • 석재를 벽돌 모양으로 만들어 쌓음

② 남북국 시대

통일 신라				발해
신라 중대		신라 하대		
▲ 불국사 3층 석탑	▲ 다보탑(경북 경주)	▲ 진전사지 3층 석탑 (강원 양양)	▲ 쌍봉사 철감 선사 승탑(전남 화순)	▲ 영광탑(길림)

- 신라 중대
  - 2중 기단 위에 3층으로 쌓는 전형적 통일 신라의 석탑 양식 완성
  - 감은사지 3층 석탑 : 삼국 통일을 달성한 기상을 반영
  - 불국사 3층 석탑(석가탑) : 「무구정광대다라니경」 발견, 통일 신라 시대의 전형적인 석탑
  - 다보탑 : 특이한 형태, 석가탑의 맞은편에 위치
- 신라 하대(신라 말기)
  - 석탑에서 다양한 변화가 나타남
  - 양양 진전사지 3층 석탑 : 기단과 탑신에 부조로 불상 조각
  - 선종이 널리 퍼지면서 승려의 사리를 봉인하는 승탑(부도)과 탑비가 유행

(9) 공예 · 범종 · 석등

통일 신라	• 상원사 종, 성덕 대왕 신종, 법주사 쌍사자 석등
발해	• 벽돌과 기와 무늬 → 고구려의 영향을 받음

⑩ 고분과 고분 벽화

① 고분별 특징

돌무지무덤	굴식 돌방무덤
• 돌로 쌓아 만든 무덤 • 청동기 시대부터 삼국 시대까지 만들어졌음	• 벽과 천장에 벽화를 그리기도 함 • 구조상 도굴이 용이함
벽돌무덤	**돌무지덧널무덤**
• 널방을 벽돌로 쌓은 무덤 • 중국 남조의 영향을 받음 • 벽화를 그리기도 함	• 신라에서 주로 만든 무덤 • 도굴이 어려워 많은 껴묻거리가 남아 있음

② 국가별 고분의 특징

구분		고분 양식	대표 고분
고구려	초기	• 돌무지무덤	• 장군총
	후기	• 굴식 돌방무덤	• 강서대묘, 각저총, 무용총
백제	한성 시기	• 계단식 돌무지무덤 : 백제 건국의 주도 세력이 고구려와 같은 계통임을 입증	• 석촌동 고분
	웅진 시기	• 굴식 돌방무덤	• 송산리 1~5호분
		• 벽돌무덤 : 중국 남조의 영향을 받음	• 송산리 6호분(벽화 있음) • 무령왕릉
	사비 시기	• 굴식 돌방무덤 : 규모가 작고 세련됨	• 능산리 고분군
신라		• 돌무지덧널무덤	• 천마총, 호우총
		• 삼국 통일 직전에 굴식돌방무덤도 만듦	• 어숙 묘
통일 신라		• 굴식 돌방무덤 : 봉토 주위를 둘레돌(호석)로 두르고, 12지 신상 조각(독특한 양식)	• 김유신 묘
발해		• 굴식 돌방무덤	• 정혜공주 묘(고구려 영향)
		• 벽돌무덤	• 정효공주 묘(벽화 발굴)

▲ 고구려 장군총(길림성 집안)

▲ 백제의 계단식 돌무지무덤 (서울 송파 석촌동)

▲ 백제 무령왕릉 내부

▲ 김유신 묘

보충하기

▲ 각저총 씨름도

고구려 각저총의 벽화 씨름도에는 서역 계통으로 추측되는 인물이 그려져 있다.

▲ 천마도

경주 황남동 천마총에서 나온 천마도는 자작나무 껍질을 겹쳐서 만든 말의 배 가리개에 천마를 그린 것으로 벽화가 아니다.

굴식 돌방무덤

돌로 널방을 짜고 그 위에 흙으로 덮어 봉분을 만든 것이다. 이런 무덤은 만주 집안, 평안도 용강, 황해도 안악 등지에 널려 있다.

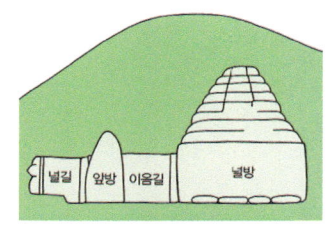
▲ 굴식 돌방무덤

신라의 돌무지덧널무덤

신라에서 주로 만든 무덤으로 지상이나 지하에 시신과 껴묻거리를 넣은 나무 덧널을 설치하고 그 위에 냇돌을 쌓은 다음에 흙으로 덮었다.

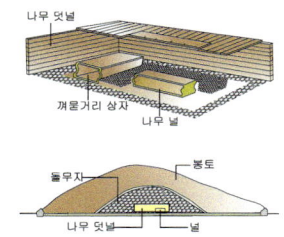
▲ 돌무지덧널무덤의 구조(천마총)

정혜공주 묘

정혜공주는 발해 문왕의 둘째 딸이다. 정혜공주 묘의 모줄임 천장 구조는 고구려의 영향을 받았다.

▲ 정혜공주 묘 앞의 돌사자상 (길림성돈화)

(11) 고대 문화의 일본 전파

고대 문화의 영향
삼국의 문화는 일본 아스카 문화 형성에 영향을 주었고, 통일 신라의 문화는 일본의 하쿠호 문화에 영향을 주었다.

고구려	• 혜자 : 일본 쇼도쿠 태자의 스승이 됨 • 담징 : 종이와 먹의 제조 방법을 전함, 호류사 금당 벽화를 그림 • 일본의 다카마쓰 고분 벽화는 고구려 수산리 고분 벽화의 영향을 받음
백제	• 아직기 : 일본 태자에게 한자를 가르침 • 왕인 : 천자문과 논어를 전하고 교육 • 노리사치계 : 6세기 성왕 때 일본에 불교 전파(불상과 불경을 전함) • 불상 제작에 영향 : 일본의 고류사 미륵보살 반가 사유상과 호류사 백제 관음상 • 백제인들에 의해 목탑이 세워지고 백제 가람 양식이 생겨남
신라	• 배 만드는 기술(조선술)과 제방 쌓는 기술(축제술)을 전함 - '한인의 연못'이라는 이름까지 생김
가야	• 일본 스에키 토기 제작에 영향을 줌
통일 신라	• 원효, 강수, 설총이 발전시킨 불교와 유교 문화는 일본 하쿠호 문화 성립에 기여 • 심상에 의하여 전해진 화엄 사상은 일본 화엄종을 일으키는 데 큰 영향을 줌

▲ 삼국 문화의 일본 전파

▲ 호류사 금당 벽화(복원도)

▲ 고구려 수산리 고분 벽화(평남 강서)

▲ 다카마쓰 고분 벽화(일본 나라 시)

▲ 금동 미륵보살 반가 사유상(삼국 시대)

▲ 목조 미륵보살 반가상(일본)

실전 기출 및 예상 문제

01 교사의 질문에 대한 학생의 대답으로 옳은 것은?

등급	관등명	골품			
		진골	6두품	5두품	4두품
1	이벌찬				
2	이 찬				
3	잡 찬				
4	파진찬				
5	대아찬				
6	아 찬				
7	일길찬				
8	사 찬				
9	급벌찬				
10	대나마				
11	나 마				
12	대 사				
13	사 지				
14	길 사				
15	대 오				
16	소 오				
17	조 위				

> 신라의 고유한 신분제인 이 제도에 대해 말해 볼까요?

① 쌍기의 건의로 실시되었어요.
② 신분보다 능력을 중시하였어요.
③ 개인의 일상 생활을 제한하였어요.
④ 귀족과 평민 간의 갈등을 완화하였어요.
⑤ 권문세족의 정치적 기반을 강화하였어요.

해설
신라의 골품과 관등표를 자료로 주고 골품 제도에 대해서 묻는 문제이다. 신라에서는 관등 승진의 상한선이 골품에 따라 정해져 있었으므로, 일찍부터 불만을 가진 사람도 있었다.
골품 제도는 가옥의 규모와 장식은 물론, 복색이나 수레 등 신라인의 일상 생활까지 규제하는 기준으로서 오랫동안 유지되었다.

오답 분석
① 고려의 광종은 쌍기의 건의를 받아들여 문예와 유교 경전을 시험하여 문반 관리를 선발하는 과거제를 시행하였다.
② 신라에는 혈연에 따라 사회적 제약이 가해지는 골품 제도가 있었다. 골품은 신라 사회에서 개인의 사회 활동과 정치 활동의 범위까지 엄격하게 제한하였다. 관등 승진의 상한선이 골품에 따라 정해져 있었으므로 일찍부터 불만을 가진 사람도 있었다.
④ 화랑도는 귀족 자제 중에서 선발된 화랑을 지도자로 삼고 귀족은 물론 평민까지 망라한 많은 낭도가 그를 따랐다. 여러 계층이 화랑도라는 같은 조직 속에서 일체감을 가지고 활동함으로써 계층 간의 대립과 갈등을 조절, 완화하는 구실도 하였다.
⑤ 권문세족은 고려 시대 원나라 간섭기의 집권 세력으로 신라의 골품제와 무관하다.

정답 ③

02 다음 인물이 활동한 시기의 모습으로 옳은 것은?

857년	6두품 가문에서 태어남
868년	당에 유학함
874년	빈공과에 급제함
886년	계원필경을 정강왕에게 바침
894년	진성 여왕에게 시무책 10여 조를 올림

① 원종·애노의 난 등 농민 반란이 전국적으로 발생하였다.
② 6두품 세력이 왕권과 결탁하여 상대적으로 부각되었다.
③ 집사부 시중 세력이 강화되고 상대등 세력이 상대적으로 약화되었다.
④ 성골 출신이 왕위를 계승하였다.
⑤ 전제 왕권이 강화되었다.

해설
제시된 자료의 인물은 신라 하대에 활동한 6두품 출신 최치원이다. 최치원이 활동한 신라 하대에는 원종·애노의 난(889, 진성 여왕 3) 등 농민 반란이 전국적으로 발생하였다.
신라 하대에는 중앙 정부의 통제력이 약해지고 사회가 혼란해지면서 지방에서는 호족이라 불리는 새로운 세력이 성장하였는데, 이들은 스스로 성주 또는 장군이라 칭하면서 그 지방의 행정권 및 군사권을 장악하였다. 한편 당에 유학하였다가 돌아온 6두품 출신의 일부 유학생과 선종 승려 등은 신라의 골품제 사회를 비판하면서 새로운 정치 이념을 제시하기도 하였다. 그러나 이들도 진골 귀족에 의하여 자신의 뜻을 펼 수 없게 되자, 은거하거나 지방의 호족 세력과 연계하여 사회 개혁을 추구하였다.

오답 분석
②, ③, ⑤ 신라 중대의 모습이다.
④ 성골의 마지막 왕인 진덕 여왕이 죽고 김춘추(무열왕)가 즉위하면서 진골 출신이 왕위를 계승하게 되었다.

정답 ①

03 다음 문서에 대한 설명으로 옳지 않은 것은?

토지는 논, 밭, 촌주위답, 내시령답 등 토지의 종류와 면적을 기록하고, 사람들은 인구, 가호, 노비의 수와 3년 동안의 사망, 이동 등 변동 내용을 기록하였다. 그 밖에 소와 말의 수, 뽕나무, 잣나무, 호두나무의 수까지 기록하였다. 특히, 사람은 남녀별로 구분하고 16세에서 60세의 남자의 연령을 기준으로 나이에 따라 6등급으로 구분하여 기록하였다. 호(가구)는 사람의 많고 적음에 따라 상상호(上上戶)에서 하하호(下下戶)까지 9등급으로 나누어 파악하였다. 기록된 4개 촌은 호구 43개에 총인구는 노비 25명을 포함하여 442명이며, 소 53마리, 말 61마리, 뽕나무 4,249그루 등의 재산을 소유하고 있었다.

① 조세 수취와 노동력 징발의 기준을 마련하기 위해 작성되었다.
② 중원경(충주)을 중심으로 하는 4개의 자연 촌락에 관한 조사이다.
③ 당시 촌락의 경제 상황을 알 수 있는 자료이다.
④ 촌주가 매년 변동 사항을 조사해 3년마다 다시 작성하였다.
⑤ 신라 장적, 신라 촌락 문서라고도 한다.

해설

제시된 자료는 1933년 일본 도다이사 쇼소인에서 발견된 통일 신라의 민정 문서(신라 장적, 신라 촌락 문서)이다. 민정 문서는 촌주가 매년 변동 사항을 조사하여 3년마다 촌 단위로 다시 작성하였다. 인구는 성별로 구별하고, 각각 연령에 따라 6등급으로 구분하였으며, 호구는 사람의 다소에 따라 9등급으로 조사하였다. 민정 문서는 당시 촌락의 경제 상황과 국가의 세무 행정을 알 수 있게 하는 귀중한 자료이다.

오답 분석

② 민정문서는 서원경(청주)을 중심으로 하는 4개의 자연 촌락에 관한 조사이다. 서원경(청주) 지역의 역사적 사실에 대해 묻는 문제는 여러 시험에서 자주 출제되고 있다. 특히 서원경(청주)이 통일 신라의 5소경 중에 하나였다는 점과 고려 시대에 청주 흥덕사에서 금속 활자로 「직지심체요절」이 간행되었음을 꼭 기억하자.

정답 ②

25회 기출

04 (가)에 들어갈 인물의 활동으로 옳은 것은?

역사 인물 검색

검색어 | (가) | 검색

└ 검색 결과

• 약력
- 당에서 무령군 소장으로 활동
- 귀국해서 완도에 청해진을 설치
- 왕위 쟁탈전에 가담하여 신무왕을 추대

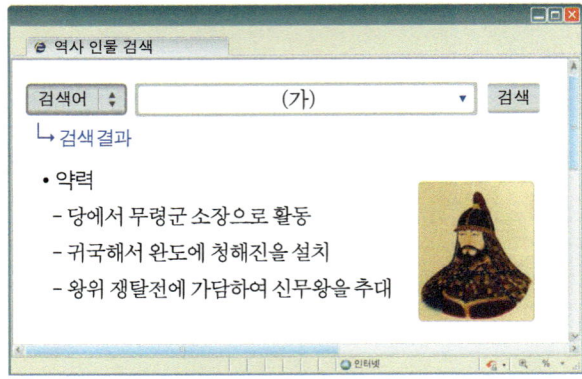

① 우산국을 정복하였다.
② 후백제를 건국하였다.
③ 왕오천축국전을 저술하였다.
④ 살수에서 수의 군대를 물리쳤다.
⑤ 중국 산둥 지방에 법화원을 세웠다.

해설

(가)에 들어갈 인물은 신라 하대에 활약한 장보고이다. 장보고의 주요 활동은 아래와 같다.

※ 장보고(?~846)
- 일찍이 당에 들어가 무령군 소장으로 활동하다가 귀국
- 완도에 청해진을 설치하고 해적을 소탕하여 남해와 황해의 해상 무역권 장악
- 산둥 반도 적산촌에 법화원 건립
- 신무왕(신라 45대 왕, 839) 즉위에 공을 세웠으나 귀족의 견제를 받아 살해당함

오답 분석

① 6세기 신라의 지증왕은 이사부로 하여금 우산국을 복속케 하였다.(512)
② 견훤은 전라도 지방의 군사력과 호족 세력을 토대로 완산주(전주)에 도읍을 정하고 후백제를 건국하였다.(900)
③ 통일 신라의 혜초는 자신이 돌아본 인도와 중앙아시아 여러 나라의 풍물을 기록한 「왕오천축국전」을 남겼다.
④ 고구려의 을지문덕은 수나라의 군대를 살수에서 대파하였다.(살수대첩, 612)

정답 ⑤

19회기출

05 다음 퀴즈에 대한 답으로 옳은 것은?

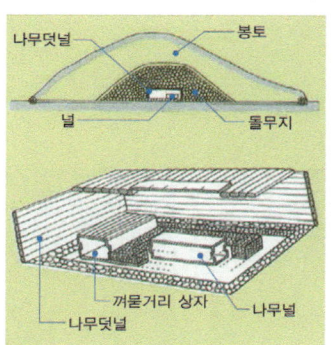

그림과 같은 구조의 무덤을 만든 나라의 이름은 무엇일까요?

무덤 구조

 ① 고구려

 ② 백제

 ③ 신라

 ④ 발해

 ⑤ 고려

해설

제시된 자료는 신라의 돌무지덧널무덤의 구조이다. 돌무지덧널무덤은 신라에서 주로 만든 무덤으로 지상이나 지하에 시신과 껴묻거리를 넣은 나무 덧널을 설치하고 그 위에 냇돌을 쌓은 다음에 흙으로 덮었다. 돌무지덧널무덤은 도굴이 어려워 많은 껴묻거리가 그대로 남아 있다.

신라는 거대한 돌무지덧널무덤을 많이 만들었으며, 삼국 통일 직전에는 굴식 돌방무덤도 만들었다. 통일 신라 시대에는 불교의 영향으로 화장이 유행하였고, 고분 양식도 거대한 돌무지덧널무덤에서 점차 규모가 작은 굴식 돌방무덤으로 바뀌었다. 그리고 봉토 주위를 둘레돌로 두르고, 12지 신상을 조각하는 독특한 양식이 새롭게 나타났다.

정답 ③

20회기출

06 교사의 질문에 대한 대답으로 옳은 것은?

이러한 문화유산을 남긴 나라에 대해 설명해 볼까요?

김해 출토 판갑옷

고령 출토 금동관

① 국학을 설립하였어요.

② 22담로를 지방에 설치하였어요.

③ 수도를 웅진에서 사비로 옮겼어요.

④ 철을 낙랑과 왜 등에 수출하였어요.

⑤ 화랑도를 국가적인 조직으로 정비하였어요.

해설

가야의 판갑옷과 금동관을 자료로 제시하고 가야에 대해서 묻고 있다.

낙동강 하류의 변한 지역에서는 철기 문화를 토대로 농업 생산력이 증대되었고, 점진적인 사회 통합을 거쳐 2세기 이후 여러 정치 집단이 나타나기 시작했다. 3세기경에는 이들 사이의 통합이 한 단계 더 발전하여 김해의 금관가야가 중심이 되어 연맹 왕국으로 발전하였다. 이를 전기 가야 연맹이라고 부른다. 연맹의 맹주인 금관가야는 42년에 김수로에 의해 건국되었는데, 그 세력 범위는 낙동강 유역 일대에 걸쳤다. 가야의 소국들은 일찍부터 벼농사를 짓는 등 농경 문화가 발달하였다. 또, 풍부한 철의 생산과 해상 교통을 이용하여 낙랑과 왜의 규슈 지방을 연결하는 중계 무역이 발달하였다.

오답 분석

① 통일 신라 신문왕

② 백제 무령왕

③ 백제 성왕

⑤ 신라 진흥왕

정답 ④

20회기출

07 다음 만화의 인물에 대한 설명으로 옳은 것은?

① 화엄종을 도입하였다.
② 수선사를 조직하였다.
③ 유불일치설을 주장하였다.
④ 불교 대중화에 공헌하였다.
⑤ 왕오천축국전을 저술하였다.

해설

해골물을 마신 일화와 십문화쟁론이라는 힌트를 통해 신라 중대의 승려 원효임을 알 수 있다.
원효는 불교 서적을 폭넓게 이해하고 「대승기신론소」, 「금강삼매경론」 등을 저술하여 불교의 사상적 이해 기준을 확립하였다. 또한 '모든 것이 한마음에서 나온다.'라는 일심 사상을 바탕으로 다른 종파들과의 사상적 대립을 조화시키고 분파 의식을 극복하기 위해 화쟁 사상을 주장하고 「십문화쟁론」을 지었다. 원효는 '나무아미타불'만 염불하면 극락으로 왕생할 수 있다는 아미타 신앙을 자신이 직접 전도하며 불교 대중화의 길을 열었다.

오답 분석

① 신라 중대의 의상
② 고려의 지눌
③ 고려의 혜심
⑤ 신라 중대의 혜초

정답 ④

21회기출

08 밑줄 그은 '왕'에 대한 설명으로 옳은 것은?

이곳은 백제 제25대 왕의 무덤으로 중국 양나라 양식을 모방하여 만든 벽돌 무덤입니다. 발굴 결과, 무덤의 주인공을 알려 주는 묘지석 등 많은 유물이 발견되었습니다.

왕릉 내부   왕릉 출토 관식

① 마한을 정복하여 영토를 확장하였다.
② 율령을 반포하여 지배 체제를 정비하였다.
③ 불교를 공인하여 사상적 통합을 꾀하였다.
④ 지방에 22담로를 두고 왕족을 파견하였다.
⑤ 사비로 천도하고 중앙 관청을 22부로 확대하였다.

해설

백제 25대 왕의 무덤으로 중국 남조의 양나라 양식을 모방하여 만든 벽돌 무덤이라는 설명을 통해서 무령왕릉임을 알 수 있다. 백제의 무령왕(501~523)은 지방의 22담로에 왕족을 파견함으로써 지방에 대한 통제를 강화하였다.
백제는 웅진 시기에 굴식 돌방무덤과 널방을 벽돌로 쌓은 벽돌 무덤을 만들었다. 벽돌 무덤은 중국 남조의 영향을 받은 것으로 완전한 형태로 발견된 무령왕릉이 유명하다.
백제가 중국의 남조와 교류하였음을 알 수 있는 대표적 문화유산으로는 무령왕릉과 양직공도가 있다.

오답 분석

① 근초고왕(4세기)
② 고이왕(3세기)
③ 침류왕(4세기)
⑤ 성왕(6세기)

정답 ④

09 다음 유물을 제작한 국가의 문화유산으로 옳은 것은?

성덕 대왕 신종

경덕왕은 황동 12만 근을 내놓아 그의 아버지 성덕왕을 위하여 큰 종 하나를 만들려 하다가 이루지 못하고 죽었다. 그 아들 혜공왕이 대력(大曆) 경술(庚戌) 12월에 유사(有司)에게 명하니, 공인들을 모아서 마침내 완성시켜 봉덕사에 안치했다.

①
②
③
④
⑤

해설

성덕 대왕 신종을 자료로 제시하고 통일 신라의 문화유산을 고르는 아주 단순한 문제이다. 통일 신라 시대에 들어와 균형미가 뛰어난 불상들이 만들어졌다. 이 시기 조각의 최고 경지를 보여 주고 있는 것은 석굴암의 본존불과 보살상들이다. 석굴암 주실의 중앙에 있는 본존불은 균형 잡힌 모습과 사실적인 조각으로 살아 움직이는 느낌을 가지게 한다. 정답은 ② 석굴암 본존불이다.

오답 분석

① 금동 연가 7년명 여래 입상(고구려)
③ 부여 정림사지 5층 석탑(백제)
④ 논산 관촉사 석조 미륵보살 입상(고려)
⑤ 경천사 10층 석탑(고려)

정답 ②

10 다음 특별전에 전시될 문화유산으로 가장 적절한 것은?

○○ 문화유산 특별전

고구려 출신 대조영이 지린 성 동모산에서 세운 나라!
해동성국이라 불렸던 이 나라의 수준 높은 문화유산을 직접 만나 보세요!

용머리상
(상경성 출토)

• 기간 : 2014년 □□월 □□일~□□일
• 장소 : ▲▲ 박물관

①
②
③
④
⑤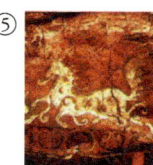

해설

고구려 출신 대조영이 지린 성 동모산에서 세운 나라는 발해이다. 따라서 발해의 문화유산을 찾아야 한다. 발해에서도 불교가 장려됨에 따라 많은 불상이 제작되었다. 상경과 동경의 절터에서는 고구려 양식을 계승한 것으로 여겨지는 불상도 발굴되었다. 이 불상은 흙을 구워 만든 것으로, 두 분의 부처가 나란히 앉아 있는 모습을 하고 있다.(이불병좌상)

오답 분석

① 칠지도는 4세기 후반 근초고왕 대에 백제에서 만들어 일본에 보낸 것이다.
③ 경주 황남대총에서 출토된 신라의 금관이다.
④ 가야의 수레 토기이다.
⑤ 천마도는 신라 시대의 고분인 천마총에서 발견된 것으로, 말의 배 가리개에 그려진 그림이다.

정답 ②

3부

고려의 성립과 발전
(한국 중세사)

1. 고려의 건국과 정치

학습 포인트
- 고려 초기 왕들의 업적을 묻는 문제는 태조, 광종, 성종 중에서 출제 될 것입니다.
- 굵직한 사건(이자겸의 난, 묘청의 난, 무신 집권기 항쟁 등)의 시기에 주목합시다. 연표에서 고르는 문제로 출제됩니다.

2. 대외 관계 및 고려 후기의 정치 변동

학습 포인트
- 거란, 여진, 몽골과의 항쟁을 순서대로 기억하고 활약한 인물들에 주목합시다.
- 공민왕의 업적을 묻는 문제는 무조건 출제됩니다.
- 고려의 멸망 과정에서 이성계의 행보에 대해 주목합시다.

3. 고려의 사회·경제·문화

학습 포인트
- 고려의 사회 파트에서는 각 신분별(귀족, 중류층, 양민, 노비) 특징에 대해 주목하되, 특수 행정 구역인 향, 소, 부곡의 생활에 특히 주목하고, 공동 농민 조직인 향도도 자주 출제됩니다.
- 고려의 경제 파트에서는 전시과 제도와 농업 기술의 발전, 화폐, 벽란도에 주목합시다.
- 고려의 문화 파트는 출제 비중이 매우 높습니다. 역사서, 불교사(의천 · 지눌), 건축, 탑, 불상, 자기에 대해서는 거의 빠지지 않고 출제되고 있으니 특히 집중하여 공부해야 합니다.

고려의 건국과 정치

① 중세 사회의 성립

(1) 고려의 시대 구분

구분	전기(태조~의종)		후기(명종~공양왕)		
	초기	중기	무신 집권기	원 간섭기	말기
집권 세력	호족	문벌 귀족	무신	권문세족	신진 사대부
전·후기 구분	• 1170년 무신 정변을 기점으로 전기와 후기로 구분				

(2) 고려 초기 왕들의 업적

① 태조(918~943)

민생 안정	• 수취 체제 시정 : 취민유도를 내세워 세율을 1/10로 낮춤 • 흑창 설치(춘대추납) : 빈민을 구제하기 위해 양곡 대여
호족 통합 정책	• 지방 호족을 관리로 등용 • 정략 결혼 : 유력한 호족과 혼인을 통해 관계를 깊게 다져 감 • 사성 정책 : 큰 공이 있는 자에게 왕씨 성(姓) 하사 • 사심관 제도, 기인 제도 : 지방 호족 견제 및 지방 통치 보완을 위해
북진 정책	• 서경 중시 : 평양을 서경으로 삼고 북진 정책의 전진 기지로 개발 • 청천강~영흥에 이르는 국경선 확보, 거란에 대한 강경책
기타	• 「정계」·「계백료서」 편찬, 훈요 10조를 남김

> ### 사료읽기
>
> #### 훈요 10조
> 1. 불교를 장려하라.
> 2. 도선의 풍수 사상에 따라 사찰을 세우고 함부로 짓지 말라.
> 5. 서경(평양)을 중시하라.
> 6. 연등회와 팔관회 등의 중요한 행사를 소홀히 하지 말라.
> 10. 경전과 역사서를 널리 읽고 온고지신의 교훈으로 삼아라.

② 광종(949~975)

즉위 전의 상황	• 태조의 뒤를 이은 혜종(943~945)과 정종(945~949) 때에는 왕권이 불안정하여 왕자들과 외척들 사이에 왕위 계승 다툼이 일어났다. 이런 상황에서 즉위한 광종은 왕권의 안정을 위한 정책들을 추진하였다.
노비안검법	• 호족의 세력을 약화시키고 국가의 수입 기반 확대
과거제 시행	• 쌍기의 건의로 과거제 시행 : 신진 인사 등용, 신구 세력의 교체 도모
공복 제정	• 지배층의 위계 질서를 확립하기 위해 백관의 공복 제정
칭제 건원	• 황제를 칭하고 광덕, 준풍 등 독자적 연호 사용

취민유도
백성으로부터 조세를 거둘 때에는 일정한 법도가 있어야 한다는 뜻.

사심관 제도
중앙의 고관을 자기 출신지의 사심관으로 임명하여 지방을 통제하도록 한 제도로, 사심관은 부호장 이하의 향리를 임명할 수 있었으며 향리 감독, 풍속 교정 등의 임무뿐 아니라 그 지방의 치안에 대한 연대 책임을 지도록 하였다. 신라의 마지막 왕인 경순왕(김부)을 경주의 사심관으로 임명한 것이 최초이다.

기인 제도
지방 호족(향리)의 자제를 인질로 삼아 수도에 두고 출신지의 일에 대한 고문 역할을 하게 한 제도이다. 통일 신라의 상수리 제도에서 비롯되었다.

정계·계백료서
태조가 임금에 대한 신하들의 도리를 강조하기 위하여 지은 책으로, 현재 전하지 않는다.

노비안검법
956년(광종 7)에 실시한 노비안검법은 후삼국 시대의 혼란기에 불법으로 노비가 된 자를 조사하여 양인으로 해방시켜 주기 위한 법이다.

③ 성종(981~997) : **최승로의 시무 28조 채택**, 유교적 정치 질서의 강화

2성 6부제	• 2성 6부제를 중심으로 하는 중앙 관제 새로 마련
지방관 파견	• 전국 주요 지역에 12목을 설치하고 지방관인 목사 파견
향리 제도 마련	• 지방의 중·소 호족들을 향리로 편입하여 지방 세력 견제
유학 교육 진흥	• 국자감 정비, 과거 제도 정비, 지방에 경학 박사와 의학 박사 파견
강동 6주 확보	• 서희의 외교 담판으로 강동 6주 확보

성종과 최승로
성종은 즉위 후 국정을 쇄신하기 위해 중앙의 5품 이상의 관리들로 하여금 그 동안의 정치에 대한 비판과 정책을 건의하는 글을 올리게 하였다. 이에 최승로는 시무 28조를 올려 유교의 진흥과, 과도한 재정 낭비를 가져오는 불교 행사의 억제를 요구하고 태조로부터 경종에 이르는 5대 왕의 치적에 대한 잘잘못을 평가하여 교훈으로 삼도록 하였다. 성종은 최승로의 건의를 수용하여 통치 체제를 정비하였다.

사료읽기

최승로의 시무 28조 (요약)

최승로는 신라 6두품 출신 유학자로 유교 사상에 입각한 28조의 개혁안을 성종에게 건의하였는데, 그중에서 22조가 전해진다.

7. 태조께서 나라를 통일한 후에 군현에 수령을 두고자 하였으나 대개 초창기에 일이 번다하여 미처 이 일을 시행할 겨를이 없었습니다. 청컨대 외관(지방관)을 두소서.

13. 봄에는 연등을 설치하고 겨울에는 팔관을 베풀어 사람을 많이 동원하고 노역이 심하니, 원컨대 이를 감하여 백성이 힘을 펴게 하소서.

20. 불교를 행하는 것은 수신(修身)의 근본이며, 유교를 행하는 것은 치국(治國)의 근원이니, 수신은 내생을 위한 것이며, 치국은 곧 오늘의 일입니다.

② 통치 체제의 정비

(1) 중앙 정치 조직

2성 6부	• 당의 3성 6부 수용 + 고려의 실정에 맞게 조정 • 중서문하성(최고 관서) : 중서문하성의 장관인 문하시중이 국정 총괄 • 상서성 : 실제 정무를 나누어 담당하는 6부를 두고 정책 집행 담당
중추원과 삼사	• 송의 제도를 수용 + 고려의 실정에 맞게 조정 • 중추원 : 군사 기밀과 왕명의 출납 담당, 추밀과 승선으로 구성 • 삼사 : 단순히 화폐와 곡식의 출납에 대한 회계만 담당
어사대	• 정치의 잘잘못을 논하고, 풍속을 교정하며, 관리의 비리를 감찰

대간(대성)	• 어사대의 관원과 중서문하성의 낭사로 구성
	• 고위 관리의 활동을 지원, 제약→정치 운영에 견제와 균형을 이룸
	• 간쟁·봉박·서경권 행사
	   – 간쟁 : 왕의 잘못을 논함
	   – 봉박 : 잘못된 왕명을 시행하지 않고 되돌려 보내는 것
	   – 서경 : 관리의 임명과 법령의 개정이나 폐지 등에 동의하는 것

도병마사와 식목도감	• 고려의 독자적 관청 • 재신과 추밀이 국가 중대사를 결정하는 임시 회의 기구 • 고려 귀족 정치의 특징을 잘 나타냄 • 도병마사 : 국방 문제 담당(고려 후기에 도평의사사로 개편) • 식목도감 : 법의 제정이나 각종 시행 규정을 다룸

고려의 중앙 관제

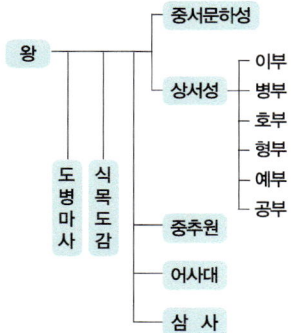

중서문하성
중서문하성은 2품 이상의 재신과 3품 이하의 낭사로 구성되었다. 재신은 국가의 정책을 심의하고, 낭사는 정치의 잘못을 비판하였다.

중추원
군사 기밀을 담당하는 추밀(2품 이상)과, 왕명의 출납을 담당하는 승선(3품)으로 구성되었다.

(2) 지방 행정 조직의 정비

5도	• 상설 행정 기관이 없는 일반 행정 단위 • <mark>안찰사</mark>가 파견되어 도내의 지방을 순찰함 • 도에는 주와 군 · 현이 설치되고 지방관이 파견됨
양계 (동계와 북계)	• 국경 지대에 설치한 군사 행정 구역으로, <mark>병마사를 파견함</mark> • 국방상의 요충지에 진 설치
3경	• 개경, 서경(평양), 동경(경주) → 후에 동경 대신 남경(한양)으로 변경
특징	• 중앙에서 지방관이 파견되는 것은 군 · 현과 진까지임 • <mark>지방관이 파견되는 주현보다 파견되지 않는 속현이 더 많았음</mark> • 향 · 부곡 · <mark>소</mark>라 불리는 특수 행정 구역 존재 • 속현과 향 · 부곡 · 소는 주현을 통해 간접적으로 중앙 정부의 통제를 받고 있었음, 조세나 공물 징수, 노역 징발 등 실제적 행정 사무는 향리가 담당

(3) 군사 제도

중앙군 (2군 6위)	• 2군(국왕 친위 부대), 6위(수도 경비와 국경 방어) • <mark>직업 군인으로 편성</mark>, 군적에 올라 군인전을 지급받음 • 역은 자손에게 세습
지방군 (주진군, 주현군)	• 군적에 오르지 못한 일반 농민으로 16세 이상의 장정들로 조직 • 주진군 : 국경 지방인 양계에 주둔, 상비군, 국경 수비 전담 • 주현군 : 5도의 일반 군 · 현에 주둔, 외적 방비, 치안 유지, 노역에 동원
중방	• 최고위 무신들로 구성된 회의 기구(무신들의 최고 회의 기구) • 2군 6위의 지휘관인 상장군과 대장군으로 구성

(4) 관리 등용 제도

문신 선발 (문과)	• 제술업(제술과) : 문학적 재능과 정책 등을 시험함, 명경업보다 중시됨 • 명경업(명경과) : 유교 경전에 대한 이해 능력 시험
기술관 선발	• 잡업(잡과) : 법률, 회계, 지리 등 실용 기술학 시험
승과	• 승려를 대상으로 시행한 시험

응시 자격	• 법제적 : <mark>양인 이상은 과거에 응시 가능</mark>
	• 실제적
	  – 제술과나 명경과에는 주로 귀족과 향리의 자제가 응시
	  – 백정 농민은 주로 잡과에 응시

음서	• 개념 : 과거를 통하지 않고도 관료가 될 수 있는 제도 • 대상 : 공신과 종실의 자손, <mark>5품 이상의 고위 관료의 자손</mark> 등 • 의미 : 고려의 관료 체제가 귀족적 특성을 지녔음을 보여 줌

향리
향리는 원래 신라 말, 고려 초기의 중소 호족 출신이었는데, 집권적 지배 체제의 정비 과정을 통하여 주민과 직접 접촉하는 행정 실무자가 되었다.

중방
최고의 무신들로 구성된 회의 기구. 무신정변 직후부터 최충헌이 권력을 잡을 때까지 최고 권력 기구였다.

음서의 범위
고려 시대에는 공신과 종실의 자손 외에도 5품 이상 관료의 아들, 손자, 사위, 동생, 조카 등에게도 음서의 혜택을 주었다.

❸ 문벌 귀족 사회의 성립과 동요

(1) 문벌 귀족 사회의 성립

형성	• 성종 이후 중앙 집권적 국가 체제가 확립됨에 따라 새로운 지배층 형성
출신	• 지방 호족 출신으로 중앙 관료가 된 계열과 신라 6두품 계통의 유학자
특징	• 여러 세대에 걸쳐 중앙에서 고위 관직자를 배출한 가문
특권	• 과거와 음서를 통해 관직 독점(중서문하성과 중추원의 재상이 되어 국정 주도) • 음서와 공음전의 혜택, 비슷한 부류끼리 혼인 관계를 맺어 권력 장악 • 왕실과 혼인 관계를 맺어 외척으로서 정권을 장악하기도 함
가문	• 경원 이씨(이자겸), 해주 최씨(최충), 파평 윤씨(윤관), 경주 김씨(김부식) 등

(2) 문벌 귀족 사회의 동요

① 이자겸의 난(1126, 인종 4) 🔅 발생한 시기에 주목하자!

배경	• 이자겸의 권력 독점에 반대하여 왕을 중심으로 왕의 측근 세력 결집
경과	• 이자겸이 반대파를 제거하고 척준경과 함께 난을 일으켜 권력 장악
결과	• 이자겸과 척준경 사이에 반목이 생겨 이자겸이 척준경에 의해 몰려남 • 척준경도 탄핵을 받고 축출됨으로써 이자겸 세력 몰락
영향	• 중앙 지배층 사이의 분열을 드러냄으로써 문벌 귀족 사회의 붕괴 촉진 계기 • 왕권의 위축 및 서경 천도론 대두

② 묘청의 서경 천도 운동(1135, 인종 13) 🔅 발생한 시기에 주목하자!

배경	• 김부식 중심의 보수적 관리와 묘청, 정지상 중심의 개혁적 관리들 간의 대립	
	개경파(김부식)	**서경파(묘청 · 정지상)**
대립	• 중앙 문벌 귀족 • 서경 천도 반대 • 금에 사대(사대주의) • 유교 이념을 통한 사회 질서 확립 • 신라 계승 의식	• 지방 출신의 개혁적 관리 • 서경 천도 주장, 북진 정책 • 칭제 건원 및 금 정벌 주장 • 풍수지리설, 불교, 전통 사상 • 고구려 계승 의식
결과	• 묘청의 난(1135) : 서경 천도를 통한 정권 장악이 어렵게 되자 국호를 '대위국', 연호를 '천개'라 하여 서경에서 난을 일으킴 → 김부식의 관군에 의해 진압됨	
성격	• 문벌 귀족 사회 내부의 분열과 지역 세력 간의 대립 • 풍수지리설이 결부된 자주적 전통 사상과 사대적 유교 정치 사상의 충돌 • 고구려 계승 이념에 대한 이견과 갈등 등이 얽혀 일어남	

📗 사료읽기

신채호의 서경 천도 운동 인식

묘청의 천도 운동에 대하여 역사가들은 단지 왕사(王師 : 왕의 군대)가 반란한 적을 친 것으로 알았을 뿐인데, 이는 근시안적인 관찰이다. 그 실상은 낭가(郎家)와 불교 양가 대 유교의 싸움이며, 국풍파 대 한학파(漢學派)의 싸움이며, 독립당 대 사대당의 싸움이며, 진취 사상 대 보수 사상의 싸움이니, 묘청은 전자의 대표요, 김부식은 후자의 대표였던 것이다. 묘청의 천도 운동에서 묘청 등이 패하고 김부식이 이겼으므로 조선사가 사대적, 보수적, 속박적 사상인 유교 사상에 정복되고 말았다. 만약 김부식이 패하고 묘청이 이겼더라면, 조선사가 독립적, 진취적으로 진전하였을 것이니 이것이 어찌 일천년래 제일대사건이라 하지 아니하랴. 「조선사 연구초」

공음전
문벌 귀족의 세습적인 경제적 기반이 되었던 것은 공음전이었다. 공음전은 5품 이상의 관료가 되어야 받을 수 있는데, 자손에게 세습할 수 있었다.

경원 이씨 가문
경원 이씨 가문의 이자연은 세 딸을 모두 문종의 왕비로 들여 가문을 일으켰고, 이자연의 손자 이자겸은 딸들을 예종 및 인종과 혼인시켜 권력을 키웠다.

묘청 세력의 활동
묘청 세력은 풍수지리설을 내세워 서경(평양)으로 도읍을 옮겨, 보수적인 개경의 문벌 귀족 세력을 누르고 왕권을 강화하면서 자주적인 혁신 정치를 시행하려 하였다. 이들은 서경에 대화궁이라는 궁궐을 짓고 황제를 칭할 것과 금을 정벌하자고 주장하였다.

신채호의 평가
신채호는 「조선사 연구초」에서 묘청의 서경 천도 운동을 '조선 역사상 일천년래 제일대사건'이라 하여 자주성을 높이 평가하였다.

4 무신 정권 시대(1170~1270)

(1) 무신 정변(1170)

배경	• 묘청의 서경 천도 운동 이후 문벌 귀족 지배 체제의 모순 심화 • 의종의 실정과 향락, 문신 우대와 무신 차별(숭문천무) • 군인전을 제대로 지급받지 못한 하급 군인들의 불만도 고조됨
무신 정변	• 정중부, 이의방 등 무신들이 정변을 일으켜 많은 문신들을 죽임 • 의종을 폐하여 거제도로 귀양 보낸 후, 명종을 세워 정권 장악
결과	• 무신들을 중방을 중심으로 권력을 행사하면서 주요 관직 독차지 • 저마다 사병을 길러 권력 쟁탈전을 벌임

(2) 최씨 무신 정권

① 최충헌(1196~1219)

이의민 제거	• 이의민을 제거하고 권력 장악
봉사 10조	• 봉사 10조의 개혁안 제시 →사회 개혁 흐지부지, 권력 유지에 치중
교정도감 설치	• 최고 집정부의 구실을 하는 교정도감을 설치하여 권력 행사
도방의 부활	• 경대승 사후 해체되었던 도방(사병 기관)을 부활시켜 신변 경호

② 최우(1219~1249)

정방 설치	• 자기 집에 정방을 설치하여 모든 관직에 대한 인사권 장악
서방 설치	• 문학적 소양과 행정 실무 능력을 갖춘 문신들을 등용해 고문 역할을 담당하게 함
삼별초	• 최씨 무신 정권의 군사적 기반 역할 • 좌별초, 우별초, 신의군으로 구성
강화 천도	• 몽골에 대항하기 위해 강화도로 천도(1232)
재조대장경	• 강화도 천도 이후 부처의 힘으로 몽골군을 물리치겠다는 염원을 담은 재조(팔만)대장경 조판 사업 시행

(3) 무신 집권기 무신 정권에 대한 반발   💡 무신 집권기에 발생했음을 기억하자.

조위총의 난	• 서경 유수 조위총이 무신 정권에 대항해 서경에서 난을 일으킴
공주 명학소 망이·망소이의 난	• 특수 행정 구역인 공주 명학소에서 망이·망소이 형제가 봉기 • 정부는 명학소를 충순현으로 승격시켜 무마하기도 함
김사미·효심의 난	• 운문(청도), 초전(울산)에서 봉기하여 신라 부흥 표방(농민 봉기)
만적의 난	• 최충헌의 사노비였던 만적이 노비들을 모아 신분 해방을 외침

사료읽기

만적의 난

경계난 이래 국가의 고관이 천민 계급에서 많이 나왔으니, 장상(將相)이 어찌 씨가 따로 있으랴. 때가 오면 누구나 할 수 있는 것이다. 그러므로 우리는 각기 상전을 죽이고 노예 문적을 불살라 삼한에 천민이 없게 하자.

무신 집권자의 변화
이의방 → 정중부 → 경대승
→ 이의민 → 최충헌 → 최우

교정도감
최씨 정권의 반대 세력을 제거하고, 국정을 총괄하는 최고의 정치 기구.

삼별초
최우가 치안 유지를 위해 설치한 야별초에서 분리된 좌별초, 우별초와 몽골에 포로로 잡혀갔다가 돌아온 병사들로 조직된 신의군을 말한다.

만적의 난(1198)
최충헌의 사노비였던 만적은 노비들을 모아, 사람이면 누구나 공경대부가 될 수 있다고 주장하며 신분 해방을 외치고 정권 탈취를 시도하였다.

실전 기출및 예상문제

01 (가)에 들어갈 정치 기구에 대한 설명으로 옳은 것은?

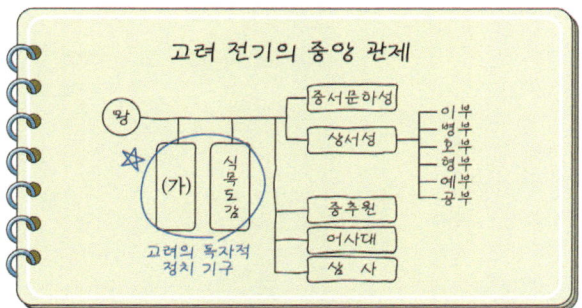

① 물가 조절을 관장하였다.
② 관리에 대한 감찰을 담당하였다.
③ 국방 및 군사 문제를 논의하였다.
④ 간쟁, 봉박, 서경의 권한을 행사하였다.
⑤ 화폐와 곡식의 출납, 회계를 맡아보았다.

해설
대표적인 고려의 독자적 정치 기구로는 도병마사와 식목도감이 있다. 따라서 (가)는 도병마사이다.
도병마사는 주로 국방 문제를 담당하는 임시 기구였으며, 고려 후기에는 도평의사사(도당)로 개편되면서 국정 전반에 걸친 중요 사항을 담당하는 최고 정무 기구로 발전하였다.

오답 분석
① 고려 성종 때에는 개경과 서경 및 각 12목에 물가 조절 기관인 상평창을 두었다.
② 고려의 어사대는 정치의 잘잘못을 논하고 풍속을 교정하며, 관리의 비리를 감찰하는 임무를 맡았다.
④ 어사대의 관원은 중서문하성의 낭사와 함께 대간으로 불렸다. 대간은 왕의 잘못을 논하는 간쟁, 잘못된 왕명을 시행하지 않고 되돌려 보내는 봉박, 관리의 임명과 법령의 개정이나 폐지 등에 동의하는 서경권을 가지고 있었다.
⑤ 고려 시대의 삼사는 단순히 화폐와 곡식의 출납에 대한 회계만 맡았다.

정답 ③

02 다음 내용을 남긴 국왕의 정책으로 옳지 않은 것은?

4. …… 거란은 금수(禽獸)의 나라로 풍속이 같지 않고 언어 또한 다르니, 의관 제도(衣冠制度)를 절대로 본받지 말도록 하라.

5. 서경은 수덕이 순조로워 중요한 곳이니 철마다 서경에 가서 머무르기를 모두 100일이 넘도록 한다.

6. 연등은 부처님을 섬기는 것이고, 팔관은 하늘의 신령과 오악의 명산·대천·용신을 섬기는 것이다. 후세에 간교한 신하들이 이를 더하거나 줄일 것을 건의하지 못하도록 한다.

① 쌍기의 건의를 받아들여 과거제를 시행하였다.
② 공로에 따라 역분전을 차등 지급하였다.
③ 후대 왕들이 지켜할 방향을 제시한 훈요 10조를 남겼다.
④ 청천강에서 영흥에 이르는 국경선을 확보하였다.
⑤ 기인 제도와 사심관 제도를 실시하였다.

해설
제시된 내용은 고려 태조가 후대 왕들이 지켜야 할 정책 방향을 제시한 '훈요 10조'이다. 태조는 공신들에게 역분전을 지급하여 경제적 기반을 마련해 주었으며, 지방 호족을 견제하고 지방 통치를 보완하기 위해서 사심관 제도와 기인 제도를 활용하였다. 또한 고구려의 옛 땅을 되찾고자 하는 의욕으로 강력한 북진 정책을 추진하여 평양을 서경으로 삼고, 북진 정책의 전진 기지로 적극 개발하였다. 그 결과, 청천강에서 영흥에 이르는 국경선을 확보할 수 있었다.

오답 분석
① 후주에서 귀화한 쌍기의 건의를 받아들여 과거제를 시행한 왕은 광종이다.

정답 ①

실전 기출 및 예상 문제

24회 기출

03 다음 건의를 받아들인 왕의 정책으로 옳은 것은?

> 최승로가 글을 지어 올렸는데 …… 우리 태조께서 나라를 통일한 후에 외관(外官)을 두고자 하였으나, 초창기에 일이 번잡하여 겨를이 없었습니다. 지금 보건대 향촌의 호족들이 늘 나라의 일이라 속여 백성을 수탈하고, 백성은 그 명령을 감당하지 못하니 청컨대 외관을 두소서.
>
> 「고려사절요」

① 12목을 설치하였다.
② 9주와 5소경을 두었다.
③ 전국을 8도로 나누었다.
④ 22담로에 왕족을 파견하였다.
⑤ 지방을 5경 15부 62주로 조직하였다

해설

최승로의 시무 28조의 일부 내용을 사료로 제시하고 이를 받아들인 고려 성종의 정책을 묻고 있다. 성종은 즉위 후 국정을 쇄신하기 위해 중앙의 5품 이상의 관리들로 하여금 그동안의 정치에 대한 비판과 정책을 건의하는 글을 올리게 하였다. 이에 최승로는 시무 28조를 올려 유교의 진흥과 과도한 재정 낭비를 가져오는 불교 행사의 억제를 요구하고, 태조로부터 경종에 이르는 5대 왕의 치적에 대한 잘잘못을 평가하여 교훈으로 삼도록 하였다. 성종은 최승로의 건의를 수용하여 통치 체제를 정비하였다.
성종은 전국 주요 지역에 12목을 설치하고 지방관인 목사를 파견하였으며, 향리 제도를 마련하여 지방 세력을 견제하였다. 또, 국자감을 정비하고 지방에 경학 박사와 의학 박사를 파견하여 유학 교육의 진흥에도 노력하였다.

오답 분석

② 통일 신라의 신문왕은 9주 5소경 체제의 지방 행정 조직을 완비하였다.
③ 조선은 전국을 8도로 나누었다.
④ 백제의 무령왕은 지방의 22담로에 왕족을 파견하여 지방에 대한 통제를 강화하였다.
⑤ 발해의 선왕은 5경 15부 62주의 지방 제도를 완비하였다.

정답 ①

04 다음은 고려의 중앙 관제이다. (가)~(마)에 대한 설명으로 옳지 않은 것은?

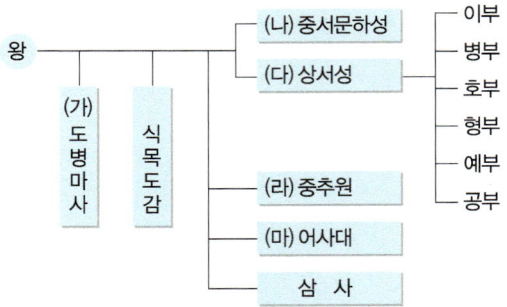

① (가) - 국방과 군사 문제를 주로 논의하였다.
② (나) - 재신과 낭사로 구성되었다.
③ (다) - 6부를 두고 정책의 집행을 담당하였다.
④ (라) - 군사 기밀과 왕명의 출납을 담당하였다.
⑤ (마) - 화폐와 곡식의 출납에 대한 회계를 처리했다.

해설

고려의 통치 체제는 성종 때에 마련한 2성 6부제를 토대로 하였다. 고려는 당의 제도를 받아들이면서도 고려의 실정에 맞게 이를 조정하였다. 고려는 최고 관서로서 중서문하성을 두었고, 그 장관인 문하시중이 국정을 총괄하였다. 중서문하성은 재신과 낭사로 구성되었는데, 재신은 국가의 정책을 심의하고, 낭사는 정치의 잘못을 비판하였다. 상서성은 실제 정무를 나누어 담당하는 6부를 두고 정책의 집행을 담당하였으며, 중추원은 군사 기밀과 왕명의 출납을 담당하였다. 도병마사는 주로 국방 문제를 담당하는 임시 기구였고, 고려 후기에는 도평의사사(도당)로 개편되면서 국정 전반에 걸친 중요 사항을 담당하는 최고 정무 기구로 발전하였다.

오답 분석

⑤ 어사대는 정치의 잘잘못을 논하고 풍속을 교정하며, 관리의 비리를 감찰하는 임무를 맡았으며, 어사대의 관원은 중서문하성의 낭사와 함께 대간으로 불렸다. 고려 시대에 화폐와 곡식의 출납에 대한 회계를 맡은 기관은 삼사이다.

정답 ⑤

05 다음 사건들이 일어난 시기를 연표에서 옳게 고른 것은?

- 우리 고을 명학소를 충순현으로 승격시키고 수령을 두어 무마하려 하였다. 그러나 이후 군대를 동원해 우리를 토벌한 뒤 내 어머니와 아내를 잡아 가두니 그 뜻이 어디에 있는가?
- 경계난 이래 국가의 고관이 천민 계급에서 많이 나왔으니, 장상이 어찌 씨가 따로 있으랴, 때가 오면 누구나 할 수 있는 것이다. 그러므로 우리는 각기 상전을 죽이고 노예 문적을 불살라 삼한에 천민이 없게 하자.

918	1009	1107	1170	1270	1388
	(가)	(나)	(다)	(라)	(마)
고려 건국	강조의 정변	윤관의 여진 정벌	무신 정변	개경 환도	위화도 회군

① (가)   ② (나)   ③ (다)   ④ (라)   ⑤ (마)

해설

첫 번째 사건은 공주 명학소 망이·망소이의 난(1176)이다. 1176년 공주 명학소에서 무거운 세금 부담에 시달리던 주민들이 망이, 망소이 형제를 중심으로 봉기하였다. 이에 중앙의 무신 정권은 명학소를 충순현으로 승격시켜 주면서 회유하기도 하였다. 그러나 정부에서 보낸 군대가 망이의 어머니와 처를 납치하자 다시 봉기하였고, 이에 정부는 충순현을 다시 명학소로 강등시키고 무력으로 이들을 토벌했다.
두 번째 사건은 만적의 난(1198)이다. 1198년 최충헌의 사노비였던 만적은 노비들을 모아 사람이면 누구나 공경대부가 될 수 있다고 주장하며, 신분 해방을 외치고 정권 탈취까지 목표로 하였으나, 결국 실패하였다.
이 두 사건은 모두 무신 집권기에 있었던 사건이다.

정답 ④

---

06 (가) 인물에 대한 설명으로 옳은 것을 |보기|에서 고른 것은?

(가)   김부식

보기
ㄱ. 삼국유사를 저술하였다.
ㄴ. 서경에서 난을 일으켰다.
ㄷ. 금나라 정벌을 주장하였다.
ㄹ. 신라 계승 의식을 표방하였다.

① ㄱ, ㄴ   ② ㄱ, ㄷ   ③ ㄴ, ㄷ
④ ㄴ, ㄹ   ⑤ ㄷ, ㄹ

해설

(가)는 '서경으로 천도하자.'라고 왕(인종)에게 주장하고 있고, 김부식은 이에 반대하고 있는 모습이다. 따라서 (가)는 묘청임을 알 수 있다.
묘청 세력은 풍수지리설을 내세워 서경(평양)으로 도읍을 옮겨, 보수적인 개경의 문벌 귀족 세력을 누르고 왕권을 강화하면서 자주적인 혁신 정치를 시행하려 하였다. 이들은 서경에 대화궁이라는 궁궐을 짓고, 황제를 칭할 것과 금을 정벌하자고 주장하였다. 반면 김부식이 중심이 된 개경 귀족 세력은 유교 이념에 충실함으로써 사회 질서를 확립하자고 하였다. 묘청 세력은 서경 천도를 통한 정권 장악이 어렵게 되자 서경에서 난을 일으켰으나(1135, 묘청의 난) 김부식이 이끈 관군의 공격으로 약 1년 만에 진압되었다.

오답 분석
ㄱ. 「삼국유사」를 저술한 인물은 일연이다.
ㄹ. 신라 계승 의식은 김부식 등 개경파에 해당하고, 고구려 계승 의식은 묘청 등 서경파에 해당한다.

정답 ③

2 대외 관계 및 고려 후기의 정치 변동

1 거란(요)의 침입과 격퇴(10세기 말~11세기 초)

(1) 거란의 1차 침입(993, 성종 때)

배경	• 고려의 친송 정책 및 북진 정책
경과	• 소손녕이 대군을 이끌고 침략 → 서희의 외교 담판
결과	• 서희의 외교 담판 결과 　- 거란과 교류할 것을 약속 　- 고려가 고구려의 후계자임을 인정받음 　- 강동 6주 확보

(2) 거란의 2차 침입(1010, 현종 때)

배경	• 고려의 친송 정책 유지
경과	• 강조의 정변을 구실로 강동 6주 반환을 요구하며 침입 → 양규의 선전
결과	• 거란은 현종의 친조를 조건으로 고려에서 철병

(3) 거란의 3차 침입(1018, 현종 때)

배경	• 고려의 친조 약속 불이행, 거란의 강동 6주 반환 요구 거부
경과	• 소배압의 10만 대군 침입
결과	• 강감찬의 귀주 대첩 승리(1019)

(4) 거란과의 전쟁의 영향

세력 균형	• 고려와 송, 거란 사이에 세력 균형 유지
나성 축조	• 강감찬의 건의로 개경에 나성을 쌓아 도성 수비 강화
천리 장성 축조	• 북쪽 국경 일대에 천리 장성(압록강~도련포)을 쌓아 거란과 여진의 침략에 대비

2 여진 정벌과 동북 9성 개척(12세기)

배경	• 12세기 초 부족의 통일을 이룬 여진족이 고려군과 자주 충돌
별무반 조직	• 목적 : 기병 중심의 여진족에 효과적으로 대응하기 위해 • 조직 : 숙종은 윤관의 건의에 따라 별무반이라는 특수 부대 편성 • 별무반의 편성 : 신기군(기병), 신보군(보병), 항마군(승병)
동북 9성 축조	• 예종 때 윤관은 별무반을 이끌고 천리 장성을 넘어 여진족을 북방으로 밀어내고 동북 지방 일대에 9개의 성을 쌓음(1107)
금의 사대 요구 수용	• 배경 : 세력을 키운 여진족이 만주 일대를 장악하고 금을 건국함 • 경과 : 금은 거란을 멸망시킨 뒤 고려에 군신 관계 요구 • 수용 : 당시 집권자 이자겸이 금의 사대 요구 수용(1126)

강동 6주
6주는 흥화진(의주), 용주(용천), 통주(선주), 철주(철산), 귀주(구성), 곽주(곽산)이다.

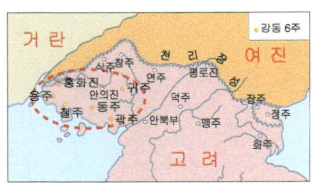
▲ 강동 6주

강조의 정변
목종의 모후인 천추태후와 외척 김치양이 불륜을 맺고 왕위를 빼앗으려 하자, 강조가 군사를 일으켜 김치양 일파를 제거함은 물론 목종까지 폐위시키고 현종을 옹립한 사건이다. 목종은 강조에 의해 폐위되어 충주로 가던 중 강조가 보낸 사람에 의해 시해되었다. 거란은 목종을 시해한 강조의 죄를 묻는다는 구실로 강동 6주의 반환을 요구하면서 2차 침입을 감행하였다.

친조
상대 나라의 왕이 직접 방문해 인사를 올리는 것.

동북 9성
위치가 함흥이라는 설과 두만강 일대라는 설이 있다. 9성 설치 이후 여진족의 침입이 이어지자 수비에 어려움을 겪던 고려는 해마다 조공을 바치겠다는 여진족의 조건을 수락하고 약 1년 만에 9성을 돌려주었다.

3 몽골과의 전쟁(13세기)

(1) 무신집권기 몽골과의 전쟁

국제 정세	• 몽골의 팽창과 금의 쇠퇴
1차 침입 (1231)	• 배경 : 고려에 몽골 사신으로 왔던 저고여가 귀국 길에 피살됨 • 결과 : 몽골의 침입으로 개경이 포위되어 몽골의 요구 수용
2차 침입 (1232)	• 배경 : 몽골의 무리한 요구에 최우는 강화도로 천도(장기 항전 위해) • 경과 : 김윤후와 처인 부곡민이 처인성(용인)에서 몽골 장수 살리타 사살 • 결과 : 몽골군 퇴각, 처인 부곡은 현으로 승격
팔만대장경	• 강화도 천도 이후 부처의 힘으로 몽골군을 물리치겠다는 염원을 담은 팔만대장경(재조대장경)을 조판함(1236~1251)
6차 침입 (1254)	• 활약 : 충주 다인철소민의 몽골군 격퇴 • 결과 : 다인철소는 익안현으로 승격됨
개경 환도	• 무신 정권이 몰락하고 몽골과 강화한 고려는 개경으로 환도함(1270)
피해	• 초조대장경과 황룡사 9층 목탑 등 소실

사료읽기

몽골과의 전쟁 때 활약한 백성들

처음 충주 부사 우종주가 매양 장부와 문서로 인하여 판관 유홍익과 틈이 있었는데, 몽골병이 장차 쳐들어온다는 말을 듣고 성을 지킬 일을 의논하였다. 그런데 의견상 차이가 있어서 우종주는 양반 별초를 거느리고 유홍익은 노군(奴軍)과 잡류 별초를 거느리고 서로 시기하였다. 몽골병이 오자, 우종주와 유홍익은 양반 등과 함께 다 성을 버리고 도주하고, 오직 노군과 잡류만이 힘을 합하여 쳐서 이를 쫓았다.

「고려사」

(2) 삼별초의 대몽 항쟁(1270~1273)

배경	• 고려 정부가 개경으로 환도하자, 삼별초가 배중손의 지휘 아래 반기를 듦
강화도	• 배중손의 지휘하에 승화후 온을 왕으로 추대
진도	• 진도로 옮겨 용장성을 쌓고 저항 → 여·몽 연합군에 의해 진도 함락
제주도	• 제주도로 근거지를 옮겨 김통정의 지휘 아래 항쟁 → 결국 평정됨

4 고려 후기의 정치 변동

(1) 원의 내정 간섭

영토 상실	• 쌍성총관부(철령 이북), 동녕부(자비령 이북), 탐라총관부(제주도)
원의 수탈	• 결혼도감을 통해 고려의 처녀들을 공녀라 하여 원으로 끌고 감 • 응방 설치(매 징발), 금·은·베를 비롯한 인삼·약재 등 특산물 징발
부마국 전락	• 고려의 국왕은 원의 공주와 결혼하여 원 황제의 부마가 됨
일본 원정	• 정동행성 설치(1280) : 일본 원정을 준비하기 위해 설치 • 원은 고려와 함께 두 차례(1274, 1281)에 걸친 일본 원정 단행 → 실패

삼별초 관련 유적지

▲ 진도 용장산성(용장성)

▲ 제주 항파두리 항몽 유적 항몽순의비

결혼도감
원나라에서 요구하는 여자들을 선발하고자 설치한 관청.

원 간섭기 관제 격하
중서문하성과 상서성을 합쳐 첨의부로 하고, 6부는 4사로 통폐합되었으며, 중추원은 밀직사로 격하되었다.

원 간섭기의 고려 왕들
충렬왕, 충선왕, 충숙왕, 충혜왕, 충목왕, 충정왕

변발

권문세족
종래의 문벌 귀족 가문, 무신 정권기에 새로 등장한 가문, 원과의 관계를 통하여 성장한 가문 등을 말한다.

기철
친원파 권문세족의 일원이었으며, 원나라 순제의 황후인 기황후의 친정 오빠이다. 기황후와 원을 등에 업고 친원파 세력을 결집하여 권세를 부렸다.

전민변정도감
공민왕은 전민변정도감을 설치하고 승려 신돈을 등용하여 권문세족이 부당하게 빼앗은 토지와 노비를 본래의 소유주에게 돌려주거나 양민으로 해방시켰다. 이를 통하여 권문세족의 경제 기반을 약화시키고 국가 재정 수입의 기반을 확대하였다.

내정 간섭	• 왕실 호칭 및 관제의 격하	
	원 간섭 이전	원 간섭 이후 변화
	조·종	충○왕
	중서문하성·상서성	첨의부
	6부	4사
	중추원	밀직사

• 정동행성 유지 : 일본 원정 실패 후 내정 간섭 기구로 변질되어 존속
• 만호부 설치 : 고려의 군사 조직에 영향력 행사
• 다루가치(감찰관) 파견 : 내정 간섭

(2) 원 간섭기 고려의 상황과 사회 변화

권문세족의 대두	• 원 간섭기 동안 권문세족이라는 새로운 지배층이 형성됨 • 권문세족은 권력을 잡아 농장을 확대하고, 양민을 억압하여 노비로 삼는 등 사회 모순을 격화시킴
사회 변화	• 몽골풍 유행 : 변발, 호복(몽골인의 복장) 등 • 고려양 : 고려의 의복, 그릇, 음식 등의 풍습이 몽골에 전해짐 • 조혼 성행 : 공녀로 끌려가지 않기 위해 조혼 풍습 확산

(3) 공민왕의 개혁 정치   💡 공민왕의 개혁 정치는 항상 출제되고 있다.

배경	• 14세기 원·명 교체기를 이용하여 개혁 추진	
반원 자주 정책	• 기철로 대표되는 친원 세력 숙청 • 고려의 내정을 간섭하던 정동행성 이문소 폐지 • 원의 간섭으로 바뀌었던 관제 복구 • 몽골 풍속 금지 및 원의 연호 사용 폐지 • 쌍성총관부를 공격하여 철령 이북의 땅 수복 • 요동 지방 공략	
왕권 강화책	• 정방 폐지, 과거 제도 정비, 성균관 개편 • 전민변정도감 설치(신돈 등용)	▲ 공민왕의 영토 수복
결과	• 권문세족의 반발로 신돈 제거 • 공민왕 시해 → 개혁 중단	

사료읽기

공민왕의 반원 정책
공민왕이 원의 제도를 따라 변발하고 호복(몽골의 옷차림)을 입고 전상에 앉아 있었다. 이연종이 간하려고 문밖에서 기다리고 있었더니, 왕이 사람을 시켜 물었다. 이연종이 말하기를, "임금 앞에 나아가 직접 대면해서 말씀드리기를 바라나이다."라고 하였다. 이미 들어와서는 좌우를 물리치고 말하기를, "변발과 호복은 선왕의 제도가 아니오니, 원컨대 전하께서는 본받지 마소서."라고 하니, 왕이 기뻐하면서 즉시 변발을 풀어 버리고 그에게 옷과 요를 하사하였다.

「고려사」

⑤ 신진 사대부와 신흥 무인 세력의 성장

신진 사대부	• 대부분 지방 향리의 자제들 • 무신 집권기 이래 과거를 통하여 중앙 관리로 진출 • 공민왕 때의 개혁 정치에 힘입어 지배 세력으로 성장 • 성리학을 수용하여 학문적 기반으로 삼고, 불교의 폐단을 시정하려 함 • 권문세족과 충돌, 권문세족의 비리와 불법 견제

신흥 무인 세력
• 고려 말 홍건적 및 왜구의 침입을 격퇴하는 과정에서 성장

※홍건적과 왜구의 격퇴(14세기)

구분		시기	내용
홍건적	2차 침입	공민왕	이성계 등이 격퇴함
왜구	홍산 전투	우왕	최영이 홍산(부여)에서 왜구를 토벌함
	진포 대첩	우왕	최무선이 화포를 사용해 왜선 500척 대파
	황산 대첩	우왕	이성계가 황산(남원 운봉)에서 왜구 격퇴
	쓰시마 정벌	창왕	박위가 쓰시마 섬(대마도) 정벌

사료 읽기

진포 대첩(우왕 6, 1380)

우왕 6년(1380년) 8월 추수가 거의 끝나 갈 무렵, 왜구는 500여 척의 함선을 이끌고 진포로 쳐들어와 충청, 전라, 경상도의 3도 연해의 주군(州郡)을 돌며 약탈과 살육을 일삼았다. 고려 조정에서는 나세, 최무선, 심덕부 등이 나서서 최무선이 만든 화포로 왜선을 모두 불태워 버렸다.

「고려사」

⑥ 고려의 멸망

우왕 즉위(1374)	• 공민왕이 시해되자 우왕이 10세의 나이로 즉위함
명의 철령위 설치 통고 (1388)	• 명나라는 철령 이북이 원래 원 나라에 속했다며 요동에 귀속시키기로 결정하고 고려에 통고함
요동 정벌 단행(1388)	• 최영이 이성계를 시켜 요동 정벌 단행
이성계의 위화도 회군 (1388)	• 이성계는 위화도에서 회군하여 최영을 제거한 뒤 군사적 실권 장악
과전법 마련 (1391, 공양왕)	• 이성계를 중심으로 모인 급진 개혁파 사대부 세력은 우왕과 창왕을 폐하고 공양왕을 세운 후, 과전법을 마련함
조선 건국 (1392)	• 이성계와 급진 개혁파 사대부 세력이 고려를 멸망시키고 조선을 건국함(1392)

보충하기 신진 사대부의 분화(온건 개혁파 vs 급진 개혁파)

신진 사대부들은 개혁의 방향을 둘러싸고 분화하였다. 이색, 정몽주 등 대다수의 온건 개혁파는 새로운 왕조 개창에 반대하고 고려 왕조의 틀 안에서 점진적인 개혁을 추진하려 하였고 반면에 정도전, 조준 등 급진 개혁파는 고려 왕조를 부정하는 역성혁명을 주장하였다.

황산 대첩비
황산 대첩비는 전라도 운봉에서 이성계가 왜구를 물리친 전투를 기념하기 위해 세운 비석으로 일제 강점기에 조선 총독부가 일본에 대한 조선의 승리를 기록했다는 이유로 이 비석을 폭파하였으나 광복 이후에 새로 건립되었다.

최무선 화약 제조법 습득
고려 말 최무선은 화약 제조법을 터득하였다. 최무선의 건의로 고려는 화통도감(1377)을 설치하고 화약과 화포를 제작하였다.

홍건적
원 말기에 백련교도가 중심이 되어 봉기한 한족의 농민 반란군으로, 머리에 붉은 수건을 두른 데서 홍건적이라 불렸다.

이방원의 하여가
이성계의 아들로 훗날 조선의 태종이 되는 이방원은 「하여가」라는 시조를 지어 정몽주의 마음을 떠보고 회유하려 하였다. 내용은 다음과 같다.
'이런들 어떠하리 저런들 어떠하리 만수산 드렁칡이 얽혀진들 어떠하리 우리도 이같이 얽혀 백년까지 누리리라'

포은 정몽주의 단심가
이방원의 「하여가」에 정몽주는 「단심가」로 고려 왕조에 대한 충절을 밝혔다. 내용은 다음과 같다.
'이 몸이 죽고 죽어 일백 번 고쳐 죽어 백골이 진토 되어 넋이라도 있고 없고 임 향한 일편단심이야 가실 줄이 있으랴'
정몽주는 결국 선죽교에서 이방원의 부하에 의해 살해되었다.

역성혁명
성씨를 바꾸는 혁명, 즉 다른 성씨에 의한 왕조의 교체를 의미한다.

01 다음의 사건이 있었던 시기를 연표에서 옳게 고른 것은?

소손녕 "당신네 나라는 옛 신라 땅에서 건국하였다. 고구려의 옛 땅은 우리나라에 소속되었는데, 어째서 당신들이 침범하였는가?"

서희 "그렇지 않다. 우리나라는 바로 고구려의 후예이다. 그러므로 나라 이름을 고려라 부르고, 평양을 국도로 정한 것 아닌가."

소손녕 "우리나라와 국경을 접하고 있으면서 바다 건너에 있는 송나라를 섬기고 있는 까닭에 이번에 정벌하게 된 것이다. 만일 땅을 떼어 바치고 국교를 회복한다면 무사할 것이다."

서희 "압록강 안팎도 우리 땅인데, 지금 여진이 그 중간을 점거하고 있어 육로로 가는 것이 바다를 건너는 것보다 왕래하기가 더 곤란하다. 그러니 국교가 통하지 못하는 것은 여진 탓이다. 만일 여진을 내쫓고 우리의 옛 땅을 회복하여 거기에 성과 보를 쌓고 길을 통하게 한다면 어찌 국교가 통하지 않겠는가."

936		1019		1107		1170		1270		1388
	(가)		(나)		(다)		(라)		(마)	
후삼국 통일		귀주 대첩		윤관의 여진 정벌		무신 정변		개경 환도		위화도 회군

① (가)   ② (나)   ③ (다)   ④ (라)   ⑤ (마)

해설
고려 성종 때인 993년 거란의 소손녕은 80만 대군을 이끌고 침략하여 고려가 차지하고 있는 옛 고구려 땅을 내놓고 송과의 교류를 끊을 것을 요구하였다. 그러나 소손녕과의 외교 담판에 나선 서희가 거란과 교류할 것을 약속하는 대신, 고려가 고구려의 후계자임을 인정받고 압록강 동쪽의 강동 6주를 확보하는 성과를 거두었다.

정답 ①

02 (가) 군사 조직에 대한 설명으로 옳은 것을 |보기|에서 고른 것은?

○○○(이)가 치안 유지를 위해 설치한 야별초(夜別抄)에서 비롯된 것으로, 별초란 '용사들로 조직된 선발군'이라는 뜻이다. 그 뒤 야별초에 소속한 군대가 증가하자 이를 좌별초·우별초로 나누고, 몽골에 포로로 잡혔다가 돌아온 병사들로 신의군을 조직, 좌별초·우별초·신의군을 합하여 ___(가)___ 을(를) 만들었다.

|보기|
ㄱ. 여·몽 연합군에 의해 진압되었다.
ㄴ. 최씨 무신 정권의 군사적 기반 역할을 하였다.
ㄷ. 윤관의 건의로 숙종 때 편성하였다.
ㄹ. 강감찬의 지휘 아래 귀주에서 대승을 거두었다.

① ㄱ, ㄴ   ② ㄱ, ㄷ   ③ ㄴ, ㄷ
④ ㄴ, ㄹ   ⑤ ㄱ, ㄹ

해설
(가)는 삼별초이다. 삼별초는 최우가 치안 유지를 위해 설치한 야별초에서 비롯된 것으로, 별초란 '용사들로 조직된 선발군'이라는 뜻이다. 그 뒤 야별초에 소속한 군대가 증가하자 이를 좌별초·우별초로 나누고, 몽골에 포로가 되었다가 탈출한 병사들로 신의군을 조직, 이를 좌·우별초와 합하여 삼별초의 조직을 만들었다. 삼별초는 최씨 무신 정권의 군사적 기반 역할을 하였으며, 고려 정부가 강화도에서 개경으로 환도하자 진도와 제주도로 근거지를 옮기며 대몽 항쟁을 전개하였으나 결국 여·몽 연합군(고려·몽골 연합군)에게 진압되었다. 삼별초의 대표적인 대몽 항쟁 유적지로는 진도 용장성(용장산성)과 제주 항파두리 항몽 유적지가 있다. 이 두 유적지는 반드시 기억해 두자.

오답 분석
ㄷ. 고려 숙종 때에는 기병 중심의 여진족에 효과적으로 대응하기 위해 윤관의 건의에 따라 별무반이라는 특수 부대를 편성하였다. 별무반은 기병인 신기군, 보병인 신보군, 승병인 항마군으로 편성되었다.
ㄹ. 거란의 3차 침입 때 강감찬이 이끈 고려군은 귀주에서 거란의 군대를 대파하였다.(귀주 대첩, 1019)

정답 ①

03 다음과 같이 관제가 변경된 시기에 볼 수 있는 모습으로 옳지 <u>않은</u> 것은?

변경 전	변경 후
중서문하성·상서성	첨의부
6부	4사
중추원	밀직사

① 호복을 입고 있는 남자들
② 족두리를 쓰고 결혼하는 여자
③ 탕평채를 먹고 있는 관리
④ 공녀로 끌려가는 처녀들
⑤ 변발을 하고 있는 남자들

 해설
원나라 간섭기에 중서문하성과 상서성을 합쳐 첨의부로 하고, 6부는 4사로 통폐합되었으며, 중추원은 밀직사로 격하되었다. 또, 고려와 원나라 사이에는 자연히 사람과 물자의 왕래가 많아지고 문물 교류가 활발해짐에 따라 고려 사회에는 몽골풍이 유행하여 변발, 몽골식 복장, 몽골어가 궁중과 지배층을 중심으로 널리 퍼졌다.

※ **몽골풍**: 변발, 호복, 족두리, 연지 등

오답 분석
③ 탕평채는 조선 후기 영조 때 탕평책을 논하는 자리의 음식상에 처음으로 등장하였다는 데서 유래한다.

정답 ③

22회기출

04 (가)에 들어갈 내용으로 옳은 것은?

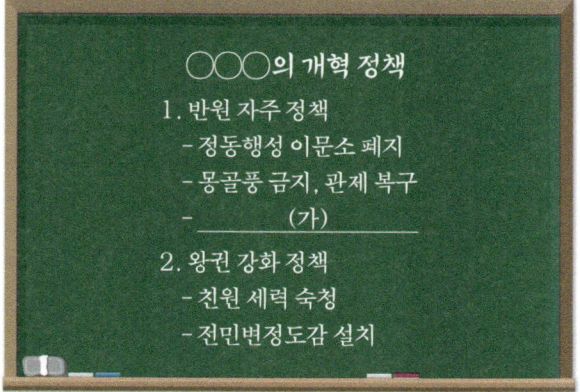

○○○의 개혁 정책
1. 반원 자주 정책
   - 정동행성 이문소 폐지
   - 몽골풍 금지, 관제 복구
   - _____(가)_____
2. 왕권 강화 정책
   - 친원 세력 숙청
   - 전민변정도감 설치

① 별무반 조직
② 강동 6주 획득
③ 동북 9성 개척
④ 천리 장성 축조
⑤ 쌍성총관부 공격

해설
정동행성 이문소 폐지, 친원 세력 숙청, 전민변정도감 설치 등은 공민왕의 개혁 정책이다. 공민왕은 무력으로 쌍성총관부를 공격하여 철령 이북의 땅을 수복하였다.

오답 분석
①, ③ 고려 숙종은 윤관의 건의에 따라 별무반이라는 특수 부대를 편성하였다. 윤관은 별무반을 이끌고 천리 장성을 넘어 여진족을 북방으로 밀어내고 동북 지방 일대에 9개의 성을 쌓았다.(1107, 예종 2)
② 993년 고려 성종 때 서희는 거란의 소손녕과 외교 담판을 통하여 강동 6주를 확보하는 성과를 거두었다.
④ 거란과의 전쟁이 끝난 후 고려는 개경에 나성을 쌓아 도성 수비를 강화하였고, 북쪽 국경 일대에 압록강 어귀에서 도련포에 이르는 천리 장성을 쌓아 거란과 여진의 침략에 대비하였다.

정답 ⑤

실전 기출 및 예상 문제

05 교사의 질문에 대한 답으로 옳지 <u>않은</u> 것은?

빗금 친 지역의 영토를 수복한 왕의 업적에 대해 발표해 볼까요?

① 권문세족이 부당하게 빼앗은 토지와 노비를 본래 소유 주에게 돌려주었다.
② 정동행성 이문소를 폐지하였다.
③ 원의 간섭으로 바뀌었던 관제를 복구하였다.
④ 전제 개혁을 단행하여 과전법을 마련하였다.
⑤ 몽골 풍속을 금지하였다.

해설
빗금 친 지역의 영토를 수복한 왕은 공민왕이다. 공민왕의 반원 자주 정책은 기철로 대표되던 친원 세력을 숙청하는 데서부터 시작하였다. 이어, 고려의 내정을 간섭하던 정동행성 이문소를 폐지하고, 원의 간섭으로 바뀌었던 관제를 복구하였으며, 몽골 풍속을 금지하였다. 또, 무력으로 쌍성총관부를 공격하여 철령 이북의 땅을 수복하였으며, 더 나아가 고구려의 옛 땅을 되찾기 위해 요동 지방을 공략하였다. 공민 왕은 왕권을 제약하고 신진 사대부의 등장을 억제하고 있던 정방을 폐지하였다. 아울러 전민변정도감을 설치하고 승려 신돈을 등용하여 권문세족이 부당하게 빼앗은 토지와 노비를 본래의 소유주에게 돌려 주거나 양민으로 해방시켰다. 이를 통하여 권문세족의 경제 기반을 약화시키고 국가 재정 수입의 기반을 확대하였다. 그러나 공민왕 때 의 개혁은 권문세족의 강력한 반발로 신돈이 제거되고, 개혁 추진의 핵심인 공민왕까지 시해되면서 중단되고 말았다.

오답 분석
④ 과전법을 마련한 것은 공양왕 때(1391)이다. 이성계를 중심으로 모 인 급진 개혁파(혁명파) 사대부 세력은 우왕과 창왕을 잇따라 폐하 고 공양왕을 세운 후, 전제 개혁을 단행하여 과전법을 마련하였다.

정답 ④

23회기출

06 (가) 인물의 활동으로 옳은 것은?

왜구가 선박 500척으로 진포 어귀에 들어와 …… 주와 현 에 흩어져 불을 지르고 약탈을 자행하니 시체가 산을 덮었 도다. …… 처음으로 ____(가)____ 이/가 만든 화포를 사용 하여 적들의 배를 불사르니 연기와 화염이 하늘을 덮었도 다. 적은 거의 모두 불타 죽었으며, 바다에 빠져 죽은 자도 많았다.
「고려사절요」

① 거북선을 제작하였다.
② 나선 정벌을 추진하였다.
③ 화통도감 설치를 건의하였다.
④ 처인성 전투에서 활약하였다.
⑤ 일본에 통신사로 파견되었다.

해설
최무선의 진포 대첩(진포 해전, 1380)을 사료로 제시하고 최무선에 대 해서 묻는 인물사 문제이다. 고려 말에 최무선은 중국인(원나라) 이원 에게 화약의 중요한 원료인 염초를 만드는 기술을 배워 화약 제조법 을 알아냈다. 고려는 최무선의 건의로 화통도감(1377)을 설치하고 화 약과 화포를 제작하였다. 화포와 같은 화약 무기의 제조는 급속도로 진전되어 얼마 후에는 20종에 가까운 화약 무기가 만들어졌다. 최무 선은 이 화포를 이용하여 진포(금강 하구) 싸움에서 왜구를 크게 무찔 렀다.

오답 분석
① 조선 태종 때에는 거북선을 제조하여 수군의 전투력을 향상시켰다.
② 러시아 세력의 남하로 청나라는 조선에 원병을 요청하였다. 이에 조선 정부(효종 때)는 변급, 신유 등 두 차례에 걸쳐 조총 부대를 보 내 러시아군과 교전하여 큰 전과를 올렸다.
④ 1232년 몽골의 2차 침입 당시 처인성(경기 용인) 전투에서 승려 출 신 김윤후가 부곡민들과 합세하여 몽골 장수 살리타를 사살해 몽 골군을 퇴각시키는 큰 전과를 거두었다.
⑤ 조선은 1607년(선조)부터 1811(순조)까지 12회에 걸쳐 통신사라는 이름으로 일본에 사절을 파견하였다. 통신사는 외교 사절로서뿐 아니라, 조선의 선진 문화를 일본에 전파하는 역할도 하였다.

정답 ③

07 다음 두 전투가 일어난 시기를 연표에서 옳게 고른 것은?

- 8월 추수가 거의 끝나 갈 무렵, 왜구는 500여 척의 함선을 이끌고 진포로 쳐들어와 충청, 전라 경상도의 3도 연해의 주군을 돌며 약탈과 살육을 일삼았다. 고려 조정에서는 나세, 최무선, 심덕부 등이 나서서 최무선이 만든 화포로 왜선을 모두 불태워 버렸다.

「고려사」

- 운봉을 넘어온 이성계는 적장 가운데 나이가 어리고 용맹한 아지발도를 사살하는 등 선두에 나서서 전투를 독려하여 아군보다 10배나 많은 적군을 섬멸했다. 이 싸움에서 아군은 1600여 필의 군마와 여러 병기를 노획하였고, 살아 도망간 왜구는 70여 명밖에 없었다고 한다.

「고려사」

918	936	1126	1170	1270	1392
	(가)	(나)	(다)	(라)	(마)
고려 건국	후삼국 통일	이자겸의 난	무신 정변	개경 환도	조선 건국

① (가)　　② (나)　　③ (다)　　④ (라)　　⑤ (마)

제시된 자료 중 첫 번째 내용은 최무선의 진포 대첩(1380, 우왕 6)이고, 두 번째 내용은 이성계의 황산 대첩(1380년, 우왕 6)으로, 두 전투 모두 고려 말 1380년에 있었던 전투이다. 최무선과 이성계는 고려 말의 신흥 무인 세력으로, 최무선은 중국인(원나라) 이원에게 화약의 중요한 원료인 염초를 만드는 기술을 배워 화약 제조법을 알아냈다. 고려는 최무선의 건의로 1377년 화통도감을 설치하고 화약과 화포를 제작하였으며, 최무선은 자신이 만든 화포로 진포 대첩(1380)에서 승리를 거두었다.
고려 말, 황산 대첩 등의 전투에서 공을 세운 이성계는 세력을 키워 훗날 조선을 건국하게 된다.

정답 ⑤

08 (가)~(라) 사건을 일어난 순서대로 옳게 나열한 것은?

(가) 김윤후와 처인 부곡민의 살리타 사살
(나) 과전법 마련
(다) 이성계의 위화도 회군
(라) 삼별초의 대몽 항쟁

① (가) - (나) - (다) - (라)
② (가) - (라) - (다) - (나)
③ (나) - (가) - (라) - (다)
④ (다) - (나) - (가) - (라)
⑤ (라) - (가) - (다) - (나)

(가) 1232년 몽골의 2차 침입 때에는 처인성(경기 용인) 전투에서 승려 출신 김윤후와 처인 부곡민들이 몽골 장수 살리타를 사살해 몽골군을 퇴각시키는 전과를 올렸다.
(나) 이성계를 중심으로 모인 급진 개혁파(혁명파) 사대부 세력은 우왕과 창왕을 잇따라 폐하고 공양왕을 세운 뒤, 전제 개혁을 단행하여 과전법을 마련하였다.(1391)
(다) 명이 철령위를 설치하여 철령 이북의 땅을 차지하려 하자, 최영은 이성계를 시켜 요동 정벌을 단행하였다. 요동 출병에 반대하였던 이성계는 결국 위화도에서 회군(1388)하여 최영을 제거하고 군사적 실권을 장악하여 본격적인 개혁의 계기를 마련하였다.
(라) 1270년 고려 정부가 개경으로 환도하자, 대몽 항쟁에 앞장섰던 삼별초는 강화도 → 진도 → 제주도로 근거지를 옮기며 대몽 항쟁을 전개하였으나 여·몽 연합군에 의해 약 3년 만에 진압되었다.

정답 ②

3

고려의 사회·경제·문화

① 고려의 사회

(1) 고려의 신분 제도

귀족	• 지배층의 핵심, 왕족 및 5품 이상 고위 관료가 주류를 형성 • 음서·공음전의 혜택을 받는 특권층, 왕실 또는 유력한 가문과 서로 혼인
중류층	• 지배 기구의 말단 행정직 담당 • 통치 체제의 하부 구조를 맡아 중간 역할 담당 • 직역을 세습하고 그 대가로 국가로부터 토지를 받음

<table>
<tr><td rowspan="5">양민</td><td colspan="2">• 백정 : 조세·공납·역의 의무, 민전 경작
• 특수 행정 구역 향·소·부곡민의 생활</td></tr>
<tr><td>향·부곡</td><td>• 향이나 부곡에 거주하는 사람은 농업에 종사</td></tr>
<tr><td>소</td><td>• 소의 거주민은 수공업이나 광업품의 생산이 주된 생업</td></tr>
<tr><td>특징</td><td>• 다른 지역으로 이주하는 것이 원칙적으로 금지
• 일반 군현민보다 더 많은 세금 부담</td></tr>
</table>

<table>
<tr><td rowspan="5">천민</td><td colspan="3">• 노비가 대다수
• 노비의 처우 : 매매, 상속, 증여의 대상, 재산으로 간주됨, 일천즉천 적용
• 노비의 종류</td></tr>
<tr><td rowspan="2">공노비</td><td>입역 노비</td><td>• 관청 잡역 종사, 급료 받고 생활</td></tr>
<tr><td>외거 노비</td><td>• 지방 거주, 농업 종사, 관청에 규정된 액수 납부</td></tr>
<tr><td rowspan="2">사노비</td><td>솔거 노비</td><td>• 주인 집에 살면서 잡일</td></tr>
<tr><td>외거 노비</td><td>• 주인과 따로 거주(신공 납부)
• 자신 토지 소유 가능, 독립된 경제 생활 영위 가능</td></tr>
</table>

(2) 지배 세력 비교

문벌 귀족(고려 중기)	권문세족(원 간섭기)	신진 사대부(고려 말기)
• 호족, 공신, 6두품 출신 • 과전, 공음전 • 보수적, 사대적 • 불교	• 친원 세력 • 대농장 소유 • 도평의사사 장악 • 불교	• 친명적 • 향리, 하급 관리 출신 • 중소 지주층 출신 • 성리학 수용, 불교 비판

> **보충하기**   고려 사회의 개방성
>
> 고려의 신분 제도는 조상의 신분이 그대로 자손에게 세습되었지만, 그렇지 않은 경우도 있었다. 향리가 문반직에 오르는 경우와 군인이 군공을 쌓아 무반으로 출세하는 경우를 들 수 있고, 고려 후기에는 향, 부곡, 소가 일반 군현으로 승격되기도 하였으며, 외거 노비 중에는 재산을 모아 양인의 신분을 얻는 자도 있었다.

지배층의 변화
호족 → 문벌귀족 → 무신 → 권문세족 → 신진 사대부

직역
직분에 따라 하는 일.

중류층의 유형
중앙 관청의 말단 서리인 잡류, 궁중 실무 관리인 남반, 지방 행정의 실무를 담당한 향리, 직업 군인으로 하급 장교인 군반, 지방의 역(驛)을 관리하는 역리 등이 있었다.

백정(白丁)
양민의 대대수는 농민으로서 이들을 백정이라고도 한다.

일천즉천
부모 중의 한쪽이 노비이면 그 자식도 노비가 되게 함.

신공
노비가 주인에게 제공하는 노동력이나 물품.

(3) 백성들의 생활 모습

향도	특징	• 농민의 공동 조직, 불교의 신앙 조직
	초기	• 매향 활동 • 대규모 인력이 동원되는 불상, 석탑을 만들거나 절을 지을 때 주도적 역할
	후기	• 신앙적인 향도에서 자신들의 이익을 위하여 조직되는 향도로 변모 • 마을 노역, 혼례와 상장례, 민속 신앙과 관련된 마을 제사 등 공동체 생활을 주도하는 농민 조직으로 발전
사회 제도		• 흑창(태조) : 빈민 구제를 위한 양곡 대여 → 고구려 진대법 계승 • 의창(성종) : 흑창을 확대하여 의창으로 개칭, 흉년에 빈민 구제 • 상평창(성종) : 물가 조절 기관(물가 안정), 개경과 서경 및 12목에 설치 • 동 · 서 대비원 : 환자 진료 및 빈민 구휼 • 혜민국 : 의약 전담 • 구제도감 · 구급도감 : 재해 발생 시 백성 구제를 위한 임시 기관 • 제위보(광종) : 기금을 마련한 뒤 이자로 빈민 구제
혼인과 여성의 지위		• 혼인 형태는 일부일처제가 일반적인 현상 • 부모의 유산은 자녀에게 골고루 분배(자녀 균분 상속) • 태어난 차례대로 호적에 기재하여 남녀 차별을 하지 않았음 • 아들이 없을 때에는 양자를 들이지 않고 딸이 제사 • 상복 제도에서도 친가와 외가의 차이가 크지 않았음 • 사위가 처가의 호적에 입적하여 처가에서 생활하는 경우가 적지 않았음 • 사위와 외손자에게도 음서의 혜택이 있었음 • 공을 세운 사람의 부모는 물론, 장인과 장모도 함께 상을 받았음 • 여성의 재가가 비교적 자유롭게 이루어졌고, 그 소생 자식의 사회적 진출에도 차별을 두지 않았음
법률과 풍속		• 당률을 참고해 만든 법률을 시행했으나 대부분의 경우 관습법을 따랐음 • 형벌로는 태, 장, 도, 유, 사 다섯 종류가 있었음

② 고려의 경제

(1) 수취 제도

조세	• 부과 : 논과 밭으로 나누고 비옥한 정도에 따라 3등급으로 나누어 부과 • 조세율 : 생산량의 1/10 징수
공물	• 부과 : 집집마다 토산물 징수 • 종류 : 매년 거두는 상공과 필요에 따라 수시로 거두는 별공이 있음
역	• 부과 : 16세에서 60세 미만 남자(정남) • 종류 : 군역과 요역
재정 운영	• 토지와 호구를 조사하여 토지 대장인 양안과 호구 장부인 호적 작성 → 이것을 근거로 조세, 공물, 역 등을 부과
재정 담당 관청	• 호부 : 호적과 양안을 만들어 인구와 토지를 파악 및 관리 • 삼사 : 화폐와 곡식의 출납에 대한 회계

매향

불교 신앙의 하나로, 미륵을 만나 구원받고자 향나무를 바닷가에 묻는 활동이다.

사천 매향비

1387년 향나무를 묻고 세운 것으로, 내세의 행운과 국태민안을 기원하는 내용을 담고 있다.

▲ 사천 매향비(경남 사천)

고려 형벌의 종류

태 : 볼기를 치는 매질
장 : 곤장
도 : 징역
유 : 유배
사 : 사형(교수형, 참수형)

형벌 집행의 보류

고려 시대에는 반역죄, 불효죄 등을 중죄로 다스렸다. 반면에 귀양형을 받은 사람이 부모상을 당하였을 때에는 유형지에 도착하기 전에 7일간의 휴가를 주어 부모상을 치를 수 있도록 하였다. 또 70세 이상의 노부모를 두고 봉양할 가족이 없을 때에는 형벌의 집행을 보류하기도 하였다.

조세 운송

거둔 조세는 각 군현의 농민을 동원하여 조창까지 옮긴 다음, 조운을 통해 개경으로 운반하여 보관하였다.

요역

성곽, 관아, 제방의 축조, 도로 보수 등의 토목 공사나 광물 채취 등에 백성들의 노동력을 동원함.

(2) 고려의 토지 제도 정비 과정

역분전 (태조, 940)	• 대상 : 후삼국 통일 과정에서 공을 세운 자에게 지급(개국 공신) • 지급 기준 : 충성도, 인품(공로)에 따라 지급
시정 전시과 (경종, 976)	• 대상 : 전·현직 관리 • 지급 기준 : 관직의 높고 낮음과 함께 인품 반영
개정 전시과 (목종, 998)	• 대상 : 전·현직 관리 • 지급 기준 : 인품을 배제하고 관직만을 고려하여 지급
경정 전시과 (문종, 1076)	• 대상 : <mark>현직 관리에게만 지급</mark> • 특징 : 전시과의 완성

💠 전시과의 토지 지급 액수 → 지급 대상 및 결수가 점차 줄어들고 있다.

시기		등급	1	2	3	4	5	6	7	8	9	10	11	12	13	14	15	16	17	18
경종 (976)	시정 전시과	전지	110	105	100	95	90	85	80	75	70	65	60	55	50	45	42	39	36	33
		시지	110	105	100	95	90	85	80	75	70	65	60	55	50	45	40	35	30	25
목종 (998)	개정 전시과	전지	100	95	90	85	80	75	70	65	60	55	50	45	40	35	30	27	23	20
		시지	70	65	60	55	50	45	40	35	33	30	25	22	20	15	10			
문종 (1076)	경정 전시과	전지	100	90	85	80	75	70	65	60	55	50	45	40	35	30	25	22	20	17
		시지	50	45	40	35	30	27	24	21	18	15	12	10	8	5				

(3) 전시과 제도의 특징

수조권
토지에서 조세를 수취할 수 있는 권리.

<mark>수조권만 지급</mark>	• 문무 관리로부터 군인, 한인에 이르기까지 18등급으로 나누어 곡물을 수취할 수 있는 <mark>전지</mark>와 땔감을 얻을 수 있는 <mark>시지</mark>를 지급함
사망·퇴직 시 반납	• <mark>관직 복무와 직역에 대한 대가로 지급</mark>되었으므로 토지를 받은 자가 죽거나 관직에서 물러날 때에는 토지를 국가에 반납

(4) 토지의 종류

과전	• 문·무반 관료에게 지급
공음전	• 5품 이상 관료에게 지급(세습 가능) → 음서제와 함께 귀족의 특권
군인전	• 중앙군에게 군역의 대가로 주는 토지 → 군역이 세습됨에 따라 자손에게 세습
구분전	• 하급 관료와 군인의 유가족에게 지급하여 생활 대책을 마련해 줌
한인전	• 6품 이하 하급 관료의 자제로서 관직에 오르지 못한 사람에게 지급
민전	• 매매, 상속, 기증, 임대 등이 가능한 사유지, 소유권 보장 및 세금 부과

(5) 고려의 경제 정책과 경제 활동

① 농업 정책과 농업 기술

시비법의 발달
밭을 묵혀서 그 밭에 자란 풀을 태우거나 갈아엎어 비료를 주던 방식에서 들의 풀이나 갈대를 베어 태우거나 갈아엎은 녹비에 동물의 똥오줌을 풀이나 갈대와 함께 사용하는 퇴비가 만들어졌다.

윤작법 보급
밭농사에서는 2년간 조·보리·콩 등을 3작하는 윤작법이 보급되었다.

정책	• 농업 중시, 농번기 잡역 동원 금지, 개간한 땅은 일정 기간 면세(개간 장려)
기술과 활동	• <mark>소를 이용한 깊이갈이 일반화</mark>, 시비법의 발달로 휴경지 감소 • 밭농사 : 2년 3작의 윤작법 보급 • 논농사 : 고려 말에 <mark>이앙법(모내기)이 남부 지방 일부에 보급</mark> • 중국 농서 : 고려 후기 이암이 중국의 농서인 「농상집요」 소개 • 문익점 : 공민왕 때 문익점이 원에서 목화씨를 들여와 목화 재배가 이루어짐 • 13세기 강화도 천도 시기에 강화도 지방의 간척 사업 활발

② 상업 정책과 상업 활동

전기	• 개경에 시전 설치 및 경시서(상행위 감독 관청) 설치 • 개경, 서경, 동경 등 대도시에 관영 상점(서적점, 약점, 주점, 다점) 설치
후기	• 소금 전매제 시행(충선왕) : 국가 재정 수입을 늘리기 위해 • 시전 규모 확대, 업종별 전문화, 새로운 육상로 개척으로 원(여관) 발달 • 벽란도 등 항구들이 교통로와 산업의 중심지로 발달

③ 화폐 주조

배경	• 상업 활동이 활발해지면서 화폐가 발행됨
성종	• 철전인 건원중보를 만듦
숙종	• 삼한통보, 해동통보, 해동중보, 활구(은병) 등
결과	• 화폐 유통 부진, 통상 거래는 여전히 곡식이나 삼베 사용

보충하기 **화폐 유통의 필요성을 주장한 대각 국사 의천**

문종의 넷째 아들로 태어나 11세에 출가하여 승려가 된 의천은 불교 개혁에 앞장서며 교단 통합 운동을 펼치는 등 고려 불교사에 큰 발자취를 남겼다. 그는 그의 형인 숙종에게 화폐 주조의 필요성을 건의하였고, 숙종은 이를 받아들여 주전도감을 설치하고 화폐를 주조하였다. 숙종 때에는 삼한통보, 해동통보, 해동중보 등의 동전과 활구(은병)라는 은전을 만들었는데, 널리 유통되지는 못하였다.

④ 수공업

전기	• 관청 수공업과 소 수공업 중심 - 중앙과 지방 관청에서는 그곳에서 일할 기술자를 공장안에 올려 물품 생산 - 소에서는 금, 은, 철, 실, 종이, 먹, 차 등을 생산하여 공물로 납부
후기	• 민간 수공업과 사원 수공업 발달 - 민간 수공업은 농촌의 가내 수공업 중심(삼베, 모시, 명주 등을 생산) - 사원에서는 승려와 노비가 있어 베, 모시, 기와, 술, 소금 등을 생산

(6) 고려의 대외 무역

벽란도	• 예성강 어귀의 벽란도가 국제 무역항으로 발전
송과의 무역	• 수입품 : 비단, 서적, 약재 등 • 수출품 : 종이, 인삼 등
거란 · 여진	• 수입품 : 은, 모피, 말 등 • 수출품 : 농기구, 식량
일본	• 수입품 : 수은, 황 • 수출품 : 식량, 인삼, 서적
아라비아 (대식국)	• 수입품 : 수은, 향료, 산호 • 이들을 통하여 고려의 이름이 서방 세계에 널리 알려짐

▲ 고려의 대외 무역

▲ 삼한통보

▲ 해동통보

활구(은병)

우리나라 지형을 본떠서 은 1근으로 만든 고가의 화폐로, 은병 하나의 값은 포 100여 필이나 되었다.

▲ 활구(은병)

공장안

국가에서 필요한 물품 생산에 동원할 수 있는 기술자를 조사하여 기록한 장부.

3 고려의 문화

(1) 유학의 발달

초기	• 광종 때 과거제 실시, 성종 때 최승로의 시무 28조 수용
중기	• 문종 때 활약한 **최충** : '해동공자'라는 칭송을 들음, 9재 학당(문헌공도) 설립 • 인종 때 활약한 김부식 : 고려 중기의 보수적, 현실적 성격의 유학을 대표함
후기	• 성리학의 전래 : **충렬왕 때 안향이 처음 소개** • **성리학을 수용**한 사람은 대부분 **신진 사대부**

(2) 교육 기관

관학	• 국자감 : 중앙에 설치된 국립 대학, **유학부와 기술학부**가 있음, 신분별 입학 • 향교 : 지방 관리와 서민 자제의 교육 담당
사학	• 고려 중기에 최충의 문헌공도(9재 학당)를 비롯한 사학 12도가 융성함
관학 진흥책	• 배경 : 사학의 융성으로 국자감의 관학 교육 위축 • 숙종 : 국자감에 서적포를 두어 서적 간행 • 예종 : **국자감을 재정비하여 7재(전문 강좌) 설치, 양현고(장학 재단) 설치**

국자감의 구조
국자감에는 국자학, 태학, 사문학과 같은 유학부와 율학, 서학, 산학 등의 기술학부가 있었다. 유학부에는 문무관 7품 이상 관리의 자제가 입학하고, 기술학부에는 8품 이하 관리나 서민의 자제가 입학하였다.

기전체
사마천의 「사기」와 같이 역사를 본기(황제의 업적), 세가(제후의 전기), 지(제도, 문물), 열전(저명한 개인의 전기), 연표 등으로 나누어 편찬하는 방식.

성리학적 유교 사관
고려 후기에는 신진 사대부의 성장 및 성리학의 수용과 더불어 정통 의식과 대의명분을 강조하는 성리학적 유교 사관도 대두하였다. 이를 대표하는 이제현은 「사략」을 비롯한 여러 권의 사서를 저술하였다.

초제
국가와 왕실의 안녕을 위해 하늘에 제사를 지내는 도교 행사.

(3) 역사서의 편찬

초기		• 왕조 실록 편찬(전하지 않음)
중기		• **「삼국사기」**(묘청의 난을 진압한 **김부식이 인종의 명을 받아 편찬**) 　- 현존하는 우리나라 최고(最古)의 역사서 　- **유교적 합리주의 사관**에 기초하여 **기전체**로 서술 　- 신라 계승 의식 반영
후기	특징	• **민족적 자주 의식**을 바탕으로 전통 문화를 올바르게 이해하려는 경향
	무신 집권기	• **이규보의「동명왕편」** 　- 고구려 건국 영웅인 동명왕의 업적 칭송(**고구려 계승 의식**) • **각훈의「해동고승전」** : 삼국 시대 승려 30여 명의 전기 수록
	원 간섭기	• **일연의「삼국유사」**(충렬왕 때) 　- 단군을 우리 민족의 시조로 여겨 **단군의 건국 이야기**(단군 신화) 수록 　- 불교사를 중심으로 고대의 민간 설화나 전래 기록 수록 　- 우리의 고유 문화와 전통 중시 • **이승휴의「제왕운기」**(충렬왕 때) 　- 우리나라의 역사를 단군에서부터 서술(**단군 신화 수록**) 　- 우리 역사를 중국사와 대등하게 파악하는 자주성을 나타냄

(4) 도교와 풍수지리설

도교의 성행	• **불로장생과 현세 구복 추구, 궁중에서는 초제 성행** • 불교적인 요소와 도참사상도 수용, 교단 성립 못함(민간 신앙으로 전개)
풍수지리설	• 미래의 길흉화복을 예언하는 도참사상이 더해져 크게 유행 • 서경 천도와 **북진 정책 추진의 이론적 근거** • 문종을 전후한 시기에 한양 명당설 대두, 문종은 한양을 남경으로 승격 • 서경 길지설 : **묘청의 서경 천도 운동의 이론적 근거가 됨**

(5) 고려 불교계의 동향

의천 (천태종)	• 고려 중기의 승려, 대각 국사, 문종의 넷째 아들, 숙종의 동생, 교장 편찬 • 교단 통합 운동 전개(교종을 중심으로 선종을 통합하고자 함) 　– 흥왕사를 근거지로 삼아 화엄종을 중심으로 교종을 통합하려 함 　– 선종을 통합하기 위하여 국청사를 창건하여 천태종 창시 • 교관겸수 제창 : 이론의 연마와 실천을 함께 강조	
지눌 (조계종)	• 순천 송광사에서 수선사 결사 제창(수선사 결사 운동) • 정혜쌍수와 돈오점수 주장 • 선종을 중심으로 교종을 포용하여 교·선 대립을 극복하려 함 • 선교 일치 사상 완성	무신 집권기
혜심	• 유불일치설 주장 : 성리학 수용의 사상적 토대 마련	
요세	• 강진 만덕사(백련사)에서 백련 결사 제창 　– 자신의 행동을 진정으로 참회하는 법화 신앙에 중점을 둠 　– 수선사와 양립하며 고려 후기 불교계를 이끎	

천태종과 조계종의 비교

구분	천태종	조계종
인물 / 중심 사찰	의천 / 개경 국청사	지눌 / 순천 송광사
지지 기반	왕실과 귀족	최씨 무신 정권
주장	교관겸수	정혜쌍수·돈오점수
특징	교종을 중심으로 선종 통합	선종을 중심으로 교종 통합

사료읽기

지눌의 정혜결사문

지금의 불교계를 보면, 아침저녁으로 행하는 일들이 비록 부처의 법에 의지하였다고 하나, 자신을 내세우고 이익을 구하는 데 열중하며 세속의 일에 골몰한다. 도덕을 닦지 않고 옷과 밥만 허비하니, 비록 출가하였다고 하나 무슨 덕이 있겠는가? ……
하루는 같이 공부하는 사람 10여 인과 약속하였다. 마땅히 명예와 이익을 버리고 산림에 은둔하여 같은 모임을 맺자. 항상 선을 익히고 지혜를 고르는 데 힘쓰고, 예불하고 경전을 읽으며 힘들여 일하는 것에 이르기까지 각자 맡은 바 임무에 따라 경영한다. 인연에 따라 성품을 수양하고 평생을 호방하게 고귀한 이들의 드높은 행동을 좇아 따른다면 어찌 통쾌하지 않겠는가?

「권수정혜결사문」

(6) 대장경

초조대장경	• 현종 때 거란의 침입을 불력으로 물리치기 위해 만들기 시작 • 몽골 침입 때 소실
교장(속장경)	• 의천이 송과 요의 대장경에 대한 주석서를 모아 편찬
재조대장경 (팔만대장경, 고려대장경)	• 목적 : 몽골의 침입을 격퇴하기 위해 제작, 초조대장경을 대신하여 만듦 • 담당 관청 : 대장도감 설치(강화도) • 제작 시기 : 강화도 천도 시기(1236~1251, 고종, 최우~최항) • 보관 : 경남 합천 해인사 장경판전 • 의의 : 유네스코 세계 기록 유산 등재

지눌의 수선사 결사

지눌은 명리에 집착하는 당시 불교계의 타락상을 비판하였다. 그는 승려 본연의 자세로 돌아가 독경과 선 수행, 노동에 고루 힘쓰자는 개혁 운동인 수선사 결사를 제창하였다.

정혜쌍수와 돈오점수

지눌은 선과 교학이 근본에 있어 둘이 아니라는 사상 체계인 정혜쌍수를 사상적 바탕으로 철저한 수행을 선도하였으며, 내가 곧 부처라는 깨달음을 위한 노력과 함께 꾸준한 수행으로 깨달음의 확인을 아울러 강조하는 돈오점수를 주장하였다.

(7) 불상·석탑·승탑   제작된 시대와 지역을 혼동하지 말아야 한다.

불상	• 하남 하사창동 철조 석가여래 좌상 : 초기 대형 철불 • 논산 관촉사 석조 미륵보살 입상, 안동 이천동 마애 여래 입상 – 사람이 많이 다니는 길목에 지역 특색이 잘 드러난 거대한 불상 조성 • 영주 부석사 소조 여래 좌상 : 신라 시대 양식 계승

▲ 하남 하사창동 철조 석가여래 좌상(광주 춘궁리 철불)   ▲ 관촉사 석조 미륵보살 입상(충남 논산)   ▲ 안동 이천동 마애 여래 입상   ▲ 부석사 소조 여래 좌상(경북 영주)

석탑	**전기**	• 평창 오대산 월정사 8각 9층 석탑
		  – 다각다층탑
		  – 송의 영향을 받음

	후기	• 경천사 10층 석탑(원의 영향을 받음) – 조선 세조 때 만든 원각사지 10층 석탑에 영향을 줌

▲ 월정사 8각 9층 석탑(강원 평창)   ▲ 경천사 10층 석탑(국립 중앙 박물관)

승탑	• 여주 고달사지 승탑 : 신라 후기 승탑의 전형적인 형태인 팔각원당형 계승 • 법천사 지광 국사 현묘탑 : 특이한 형태를 띰

▲ 고달사지 승탑(경기 여주)

(8) 건축

주심포 양식	• 고려 전기에 유행했으나, 13세기 이후에 지은 건물이 일부 남아 있음 • 안동 봉정사 극락전, 영주 부석사 무량수전, 예산 수덕사 대웅전

▲ 주심포 양식   ▲ 부석사 무량수전(경북 영주)   ▲ 수덕사 대웅전(충남 예산)

다포 양식	• 고려 후기에 다포식 건물 등장(원의 영향을 받음) • 조선 시대 건축에 큰 영향을 줌 • 황해도 사리원의 성불사 응진전

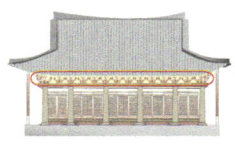 

▲ 다포 양식   ▲ 성불사 응진전

안동 봉정사 극락전
현존하는 가장 오래된(最古) 목조 건축물이다.

주심포 양식
지붕의 무게를 기둥에 전달하면서 건물을 치장하는 장치인 공포가 기둥 위에만 짜여 있는 양식.

다포 양식
공포가 기둥 위뿐만 아니라 기둥 사이에도 배치된 양식. 웅장한 지붕이나 건물을 화려하게 꾸밀 때 쓰임.

(9) 과학 기술

천문·역법	• 사천대(서운관) : 천문과 역법 담당 관청 • 역법 : 당의 선명력 사용(초기), 원의 수시력 채용(후기 충선왕)
의학	• 태의감 : 의료 업무 및 의학 교육 실시 • 향약방(고려 중기) : 고려의 독자적 처방 • 「향약구급방」(고려 후기) : 현존하는 우리나라 최고(最古)의 의학 서적 　☞ 조선 세종 때 「향약집성방」과 혼동하지 말 것
화약 무기	• 최무선 : 고려 말 화약 제조법 터득 • 화통도감(1377, 우왕) : 최무선의 건의로 설치하여 화약과 화포 제작 • 진포 대첩(1380, 우왕) : 최무선이 화포를 이용하여 왜구 격퇴
목판 인쇄술	• 고려 시대에 더욱 발달, 초조대장경, 팔만대장경 등 조판
금속 활자 인쇄술	• 세계에서 최초로 금속 활자 인쇄술 발명 • 「상정고금예문」(1234) : 현재 전하지 않음 • 「직지심체요절」(1377) 　– 청주 흥덕사에서 간행, 유네스코 세계 기록 유산 　– 현존하는 세계 최고(最古)의 금속 활자본으로 공인 　– 현재 프랑스 국립 도서관에 소장되어 있음

▲ 직지심체요절

(10) 음악·그림·서예·공예

음악	• 아악 : 송에서 수입된 대성악이 궁중 음악으로 발전 • 향악(속악) : 동동, 한림별곡, 대동강 등
그림	• 공민왕의 천산대렵도(원대 북화의 영향), 불화(수월관음도 등)
서예	• 고려 전기에 구양순체 유행 → 고려 후기에 송설체 유행
공예	• 금속 공예 : 은입사 기술 발달 • 나전칠기 공예 : 옻칠한 바탕에 자개를 붙여 무늬를 나타냄
자기 공예	• 순수 청자(11세기) : 비취색, 중국인도 천하의 명품으로 손꼽았음 • 상감청자(12세기 중엽) 　– 고려의 독창적 기법인 상감법이 개발되어 자기에 활용 　– 무늬를 훨씬 다양하고 화려하게 넣을 수 있었음 　– 생산지로는 전라도 강진과 부안이 유명함 　– 강화도에 도읍한 13세기 중엽까지 주류를 이룸(원 간섭기 이후 퇴조) • 원 간섭기 이후 　– 원에서 북방 가마의 기술이 도입되면서 소박한 분청사기로 바뀌어 감

▲ 천산대렵도

▲ 수월관음도

▲ 청동 은입사
포류수금문 정병

▲ 청자 상감 운학
무늬 매병

▲ 고려 첨성대(경기 개성)

향약구급방
13세기에 편찬된 「향약구급방」은 현재 전해지고 있는 우리나라 최고의 의학 서적으로, 각종 질병에 대한 처방과 국산 약재 180여 종이 소개되어 있다.

최무선과 화약
최무선은 원나라 사람 이원에게서 화약의 중요한 원료인 염초를 만드는 기술을 배워 화약 제조법을 완전히 알아냈다고 한다.

향악(속악)
우리 고유 음악이 당악의 영향을 받아 발달한 것이다.

구양순체와 송설체
구양순체는 당나라 때 구양순의 굳세고 힘찬 글씨체이고, 송설체는 원나라 때 조맹부의 유려한 글씨체이다.

은입사 기술
청동기 표면을 파내고 실처럼 만든 은을 채워 넣어 무늬를 장식하는 기술.

상감법
나전칠기나 은입사 공예에서 응용된 것으로 그릇 표면을 파낸 자리에 백토, 흑토를 메워 무늬를 내는 방법.

실전 기출 및 예상 문제

21회기출
01 (가)에 들어갈 지배 세력에 대한 설명으로 옳은 것은?

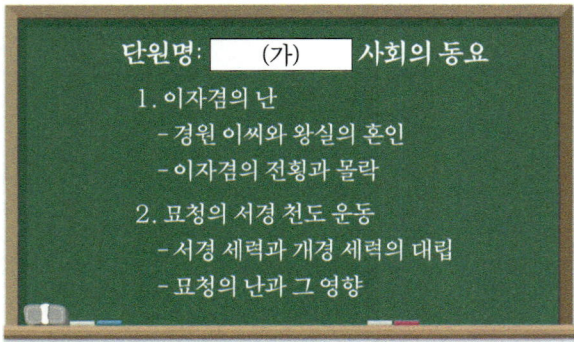

단원명: (가) 사회의 동요
1. 이자겸의 난
 - 경원 이씨와 왕실의 혼인
 - 이자겸의 전횡과 몰락
2. 묘청의 서경 천도 운동
 - 서경 세력과 개경 세력의 대립
 - 묘청의 난과 그 영향

① 교정도감을 통해 국정을 총괄하였다.
② 홍건적과 왜구를 물리치면서 성장하였다.
③ 비변사의 구성원이 되어 권력을 장악하였다.
④ 토지 개혁을 주장하여 과전법을 실시하였다.
⑤ 과거와 음서를 통해 고위 관직을 독점하였다.

해설
이자겸의 난(1126, 인종 4)과 묘청의 서경 천도 운동(1135, 인종 13)은 문벌 귀족 사회의 동요를 보여 주는 대표적인 사건이다.
성종 이후 중앙 집권적인 국가 체제가 확립됨에 따라 중앙에서 새로운 지배층이 형성되어 갔다. 이들은 지방 호족 출신으로 중앙 관료가 된 계열과 신라 6두품 계통의 유학자이었다. 이들 중에서 여러 세대에 걸쳐 중앙에서 고위 관직자를 배출한 가문을 문벌 귀족이라 부른다. 문벌 귀족은 과거와 음서를 통해 관직을 독점하고, 중서문하성과 중추원의 재상이 되어 정국을 주도해 나갔다. 이들은 관직에 따라 과전을 받고, 자손에게 세습이 허용되는 공음전의 혜택을 받았다.

오답 분석
① 고려 무신 집권기에 최충헌은 최고 집정부의 구실을 하는 교정도감을 설치하여 권력을 행사하였다.
② 고려 말 홍건적과 왜구를 물리치면서 성장한 세력은 신흥 무인 세력이다. 대표적인 인물로는 조선을 세운 이성계가 있다.
③ 비변사는 조선 시대에 설치되었다.
④ 이성계를 중심으로 모인 급진 개혁파(혁명파) 신진 사대부 세력은 공양왕 때 과전법을 마련하였다.(1391)

정답 ⑤

19회기출
02 다음 자료가 저술된 시기의 사회 모습으로 옳은 것을 |보기|에서 고른 것은?

> 지금은 남자가 장가갈 때 처가로 가게 되어 자기가 필요로 하는 것은 모두 처가에 의지하고 있습니다. 그리하여 장인과 장모의 은혜가 부모의 은혜와 똑같습니다. 아아, 장인께서 저를 두루 보살펴 주셨는데 돌아가셨으니, 저는 장차 누구를 의지해야 합니까!
>
> 이규보, 「동국이상국집」

|보기|
ㄱ. 남녀 순으로 족보에 기재하였다.
ㄴ. 동족 마을이 전국적으로 확산되었다.
ㄷ. 부모의 유산을 자녀에게 골고루 분배하였다.
ㄹ. 부모의 제사를 자녀들이 돌아가면서 지냈다.

① ㄱ, ㄴ   ② ㄱ, ㄷ   ③ ㄴ, ㄷ
④ ㄴ, ㄹ   ⑤ ㄷ, ㄹ

해설
제시된 자료는 고려 시대 이규보의 「동국이상국집」이다. 고려 시대에는 부모의 유산이 자녀에게 골고루 분배되었으며, 태어난 차례대로 호적에 기재하여 남녀 차별을 하지 않았다. 부모의 제사를 자녀들이 돌아가면서 지냈고, 아들이 없을 때에는 양자를 들이지 않고 딸이 제사를 지냈다. 상복 제도에서도 친가와 외가의 차이가 크지 않았다. 사위가 처가의 호적에 입적하여 처가에서 생활하는 경우가 적지 않았으며, 사위와 외손자에게까지 음서의 혜택이 있었다. 공을 세운 사람의 부모는 물론 장인과 장모도 함께 상을 받았다. 여성의 재가는 비교적 자유롭게 이루어졌고, 그 소생 자식의 사회적 진출에도 차별을 두지 않았다.

오답 분석
ㄱ. 고려 시대에는 태어난 차례대로 호적에 기재하여 남녀 차별을 하지 않았다.
ㄴ. 동족 마을이 전국적으로 확산된 것은 조선 후기의 모습이다.

정답 ⑤

03 (가)~(마)의 기능을 담당하던 기구를 연결한 것 중 옳지 않은 것은?

> **고려 시대의 사회 시책**
>
> 1. 실시 목적 : 빈민 구제와 백성 생활 안정
> 2. 실시 내용
> (가) 평시에 곡물을 비치하였다가 흉년에 빈민을 구제하였다.
> (나) 개경과 서경 및 각 12목에 설치하여 물가의 안정을 꾀했다.
> (다) 가난한 백성이 의료 혜택을 받도록 개경에 설치하여 환자 진료 및 빈민 구휼을 담당하게 하였다.
> (라) 각종 재해 발생 시 백성의 구제를 위해 임시 기관으로 설치하였다.
> (마) 기금을 마련하여 이자로 빈민을 구제하였다.

① (가) - 의창
② (나) - 혜민국
③ (다) - 동·서 대비원
④ (라) - 구급도감, 구제도감
⑤ (마) - 제위보

고려의 사회 제도 중에는 평시에 곡물을 비치하였다가 흉년에 빈민을 구제하는 의창이 있었고, 가난한 백성이 의료 혜택을 받도록 개경에 동·서 대비원을 설치하여 환자 진료 및 빈민 구휼을 담당하게 하였으며, 혜민국을 두어 의약을 전담하게 하였다. 각종 재해가 발생하였을 때에는 구제도감이나 구급도감을 임시 기관으로 설치하여 백성의 구제에 힘썼으며, 기금을 마련한 뒤 이자로 빈민을 구제하는 제위보를 설치하기도 하였다.

② 고려 성종 때에는 개경과 서경 및 각 12목에 물가 조절 기관인 상평창을 두어 물가의 안정을 꾀하여 백성이 안심하고 생업에 종사할 수 있도록 하였다. 혜민국은 의약을 전담하였다.

---

04 밑줄 그은 '전시과'에 대한 설명으로 옳은 것을 |보기|에서 고른 것은?

> 고려의 토지 제도는 문무백관으로부터 부병과 한인에 이르기까지 일정한 등급에 따라서 모두 다 토지를 주고 또 등급에 따라 땔나무를 베어 낼 땅을 주었는데 이를 전시과라고 하였다.
>
> 「고려사」

보기
ㄱ. 태조 때 처음 제정되었다.
ㄴ. 백성에게 정전을 지급하였다.
ㄷ. 세습이 가능한 공음전이 있었다.
ㄹ. 관리에게 토지의 수조권을 지급하였다.

① ㄱ, ㄴ   ② ㄱ, ㄷ   ③ ㄴ, ㄷ
④ ㄴ, ㄹ   ⑤ ㄷ, ㄹ

고려는 국가에 봉사하는 대가로 관료에게 토지를 나누어 주는 전시과 제도를 운영하였다. 전시과 제도에 따라 국가는 문무 관리로부터 군인, 한인에 이르기까지 18등급으로 나누어 곡물을 수취할 수 있는 전지와 땔감을 얻을 수 있는 시지를 주었는데, 이때 지급된 토지는 수조권만 가지는 토지였다. 전시과는 관직 복무와 직역에 대한 대가로 지급되었으므로, 토지를 받은 자가 죽거나 관직에서 물러날 때에는 토지를 국가에 반납하도록 하였다. 그러나 관리에게 보수로 주던 과전과 달리 문벌 귀족의 세습적인 경제적 기반이 되었던 것은 공음전이었다. 공음전은 5품 이상의 관료가 되어야 받을 수 있는데, 자손에게 세습할 수 있었다. 이는 음서제와 함께 귀족의 지위를 유지해 나갈 수 있는 기반이었다.

ㄱ. 전시과 제도는 경종 때 처음 제정되었다.(976, 시정 전시과) 태조 때에는 후삼국 통일 과정에서 공을 세운 사람에게 역분전을 지급하였다.
ㄴ. 통일 신라의 성덕왕은 민생을 안정시키고 국가의 농민에 대한 토지 지배력을 강화하기 위하여 백성들에게 정전을 지급하였다.

05 다음 사진전에 전시될 문화유산으로 옳은 것은?

〈 초 대 장 〉
○○시대 불교 문화재 사진전

○○시대는 불교 문화가 크게 발달하였습니다. 천태종, 조계종 등의 불교 종파가 성립되었으며, 대장경을 비롯하여 불상, 석탑 등 불교 예술이 화려한 꽃을 피웠습니다. ○○ 시대 불교 문화재 사진전에 여러분을 초대합니다.

①
평창 월정사 8각
9층 석탑

②
양양 진전사지
3층 석탑

③
부여 정림사지
5층 석탑

④
경주 석굴암
본존불상

⑤
서산 용현리
마애 여래 삼존상

06 (가), (나) 역사서에 대한 설명으로 옳지 않은 것은?

(가)
삼국사기

(나)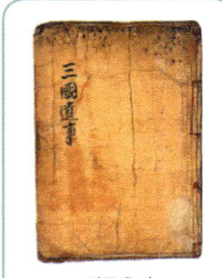
삼국유사

① (가) - 김부식이 주도하여 편찬하였다.
② (가) - 유교적 합리주의 사관에 기초하였다.
③ (나) - 신라와 발해를 남북국이라 하였다.
④ (나) - 단군의 건국 이야기가 수록되어 있다.
⑤ (가), (나) - 고려 시대에 편찬되었다.

해설
(가)의 「삼국사기」는 1145년(인종 23, 고려 중기)에 김부식이 왕명(고려 인종의 명)을 받아 편찬한 것으로, 현존하는 우리나라 최고(最古)의 역사서이다. 이 책은 고려 초에 쓰여진 「구삼국사」를 기본으로 유교적 합리주의 사관에 기초하여 기전체로 서술하였다. 고려는 건국 초부터 고구려 계승 의식을 뚜렷하게 표방했으나, 중기에 이르러 신라 계승 의식이 강화되었는데, 「삼국사기」에는 신라 계승 의식이 더 많이 반영된 것으로 여겨지고 있다.
(나)의 「삼국유사」는 원 간섭기였던 고려 충렬왕 때 일연이 쓴 책으로 불교사를 중심으로 고대의 민간 설화나 전래 기록을 수록하는 등 우리의 고유 문화와 전통을 중시하였다. 특히, 단군을 우리 민족의 시조로 여겨 단군의 건국 이야기를 수록하였다.

오답 분석
③ 조선 후기에 유득공은 「발해고」에서 발해사 연구를 심화하고 남(南)의 신라와 북(北)의 발해를 남북국 시대라고 부를 것을 처음으로 제안하였다.

정답 ③

해설
제시된 사진은 고려 시대의 논산 관촉사 석조 미륵보살 입상이다. 그 외에 제시된 자료의 내용에서 천태종, 조계종 등의 불교 종파가 성립되었다는 힌트를 통해서도 고려 시대임을 알 수 있다. 이 문제는 고려 시대의 문화 유산을 고르는 아주 단순한 문제이다. 따라서 고려 시대의 평창 월정사 8각 9층 석탑이 답이 된다.

오답 분석
② 양양 진전사지 3층 석탑은 신라 하대(신라 말기)의 석탑이다.
③ 부여 정림사지 5층 석탑은 삼국 시대 백제의 석탑이다.
④ 경주 석굴암 본존불상은 통일 신라에 해당한다.
⑤ 백제의 미소로 유명한 서산 용현리 마애 여래 삼존상(서산 마애 삼존불)은 백제의 불상이다.

정답 ①

07 다음 인물에 대한 설명으로 옳은 것은?

고려의 승려로 보조 국사라고도 부른다. 그는 선종을 중심으로 교종을 포용하여 선종과 교종의 대립을 극복하고자 노력하였고, 돈오점수와 정혜쌍수를 주장하였다.

① 세속 5계를 지었다.
② 화엄종을 창시하였다.
③ 불국사를 창건하였다.
④ 수선사 결사를 제창하였다.
⑤ 왕오천축국전을 저술하였다.

해설

돈오점수, 정혜쌍수라는 결정적 힌트를 통해 고려 무신 집권기에 활약한 보조 국사 지눌이라는 것을 알 수 있다. 지눌은 명리에 집착하는 당시 불교계의 타락상을 비판하였다. 그는 승려 본연의 자세로 돌아가 독경과 선 수행, 노동에 고루 힘쓰자는 개혁 운동인 수선사 결사를 제창하였다. 지눌은 선과 교학이 근본에 있어 둘이 아니라는 사상 체계인 정혜쌍수를 사상적 바탕으로 철저한 수행을 선도하였다. 또한 내가 곧 부처라는 깨달음을 위한 노력과 함께, 꾸준한 수행으로 깨달음의 확인을 아울러 강조한 돈오점수를 주장하였다.

오답 분석

① 신라의 원광 법사는 화랑도에게 세속 5계를 가르쳐 마음가짐과 행동의 규범을 제시하였다.
② 신라 중대에 활약한 의상은 당에서 유학하고 돌아와 신라 화엄종을 창설하였다.
③ 불국사와 석굴암은 통일 신라의 경덕왕 때 김대성이 창건하기 시작해 혜공왕 때 완성되었다.
⑤ 신라 중대의 승려 혜초는 인도와 중앙아시아 여러 나라의 풍물을 생생하게 기록한 「왕오천축국전」을 남겼다.

정답 ④

08 (가)와 (나)의 건축 양식에 대한 설명으로 옳은 것을 |보기|에서 고른 것은?

(가)   (나)

보기

ㄱ. (가) - 고려 전기에 주로 유행한 양식이다.
ㄴ. (가) - 황해도 사리원의 성불사 응진전이 대표적 건물이다.
ㄷ. (나) - 웅장한 지붕이나 건물을 화려하게 꾸밀 때 쓰였다.
ㄹ. (나) - 대표적 건물로는 영주 부석사 무량수전이 있다.

① ㄱ, ㄴ   ② ㄱ, ㄷ   ③ ㄱ, ㄹ
④ ㄴ, ㄷ   ⑤ ㄷ, ㄹ

해설

(가)는 공포가 기둥 위에만 짜여져 있는 주심포 양식이다. 고려 전기에는 주로 주심포 양식이 유행하였는데, 13세기 이후에 지은 일부 건물들이 지금까지 남아 있다. 대표적인 것으로는 안동 봉정사 극락전, 영주 부석사 무량수전과 예산 수덕사 대웅전이 있다.
(나)는 공포가 기둥 위뿐 아니라 기둥 사이에도 짜여져 있는 다포 양식이다. 고려 후기에는 원나라의 영향을 받은 다포식 건물도 등장하여 조선 시대 건축에 큰 영향을 끼쳤다. 다포 양식은 웅장한 지붕이나 건물을 화려하게 꾸밀 때 쓰였다.
황해도 사리원의 성불사 응진전 등은 고려 시대 다포식 건물로 유명하다.

오답 분석

ㄴ. 황해도 사리원의 성불사 응진전은 다포식 건물이다.
ㄹ. 영주 부석사 무량수전은 주심포식 건물이다.

정답 ②

4부

조선의 성립과 발전

학습 포인트

- 조선사는 고려사와 비교하는 문제로도 출제되지만 대부분이 분야별로 조선 전기와 후기를 비교하는 문제로 출제됩니다. 이에 따라 본 교재는 각 분야별(정치, 사회, 경제, 문화)로 전기와 후기의 비교 학습이 가능하도록 이어서 편성해 놓았습니다.

- 개념과 흐름을 잡는 데 주력하면서 공부해야 합니다. 조선사 역시 중급은 지엽적인 내용보다는 개념과 흐름을 알고 있는지를 묻습니다.

- 조선사는 다른 시대에 비해 경제사와 문화사의 중요도가 상당히 높습니다. 문화사의 경우 공부량이 다소 많습니다. 따라서 완벽하게 외우려 하지 말고, 눈에 익숙하게 만드는 것이 중요합니다. 지나치게 암기에 집중하면 중도에 포기할 수 있습니다. 시험은 객관식이므로 시험장에서 시험지를 보게 되면 기억이 되살아납니다.

- 정치, 경제, 사회, 문화를 종합하여 출제되는 경우도 많습니다. 예를 들면 조선 후기의 문화상을 자료로 제시하고 조선 후기의 사회상을 묻는 유형입니다. 이는 각 분야별로 조선 전기와 후기를 명확하게 구분하고 있으면 아주 쉽게 문제가 풀리게 됩니다.

조선 전기(근세)의 정치

1 조선의 초기 왕들의 업적

(1) 조선의 시대 구분

조선 전기(근세)		조선 후기
초기	중기	(근대 태동기)
15세기	16세기	17세기 ~ 19세기 전반기

(2) 조선 초기 왕들의 업적

① 태조 이성계(1392~1398)

조선 건국	• 조선 건국(1392) → 한양 천도(1394)
정도전의 활약	• 민본적 통치 규범을 마련하고 재상 중심의 정치 주장 • 「불씨잡변」을 저술하여 불교 비판 • 성리학을 통치 이념으로 확립, 요동 정벌 준비

정도전의 정치 사상
정도전은 훌륭한 재상을 선택하여 재상에게 정치의 실권을 부여하여, 위로는 임금을 받들어 올바르게 인도하고, 아래로는 백관을 통괄하고 만민을 다스리는 중책을 부여하자고 주장하였다.

② 태종(1400~1418) : 왕권 강화 및 국왕 중심의 통치 체제 정비

6조 직계제	• 의정부의 권한을 축소하고 왕권을 강화하기 위해 실시
사간원 독립	• 언론 기관인 사간원을 독립시켜 대신들을 견제함
사병 혁파	• 사병을 없애 왕이 군사 지휘권을 장악하면서 친위 군사를 늘림
경제 기반 확충	• 양전 사업 및 호구 파악, 호패법 실시
기타	• 신문고 설치, 사원의 토지 몰수, 억울한 노비를 조사하여 해방

6조 직계제
6조에서 의정부를 거치지 않고 곧바로 사안을 국왕에게 올려 재가를 받아 시행하는 제도.

호패법
호패는 일종의 신분증으로 조세 징수와 군역 부과에 활용하였다. 호패는 16세 이상의 모든 남자가 착용하였다.

사료 읽기

6조 직계제

의정부의 서사를 나누어 6조에 귀속시켰다. …… 처음에 왕(태종)은 의정부의 권한이 막중함을 염려해 이를 혁파할 생각이었지만, 신중하게 여겨 서두르지 않다가 이때에 이르러 단행하였다. 의정부가 관장한 것은 사대 문서와 중죄수의 심의뿐이었다.
「태종 실록」

③ 세종(1418~1450) : 왕권과 신권의 조화, 유교적 민본 사상의 실현

집현전 설치	• 정책 연구 기관으로 집현전을 두고 집현전 학사 우대
의정부 서사제	• 의정부에서 정책을 심의하는 의정부 서사제로 정치 체제를 변경
왕도 정치 추구	• 유교적 민본 사상 실현 노력 : 인재 발굴, 청백리 재상 등용 등

의정부 서사제
6조에서 올라오는 모든 일을 영의정, 좌의정, 우의정이 중심이 되는 의정부에서 논의한 다음, 합의된 사항을 국왕에게 올려 결재를 받는 형식이다. 세종은 의정부 서사제로 정치 체제를 바꿔 왕의 권한을 의정부에 많이 넘겨주고 훌륭한 재상들을 등용하여 정치를 맡기고자 하였다. 그러면서도 인사와 군사에 관한 일은 세종이 직접 처리함으로써 왕권과 신권의 조화를 이루었다.

사료 읽기

의정부 서사제

6조는 각기 모든 직무를 먼저 의정부에 품의하고, 의정부는 가부를 헤아린 뒤에 왕에게 아뢰어 왕의 전지를 받아 6조에 내려보내어 시행한다. 다만, 이조 · 병조의 제수, 병조의 군사 업무, 형조의 사형수를 제외한 판결 등은 종래와 같이 각 조에서 직접 아뢰어 시행하고 곧바로 의정부에 보고한다.
「세종 실록」

④ 세조(1455~1468) : 조카 단종을 몰아내고 왕위 차지, 6조 직계제의 부활

계유정난 (1453)	• 계유정난을 일으켜 김종서, 황보인 등을 제거하고 정권 장악 • 1455년 단종에게 양위를 받아 왕위에 오름
왕권 강화	• 6조 직계제 부활, 집현전과 경연 폐지, 종친 등용, 「경국대전」 편찬 시작
직전법	• 현직 관리에게만 수조권을 지급하는 직전법 실시

사료읽기

6조 직계제 부활

상왕(단종)이 어려서 무릇 조치하는 바는 모두 대신에게 맡겨 논의, 시행하였다. 지금 내가(세조) 명을 받아 왕통을 계승하여 군국 서무를 아울러 모두 처리하며, 조종의 옛 제도를 모두 복구한다. 지금부터 형조의 사형수를 제외한 모든 서무는 6조가 각각 그 직무를 담당하여 직계한다.

「세조 실록」

⑤ 성종(1469~1494)

경국대전 완성	• 「경국대전」의 편찬 마무리 및 반포 → 조선 왕조 통치 체제 확립
홍문관 설치	• 경연의 활성화, 집현전 계승
관수관급제	• 관청에서 조세를 수취하여 관리에게 나누어 주는 제도

② 통치 체제의 정비

(1) 중앙 정치 조직

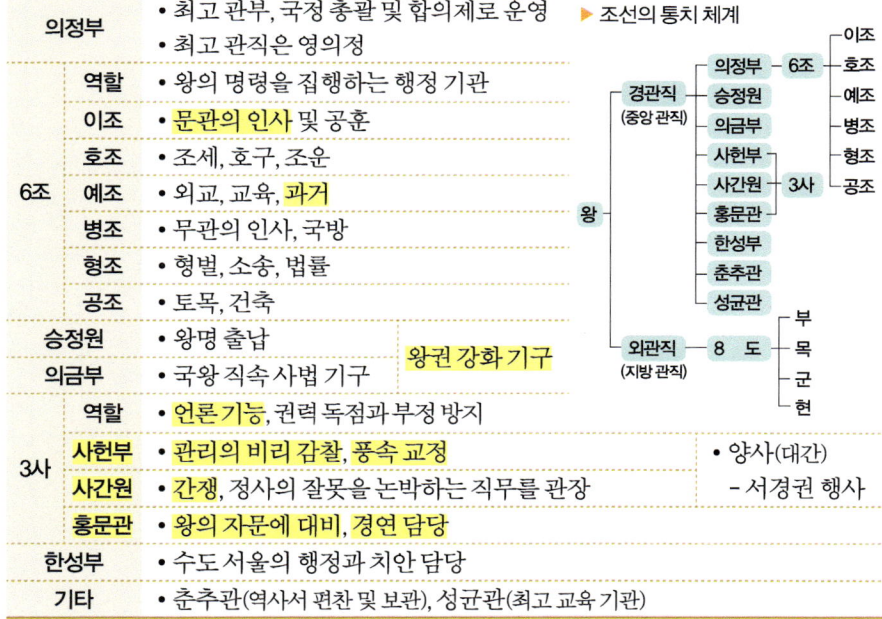

▶ 조선의 통치 체계

의정부		• 최고 관부, 국정 총괄 및 합의제로 운영 • 최고 관직은 영의정
6조	역할	• 왕의 명령을 집행하는 행정 기관
	이조	• 문관의 인사 및 공훈
	호조	• 조세, 호구, 조운
	예조	• 외교, 교육, 과거
	병조	• 무관의 인사, 국방
	형조	• 형벌, 소송, 법률
	공조	• 토목, 건축
승정원		• 왕명 출납
의금부		• 국왕 직속 사법 기구
3사	역할	• 언론 기능, 권력 독점과 부정 방지
	사헌부	• 관리의 비리 감찰, 풍속 교정
	사간원	• 간쟁, 정사의 잘못을 논박하는 직무를 관장
	홍문관	• 왕의 자문에 대비, 경연 담당
한성부		• 수도 서울의 행정과 치안 담당
기타		• 춘추관(역사서 편찬 및 보관), 성균관(최고 교육 기관)

왕권 강화 기구

• 양사(대간)
 - 서경권 행사

사료읽기

3사의 임무

• 사헌부는 시정을 논하여 바르게 이끌고, 모든 관원을 살피며, 풍속을 바로잡고, 원통하고 억울한 일을 풀어 주고, 건방지고 거짓된 행위를 금하는 등의 일을 맡는다.
• 사간원은 간쟁하고 정사의 잘못을 논박하는 직무를 관장한다.
• 홍문관은 궁궐 안에 있는 서적을 관리하고 문한을 관리하며, 왕의 자문에 대비한다.

「경국대전」

계유정난

1453년(단종 1) 수양대군(세조)이 어린 조카 단종의 보좌 세력이자 원로대신인 황보인, 김종서 등 수십 인을 제거하고 정권을 잡은 사건.

경연

왕과 신하가 유교 경전과 역사서를 공부하며 학문과 정책을 토론하던 제도.

의정부의 운영

의정부는 재상들(영의정, 좌의정, 우의정 등)의 합의를 통해 주요 정책을 주도하였다.

의금부

국왕 직속 사법 기관인 의금부에서는 반역죄와 강상죄(유교 윤리를 어긴 죄) 등 국가의 큰 죄인을 다스렸다.

양사

사헌부와 사간원을 합쳐 양사(대간)라 부르는데, 양사는 5품 이하의 관리를 임명할 때 동의하는 서경권을 행사하였다.

관찰사
전국 8도에 각각 임명되었다. 관찰사는 감찰권, 행정권, 사법권, 군사권을 가진 중요한 직책이었다.

경재소
경재소는 중앙 정부가 현직 관료로 하여금 연고지의 유향소를 통제하게 하는 제도로서, 중앙과 지방의 연락 업무를 맡았다.

진관 체제
세조 때 실시한 지역 단위의 방위 체제로 대규모 적의 침략을 방어하기에는 문제점이 많았다.

제승방략 체제
유사시에 필요한 방어처에 각 지역의 병력을 동원하여 중앙에서 파견되는 장수가 지휘하게 하는 방어 체제.

증광시와 알성시
증광시는 나라에 경사가 있을 때 실시되었고, 알성시는 왕의 문묘 참배 후 성균관에서 실시되었다.

문과 응시 제한
문과의 경우 탐관오리의 아들, 재가한 여자의 아들과 손자, 서얼에게는 응시를 제한하였다.

(2) 지방 행정 조직

8도	• 전국을 8도로 나누고 아래에 부·목·군·현 설치
지방관 파견	• 관찰사 : 전국 8도에 파견, 수령을 지휘 및 감독 • 수령 : 지방의 행정·사법·군사권을 가짐
향리	• 수령의 행정 실무를 보좌하는 세습적 아전으로 <mark>격하</mark>
특징	• <mark>속현 소멸 : 모든 군현에 수령(지방관) 파견</mark> • <mark>향·소·부곡 소멸</mark>(일반 군현으로 승격 또는 포함) • 수령 강화 및 향리 약화
유향소 (향청)	• <mark>향촌 자치</mark>를 위해 설치한 기구 • 지방 양반(사족)들로 구성, <mark>좌수·별감</mark> 선출 • <mark>수령 보좌 및 향리 감찰, 풍속 교정의 역할</mark>
경재소	• 서울에 설치 • 정부와 유향소의 연락 기능, 유향소 통제

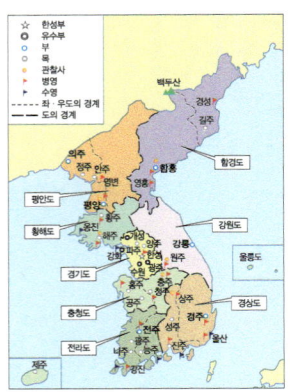
▲ 조선의 8도

(3) 군사 제도

군역	• 양인개병제 : 16세 이상 60세 미만의 양인 남자에게 군역 부과
중앙군	• 5위 : 궁궐과 서울 수비 • 구성 : 정군(현역 군인)·갑사(일종의 직업 군인)·특수병(고관의 자제 등)
지방군	• 육군과 수군으로 편성 : 국방상의 요지인 영이나 진에 소속되어 복무 • 세조 이후 진관 체제 실시 → 16세기 후반 제승방략 체제 수립
잡색군	• 서리, 잡학인, 신량역천인, 노비 등이 소속 : 유사시에 대비한 일종의 예비군
면제	• 현직 관료와 학생, 향리 등

(4) 봉수제와 역참제 : 국방과 중앙 집권적 행정 운영의 효율성 증대 목적

봉수제	• 군사적 위급 사태를 알리기 위해(낮 : 연기, 밤 : 횃불)
역참제	• 물자 수송과 통신을 위한 역참 설치

(5) 관리 등용 제도

① 과거(응시 자격 : <mark>천인을 제외하고는</mark> 특별한 제한 없었음 : 양인 이상 응시 가능)

문과 (문관 시험)	실시 시기	• 정기 시험 : 식년시(3년마다 실시) • 부정기 시험(별시) : 증광시·알성시
	소과 (생진과)	• 의미 : 문과(대과)의 예비 시험인 생원시, 진사시를 말함 • 합격자 : 성균관 입학 및 문과 응시 가능, 하급 관리가 되기도 함
	문과 (대과)	• 응시 자격 : 소과 합격자(생원, 진사) → 후에는 큰 제한이 없었음 • 절차 : <mark>초시 → 복시(33명 선발) → 전시(왕 앞에서 순위 결정)</mark>
무과		• 무관 선발, 문과와 같은 절차를 거쳐 치러지는데, 최종 선발 인원은 28명임
잡과		• 기술관 선발 시험, 3년마다 치러짐, 분야마다 정원이 있었음

② 기타 관리 선발

음서	• <mark>음서의 혜택을 받는 대상이 고려 시대에 비하여 크게 축소</mark> • 음서 출신은 문과에 합격하지 않으면 고관으로 승진하기 어려움
천거	• 고관의 추천을 받아 간단한 시험을 치른 후 관직에 등용 • 대개 기존 관리를 대상으로 함, 벼슬하지 않은 사람이 천거되는 경우는 드묾
취재	• 간단한 시험으로 하급 실무직에 임명

③ 인사 관리 제도

상피제	• 권력의 집중과 부정을 막기 위하여 시행
서경제	• 인사의 공정성을 확보하기 위해 5품 이하 관리 등용에 서경을 거치도록 함
평가	• 고관이 하급 관리의 근무 성적을 평가하여 승진 또는 좌천의 자료로 삼음

③ 사림의 대두와 붕당 정치

(1) 훈구와 사림의 비교

구분	훈구파(관학파)	사림파(사학파)
계승	• 정도전 등 급진 개혁파 계승 • 관학파의 학풍 계승	• 정몽주 등 온건 개혁파 계승 • 사학파의 학풍 계승
출신	• 성균관, 집현전을 통해 성장	• 사학을 통해 성장
성장	• 세조 집권 이후 공신으로서 정치적 실권 장악	• 성종 때 김종직과 그 문인들이 중앙에 진출하면서 정치적으로 성장하기 시작
특징	• 중앙 집권 체제 강조, 부국강병 추구 • 성리학 이외의 타 사상도 포용 • 대지주층 • 사장(시, 문장) 중시	• 향촌 자치와 왕도 정치 강조 • 성리학에 투철 • 중소지주층 • 경학(유교 경전 연구) 중시

(2) 4대 사화의 발생

사림의 활동	• 성종 때 김종직과 그 문인들이 중앙에 진출하면서 정치적으로 성장 • 주로 전랑과 3사의 언관직을 차지하고 훈구 세력의 비리 비판 및 견제
무오사화 (1498, 연산군)	• 원인 : 김종직의 제자 김일손이 김종직의 조의제문을 사초에 수록 • 경과 : 훈구 세력이 이를 문제 삼아 연산군에게 고함 • 결과 : 김종직 부관참시, 김일손 등 많은 사림파 인사들 처형
갑자사화 (1504, 연산군)	• 원인 : 연산군의 어머니 윤씨 폐출 및 사사 사건 • 경과 : 연산군이 어머니 윤씨가 폐출 및 사사된 사건을 알게 됨 • 결과 : 관련된 훈구파와 사림파들이 피해를 입음
기묘사화 (1519, 중종)	• 원인 : 조광조의 개혁 정치(급진적 개혁 추진) ※ 정암 조광조의 개혁 정치 – 현량과(천거제의 일종) 실시 : 사림 등용 – 소격서(도교 의식 담당 기구) 폐지, 향약 실시 – 방납의 폐단 시정 주장 – 소학 교육 장려, 경연 강화 및 언론 활동의 활성화 – 위훈 삭제 • 경과 : 훈구파의 반발 및 모함 • 결과 : 조광조 등 사림 세력이 대부분 제거됨
을사사화 (1545, 명종)	• 원인 : 왕실 외척 간의 대립(윤원형 일파 소윤 vs 윤임 일파 대윤) • 경과 : 윤원형(소윤)이 윤임(대윤) 일파 제거 • 결과 : 윤임을 지원한 사림 세력 피해

상피제
가까운 친인척과 같은 관서에 근무하지 않도록 하거나 출신 지역의 지방관으로 임명하지 않는 제도.

서경 제도
대간(사헌부, 사간원)은 서경이라 하여 5품 이하의 관리를 처음 임명 시에 신분, 경력 등을 조사해 그 가부를 승인하였다.

조의제문
김종직이 초나라 황제인 의제가 신하인 항우에게 죽임을 당한 것을 슬퍼하며 지은 글이다. 훈구 세력은 조의제문이 세조가 단종으로부터 왕위를 빼앗은 일을 비방한 것이라 하여 이를 문제 삼아 연산군에게 고하였다.

사초
역사 편찬의 자료가 되는 기록.

폐비 윤씨
성종의 계비이자 연산군의 생모이다. 그녀는 질투가 심해 왕비의 체모에서 벗어난 행동을 많이 했다 하여 폐비가 되고 그 뒤 사약을 받아 죽었다.(1482, 성종 13)

위훈 삭제 사건
연산군은 폭압적인 정치를 단행하다가 결국 중종반정(1506)으로 쫓겨나고 중종이 즉위하였다. 조광조는 중종반정의 공신 중 공신 작호가 부당하게 부여된 자에 대하여 그 공훈을 삭제할 것을 주장하였고, 76명의 공신호가 취소되었다. 이 사건은 훈구파의 강력한 반발을 샀다.

척신 정치
명종 때 외척(윤원형 등)에 의해 주도된 정치 형태.

사림의 분열	• 선조가 즉위하면서 사림 세력이 정국을 주도함 • 사림 세력은 척신 정치의 잔재 청산에 대한 문제를 놓고 갈등 – 기성 사림 : 척신 정치의 과감한 개혁에 소극적 – 신진 사림 : 원칙에 철저하여 척신 정치의 적극적 청산 주장
붕당의 형성	• 김효원과 심의겸이 이조 전랑직 문제를 둘러싸고 대립하면서 붕당 형성 – 동인 : 김효원을 지지하는 신진 사림, 이황 · 조식 · 서경덕 학파 – 서인 : 심의겸을 지지하는 기성 사림, 이이와 성혼 학파
동인의 분열	• 계기 : 선조 때 정여립 모반 사건(1589)과 건저의 사건(1591) • 분열 : 남인(온건파)과 북인(급진파, 강경파)으로 분열

기성 사림과 신진 사림
기성 사림은 명종 이후 정권에 참여해 온 사림 세력이고, 신진 사림은 명종 때의 정권에 참여하지 않았다가 새롭게 등장한 사림 세력이다.

이조 전랑
비록 관직이 높지는 않았지만 3품 이하 문관의 천거, 3사 언관의 선발권, 후임 전랑 추천권 등의 중요한 인사권을 가지고 있었다.

건저의
세자 책봉에 대한 논의.

사료읽기

동인과 서인의 형성(붕당의 발생, 1575, 선조 8)

김효원이 알성 과거에 장원으로 합격하여 (이조) 전랑의 물망에 올랐으나, 그가 윤원형의 문객이었다 하여 심의겸이 반대하였다. 그 후에 심의겸의 동생 심충겸이 장원 급제하여 전랑으로 천거되었으나, 외척이라 하여 효원이 반대하였다. 이때, 양편 친지들이 각기 다른 주장을 내세우면서 서로 배척하여, 동인, 서인의 말이 여기서 비롯하였다. 효원의 집이 동쪽 건천동에 있고, 의겸의 집이 서쪽 정동에 있기 때문이었다. 동인의 생각은 결코 외척을 등용할 수 없다는 것이었고, 서인의 생각은 의겸이 공로가 많을뿐더러 선비인데 어찌 앞길을 막느냐는 것이었다. 「연려실기술」

4 조선 전기의 대외 관계와 양난

(1) 명과 조선과의 관계

동인의 분열
1589년에 동인인 정여립이 대동계를 조직하고 모반을 준비하다가 발각되었다. 서인 세력은 이를 정권을 장악하는 기회로 삼기 위해 정여립 모반 사건을 확대하였고, 서인 정철의 주도 아래 수많은 동인의 인물들이 탄압을 받았다. 1591년에는 서인 정철이 광해군을 세자로 정할 것을 주청했다가 선조의 미움을 사게 되었고, 동인은 서인 정철의 처벌 수위를 놓고 북인(강경파)과 남인(온건파)으로 분열되었다.

사대교린		• 명과는 기본적으로 사대 정책 유지, 여진 및 일본과는 교린 정책
명과의 관계		• 태조 때 요동 정벌 준비로 일시적 불편한 관계 → 태종 이후 관계 회복 • 매년 정기적, 부정기적으로 사절 교환
여진과의 관계	강경책	• 세종 때 4군 6진 설치(오늘날과 같은 국경선 확정)
	회유책	• 여진족의 귀순 장려(관직 또는 토지, 주택을 주어 동화시킴) • 국경 지방인 경성과 경원에 무역소를 두고 국경 무역 허락
	사민 정책	• 목적 : 여진족의 침략에 효과적 대응, 국토의 균형 발전 추구 • 내용 : 삼남(경상도, 충청도, 전라도) 지방의 일부 주민을 대거 북방으로 이주시켜 압록강과 두만강 이남 지역 개발 • 토관 제도 : 토착민을 토관으로 임명하여 민심 수습

사대교린 정책
사대교린은 큰 나라를 받들어 섬기고 이웃 나라와 화평하게 사귄다는 뜻이다. 사대교린 정책은 조공 관계로 맺어진 중국 중심의 동아시아 국제 질서 속에서 나타난 외교 정책이다. 그러나 이것은 서로의 독립성이 인정된 위에서 이루어졌으므로 예속 관계에 의한 것은 아니었다.

보충하기 4군 6진 설치

세종 때에는 4군과 6진을 설치하여 압록강과 두만강을 경계로 하는, 오늘날과 같은 국경선을 확정하였다. 세종 때에 최윤덕은 군사를 이끌고 압록강 유역의 여진족을 소탕하고 4군을 설치했으며 김종서도 함길도(지금의 함경도) 지방의 여진족을 물리쳐 두만강 유역에 6진을 설치하였다. 세종은 이 지역에 남방의 백성들을 이주시키는 사민 정책을 실시하였다.

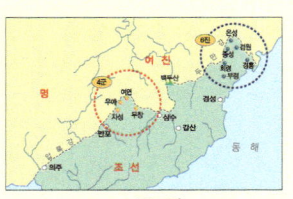
▲ 4군 6진

(2) 동남아시아 및 일본과의 관계

동남아시아		• 조선 초 류큐, 시암, 자와 등 동남아시아의 여러 나라와도 교류 • **조공 또는 진상의 형식**으로 각종 토산품 등을 가져와 교역
일본	세종 (15세기)	• **이종무의 쓰시마 섬(대마도) 정벌** • 3포 개항 : 부산포, 제포(진해), 염포(울산) • 계해약조 체결 : 제한된 범위 내 교역 허락
	중종 (16세기)	• 3포 왜란(1510) : **임시 기구로 비변사 설치**
	명종 (16세기)	• 을묘왜변(1555) : 비변사 상설 기구화

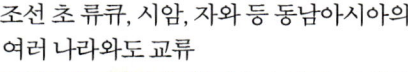

▲ 조선 초기의 대외 관계 : 명과는 사대 관계, 여진·일본과는 교린 관계를 유지했다.

(3) 임진왜란(1592~1598, 선조)의 극복과 전란의 영향

발발	• 일본이 20만 대군으로 침략
초기의 패전	• 부산진 첨사 정발과 동래 부사 송상현 전사 • **신립이 충주** 탄금대에서 배수진을 치고 싸웠으나 패전 • **선조는 의주로 피난**하여 명에 원군 요청
이순신 활약	• 옥포 해전, 사천 해전(거북선 이용), 한산도 대첩(학익진 이용)
의병의 활약	• 대표 의병장 : 곽재우, 고경명, 서산 대사 휴정, 사명 대사 유정 등
조명 연합군	• 조·명 연합군의 평양성 탈환
행주 대첩	• 권율과 관군, 백성이 합심하여 행주산성에서 왜군 격퇴
휴전 협상	• 명과 일본 사이의 휴전 협상
전열의 정비	• **훈련도감을 설치**하여 군대의 편제와 훈련 방법 변경 • **속오법을 실시**하여 지방군 편제도 속오군으로 개편
정유재란 (1597)	• 3년여에 걸친 명과 일본 사이의 휴전 회담이 결렬되어 왜군 재침입 • 조·명 연합군이 왜군을 직산에서 격퇴 • 이순신의 명량 대첩과 노량 해전 승리
왜란의 영향	• 인구 감소, 양안(토지 대장)과 호적의 소실로 국가 재정 악화 • **비변사의 기능 강화**, 불국사·경복궁·실록 및 사고 등 문화재 소실 • 명의 국력 약화, 여진족의 급속한 성장 • 성리학자, 도자기 기술자 등이 포로로 끌려감 → 일본의 성리학과 도자기 문화가 발달할 수 있는 토대 마련

▲ 임진왜란 해전도

▲ 판옥선 : 조선 시대 수군의 주력 함으로 갑판 위에 2층의 판옥을 올렸다.

3포 왜란과 을묘왜변
15세기에 비교적 안정되었던 일본과의 관계는 16세기에 이르러 대립이 격화되었다. 일본인의 무역 요구가 늘어난 데 대해 조선 정부의 통제가 강화되자 중종 때 3포 왜란(1510)이나 명종 때의 을묘왜변(1555)과 같은 왜인들의 소란이 자주 일어났다.

▲ 관군과 의병의 활동

훈련도감
임진왜란 때 왜군의 조총에 대항하기 위하여 기존의 활과 창으로 무장한 부대 외에 조총으로 무장한 부대를 만들었다. 이에 훈련도감은 **포수, 사수, 살수의 삼수병으로 편제**되었다.

속오군
위로는 양반에서부터 아래로는 노비에 이르기까지 편제되어 평상시에는 생업에 종사하면서 향촌 사회를 지키다가 적이 침입해 오면 전투에 동원되었다.

(4) 광해군(1608~1623)의 중립 외교

배경	• 선조의 뒤를 이어 광해군 즉위 • 임진왜란으로 명의 국력 약화, 압록강 북쪽의 여진족이 후금 건국(1616)
북인 집권	• 배경 : 임진왜란 때 북인들의 의병 활동 주도 • 집권 : 임진왜란이 끝난 뒤 북인이 집권하여 광해군 때까지 정국 주도
국내	• 전후 복구 사업 : 양안과 호적 새로 작성, 성곽과 무기 수리 • 대동법 실시 : 공납을 쌀 등으로 거두는 대동법을 경기도에 처음 실시 • 허준의 「동의보감」 편찬
국외	• 명과 후금 사이에서 중립 외교 추진(핵심 키워드 : 강홍립)
인조반정 (1623)	**원인** • 서인들은 명과의 의리를 저버린 광해군의 중립 외교 비판 • 광해군이 동생 영창대군을 죽이고 인목대비를 유폐시킨 것을 비판
	경과 • 서인이 주도하여 반정을 일으킴
	결과 • 북인 몰락, 광해군 폐위, 인조 즉위 및 서인 집권 • 인조반정 이후 서인은 남인 일부와 연합하여 정국 운영

> 🔖 **보충하기**   **광해군의 중립 외교**
>
> 후금은 명에 대하여 전쟁을 포고하였다. 이에 명은 후금을 공격하는 한편 조선에 원군을 요청하였다. 임진왜란 때 명의 도움을 받은 조선은 명의 요구를 거절할 수 없었고, 새롭게 성장하는 후금과 적대 관계를 맺을 수도 없었다. 이에 광해군은 강홍립을 도원수로 삼아 1만 3천 명의 군대를 이끌고 명을 지원하되, 적극적으로 나서지 말고 상황에 따라 대처하도록 명령했다. 결국 조·명 연합군은 후금군에게 패하였고, 강홍립 등은 후금에 항복하였다. 이후에도 명의 원군 요청이 계속되었으나 광해군은 이를 적절히 거절하면서 후금과 친선을 꾀하는 중립적인 정책을 취했다.

(5) 정묘호란(1627, 인조 5)

원인	• 서인의 친명배금 정책 추진으로 후금 자극
발발	• 후금은 광해군을 위하여 보복한다는 명분을 내걸고 침략
활약	• 정봉수와 이립 등은 의병을 일으켜 관군과 합세하여 싸움
결과	• 형제 관계를 조건으로 강화 체결

(6) 병자호란(1636, 인조 14)

원인	• 세력을 확장한 후금은 국호를 청으로 고쳤으며, 조선에 군신 관계 요구
경과	• 조선은 주전론과 주화론으로 대립 → 주전론의 우세 • 청 태종이 대군을 이끌고 침입 → 인조는 남한산성으로 피난하여 대항 • 인조는 삼전도에서 청 태종에게 항복의 예를 올리는 굴욕을 당함
결과	• 청과 군신 관계를 맺고 명과의 관계 단절 • 소현세자 및 봉림대군의 두 왕자와 수많은 백성들이 청에 인질로 끌려감

(7) 효종(1649~1659) 때의 북벌 운동과 나선 정벌

북벌 운동	• 주장 : 오랑캐에 당한 수치를 씻고 명에 대한 의리를 지켜 청에 복수하자 • 북벌 준비 : 송시열·송준길·이완 등을 중용, 군대 양성, 성곽 수리 등
나선 정벌	• 원인 : 러시아 세력의 남하로 청은 조선에 원병 요청 • 변급(1654)과 신유(1658) 등 두 차례에 걸쳐 조총 부대를 보내 러시아군과 교전하여 큰 전과를 올림

북인
임진왜란이 끝난 뒤 북인이 집권하여 광해군 때까지 정국을 주도하였다. 북인들은 중립 외교를 취하는 등 성리학적 의리 명분론에 크게 구애받지 않았다. 이는 서인과 남인의 반발을 일으켰고, 결국 인조반정으로 몰락하였다.

남한산성
북한산성과 함께 한양 도성을 지키기 위해 쌓은 산성이다. 병자호란 때 인조는 이곳으로 피난하였다가 항복한 후 삼전도에서 굴욕을 당하였다. 남한산성은 2014년에 유네스코 세계 문화유산으로 등재되었다.

▲ 남한산성 북문

주전론과 주화론
대의명분을 내세워 청의 요구에 굴복하지 말고 무력으로 응징하자는 주전론(주전파)과 명분보다 실리를 앞세워 외교 교섭을 통하여 문제를 해결하자는 주화론(주화파)이 대립하였다.

북벌론의 정치적 악용
북벌론은 병자호란의 책임을 져야 했던 서인들이 계속 정권을 유지하기 위한 수단으로 악용되기도 하였다.

실전 기출 및 예상 문제

01 다음 정책을 처음 실시한 왕의 업적으로 옳은 것은?

의정부에서 상소하기를, "서울과 외방의 고할 데 없는 백성이 억울한 일을 소재지의 관아에 고하여도 이를 다스려 주지 않으면, 나와서 등문고를 치도록 허락하소서. 등문한 일은 사헌부로 하여금 추궁해 밝혀서 억울한 것을 펴게 하고, 그중에 사사로이 원망을 품어 감히 무고를 행하는 자는 반좌율을 적용하여 참소하고 간사한 것을 막으소서."라고 하니, 그대로 따랐다. 등문고를 고쳐 신문고라 하였다.

① 측우기를 제작하였다.
② 호패법을 실시하였다.
③ 탕평비를 건립하였다.
④ 경국대전을 반포하였다.
⑤ 훈민정음을 창제하였다.

해설

신문고는 백성들의 억울한 일을 해결할 목적으로 대궐 밖에 설치한 북이다.
신문고 정책을 처음 실시한 왕은 조선의 3대 임금 태종(이방원)이다. 태종은 호패법을 실시하여 양반에서 노비에 이르기까지 16세 이상의 모든 남자에게 호패를 발급하였다.
두 차례에 걸친 왕자의 난을 통해 개국 공신 세력을 몰아내고 왕위에 오른 태종은 왕권을 강화하고 국왕 중심의 통치 체제를 정비하고자 하였다. 태종은 6조 직계제를 채택하였으며, 언론 기관인 사간원을 독립시켜 대신들을 견제하였다. 또, 양전 사업과 호구 파악에도 노력을 기울였으며, 호패법을 실시하였고, 사원의 토지를 몰수하고, 억울한 노비를 조사하여 해방시켰다. 아울러 사병을 없애 왕이 군사 지휘권을 장악하면서 친위 군사를 늘렸다.

오답 분석

①, ⑤ 세종의 업적이다.
③ 영조의 업적이다.
④ 성종의 업적이다.

정답 ②

02 교사의 질문에 대한 답변으로 옳지 않은 것은?

조선의 지방 행정 제도가 고려와 어떻게 다른지 발표해 볼까요?

① 고려 시대 때 특수 행정 구역이었던 향, 부곡, 소가 소멸되었어요.
② 모든 군현에 수령을 파견하였어요.
③ 고려 시대에 비해 향리의 지위가 높아졌어요.
④ 전국 8도에 관찰사를 파견하였어요.
⑤ 속군과 속현이 소멸되었어요.

해설

①, ②, ⑤ 조선 시대에는 향, 부곡, 소와 속군, 속현이 소멸되었으며, 모든 군현에 수령(지방관)을 파견하였다.
④ 조선은 수령을 지휘, 감독하고 백성의 생활을 살피기 위해 전국 8도에 관찰사를 파견하였다.

오답 분석

③ 조선 시대에는 수령의 권한을 강화한 반면, 향리는 수령의 행정 실무를 보좌하는 세습적인 아전으로 격하시켰다.

정답 ③

21회기출

03 (가) 기구 소속 관원의 업무와 관련된 말로 가장 적절한 것은?

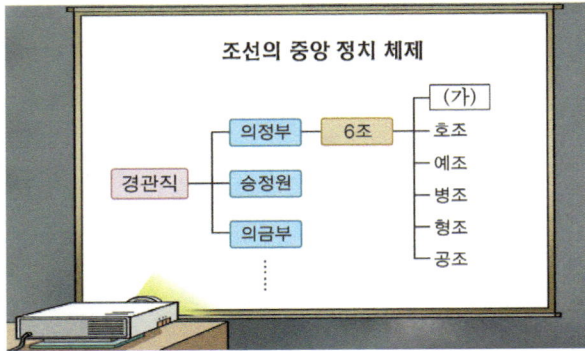

① 장마가 오기 전에 하천을 정비해야 해.

② 결원이 된 홍문관 교리로 누구를 추천할까?

③ 외적의 침입에 대비해 무기를 점검해야겠어.

④ 전국 각지에서 거둔 세금을 정리하여 보고해야겠어.

⑤ 김 판서댁 쌀을 훔친 도둑에게 어떤 벌을 주어야 하지?

해설

(가)는 조선 시대의 6조 중 이조이다.

이조는 문관의 인사와 공훈 등을 담당하였다.

※ 6조의 기능

이조 : 문관의 인사 및 공훈

호조 : 조세, 호구, 조운

예조 : 외교, 교육, 과거

병조 : 무관의 인사, 국방

형조 : 형벌, 소송, 법률

공조 : 토목, 건축

오답 분석

① 공조의 업무

③ 병조의 업무

④ 호조의 업무

⑤ 형조의 업무

정답 ②

04 (가), (나) 인물에 대한 설명으로 옳지 않은 것은?

　(가)　은(는) 훌륭한 재상을 선택하여 재상에게 정치의 실권을 부여하여 위로는 임금을 받들어 올바르게 인도하고, 아래로는 백관을 통괄하고 만민을 다스리는 중책을 부여하자고 주장했다. 또한 「불씨잡변」을 저술하여 불교를 비판하였으며, 한양 도성의 기본 계획을 세워 궁궐과 종묘의 위치 및 도성의 기지를 결정하고 궁·문의 칭호를 정하기도 하였다. 그는 1398년 왕위 계승을 둘러싸고 일어난 제1차 왕자의 난 때 태조의 다섯째 아들인　(나)　에게 피살되었다.

① (가) - 요동 정벌을 계획하였다.

② (가) - 조선경국전을 편찬하였다.

③ (나) - 사병을 없애 군사 지휘권을 장악하였다.

④ (나) - 장용영을 설치하였다.

⑤ (가),(나) - 조선 개국에 공헌하였다.

해설

(가)는 조선의 개국 공신인 삼봉 정도전이다. 정도전은 「조선경국전」을 편찬하여 민본적 통치 규범을 마련하였고, 재상 중심의 정치를 주장하였다. 또한 「불씨잡변」을 저술하여 불교를 비판하였으며, 성리학을 통치 이념으로 확립시켰다. 그는 국초에 명나라와의 관계가 매끄럽지 못해 요동 정벌을 계획하기도 하였으나, 1398년 1차 왕자의 난 때 이방원(훗날 태종)에게 피살되었다.

(나)는 조선의 3대 임금인 태종 이방원이다. 1차 왕자의 난 때 정도전이 제거되고 이후 정종이 조선의 2대 임금으로 즉위하였다.

정종 2년(1400)에는 태조의 넷째 아들 방간이 박포 등과 연합하여 이방원을 제거하려 하였으나 패하여 축출되었고(2차 왕자의 난), 난이 평정된 뒤 정종은 왕위를 이방원에게 물려주었다. 이렇게 즉위한 이방원이 바로 조선의 3대 임금인 태종이다. 태종은 왕권을 강화하기 위해 6조 직계제를 채택하고 언론 기관인 사간원을 독립시켜 대신들을 견제했으며, 사병을 없애 군사 지휘권을 장악하면서 친위 군사를 늘렸다.

오답 분석

④ 조선 후기에 정조는 친위 부대인 장용영을 설치하여 병권을 장악함으로써 왕권을 뒷받침하는 군사적 기반을 갖추었다.

정답 ④

05 교사의 질문에 대한 답으로 옳은 것은?

김종직이 지은 조의제문을 빌미로 훈구 세력이 사림 세력을 공격한 사건입니다. 이 사건은 무엇일까요?

① 갑술환국
② 계유정난
③ 무오사화
④ 예송 논쟁
⑤ 인조반정

정답은 ③번 무오사화이다. 무오사화는 사림파 김종직의 제자 김일손이 김종직의 조의제문을 사초에 실었던 것이 구실이 되었다. 훈구 세력은 김일손이 사초에 실은 김종직의 조의제문이 세조가 단종으로부터 왕위를 빼앗은 일을 비방한 것이라 하여 이를 문제 삼아 연산군에게 고하였다. 결국 이미 죽은 김종직은 부관참시를 당하고 김일손 등 많은 사림파 인사들이 희생되었다.

오답 분석

① 갑술환국(1694, 숙종 20) : 폐비 민씨 복위 운동을 반대하던 남인이 화를 입어 실권하고 서인이 재집권하게 된 사건
② 계유정난(1453, 단종 1) : 수양대군(훗날 세조)이 김종서를 제거하고 정권을 장악한 사건
④ 예송 논쟁 : 현종 때에 효종의 왕위 계승에 대한 정통성과 관련하여 서인과 남인 간의 두 차례에 걸친 논쟁(1659, 1674)
⑤ 인조반정(1623) : 서인들이 광해군을 몰아내고 인조를 왕으로 추대한 사건

정답 ③

06 (가) 인물에 대한 설명으로 옳은 것은?

소격서를 폐지해야 합니다. 중종반정의 공신 중 공식 작호가 부당하게 부여된 자들이 있습니다. 그 공훈을 삭제하시옵소서.

(가)

① 김종직의 조의제문을 사초에 실었다.
② 천거제의 일종인 현량과를 실시하였다.
③ 관학파의 학풍을 계승하여 부국강병을 추구하였다.
④ 명과 후금 사이에서 중립 외교 정책을 추진하였다.
⑤ 이조 전랑직을 두고 심의겸과 대립하였다.

해설

(가)는 중종 때 활약한 정암 조광조이다. 중종 때 조광조가 중용되면서 천거제의 일종인 현량과를 통하여 사림이 대거 등용되었다.

※ 조광조의 개혁 정치
– 현량과 및 향약의 실시
– 방납의 폐단 시정 주장
– 경연 강화 및 언론 활동의 활성화
– 소학 교육 및 주자가례 장려, 소격서 폐지
– 위훈 삭제 사건
– 기묘사화(1519, 중종)로 인해 제거됨

※ 주초위왕(走肖爲王)과 기묘사화
조광조의 급진적인 개혁에 불만을 품은 훈구파는 나뭇잎에 꿀로 '주초위왕'이라는 글씨를 써 벌레가 갉아 먹게 했다. 주초위왕은 '조씨가 왕에 오른다.'는 뜻으로 해석되었고, 조광조의 급진 개혁에 싫증이 난 중종은 이를 꼬투리 삼아 조광조와 사림 세력을 몰아냈다.

오답 분석

① 김일손이 김종직의 조의제문을 사초에 실었던 것이 구실이 되어 무오사화(1498, 연산군)가 일어나 많은 사림파 인사들이 희생되었다.
③ 관학파의 학풍을 계승하여 부국강병을 추구한 것은 훈구파에 대한 설명이다. 조광조는 사림파이다.
④ 명과 후금 사이에서 중립 외교 정책을 추진한 것은 광해군과 북인이다.
⑤ 선조 때에 신진 사림의 지지를 받던 김효원과 왕실의 외척이면서 기성 사림의 신망을 받던 심의겸 사이에 이조 전랑직 등의 문제를 둘러싸고 대립하면서 동인과 서인으로의 분당이 이루어져 붕당이 형성되었다.(1575, 선조 8)

정답 ②

07 (가)에 대한 설명으로 옳지 <u>않은</u> 것은?

 (가) 은/는 이조 전랑의 자리를 두고 김효원과 심의겸이 대립하면서 나타났지?

 맞아. 처음에는 동인과 서인으로 나누어졌는데 그 후 동인은 북인과 남인, 서인은 노론과 소론으로 분화되었어.

① 공론을 앞세운 정치 운영을 추구하였다.
② 신진 사대부가 등장하는 계기가 되었다.
③ 상호 비판과 견제를 기본 원리로 하였다.
④ 환국 이후 일당 전제화 추세가 나타났다.
⑤ 학문적 경향과 정치적 이념에 따라 분화되었다.

해설

(가)는 붕당이다. 선조가 즉위하면서 사림 세력이 대거 중앙 정계로 진출하여 정국을 주도하게 되었다. 그러나 사림 세력은 척신 정치의 잔재를 어떻게 청산할 것인가를 둘러싸고 갈등을 겪게 되었다. 명종 때이후 정권에 참여해 온 기성 사림은 척신 정치의 과감한 개혁에 소극적인 반면, 명종 때의 정권에 참여하지 않았다가 새롭게 정계에 등장한 신진 사림은 원칙에 더욱 철저하여 척신 정치의 적극적 청산을 주장하였다. 두 세력 간의 갈등이 심해지면서 신진 사림의 지지를 받던 김효원과 왕실의 외척이면서 기성 사림의 신망을 받던 심의겸 사이에 이조 전랑직 등의 문제를 둘러싸고 대립하면서 붕당이 이루어졌다. 그 결과 신진 사림을 중심으로 동인이 형성되고, 기성 사림을 중심으로 서인이 형성되었다. 동인은 이황과 조식, 서경덕의 학문을 계승한 사람들을 중심으로 다수의 신진 세력이 참여하여 먼저 붕당의 형세를 이루었고, 반면에, 서인은 이이와 성혼의 문인이 가담함으로써 붕당의 모습을 갖추었다. 이후 붕당은 정치적 이념과 학문적 경향에 따라 결집되어 정파적 성격과 학파적 성격을 동시에 가지게 되었다.

오답 분석

② 신진 사대부는 고려 말에 등장하였다.

정답 ②

08 다음 자료에 대한 탐구 활동으로 가장 적절한 것은?

경들은 이 오랑캐들을 어찌할 것인가? 우리의 병력으로 막을 수 있다고 생각하는가? 지난번 명나라에서 구원병을 두 번이나 요청해 왔으나 응하지 않은 것도 이 때문이다. …… 지금 우리가 계책으로 삼아야 할 것은 군신 상하가 모두 일에 힘써 군사를 기르고 장수를 뽑으며 인재를 거두어 쓰고 백성의 걱정을 덜어 주어 인심을 기쁘게 하며 병기를 조련하고 성을 잘 수리하는 것이다.

① 강홍립 장군이 후금에 투항한 원인을 분석한다.
② 동인이 남인과 북인으로 분화된 내용을 살펴본다.
③ 나선 정벌의 전개 과정을 분석한다.
④ 훈련도감의 설치 배경을 조사한다.
⑤ 4군 6진이 설치된 과정을 조사한다.

해설

제시된 자료는 광해군의 외교 정책에 관한 내용이다. 광해군은 임진왜란 때 조선을 도와준 명나라와 새롭게 성장하는 후금 사이에서 신중한 중립 외교 정책으로 대처하였다. 광해군은 강홍립을 도원수로 삼아 1만 3천 명의 군대를 이끌고 명나라를 지원하게 하되, 적극적으로 나서지 말고 상황에 따라 대처하도록 명령하였다. 이에 조·명 연합군이 후금군에게 패하자 강홍립은 후금에 거짓으로 투항하였다. 이후에도 명의 원군 요청은 계속되었으나 광해군은 이를 적절히 거절하면서 후금과 친선을 꾀하는 중립적인 정책을 취하였다.

오답 분석

② 동인은 정여립 모반 사건 등을 계기로 온건파인 남인과 급진파(강경파)인 북인으로 나뉘었다.
③ 러시아 세력의 남하로 위협을 느끼던 청나라는 조선에 원병을 요청하였다. 이에 효종 때에는 변급(1654), 신유(1658) 등 두 차례에 걸쳐 조총 부대를 보내 러시아군과 교전하여 큰 전과를 올렸다.(나선 정벌)
④ 임진왜란 초기에 어이없는 패전을 경험한 조정에서는 새로운 군대의 필요성을 절감하고, 왜군을 물리치는 데 효과적인 편제와 군사 훈련 방식을 모색하였다. 그 결과, 임진왜란 중에 훈련도감이 설치되었다.
⑤ 세종 때 최윤덕은 압록강 유역의 여진족을 소탕하고 4군을 설치했으며, 김종서도 함길도(지금의 함경도) 지방의 여진족을 물리쳐 두만강 유역에 6진을 설치했다.

정답 ①

09 조선의 중앙 정치 기구인 (가)~(마)를 짝지은 것으로 옳지 <u>않은</u> 것은?

> (가) 서울의 행정과 치안을 담당하였다.
> (나) 사헌부·사간원과 합쳐 3사라 불렸으며, 왕의 자문에 대비하고 경연을 담당하였다.
> (다) 국왕 직속 특별 사법 기관으로 반역죄, 강상죄 등 국가의 중죄를 처결하였다.
> (라) 5품 이하의 관리를 임명할 때 동의하는 서경권을 행사하였다.
> (마) 역사서 편찬과 보관을 담당하였다.

① (가) – 한성부
② (나) – 승정원
③ (다) – 의금부
④ (라) – 양사
⑤ (마) – 춘추관

해설
① 한성부는 서울의 행정과 치안을 담당하였으며, 토지와 가옥에 관한 소송을 담당하기도 하였다.
③ 의금부는 국왕 직속의 사법 기관으로 반역죄, 강상죄 등 국가의 중죄를 처결하였다.
④ 사헌부와 사간원을 합쳐 양사(대간)라 부르는데, 양사는 5품 이하의 관리를 임명할 때 동의하는 서경권을 행사하였다.
⑤ 춘추관은 역사서 편찬과 보관을 담당하였다.

오답 분석
② (나)는 홍문관에 대한 설명이다. 홍문관은 경적(經籍, 경서)과 문한(文翰, 문서 작성)을 관리하고 왕의 고문(자문)에 대비하였으며, 경연을 담당하였다.
승정원은 왕명을 출납하는 왕의 비서 기관이다.

정답 ②

---

10 다음의 일을 담당한 조선 시대 관직에 대한 설명으로 옳지 <u>않은</u> 것은?

> • 농업을 발전시킬 것
> • 유교 경전 등의 교육을 진흥할 것
> • 법을 잘 지켜 백성에게 올바름을 보일 것
> • 간사하고 교활한 무리를 제거할 것
> • 군사 훈련을 실시하고 군기를 엄정히 할 것
> • 백성을 편히 하고 호구를 늘릴 것
> • 부역을 공평하고 균등하게 부과할 것

① 왕의 대리인으로 지방의 행정·사법·군사권을 가지고 있었다.
② 임기제와 상피제가 적용되었다.
③ 전국의 모든 군현에 파견되었다.
④ 지방 행정의 실무를 보좌하였다.
⑤ 이 관직을 지휘, 감독하기 위해 관찰사가 파견되었다.

해설
제시된 자료는 수령의 7가지 의무를 규정한 수령 7사이다. 조선은 전국의 주민을 국가가 직접 지배하기 위하여 모든 군현에 수령을 파견하였다. 수령은 왕의 대리인으로, 지방의 행정·사법·군사권을 가지고 있었다. 수령의 임기는 약 5년(1800일)이었으며, 연고가 있는 곳에서 근무하지 못하게 하는 제도인 상피제가 적용되었다. 한편, 조선은 수령을 지휘, 감독하고 백성의 생활을 살피기 위하여 전국 8도에 관찰사를 파견하였고, 수시로 암행어사를 지방에 보내기도 하였다.

오답 분석
④ 향리에 대한 설명이다. 조선은 수령의 권한을 강화한 반면, 향리는 수령의 행정 실무를 보좌하는 세습적인 아전으로 격하시켰다.

정답 ④

2 조선 후기(근대 태동기)의 정치

1 통치 체제의 변화

(1) 정치 구조의 변화

비변사 강화	• 임진왜란을 거치며 구성원 확대, 국정 총괄 → 의정부와 6조 약화
3사의 변질	• 언론 기능 변질 : 자기 붕당의 세력 유지를 위해 상대 세력 견제, 비판
전랑의 변질	• 이조와 병조의 전랑들도 인사권을 이용하여 자기 붕당 세력 확대 추구

비변사

16세기 중종 초에 여진족과 왜구에 대비하기 위해 임시 회의 기구로 설치되었고, 명종 때에는 상설 기구가 되었다. 임진왜란을 거치면서 구성원이 3정승을 비롯한 고위 관원으로 확대되었고 그 기능도 군사 문제 뿐아니라 외교, 재정, 사회, 인사 문제 등 거의 모든 정무를 총괄하였다.

(2) 군사 제도의 변화

	훈련도감	• 임진왜란 중(선조 때) 설치 • 포수(조총), 사수(활), 살수(창, 칼)의 삼수병으로 편제 • 장기간 근무하고 일정한 급료를 받는 상비군 • 의무병이 아닌 직업 군인의 성격을 가진 군인
중앙군 (5군영)	어영청 총융청 수어청	• 인조 때 설치 • 후금과의 항쟁 과정에서 국방력 강화를 명분으로 설치
	금위영	• 숙종 때 설치되어 17세기 말 5군영 체제가 갖추어짐
지방군 (속오군)	진관 복구	• 제승방략 체제가 임진왜란 때 효과를 거두지 못하자 진관 복구
	속오군	• 양반에서 노비까지 편제 • 평상시 생업에 종사하며 향촌을 지키고 유사시 전투에 동원 • 한계 : 양반의 회피로 상민과 노비들만 남게 됨

2 붕당 정치의 전개와 탕평 정치

(1) 붕당 정치의 전개

선조 (왜란 전)	• 이조 전랑직 등의 문제로 동인과 서인으로 분화 • 정여립 모반 사건과 건저의 사건을 계기로 동인이 남인과 북인으로 분화
광해군	• 북인 집권, 명과 후금 사이의 중립 외교 → 인조반정으로 북인 몰락
인조~효종	• 서인이 정국의 주도권을 장악한 가운데 남인과 공존하는 구도
현종	• 예송 논쟁(상복 문제를 두고 벌어진 서인과 남인 사이의 두 차례 논쟁)

예송논쟁

현종의 아버지인 효종(봉림대군, 인조의 차남)의 왕위 계승에 대한 정통성과 관련된다. 1차 예송은 효종이 죽자 인조의 계비인 자의대비 조씨의 상복 문제를 둘러싸고 벌어졌으며, 2차 예송은 현종의 어머니이자 효종의 비인 인선왕후가 죽자 자의대비 조씨의 상복 문제를 두고 일어났다.

💡 예송 논쟁에서 서인과 남인의 주장을 혼동하지 말 것, 서인이 남인보다 상복 입는 기간을 짧게 주장했다는 것을 알면 혼동하지 않는다.

▲ 1차 예송 논쟁(1659, 서인 승리)

▲ 2차 예송 논쟁(1674, 남인 승리)

(2) 숙종(1674~1720) 시기 붕당 정치의 변질과 탕평론의 대두

숙종의 탕평론	• 숙종은 인사 관리를 통하여 세력 균형을 유지하려는 탕평론을 제시함 • 실제로는 편당적인 인사 관리로 일관하여 환국이 일어나는 빌미 제공
붕당 정치 변질	• 환국이 발생하면서 특정 붕당이 정권을 독점하는 일당 전제화 추세 대두 • 환국을 왕이 주도함에 따라 외척 등 왕과 직결된 집단의 정치적 비중 증대
경신환국 (1680)	• 원인 : 남인의 영수 허적이 무단으로 임금의 천막 사용 • 결과 : 허적과 윤휴 등이 사사, 남인 실각 및 서인 집권
기사환국 (1689)	• 원인 : 장희빈의 아들(후에 경종) 세자 책봉 문제에 서인 반대, 남인 찬성 • 결과 : 서인의 영수 송시열 사약, 남인 재집권, 인현왕후 폐출
갑술환국 (1694)	• 원인 : 서인들의 폐비 민씨(인현왕후) 복위 운동 전개, 남인은 반대 • 결과 : 장희빈에게 마음 떠난 숙종은 복위 운동 지지 → 서인 재집권

(3) 영조(1724~1776)의 탕평 정치와 개혁

탕평책	• 탕평 교서 발표 및 탕평비 건립 • 붕당을 없애자는 논리에 동의하는 탕평파를 중심으로 정국 운영 • 산림의 존재 부정, 서원 대폭 정리 • 이조 전랑의 권한 축소
균역법	• 군역의 부담을 줄여 주기 위해 균역법 시행(군포를 2필에서 1필로 줄임)
속대전	• 「속대전」을 편찬하여 법전 체계 정리
기타	• 사형수에 대한 삼심제를 엄격하게 시행 • 「속오례의」, 「동국문헌비고」 편찬

(4) 정조(1776~1800)의 탕평 정치와 개혁   💡 정조에 대한 문제는 매회 출제되고 있다.

탕평책	• 각 붕당의 주장이 옳은지 그른지를 명백히 가리는 적극적 탕평책 추진 • 영조 때 세력을 키워 온 척신과 환관 제거 • 그동안 권력에서 배제되었던 소론과 남인 계열 중용
초계문신제	• 신진 인물이나 중·하급 관리 중 유능한 인사를 재교육
규장각 설치	• 규장각을 강력한 정치 기구로 육성
장용영 설치	• 친위 부대인 장용영을 설치하여 병권 장악
신해통공	• 육의전을 제외한 시전 상인의 금난전권 폐지 → 자유로운 상업 행위 진작
대전통편 등	• 「대전통편」, 「동문휘고」, 「탁지지」, 「추관지」, 「무예도보통지」 편찬
화성 건설 (수원 화성)	• 수원으로 사도세자의 묘를 옮기고 화성을 세움 • 수원 화성은 유네스코 세계 문화유산으로 등록됨 • 화성의 특징 : 방어와 공격을 겸한 성곽 시설, 종합적 도시 계획 아래 건설
기타	• 수령이 군현 단위의 향약을 직접 주관하게 함 → 수령 권한 강화 • 서얼과 노비에 대한 차별 완화

노론과 소론
경신환국 이후 남인의 처벌 문제를 놓고 서인들 간에 강경한 입장을 취하는 노론과 온건한 입장을 취한 소론으로 나뉘었다.

탕평의 의미
임금의 정치가 한쪽을 편들지 않고 사심이 없으며, 당을 이루지도 않는 상태에 이르는 것을 의미한다.

산림
학식과 덕망을 갖추고 향촌에 은거하여 공론을 주재하던 인물을 뜻한다. 영조는 붕당의 뿌리를 제거하기 위해서 공론의 주재자로서 인식되던 산림의 존재를 인정하지 않았고, 그들의 본거지인 서원을 대폭 정리하였다.

이조 전랑의 권한 축소
영조는 이조 전랑의 권한을 약화시키기 위해 그들이 자신의 후임자를 천거하고, 3사의 관리를 선발할 수 있게 해 주던 관행을 없앴다. 그러나 이조 전랑의 후임자 천거권은 이후 정조 대에 가서야 완전히 폐지되었다.

수원 화성(18세기)
정조는 수원으로 아버지 사도세자의 묘를 옮기고 화성을 세워 정치적, 군사적 기능을 부여함과 동시에 상공인을 유치하여 자신의 정치적 이상을 실현하는 상징적 도시로 육성하고자 하였다.

▲ 수원 화성

❸ 세도 정치의 폐단과 민란의 발생

(1) 세도 정치의 폐단

전개	• 순조, 헌종, 철종의 3대 60여 년간 소수 외척 가문이 권력 독점(왕권 약화)
폐단	• 안동 김씨, 풍양 조씨와 같은 왕의 외척 세력 등 몇몇 세도 가문이 권력 독점 • 붕당은 물론 탕평파와 반탕평파 같은 정치 집단 사이의 대립적인 구도가 없어짐 • 비변사로 권력 집중 : 세도 가문은 비변사를 장악하여 권력 행사 • 관직 매매(매관매직) 등 비리 만연, 탐관오리들의 부당한 조세 수탈 • 수령과 향리의 부정 및 삼정의 문란

보충하기 삼정의 문란

구분	내용	문란
전정	전세 수취 제도	• 정해진 세액 이상 징수 등
군정	군포 징수 제도	• 백골징포, 황구첨정, 인징, 족징
환곡	봄에 곡식 대여, 가을에 이자 상환	• 강제 대여, 고리대로 변질 등

(2) 세도 정치기의 민란

홍경래의 난 (1811, 순조)	원인	• 세도 정치의 폐해(삼정의 문란 등) • 서북인에 대한 차별 대우(평안도 지역 차별) 등
	경과	• 몰락 양반인 홍경래의 지휘하에 영세 농민, 중소 상인, 광산 노동자 등이 합세하여 봉기 • 청천강 이북 지역 거의 장악
	결과	• 관군에게 패하고 5개월 만에 평정
임술 농민 봉기 (1862, 철종)	원인	• 세도 정치의 폐해(삼정의 문란 등) • 백낙신 등 탐관오리의 탐학
	경과	• 진주 농민 봉기 후 전국으로 확대
	정부 조치	• 안핵사로 박규수 파견, 진상 조사 • 삼정이정청 설치 • 근본적인 해결책이 못됨

▲ 19세기의 농민 봉기

❹ 대외 관계(일본과의 관계)의 변화

기유약조	• 1609년(광해군 1)에 기유약조를 맺어 제한된 범위 내 교섭 허용
통신사	• 일본이 조선의 선진 문화를 받아들이고 에도 막부의 쇼군이 바뀔 때마다 그 권위를 국제적으로 인정받기 위해 사절 파견 요청 • 조선에서는 1607년(선조)부터 1811년(순조)까지 12회에 걸쳐 통신사 파견 • 통신사는 외교 사절로서뿐만 아니라 조선의 선진 문화를 일본에 전파 역할

▲ 통신사의 행로

세도 정치
정조가 죽은 후 순조, 헌종, 철종의 3대 60여 년 동안 안동 김씨나 풍양 조씨 같은 왕의 외척 세력이 권력을 행사한 것이다.

삼정의 문란
조선 후기의 대표적 수취 제도 문란으로 전정(전세 수취 제도), 군정(군포 징수 제도), 환곡(구휼 제도)의 문란을 말한다.

백골징포
죽은 사람에게 군포를 부과하는 것.

황구첨정
어린아이에게 군포 부과.

인징
도피한 군역 의무자의 군포를 이웃에게 징수.

족징
도피한 군역 의무자의 군포를 친척에게 징수.

삼정이정청
세도 정치의 폐단인 삼정의 문란을 바로 잡기 위해 설치한 관청.

실전 기출 및 예상 문제

01 (가) 기구에 대한 설명으로 옳지 않은 것은?

효종 5년 11월, 김익희가 상소하였다. "요즘은 ___(가)___ 은 (가) 큰일이건 작은 일이건 모두 취급합니다. 의정부는 한갓 헛이름만 지니고 6조는 할 일을 모두 빼앗기고 말았습니다. 이름은 '변방 방비를 담당하는 것'이라고 하면서 과거에 대한 판정이나 비빈 간택까지도 모두 여기서 합니다.
「효종 실록」

① 국가의 제반 사무를 회의를 통해 결정하였다.
② 왜구와 여진족의 침입에 대비하기 위해 임시 기구로 설치되었다.
③ 임진왜란을 계기로 처음 설치되었다.
④ 세도 정치기 소수의 가문이 고위직을 독점하였다.
⑤ 고종 즉위 후 흥선 대원군에 의해 폐지되었다.

02 다음 논쟁이 일어난 시기를 연표에서 옳게 고른 것은?

	1519	1575	1623	1742	1796	1862
	(가)	(나)	(다)	(라)	(마)	
	기묘 사화	동서 분당	인조 반정	탕평비 건립	수원 화성 축조	임술 농민 봉기

① (가) ② (나) ③ (다) ④ (라) ⑤ (마)

03 (가), (나)를 주장한 붕당에 대한 설명으로 옳지 <u>않은</u> 것은?

> (가) 왕실과 사대부의 예는 기본적으로 다르지 않다. 선왕
> 께서는 적장자가 아니므로 대비께서는 1년 동안 상복
> 을 입어야 한다.
> (나) 왕에게는 사대부와 다른 예가 적용되어야 한다. 왕실
> 의 종통을 이었으면 당연히 적정자로 인정된 것이므
> 로 대비께서는 3년 동안 상복을 입어야 한다.

① (가) – 인조반정을 주도하였다.
② (가) – 친명배금 정책을 추진하였다.
③ (나) – 정여립 모반 사건 등을 계기로 동인에서 분파되
　　었다.
④ (나) – 이황의 학통을 계승하였다.
⑤ (가), (나) – 18세기에 호락논쟁을 벌였다.

 해설

제시된 자료는 현종 때에 효종의 왕위 계승에 대한 정통성과 관련하
여 두 차례 걸쳐 발생한 예송 논쟁 중 1차 예송 논쟁인 기해예송(1659)
이다.
(가)는 서인의 주장이다. 서인은 광해군과 북인을 몰아내고 인조를 왕
으로 추대한 인조반정(1623)을 주도하였다. 또한 친명배금 정책을 추
진하여 후금의 침략을 불러일으켰다.
(나)는 남인의 주장으로 남인은 이황의 학통을 계승하였으며, 정여립
모반 사건과 정철의 건저의 사건을 계기로 동인에서 분파되었다.

※ 붕당

붕당		학통
동인	남인	이황의 학통 계승
	북인	서경덕·조식의 학통 계승
서인	노론	이이의 학통 계승
	소론	성혼의 학통 계승

오답 분석
⑤ 18세기에는 이이 학파를 계승한 노론들 사이에서 인간과 사물의
　본성을 어떻게 볼 것인가 하는 문제를 둘러싸고 호락논쟁을 벌였다.

정답 ⑤

04 다음 사건이 일어났던 국왕 대의 사실로 옳은 것은?

> 인현왕후가 여러 해가 지나도록 후사가 없자, 장희빈의 아
> 들(훗날 경종)을 원자(세자)로 책봉하려고 하였다. 이에
> 서인은 이를 반대하였고 남인은 찬성하였다. 이를 반대하
> 는 과정에서 서인의 영수 송시열이 사약을 받았고, 결국
> 남인이 다시 정권을 장악하였다. 이후 장희빈은 왕비가 되
> 고, 인현왕후는 폐비가 되었다.

① 장용영이 설치되었다.
② 환국이 발생하였다.
③ 초계문신제가 실시되었다.
④ 경국대전 편찬을 마무리하였다.
⑤ 병자호란이 일어났다.

해설

제시된 자료는 숙종 15년(1689년)에 있었던 기사환국이다. 따라서 숙
종 때의 사실로 옳은 것을 찾는 문제이다.
숙종 때에 이르러 정국을 주도하는 붕당과 견제하는 붕당이 서로 교
체됨으로써 정국이 급격하게 전환하는 환국이 나타나기 시작하였다.
이로써 특정 붕당이 정권을 독점하는 일당 전제화의 추세가 대두되
었다.

오답 분석
①, ③ 정조는 친위 부대인 장용영을 설치하여 왕권을 뒷받침하는 군
　　사적 기반을 갖추었으며, 신진 인물이나, 중·하급 관리 중에서 유
　　능한 인사를 재교육하는 초계문신 제도를 실시하였다.
④ 조선 성종은 경국대전의 편찬을 마무리하여 반포함으로써 이후 조
　선 사회의 기본 통치 방향과 이념을 제시하였다.
⑤ 병자호란은 1636년(인조 14)의 일이다.

정답 ②

05 밑줄 친 '왕'이 재위한 시기의 사실로서 옳은 것을 |보기|에서 고른 것은?

> 왕은 왕과 신하 사이의 의리를 바로 세워야 한다며, 붕당을 없애자는 논리에 동의하는 탕평파를 중심으로 정국을 운영하였다. 또한 붕당의 뿌리를 제거하기 위해서 공론의 주재자로서 인식되던 산림의 존재를 인정하지 않았고 그들의 본거지인 서원을 대폭 정리하였다.

|보기|
ㄱ. 속대전, 동국문헌비고 등을 편찬하였다.
ㄴ. 인조반정을 계기로 서인들이 집권하였다.
ㄷ. 정국이 급격하게 전환하는 환국이 나타나기 시작했다.
ㄹ. 군역의 부담을 줄여 주기 위해 균역법을 시행하였다.

① ㄱ, ㄴ   ② ㄱ, ㄷ   ③ ㄱ, ㄹ
④ ㄴ, ㄹ   ⑤ ㄷ, ㄹ

해설
밑줄 친 '왕'은 영조이다.
영조는 속대전을 편찬하여 법전 체계를 정리하였으며, 그 밖에 「속오례의」, 「동국문헌비고」 등을 편찬하였다. 또한 군역의 부담을 줄여 주기 위해 균역법을 시행하였다.

오답 분석
ㄴ. 1623년 서인이 주도하여 일으킨 인조반정으로 광해군과 북인이 몰락하고 인조가 즉위하였다.
ㄷ. 숙종 때에 이르러 정국을 주도하는 붕당과 견제하는 붕당이 서로 교체됨으로써 정국이 급격하게 전환하는 환국이 나타나기 시작하였다.

정답 ③

06 다음 자료와 관련 있는 왕의 업적으로 옳은 것을 |보기|에서 고른 것은?

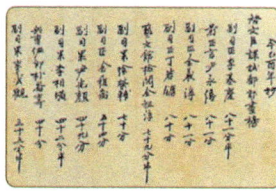 

초계문신 성적표   화성 행차도

|보기|
ㄱ. 탕평비 건립   ㄴ. 장용영 설치
ㄷ. 호포제 실시   ㄹ. 대전통편 편찬

① ㄱ, ㄴ   ② ㄱ, ㄷ   ③ ㄴ, ㄷ
④ ㄴ, ㄹ   ⑤ ㄷ, ㄹ

해설
초계문신 제도와 화성 행차도를 통해 정조임을 알 수 있다. 정조는 신진 인물이나 중·하급 관리 중에서 유능한 인사를 재교육하는 초계문신 제도를 실시하였으며, 친위 부대인 장용영을 설치하여 병권을 장악함으로써, 왕권을 뒷받침하는 군사적 기반을 갖추었다. 또한 왕조의 통치 규범을 전반적으로 재정리하기 위하여 「대전통편」을 편찬하였다.

오답 분석
ㄱ. 탕평비 건립은 영조의 업적이다. 영조는 자신의 탕평책을 중외에 표방하여 경계하도록 하기 위해 탕평비를 건립하였다.
ㄷ. 호포제의 실시는 흥선 대원군의 업적이다. 흥선 대원군은 상민에게만 받던 군포를 양반들에게도 징수하는 호포법(호포제)를 실시하였다.

정답 ④

실전 기출 및 예상 문제

07 (가) 외교 사절에 대한 설명으로 옳은 것을 |보기|에서 모두 고른 것은?

(가) 의 행로

|보기|
ㄱ. 독도가 우리 영토임을 확인하였다.
ㄴ. 교린 정책의 일환으로 파견되었다.
ㄷ. 일본은 (가)를 통해서 막부의 권위를 보장받기를 원하였다.
ㄹ. 조선의 선진 문화를 일본에 전파하는 역할을 하였다.

① ㄱ, ㄴ　　　② ㄴ, ㄷ　　　③ ㄷ, ㄹ
④ ㄱ, ㄴ, ㄹ　　⑤ ㄴ, ㄷ, ㄹ

해설

(가)는 통신사이다.
일본은 조선의 선진 문화를 받아들이고, 에도 막부의 쇼군이 바뀔 때마다 그 권위를 국제적으로 인정받기 위하여 조선에 사절의 파견을 요청해 왔다. 이에 조선에서는 17세기 초(1607, 선조)부터 19세기 초(1811, 순조)까지 12회에 걸쳐 교린 정책(우호 정책)의 일환으로 통신사라는 사절을 파견하였다. 일본에서는 이들을 국빈으로 예우하였고 이들을 통해 조선의 선진 학문과 기술을 배우고자 하였다. 따라서 통신사는 외교 사절로서뿐 아니라, 조선의 선진 문화를 일본에 전파하는 역할도 하였다.

오답 분석

ㄱ. 숙종 때 안용복은 울릉도에 출몰하는 일본 어민들을 쫓아내고, 일본에 건너가 울릉도와 독도가 조선의 영토임을 확인받고 돌아왔다.

정답 ⑤

08 (가)에 해당하는 군사 조직으로 옳은 것은?

　(가)　의 군병은 포수, 사수, 살수의 삼수병으로 편성되었는데, 이들은 장기간 근무를 하고 일정한 급료를 받는 상비군으로서, 의무병이 아닌 직업 군인의 성격을 가진 군인이었다.

① 삼별초
② 속오군
③ 용호군
④ 훈련도감
⑤ 별무반

해설

(가)는 임진왜란 중에 설치된 훈련도감이다.
임진왜란 초기에 어이없는 패전을 경험한 조정에서는 새로운 군대의 필요성을 절감하고, 왜군을 물리치는 데 효과적인 편제와 군사 훈련 방식을 모색하였다. 그 결과 훈련도감이 설치되었다. 훈련도감의 군병은 포수, 사수, 살수의 삼수병으로 편제되었으며, 이들은 장기간 근무를 하고 일정한 급료를 받는 상비군으로서, 의무병이 아닌 직업 군인의 성격을 가진 군인이었다.

오답 분석

① 삼별초 : 고려 무신 집권기에 좌별초, 우별초, 신의군으로 구성된 부대
② 속오군 : 조선 후기 지방군
③ 용호군 : 고려 시대 중앙군인 2군 중의 하나임
⑤ 별무반 : 고려 숙종 때 여진 정벌을 위해 윤관의 건의에 따라 편성된 특수 부대

정답 ④

09 다음 사건에 대한 설명으로 옳은 것은?

> 평서 대원수는 급히 격문을 띄우노니 관서의 부로(父老)와 자제와 공·사 천민들은 모두 이 격문을 들으라. …… 조정에서는 관서를 버림이 분토(糞土)와 다름없다. 심지어 권세 있는 집의 노비들도 서토의 사람을 보면 반드시 '평안도 놈'이라고 말한다. …… 지금 임금이 나이가 어려 권세 있는 간신배가 그 세를 날로 떨치고, 김조순, 박종경의 무리가 국가 권력을 가지고 노니, 어진 하늘이 재앙을 내린다. …… 이제 격문을 띄워 먼저 여러 고을의 군후(君侯)에게 알리노니, 절대로 동요하지 말고 성문을 활짝 열어 우리 군대를 맞으라. 만약 어리석게 항거하는 자가 있으면 철기 5000으로 남김없이 밟아 무찌르리니, 마땅히 속히 명을 받들어 거행함이 가하리라.
> 「패림」

① 개경파와 서경파의 대립으로 일어났다.
② 동학의 확산이 배경이 되었다.
③ 삼정이정청이 설치되는 계기가 되었다.
④ 신분 해방을 주된 목표로 내세웠다.
⑤ 서북인에 대한 차별이 원인이 되었다.

10 다음 상황이 있었던 시기의 모습으로 가장 적절한 것은?

> 금번 진주의 난민들이 소동을 일으킨 것은 오로지 전 우병사 백낙신이 탐욕을 부려 수탈하였기 때문입니다. 병영에서 포탈한 환곡과 전세 6만 냥을 집집마다 배정하여 억지로 받으려 하였습니다. 이 때문에 고을의 인심이 들끓고 여러 사람의 노여움이 한꺼번에 폭발하여 변란이 갑자기 일어난 것입니다.
> 「철종실록」

① 묘청이 서경으로 천도할 것을 주장하였다.
② 삼정의 문란이 심각하였다.
③ 훈구파와 사림파 간의 사화가 빈번하였다.
④ 흥선 대원군이 경복궁을 중건하였다.
⑤ 임진왜란으로 백성들의 고통이 심하였다.

3 조선 전기(근세)의 사회

① 신분 제도 및 사회 정책

(1) 양천 제도와 반상 제도

양천제 (법제적)	• 사회 신분을 양인과 천민으로 구분하는 양천 제도 법제화 • 양인(자유민) : 조세, 국역 등의 의무를 지녔음 • 천민(비자유민) : 개인이나 국가에 소속되어 천역 담당
반상제 (실제적)	• 점차 지배층인 양반과 피지배층인 상민 간의 차별을 두는 반상 제도 일반화 • 양반, 중인, 상민, 천민의 신분 제도가 점차 정착
신분 이동	• 엄격한 신분제 사회였으나 신분 이동이 가능함 • 법적으로 양인이면 누구나 과거에 응시하여 관직 진출 가능

(2) 양반 · 중인 · 상민 · 천민

양반	• 과거, 음서, 천거 등을 통해 고위 관직 독점, 각종 국역 면제
중인	• 넓은 의미 : 양반과 상민의 중간 신분 계층 • 좁은 의미 : 기술관만을 의미 → 역관(통역), 율관(법률), 의관(의약) 등 • 종류 : 기술관, 서리, 향리, 서얼 등 • 지위 : 대개 전문 기술이나 행정 실무를 담당하며 나름대로 행세 • 특징 : 대부분 직역을 세습하고 같은 신분끼리 결혼 • 서얼(중서) : 문과 응시 금지, 간혹 무반직에 등용 • 역관(통역 담당) : 사신을 수행하면서 무역에 관여하여 이득을 취함 • 향리 : 토착 세력으로서 수령을 보좌하면서 위세를 부리기도 함
상민	• 평민, 양인이라고도 불림, 백성의 대부분을 차지하는 농민, 수공업자, 상인 등 • 신량역천 : 양인 중에서도 천역을 담당하는 계층
천민	• 대부분 노비, 재산으로 취급되었으므로 매매, 상속, 증여의 대상 • 부모 중 한쪽이 노비이면 그 자녀도 노비가 되는 제도(일천즉천) 일반적 시행 • 고려와 마찬가지로 국가에 속한 공노비와 개인에게 속한 사노비가 있었음

(3) 사회 정책과 법률 제도

환곡제	• 15세기에 의창이 담당 → 16세기에 상평창이 담당, 점차 고리대로 변질
의료 시설	• 혜민국과 동 · 서 대비원 : 수도권 서민 환자 구제와 약재 판매 담당 • 제생원 : 지방민의 구호 및 진료 담당 • 동 · 서 활인서 : 유랑자의 수용과 구휼 담당
법률 제도	• 형벌에 관한 사항은 대부분 대명률 적용 • 반역죄와 강상죄 : 부모, 형제, 처자까지 함께 처벌(연좌제 적용) • 형벌의 종류 : 태, 장, 도, 유, 사의 5종이 기본으로 시행

양인
양인은 과거에 응시하고 벼슬길에 오를 수 있는 자유민으로, 조세, 국역 등의 의무를 지녔다.

양반
양반은 본래 문반과 무반을 아울러 부르는 명칭이었다. 그러나 양반 관료 체제가 점차 정비되면서 문 · 무반직을 가진 사람뿐만 아니라, 그 가족이나 가문까지도 양반으로 부르게 되었다.

서얼
양반 첩에게서 태어난 서얼은 중인과 같은 신분적 처우를 받았으므로 중서라고도 불리었다. 이들은 문과에 응시하는 것이 금지되었고, 간혹 무반직에 등용되기도 하였다.

신량역천
칠반천역이라고도 한다. 수군, 조례(관청 잡역 담당), 나장(형사 업무), 일수(지방 고을 잡역), 봉수군(봉수 업무), 역졸(역에 근무), 조졸(조운 업무) 등 힘든 일에 종사한 일곱 가지 부류.

대명률
명나라 때 형벌에 관한 기본 법전.

중대 범죄의 처벌
범죄 중에서 가장 무겁게 취급된 것은 반역죄와 강상죄였다. 이 같은 범죄에는 범인은 물론, 부모, 형제, 처자까지도 함께 처벌하는 연좌제가 시행되었다. 심한 경우에는 범죄가 발생한 고을의 호칭이 강등되고, 고을 수령은 낮은 근무 성적을 받거나 파면되기도 하였다.

② 향촌 사회의 조직과 운영

(1) 향촌 사회의 모습

유향소 (향청)	• 목적 : 향촌 자치(지방 자치)를 위하여 설치한 기구 • 조직 : 지방의 사족(양반)들이 중심이 되어 조직 • 역할 : 수령 보좌, 향리 감찰, 향촌 사회의 풍속을 바로잡기 위한 기구
사족의 활동	• 향안 작성 : 지방 사족의 명단 작성 • 향회 : 향안에 이름이 오른 사족은 그들의 총회인 향회를 통해 결속 • 향규 제정 : 향회의 운영 규칙 제정

(2) 향약

배경	• 지방 사족은 향촌 사회를 그들 중심으로 운영하기 위해 향약 조직을 만듦
보급	• 향약은 중종 때 조광조가 처음 시행 • 이황, 이이 등의 노력으로 전국적으로 확산
조직	• 향민 전원이 회원으로 편성 • 지방 사족이 주로 직임(간부직)에 임명됨 – 향약의 간부 : 도약정, 약정, 직월 등
특징	• 전통적 공동 조직과 미풍양속 계승 • 삼강오륜을 중심으로 한 유교 윤리 가미
역할	• 풍속 교화, 향촌 사회의 질서 유지와 함께 치안까지 담당(향촌 자치 기능) • 향촌 사림을 결집시키는 역할 및 주민 통제와 교화의 수단으로 이용
4대 덕목	• 덕업상권 : 좋은 일은 서로 권한다. • 과실상규 : 잘못된 일은 서로 규제한다. • 예속상교 : 예절 바른 풍속은 서로 본받는다. • 환난상휼 : 재난과 어려움이 있으면 서로 돕는다.
영향	• 유교 윤리를 보급하는 데 기여함 • 향약의 보급으로 지방 사림의 지위 강화 • 지방 유력자가 주민을 위협, 수탈하는 배경 제공 등 부작용도 적지 않았음

(3) 서원(사립 교육 기관, 지방 사림의 정치적 구심점 역할)

최초의 서원	• 중종 때 풍기 군수 주세붕이 세운 백운동 서원이 최초의 서원임 • 그 후 백운동 서원은 이황의 건의로 왕으로부터 '소수 서원'이라는 현판을 하사받고 최초의 사액 서원이 되었음(1550, 명종)
기능, 역할	• 선현에 대한 제사와 교육 담당, 사림의 여론 형성 주도 • 향약과 함께 사림의 지위 강화, 향촌 사림 결집 역할 수행, 유교 윤리 보급 • 유생이 모여 학문을 연구함으로써 향촌 사회의 교화에 공헌 • 이름난 선비나 공신을 숭배하고 그 덕행을 추모 • 봄 · 가을로 향음주례를 지냈고, 인재를 모아 학문 교육
폐단	• 서원의 수 증가는 면세전 증가와 국역 부담자 감소로 국가 경제에 큰 피해 • 붕당의 근거지로서 당쟁 격화의 원인이 되기도 함
철폐	• 홍선 대원군이 47개소의 서원만 남기고 모두 철폐

사족
향촌 사회에서 양반 지주로서 농민을 지배하던 계층.

유향소(향청)의 운영
유향소에서는 좌수와 별감을 선출하여 자율적으로 규약을 만들고 수시로 향회를 소집하여 여론을 수렴하면서 백성을 교화하였다.

사액 서원
왕으로부터 서원명 현판과 노비 · 서적 등을 받은 서원을 뜻한다. 사액 서원은 국가로부터 토지, 노비, 서적을 받았으며 면세, 면역의 특권까지 받았다.

향음주례
향촌의 선비나 유생이 학덕과 연륜이 높은 이를 주된 손님으로 모시고 술을 마시며 잔치를 하는 의례의 하나이다. 이는 어진 이를 존중하고 노인을 봉양하는 의미를 지닌다.

▲ 향음주례

실전 기출 및 예상 문제

01 (가)에 대한 설명으로 옳은 것은?

조선 시대 ⬚(가)⬚ 이/가 되기 위해서는 사역원에서 교육을 받고, 시험을 치러 합격해야 하였다. 이들은 중국어, 만주어, 몽골어, 일본어 등의 외국어를 전문적으로 학습하였다. 사진은 당시 이들이 사용한 중국어 교재이다.

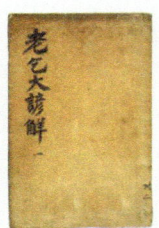

노걸대언해

① 난전을 금지할 수 있는 권리를 가졌다.
② 신분상 양인이었지만 천역을 담당하였다.
③ 수령을 보좌하면서 향촌 실무를 담당하였다.
④ 사신을 수행하며 외국과의 무역에 참여하였다.
⑤ 다른 지역으로의 이주가 원칙적으로 금지되었다.

해설
(가)는 통역을 담당한 역관이다. 사역원은 외국어의 통역과 번역에 관한 일을 관장하기 위해 설치되었던 관서로, 조선 시대 역관이 되기 위해서는 사역원에서 교육을 받고 시험을 치러 합격해야 하였다. 역관은 사신을 수행하면서 무역에 관여하여 이득을 보기도 하였다.

오답 분석
① 시전 상인은 왕실이나 관청에 물품을 공급하는 대신에 특정 상품에 대한 독점 판매권과, 사상인 난전을 금지할 수 있는 권리인 금난전권을 부여받았다.
② 양인 중에도 천역을 담당하는 계층을 신량역천이라 한다. 신량역천은 칠반천역이라고도 하는데, 수군, 조례(관청의 잡역 담당), 나장(형사 업무 담당), 일수(지방 고을 잡역), 봉수군(봉수 업무), 역졸(역에 근무), 조졸(조운 업무) 등 힘든 일에 종사한 일곱 가지 부류이다.
③ 향리에 대한 설명이다.
⑤ 고려 시대 특수 행정 구역인 향, 부곡, 소에 거주한 주민은 더 많은 세금 부담을 지고 있었다. 거주하는 곳도 소속 집단 내로 제한되어 다른 지역으로 이주하는 것이 원칙적으로 금지되었다.

정답 ④

02 밑줄 그은 이것에 대한 설명으로 옳지 않은 것은?

16세기에 들어와 사림의 진출과 함께 이것의 건축이 활발해졌다. 이것은 산과 하천이 가까이 있어 자연의 이치를 탐구할 수 있는, 마을 부근의 한적한 곳에 위치하였는데, 교육 공간인 강당을 중심으로 사당과 기숙 시설인 동재와 서재를 갖추었다. 특히 가람 배치 양식과 주택 양식이 실용적으로 결합된 독특한 아름다움을 지녔다.

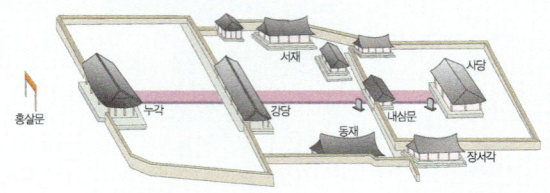

① 봄·가을로 향음주례를 지냈다.
② 향촌 사회의 교화에 공헌하였다.
③ 풍기 군수 주세붕에 의해 처음 세워졌다.
④ 향촌 사림을 결집, 강화시키는 역할을 수행하였다.
⑤ 관학 진흥을 목적으로 건립되었다.

해설
서원은 16세기 중종 때에 풍기 군수 주세붕이 세운 백운동 서원이 시초이다. 그 후 백운동 서원은 이황의 건의로 왕으로부터 소수 서원이라는 현판을 하사받고 최초의 사액 서원이 되었다.(명종, 1550) 서원에서는 봄·가을로 향음주례를 지냈고, 인재를 모아 학문도 가르쳤다. 또한 이름난 선비나 공신을 숭배하고 그 덕행을 추모하였으며, 유생이 한자리에 모여 학문을 닦고 연구함으로써 향촌 사회의 교화에 공헌하였다. 서원은 유교 윤리를 보급하고 향촌 사림을 결집, 강화시키는 역할을 수행하였다.

오답 분석
⑤ 서원은 사립 교육 기관이다.

정답 ⑤

03 (가)에 들어갈 용어에 대한 설명으로 옳은 것은?

> **역사 용어 해설** ──────── [조선 시대]
>
> **(가)**
>
> - 지방 양반들로 구성되었으며, 좌수와 별감 등의 향임직을 두었다.
> - 향청, 향당, 향소청 등으로도 불리었다.

① 수령을 보좌하고 향리를 감찰하였다.
② 흥선 대원군에 의해 대부분 철폐되었다.
③ 6방으로 구성되어 지방 행정 실무를 담당하였다.
④ 지방 공립 교육 기관으로 군·현마다 설치하였다.
⑤ 지방에 대한 행정권, 사법권, 군사권을 행사하였다.

해설
좌수, 별감 등의 향임직을 두었다는 내용을 통해 (가)는 유향소(향청)임을 알 수 있다. 지방의 양반들이 중심이 되어 조직된 지방 자치 조직인 유향소는 수령을 보좌하고 향리를 감찰하며 향촌 사회의 풍속을 바로잡기 위한 기구였다.

오답 분석
② 흥선 대원군은 백성을 수탈해 온 서원을 47개의 사액 서원만 남기고 철폐하였다.
③ 조선 시대의 6방은 이방, 호방, 예방, 병방, 형방, 공방의 6방을 말한다. 6방은 지방의 행정 실무를 처리하기 위해 각 고을 관청에 설치한 6개 부서이다.
④ 조선 시대의 향교는 지방의 국립 중등 교육 기관으로 부·목·군·현에 각각 하나씩 설립되었다.
⑤ 수령은 왕의 대리인으로 지방의 행정·사법·군사권을 가지고 있었다.

정답 ①

04 다음 덕목을 내세운 향촌 조직에 대한 설명으로 옳지 않은 것은?

- 덕업상권 : 좋은 일은 서로 권장한다.
- 과실상규 : 잘못한 일은 서로 꾸짖는다.
- 예속상교 : 올바른 예속은 서로 교류한다.
- 환난상휼 : 어려움이 있으면 서로 돕는다.

① 향촌 사림을 결집시키는 역할을 하였다.
② 흥선 대원군에 의해 철폐되었다.
③ 전통적 공동 조직과 미풍양속을 계승하였다.
④ 향촌민의 교화와 질서 유지를 담당하였다.
⑤ 유교 윤리를 보급하는 데 기여하였다.

해설
제시된 자료는 향약의 4대 덕목이다. 지방 사족은 향촌 사회를 그들 중심으로 운영하기 위해 향약 조직을 만들었다. 향약은 중종 때 조광조가 처음 시행한 이후 전국적으로 확산되었다. 본래 향촌에서는 마을 단위로 공동체 생활을 하면서 어려운 일을 당하면 서로 돕는 풍습이 있었다. 향약은 이러한 전통적 공동 조직과 미풍양속을 계승하면서 삼강오륜을 중심으로 한 유교 윤리를 가미하여 교화 및 질서 유지에 알맞게 구성한 것이다. 향약은 조선 사회의 풍속 교화에 많은 역할을 하였다. 향촌 사회의 질서 유지와 함께 치안까지 담당하는 등 향촌의 자치 기능을 맡았다. 향약의 보급으로 지방 사림의 지위는 강화되었으나, 지방 유력자가 주민을 위협, 수탈하는 배경을 제공하는 등 부작용도 적지 않았다.

오답 분석
② 흥선 대원군은 붕당의 근거지로 인식되어 온 서원을 47개소만 남기고 철폐하였다.

정답 ②

4 조선 후기(근대 태동기)의 사회

① 사회 구조의 변동

(1) 신분제의 동요

양반층 분화	• 배경 : 조선 후기 붕당 정치의 변질(일당 전제화 전개) • 분화 : 벌열 양반(권반), 향반, 잔반
신분 변동	• 부를 축적한 농민이 양반 신분을 사거나 족보를 위조하여 양반 행세
신분 상승 방법	• 합법적 : 납속, 공명첩 등을 통해 신분 상승 • 불법적 : 양반의 족보를 사거나 위조 등
결과	• 양반 수의 증가, 상민과 노비 수 감소

※ 임진왜란으로 재정이 어려워진 정부는 납속책을 확대하고, 공명첩을 발급하였다.

(2) 중간 계층(서얼·중인)의 신분 상승 운동

배경	• 조선 후기 사회 변동이 심화되는 가운데 중간 계층의 역할 증대
서얼	• 임진왜란 이후 서얼 차별 완화, 납속책과 공명첩을 이용하여 관직 진출 • 영·정조 때에 서얼을 어느 정도 등용 • 집단으로 상소하여 관직 진출의 제한을 없애 줄 것을 요구 • 정조 때 유득공, 이덕무, 박제가 등 서얼 출신이 규장각 검서관으로 등용됨
중인	• 서얼의 신분 상승 운동은 기술직 중인들에게도 자극을 줌 • 주로 기술직에 종사하며 축적한 재산과 실무 경력을 바탕으로 신분 상승 추구 • 철종 때 대규모 소청(상소하여 청함) 운동을 일으켰으나 성공하지 못함

(3) 노비의 신분 상승

방법	• 군공과 납속 등을 통해 신분 상승
정책 변화	• 노비종모법 : 아버지가 노비라 하더라도 어머니가 양민이면 양민으로 삼는 법 • 공노비 6만여 명 해방(1801, 순조) • 노비제 폐지(1894, 고종) : 갑오개혁 때 신분제가 폐지되면서 법제상으로 종말

② 가족 제도와 향촌 질서의 변화

(1) 가족 제도의 변화

조선 중기까지 (15~16세기)	• 혼인 후 남자가 여자 집에서 생활하는 경우가 있었음(남귀여가혼) • 자녀 균분 상속, 제사는 형제가 돌아가면서 지내거나 책임 분담
조선 후기 (17세기 이후)	• 부계 중심의 가족 제도 강화, 부계 위주의 족보 적극 편찬 • 혼인 후 곧바로 남자 집에서 생활하는 경우가 많아짐(친영 제도 정착) • 재산 상속에 큰아들(장자) 우대 • 제사는 반드시 큰아들이 지내야 한다는 의식 확산 • 아들이 없는 집안에서는 양자를 들이는 것이 일반화 • 같은 성을 가진 사람끼리 모여 사는 동성 마을 형성

양반층의 분화
조선 후기 붕당 정치의 변질로 양반 상호 간에 일어난 정치적 갈등은 양반층의 분화를 초래하였다. 일당 전제화가 전개되면서 권력을 장악한 일부 권반을 제외한 다수의 양반들이 몰락하는 계기가 되었고, 정권에서 밀려난 양반은 향촌 사회에서 겨우 위세를 유지하는 향반이 되거나 더욱 몰락하여 잔반이 되기도 하였다.

납속
부족한 재정을 보충하거나 빈민을 구제하기 위해 돈이나 곡식을 납부한 사람에게 특혜를 준 정책으로, 면천, 면역은 물론 관직을 주는 경우도 있었다.

공명첩
나라의 재정을 보충하기 위해 부유층으로부터 돈이나 곡식을 받고 팔았던 명예직 임명장.

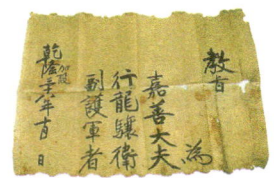
▲ 공명첩

서얼 통청 운동
영·정조 때에 서얼을 어느 정도 등용하자 이들은 더욱 적극적으로 신분 상승을 시도하였다. 그들은 수차례에 걸쳐 집단적으로 상소하여 동반(문반)으로의 진출이나 특히 홍문관 같은 청요직으로의 진출을 허용해 줄 것을 요구하는 서얼 통청 운동을 전개하였다.

역관(통역 담당)
중인 중에서도 역관들은 청과의 외교 업무에 종사하면서 서학을 비롯한 외래 문화 수용에 있어서 선구적 역할을 수행하여 성리학적 가치 체계에 도전하는 새로운 사회의 수립을 추구하였다.

상속
조선 중기까지는 아들과 딸이 부모의 재산을 똑같이 상속받는 경우가 많았다. 집안의 대를 잇는 자식에게 5분의 1의 상속분을 더 준다는 것 외에는 모든 아들과 딸에게 재산을 똑같이 나누어 주는 것이 관행이었다. 그러나 조선 후기에는 재산 상속에서 큰아들이 우대를 받았다.

(2) 향촌 질서의 변화

양반의 향촌 지배 약화	• 경제 변동과 신분제 동요 속에서 사족 중심의 향촌 질서도 변화함 • 평민과 천민 중에 일부는 재산을 모아 부농층으로 등장 • 양반 중 토지를 잃고 몰락해 전호가 되거나 임노동자로 전락하는 경우 발생 • 향촌 사회 내부에서 양반이 지녔던 권위 점차 약화 • 양반들은 지위 유지를 위해 동족 마을 형성, 문중을 중심으로 서원·사우를 많이 건립
부농층의 도전	• 수령을 중심으로 한 관권과 결탁 • 종래의 재지 사족이 담당하던 정부의 부세 제도 운영에 적극 참여 • 향임직에 진출하거나 기존 향촌 세력과 타협하면서 상당한 지위 확보
향전 발생	• 향촌 사회의 주도권을 두고 신향(부농층)과 구향(기존 사족) 간의 향전 발생

③ 새로운 사상의 확산

(1) 사회 불안의 심화와 예언 사상의 유행

사회 불안 심화	• 지배층과 농민 간의 갈등 심화, 이양선 출몰, 재난과 질병, 도적의 창궐
예언 사상 유행	• 비기, 도참 등을 이용한 예언 사상 유행, 미륵 신앙 등의 확산 • 왕조의 교체를 예언한 「정감록」이 널리 유행

(2) 천주교의 전파와 탄압

소개	• 17세기에 중국 베이징의 천주당을 방문한 우리나라 사신들에 의해 서학으로 소개
신앙 활동	• 18세기 후반 남인 계열의 일부 실학자들이 신앙으로 수용 • 이승훈이 베이징에서 서양인 신부에게 영세를 받고 돌아온 이후 더욱 활발
탄압	• 신해박해(1791, 정조) : 윤지충이 천주교식으로 장례를 치름→윤지충 처형 • 신유박해(1801, 순조) : 이승훈 등 처형, 정약전·정약용 유배

(3) 동학의 발생과 확산

창시	• 1860년 경주 출신의 몰락 양반 최제우가 창시
교리	• 유·불·선의 주요 내용이 바탕이 되었고, 주문과 부적 등 민간 신앙의 요소들이 결합됨
사상	• 모든 사람이 평등하다는 시천주와 인내천 사상 강조 • 후천개벽 사상 : 조선 왕조를 부정하는 혁명 사상
탄압	• 정부는 혹세무민죄로 최제우 처형(1864, 고종)
최시형	• 「동경대전」과 「용담유사」를 펴내어 교리 정리 • 교단 조직 정비

▲ 동경대전   ▲ 용담유사

사우
가문에 이름 있는 선조나 훌륭한 인물을 모셔 제사 지내는 곳이다.

▲ 사우(충북 청원)

부농층
조선 후기에 등장한 부농층을 당시에 요호부민으로 불렀다. 이들은 자기의 전지를 소유하고 지방에서 일정한 영향력을 행사하고 있었다.

향임직
향촌에 있는 향청(유향소)에서 일을 보는 사람이나 그 직책.

천주교
처음에 천주교는 서양 학문의 하나로 이해되어 서학(西學)이라 불렸다.

혹세무민
세상을 어지럽히고 백성을 현혹한다는 뜻.

최시형
동학의 2대 교주이다.

실전 기출 및 예상 문제

01 다음 자료의 모습이 나타난 시기의 사회 현상으로 옳지 않은 것은?

가을에 한 늙은 아전이 대궐에서 돌아와서 처와 자식에게 "요즘 이름 있는 관리들이 모여서 …… 오로지 각 고을에서 보내오는 뇌물의 많고 적음과 좋고 나쁨만에 관심을 가지고, 어느 고을의 수령이 보낸 물건은 극히 정묘하고, 또 어느 수령이 보낸 물건은 매우 넉넉하다고 말한다. 이름 있는 관리들이 말하는 것이 이러하다면, …… 나라가 어찌 망하지 않겠는가?" 하고 한탄하면서 눈물을 흘려 마지않았다.
「목민심서」

① 소수의 외척 가문이 정치를 주도하였다.
② 삼정의 문란으로 백성들의 고통이 심했다.
③ 관직이 매매되는 등 비리가 만연하였다.
④ 홍경래의 난과 임술 농민 봉기가 발생하였다.
⑤ 임꺽정 등 도적의 출몰이 빈번하였다.

해설
제시된 자료는 목민심서에 수록된 19세기 세도 정치의 폐단에 대한 내용이다. 정조가 죽은 후 순조에서 철종까지 3대 60여 년 동안 안동 김씨나 풍양 조씨 같은 왕의 외척 세력이 권력을 행사한 세도 정치기에는 붕당은 물론, 탕평파와 반탕평파 같은 정치 집단 사이의 대립 구도도 없어지고, 중앙 정치를 주도하던 정치 집단은 소수의 가문 출신으로 좁아지면서 그 기반이 축소되었다. 세도 정치기에는 관직이 매매되는 등 비리가 만연하였으며, 탐관오리들의 부당한 조세 수탈이 심각한 문제로 대두하였다. 더구나 자연재해가 잇따라 기근과 질병이 널리 퍼지고 인구가 급속히 감소하였으나, 농민의 조세 부담은 더욱 무거워져 농촌 사회의 불만은 극에 달하였고, 부당한 수탈에 대한 농민들의 저항도 급격하게 늘어났다. 이 시기에 일어난 대표적 농민의 항거는 평안도에서 일어난 홍경래의 난(1811)과 단성에서 시작되고 곧이어 진주로 파급되어 전국으로 확산된 농민 항쟁이었다.(임술 농민 봉기, 1862)

오답 분석
⑤ 임꺽정이 활동했던 시기는 16세기 명종 때이다.

정답 ⑤

02 지도의 사건이 일어난 공통적인 배경으로 옳은 것을 |보기|에서 고른 것은?

■ 홍경래의 난 발생지
● 임술 농민 봉기 발생지

|보기|
ㄱ. 동학의 확산　　　　ㄴ. 삼정의 문란
ㄷ. 탐관오리의 횡포　　ㄹ. 서양 열강과의 수교

① ㄱ, ㄴ　　② ㄱ, ㄷ　　③ ㄴ, ㄷ
④ ㄴ, ㄹ　　⑤ ㄷ, ㄹ

해설
세도 정치기에 홍경래의 난(1811)과 임술 농민 봉기(1862)가 발생한 공통적인 배경을 찾는 문제이다. 세도 정치기에는 삼정의 문란과 탐관오리의 횡포로 백성들의 고통이 극에 달했다.

오답 분석
ㄱ. 동학은 1860년 경주 출신 최제우가 창도하였다. 시기상으로는 세도 정치기가 맞지만 두 사건이 일어난 공통적 배경과는 관련이 없다.
ㄹ. 조선은 1882년에 서양 열강 가운데 처음으로 미국과 조약을 맺었다.

정답 ③

03 밑줄 친 '우리'에 대한 설명으로 옳은 것은?

우리는 본래 사대부였는데 혹은 의(醫)에 들어가고, 혹은 역(譯)에 들어가 7, 8대 또는 10대를 대대로 전하니 사람들이 중촌고족(中村古族)이라고 일컬었다. 문장과 덕은 비록 사대부에 비길 바가 없으나 명공(名公), 거실(巨室) 외에 우리보다 낮은 자는 없다.

「상원과방」

① 양인 중에 천역을 담당하는 계층이었다.
② 향·부곡·소에 거주하였다.
③ 정조 때 규장각 검서관으로 등용되었다.
④ 매매, 상속, 증여의 대상이었다.
⑤ 신분 상승을 위해 소청 운동을 전개하였다.

해설
의(의관)에 들어가고 혹은 역(역관)에 들어가 세습한다는 내용을 볼 때, 밑줄 친 '우리'가 중인임을 알 수 있다. 특히 이 문제에서는 좁은 의미로서의 중인, 즉 기술관만을 의미하는 중인에 대해서 묻고 있는데, 사료를 얼핏 보면 서얼로 착각이 가능할 수 있으니 주의해야 한다. 조선 후기 철종 때 중인들은 신분 상승을 위해 대규모 소청 운동을 일으켰으나 성공하지 못했다.

오답 분석
① 신량역천(칠반천역)에 대한 설명이다.
② 향·부곡·소는 조선 시대에 들어와 소멸되었다.
③ 정조 때에는 유득공, 이덕무, 박제가 등 서얼 출신들이 규장각 검서관으로 등용되었다.
④ 노비에 관한 설명이다.

정답 ⑤

04 다음 시기의 사회 모습으로 옳은 것을 |보기|에서 고른 것은?

양반들은 군현을 단위로 농민을 지배하기 어렵게 되자, 촌락 단위의 동약을 실시하거나, 족적 결합을 강화하여 자신들의 지위를 지키려 노력하였다. 이에

사우(충북 청원)

따라 전국에 많은 동족 마을이 만들어 지고 문중을 중심으로 서원과 사우가 많이 세워졌다.

보기
ㄱ. 아들이 없으면 양자를 들이는 것이 일반화되었다.
ㄴ. 아들과 딸이 부모의 재산을 똑같이 상속받는 경우가 많았다.
ㄷ. 부계 위주의 족보를 적극적으로 편찬하였다.
ㄹ. 자녀들이 돌아가면서 제사를 지내게 되었다.

① ㄱ, ㄴ   ② ㄱ, ㄷ   ③ ㄴ, ㄷ
④ ㄴ, ㄹ   ⑤ ㄷ, ㄹ

해설
제시된 자료는 조선 후기의 모습이다. 조선 후기에는 부계 중심의 가족 제도가 더욱 강화되었다. 혼인 후에 곧바로 남자 집에서 생활하는 경우가 많아졌고, 제사는 반드시 큰아들이 지내야 한다는 의식이 확산되었다. 재산 상속에서도 큰아들이 우대를 받았다. 아들이 없는 집안에서는 양자를 들이는 것이 일반화되었으며, 부계 위주의 족보를 적극적으로 편찬하였고, 같은 성을 가진 사람끼리 모여 사는 동성 마을을 이루어 나갔다.

오답 분석
ㄴ, ㄹ. 조선 중기(16세기)까지는 혼인 후에 남자가 여자 집에서 생활하는 경우가 있었으며, 아들과 딸이 부모의 재산을 똑같이 상속받는 경우가 많았다. 집안의 대를 잇는 자식에게 5분의 1의 상속분을 더 준다는 것 외에는 모든 아들과 딸에게 재산을 똑같이 나누어 주는 것이 관행이었다. 재산 상속을 같이 나누어 받는 만큼 그 의무인 제사도 형제가 돌아가면서 지내거나 책임을 분담하기도 하였다.

정답 ②

5 조선 전기(근세)의 경제

1 과전법의 시행과 변화 및 수취 체제의 확립

(1) 과전법의 시행과 변화

과전법 (1391, 공양왕)	목적	• 고려 말 토지 제도의 모순을 해결하여 농민 생활의 안정 도모 • <mark>신진 사대부의 경제적 기반을 마련하기 위해 실시</mark>
	내용	• 전·현직 관리에게 <mark>경기 지방에 한하여</mark> 과전 지급(<mark>수조권 지급</mark>) • 받은 사람이 죽거나 반역 시 국가에 반환(원칙적으로 세습 불가)
	한계	• 수신전, 휼양전 등의 명목으로 세습
직전법 (1466, 세조)	배경	• 수신전, 휼양전 등의 토지 세습으로 신규 관리에게 줄 토지 부족
	내용	• <mark>현직 관리에게만</mark> 수조권 지급(현직 관리에게만 과전 지급) • 수신전·휼양전 폐지
	한계	• 관리들이 퇴직 후를 대비해서 과다하게 수취
관수관급제 (1470, 성종)	배경	• 양반 관료의 수조권 남용 : 퇴직 후를 대비해서 과다하게 수취
	내용	• 지방 관청에서 그해의 생산량을 조사하여 거두고, 관리에게 나누어 주는 방식(수조권을 국가가 대신 행사함)
	결과	• 양반 관료들이 수조권을 빌미로 토지와 농민을 지배하는 방식이 사라짐 → <mark>국가의 토지 지배권 강화</mark>
직전법 폐지 (1556, 명종)		• 수조권 지급 제도 폐지, 관리에게는 녹봉만 지급

과전

관리에게 준 토지로 소유권이 아니라 수조권을 지급하였다. 과전은 경기 지방의 토지로 지급하였는데 받은 사람이 죽거나 반역을 하면 국가에 반환하도록 정해져 있었다.

수신전과 휼양전

수신전은 과전을 지급받은 관리가 죽은 뒤에 재혼하지 않은 그 부인에게 지급된 토지를 말하고, 휼양전은 과전을 받은 부모가 모두 죽고 자녀가 어린 경우 지급된 토지를 말한다.

연분 9등법 세율(1결당)

상상년	20두
상중년	18두
상하년	16두
중상년	14두
중중년	12두
중하년	10두
하상년	8두
하중년	6두
하하년	4두

잉류 지역

조세를 중앙으로 운송하지 않고, 자체적으로 사용하는 지역을 말한다. 평안도와 함경도는 국경에 가깝고 특히 평안도는 사신의 내왕이 잦은 곳이라서 그 지역의 조세는 군사비와 사신 접대비로 썼다.

사료읽기

과전법

경기는 사방의 근본이니 마땅히 과전을 설치하여 사대부를 우대한다. 무릇 경성에 거주하여 왕실을 시위하는 자는 직위의 고하에 따라 과전을 받는다. 토지를 받은 자가 죽은 후 그의 아내가 자식이 있고 수신하는 자는 남편의 과전을 모두 물려받고 자식이 없이 수신하는 자의 경우는 반을 물려받는다. 부모가 모두 사망하고 그 자손이 유약한 자는 휼양전으로 아버지의 과전을 전부 물려받고 20세가 되면 본인의 과에 따라 받는다. 「고려사」

(2) 수취 체제의 확립

조세 (전세)	과전법	• 1결의 최대 생산량을 300두로 정함 • 수확량의 1/10 부과 • 매년 풍흉을 조사하여 그 수확량에 따라 납부액 조정
	공법 (세종)	• 전분 6등법 : 토지를 비옥도에 따라 6등급으로 나눔 • 연분 9등법 : 풍흉의 정도에 따라 9등급으로 나누어 1결당 최고 20두에서 최하 4두 징수
공납(공물)		• 집집(가호)마다 토산물(특산물) 부과
역		• 16세 이상 60세 미만의 정남에게 부과, 군역과 요역
조운 제도		• 군현에서 수취 → 강가나 바닷가의 조창 → 서울의 경창 • 잉류 지역 : <mark>평안도, 함경도</mark>, 제주도

▲ 조선 시대의 조운로

2 경제 활동

(1) 농업과 수공업

농업	정책	• 조선은 재정 확충 및 민생 안정을 위해 농본주의 경제 정책을 내세움 • 생산력을 높이기 위해 「농사직설」, 「금양잡록」 등 농서 간행 및 보급
	기술	• 밭농사는 조, 보리, 콩의 2년 3작이 널리 행해짐(윤작법 일반화) • 시비법 발달로 휴경지 소멸 • 모내기법(이앙법) : 남부 일부 지역으로 제한됨 • 벼와 보리의 이모작 시행
수공업		• 관영 수공업 : 공장(장인)을 공장안에 등록시켜 관청 수요품 제작(부역 동원) • 민영 수공업 : 주로 농민을 상대로 농기구 등의 물품을 만들어 공급

(2) 상업

시전 조성	• 시전 설치 : 정부는 한양으로 천도하면서 종로 거리에 상점가 조성 • 개경에 있던 시전 상인들을 이주시켜 장사하게 하고 점포세와 상세 징수
시전 상인	• 왕실, 관청에 물품을 공급하는 대신 특정 상품에 대한 독점 판매권을 부여받음 • 시전 중에서 육의전이 가장 번성 • 시전 상인들의 불법적 상행위를 통제하기 위해 경시서를 둠
장시	• 15세기 후반 지방에 등장 → 16세기 중엽 전국적 확대 • 보부상은 장시에서 농산물, 수공업 제품, 수산물 등을 판매하여 유통시킴
화폐	• 조선 초기에 저화, 조선통보 등을 만들어 유통시키려 하였으나 부진함 • 농민은 화폐로 쌀과 무명을 사용

3 16세기 수취 제도의 문란

(1) 공납 · 군역 · 환곡의 폐단

공납	• 방납의 폐단 : 중앙 관청의 서리가 공물을 대신 내고 그 대가를 많이 챙김 • 개선 노력 : 이이와 유성룡 등은 공물을 쌀로 거두는 수미법 주장
군역	• 군역의 요역화 : 농민들의 요역 기피로 농민 대신 군인을 각종 토목 공사에 동원 • 대립 · 방군수포 성행 : 군역에 복무해야 할 사람에게 포를 받고 군역을 면제해 주는 방군수포와 다른 사람을 사서 군역을 대신하게 하는 대립이 불법적으로 행해짐
환곡	• 지방 수령과 향리들이 정해진 이자보다 많이 거두어 사적으로 사용

(2) 수취 체제 문란의 결과

유민 증가	• 농민 생활이 악화되어 각 지방에서 유민이 증가함
도적 증가	• 유민 중 일부는 도적이 되어 도성에까지 출현 • 16세기 명종 때 황해도와 경기도 일대에서 활동한 임꺽정이 대표적

💡 임꺽정의 활동(임꺽정의 난) 시기는 16세기(조선 중기)이다. 조선 후기가 아니라는 점에 유의해야 한다.

농사직설(세종 때 편찬)
세종 때 편찬된 농사직설은 우리나라 풍토에 맞는 씨앗의 저장법, 토질의 개량법, 모내기법 등 농민의 실제 경험을 종합하여 편찬하였다.

공장안
수공업자들의 명부.

육의전
시전 중에서 명주, 종이, 어물, 모시, 삼베, 무명을 파는 점포가 가장 번성하였는데, 후에 이를 육의전이라 하였다.

경시서
고려와 조선 시대에 시전을 감독하는 기능 등을 맡아본 관청이다.

공납의 문제점
공물의 생산량이 감소하거나 생산지의 변화로 인하여 납부 기준에 맞는 품질과 수량을 맞추기 어려우면, 그 물품을 다른 곳에서 구입해다가 납부하였다. 이 때문에 공물은 전세보다 납부하는 데 어려움이 많았을 뿐 아니라 그 부담도 훨씬 컸다.

환곡제
초기에는 의창에서 환곡을 담당하였으나 의창은 빌려준 원곡만을 받았기 때문에 원곡이 부족해져 유명무실하게 되었고, 16세기에 상평창이 이를 대신하였다. 상평창에서는 원곡의 소모분을 감안해 모곡이라 하여 10분의 1의 이자를 거두었다.

실전 기출 및 예상 문제

01 (가) 제도의 시행 결과로 옳은 것은?

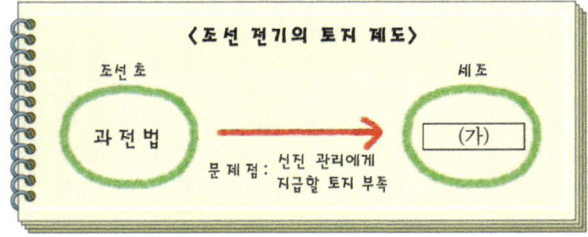

〈조선 전기의 토지 제도〉

조선 초 **과전법** → **(가)** 세조

문제점 : 신진 관리에게 지급할 토지 부족

① 백성들에게 정전을 지급하였다.
② 현직 관리에게만 수조권이 지급되었다.
③ 품계에 따라 전지와 시지가 지급되었다.
④ 수신전, 휼양전의 명목으로 토지가 세습되었다.
⑤ 민정 문서를 작성하여 촌락의 면적 등을 파악하였다.

해설
(가) 제도는 세조 때 시행한 직전법이다. 과전법 하에서 과전은 경기 지방의 토지로 지급하였는데, 받은 사람이 죽거나 반역을 하면 국가에 반환하도록 정해져 있었다. 그러나 죽은 관료의 가족들이 생계를 유지할 수 있도록 하기 위하여 받았던 토지 중 일부를 수신전, 휼양전 등으로 다시 지급하여 세습이 가능하였고, 공신전도 세습할 수 있었다. 이렇게 토지가 세습되자, 새로 관직에 나간 관리에게 줄 토지가 부족하게 되었다. 이러한 문제를 해결하려고 세조 때에는 수신전과 휼양전을 폐지하고 현직 관리에게만 수조권을 지급하는 직전법을 시행하였다.

오답 분석
① 통일신라의 성덕왕 때에는 민생 안정 및 국가의 농민에 대한 토지 지배력을 강화하기 위해 백성들에게 정전을 지급하였다.
③ 고려 시대의 전시과 제도는 문무 관리로부터 군인, 한인에 이르기까지 18등급으로 나누어 곡물을 수취할 수 있는 전지와 땔감을 얻을 수 있는 시지를 주었다.
④ 직전법은 수신전과 휼양전을 폐지하고 현직 관리에게만 수조권을 지급한 것이다.
⑤ 통일 신라의 민정문서는 당시 촌락의 경제 상황과 국가의 세무 행정을 알 수 있는 자료이다.

정답 ②

02 다음에서 설명하고 있는 책으로 옳은 것은?

세종의 명을 받아 정초 등이 편찬한 농서이다. 우리나라 풍토에 맞는 씨앗의 저장법, 토질의 개량법, 모내기법 등 농민의 실제 경험을 종합하여 편찬하였다.

① 향약구급방
② 농상집요
③ 농가집성
④ 해동농서
⑤ 농사직설

해설
세종 때 편찬된 「농사직설」은 우리나라 풍토에 맞는 씨앗의 저장법, 토질의 개량법, 모내기법 등 농민의 실제 경험을 종합하여 편찬하였다.

오답 분석
① 고려 후기에 편찬된 「향약구급방」(1236)은 현존하는 우리나라 최고의 의학 서적으로 각종 질병에 대한 처방과 국산 약재 180여 종이 소개되어 있다.
② 고려 후기에 이암은 원의 「농상집요」를 들여와 중국의 농법을 소개하였다.
③ 조선 후기에 신속은 「농가집성」을 펴내 벼농사 중심의 농법을 소개하고, 이앙법의 보급에 공헌하였다.
④ 조선 후기에 서호수는 「해동농서」를 저술하여 농업 기술의 발전에 이바지하였다.

정답 ⑤

03 (가) 제도에 대한 설명으로 옳은 것은?

> ┌─────┐
> │ (가) │ 은(는) 고려 말에 전제 개혁을 마무리한 토지
> └─────┘
> 제도의 근간이다. 토지를 나누어 주는 주요 대상은 왕실을
> 비롯해 국가 기관, 지방 관부, 공공 기관, 관료, 벼슬이 없
> 는 관인 등이었으나 사전 분배의 중심이 된 것은 관료에게
> 나누어 준 과전이었다. 이 제도는 농민 생활의 안정을 위
> 하여 농민의 토지 소유권을 보장하고, 10분의 1조를 공정
> 하게 하며 병작반수를 금하였다.

① 수조권 제도가 폐지되었다.
② 관리가 퇴직하면 토지를 반납하게 하였다.
③ 수신전과 휼양전이 폐지되었다.
④ 신진 사대부의 경제적 기반을 마련하기 위해 실시하였다.
⑤ 세습이 불가능하였다.

해설
제시된 자료의 (가)는 과전법(1391, 공양왕)이다. 과전법은 고려 말 토지 제도의 모순을 해결하여 농민 생활을 안정시키고, 신진 관료(신진 사대부)들의 경제 기반 마련을 위해 실시되었다.

오답 분석
① 16세기 명종 때 직전법이 폐지되어 수조권 지급 제도가 없어지고 관리에게 녹봉만 지급되었다.
②, ③ 세조 때 시행된 직전법(1466)에 대한 설명이다.
⑤ 과전법에서는 과전을 받은 사람이 죽거나 반역을 하면 국가에 반환하도록 정해져 있었으나, 죽은 관료의 가족들이 생계를 유지할 수 있도록 하기 위해서 받았던 토지 중 일부를 수신전·휼양전 등으로 다시 지급하여 세습이 가능하였고, 공신전도 세습할 수 있었다.

정답 ④

04 (가)에 해당하는 제도에 대한 설명으로 옳은 것을 |보기|에서 고른 것은?

〈공양왕〉
1391년 과전법 실시
↓
〈세조〉
1466년 직전법 실시
↓
〈성종〉
1470년 ┌─────┐ 실시
       │ (가) │
       └─────┘
↓
〈명종〉
1556년 직전법 폐지

> | 보기 |
> ㄱ. 전지와 시지를 차등 있게 나누어 주었다.
> ㄴ. 관청에서 조세를 수취하여 관리에게 나누어 주었다.
> ㄷ. 시행 결과 국가의 토지 지배권이 강화되었다.
> ㄹ. 전·현직 관리 모두에게 수조권을 지급하였다.

① ㄱ, ㄴ   ② ㄱ, ㄷ   ③ ㄴ, ㄷ
④ ㄴ, ㄹ   ⑤ ㄷ, ㄹ

해설
(가)는 관수관급제이다. 세조 때 수신전과 휼양전을 폐지하고 현직 관리에게만 수조권을 지급하는 직전법이 시행되었다. 이로 인해 관리들은 퇴직 후의 생활에 대비하기 위해 현직에 있을 때 수조권을 남용하여 과다하게 수취하는 일이 잦았다. 이를 시정하기 위해 성종 때에는 지방 관청에서 그해의 생산량을 조사하여 거두고, 관리에게 나누어 주는 방식인 관수관급제를 시행하였다. 그 결과, 양반 관료들이 수조권을 빌미로 토지와 농민을 지배하는 방식은 사라지고, 국가의 토지 지배권이 강화되었다.

오답 분석
ㄱ. 고려 시대 전시과 제도에 대한 설명이다.
ㄹ. 과전법에 대한 설명이다.

정답 ③

6 조선 후기(근대 태동기)의 경제

1 수취 체제의 개편

(1) 영정법의 시행(인조, 1635) : 전세의 정액화

내용	• 풍흉에 관계없이 전세를 토지 1결당 미곡 4두(또는 4~6두)로 고정
결과	• 전세의 비율이 이전보다 감소
한계	• 여러 명목의 수수료, 운송비, 자연 소모에 대한 보충 비용 등이 함께 부과(부가세) • 대다수의 농민에게 크게 도움이 되지 못하였고, 오히려 부담이 더 늘어남

(2) 대동법 실시 : 공납의 전세화, 선혜청에서 관련 업무 담당  대동법은 항상 출제된다.

목적	• 방납의 폐단을 막고 재정을 확보하기 위해 실시
내용	• 토지의 결수에 따라 쌀(1결당 12두), 삼베나 무명, 동전 등으로 납부
실시	• 광해군이 경기도에 처음 실시한 후 숙종 때 전국에 시행(잉류 지역 제외)
결과	• 공납의 부과 기준이 가호에서 토지로 바뀜 • 토지가 없거나 적은 농민의 부담 경감, 토지를 많이 소유한 지주의 부담은 증가 • 관청에 물품을 조달하는 공인 등장→상품 수요 증가→상품 화폐 경제 발달 • 현물로 납부하던 것을 쌀, 무명, 동전 등으로 납부하게 함으로써 조세의 금납화 촉진
한계	• 현물 징수 존속 : 별공과 진상은 여전히 남아 현물 징수는 사라지지 않았음

사료 읽기

방납의 폐단

각 고을에서 공물을 상납하려 할 때 각 관청의 사주인(방납인)들이 여러 가지로 농간을 부려 좋은 것도 불합격시키고, 결국 자기가 갖고 있는 물품으로 대신 넙니다. 그러고 나서 그 고을 농민들에게 자기가 낸 물건 값을 턱없이 높게 쳐서 열 배의 이득을 취하니, 이것은 백성의 피땀을 짜내는 것입니다.

「선조 실록」

(3) 균역법의 시행(영조, 1750)

배경	• 군역의 부담 과중과 군역의 폐단
내용	• 군포 부담을 1년에 2필에서 1필로 줄임(1년에 군포 1필 부담)

재정
보충
	• 균역법의 시행으로 감소된 재정 보충책
	  - 결작 : 지주에게 결작이라고 하여 토지 1결당 미곡 2두를 부담시킴
	  - 선무군관포 : 일부 상류층에게 선무군관이라는 칭호를 주고 군포 1필을 납부케 함
	  - 잡세 : 어장세, 선박세 등 잡세 수입으로 보충

결과	• 농민의 부담 일시적으로 감소
한계	• 결작의 부담을 지주가 소작 농민에게 전가 • 군적 문란이 심해지면서 농민 부담 다시 가중

풍흉
풍년과 흉년을 아울러 이르는 말.

대동법
집집(호)마다 부과하여 토산물을 징수하던 공물 납부 방식을 토지의 결수에 따라 쌀, 삼베나 무명, 동전 등으로 납부하게 하는 제도이다. 이는 가호에 부과하던 공납을 토지의 결수에 따라 내게 한 것이다.

공인
대동법이 실시되면서 공인이라는 어용 상인이 나타났다. 이들은 관청에서 공가를 미리 받아 필요한 물품을 사서 납부하였다.

균역법의 시행 배경
양난 이후 5군영의 성립으로 모병제가 제도화되자, 군영의 경비를 마련하기 위하여 포를 내는 것으로 군역을 대신하는 수포군이 점차 증가하였다. 그러나 5군영은 물론 지방의 감영이나 병영까지도 독자적으로 군포를 징수하면서 장정 한 명에게 이중 삼중으로 군포를 부담시키는 경우가 많았다. 군포의 양도 소속에 따라 2필 또는 3필 등으로 달랐다. 임진왜란 이후 납속이나 공명첩으로 양반이 되어 면역하는 자가 늘어나면서 군역의 재원은 점차 감소하는 상황이었다. 군포의 부담이 과중해지자 농민은 도망가거나 노비나 양반으로 신분을 바꾸어 군역을 피하는 경향이 더욱 심해졌다.

❷ 농민 경제의 변화

(1) 모내기법(이앙법)의 확산과 영향

이모작 확대	• 모내기법을 확대하여 벼와 보리의 이모작으로 <mark>단위 면적당 생산량 증가</mark>
광작의 대두	• 모내기법으로 <mark>잡초를 제거하는 노동력이 절감</mark>되어 경작지의 규모 확대 • 광작은 농민층의 분화를 촉진하는 결과를 가져옴

사료 읽기

이양법(모내기법)

이앙을 하는 것은 세 가지 이유기 있다. 김매기(잡초 제거)의 노력을 줄이는 것이 첫째요, 두 땅(모판과 논)의 힘으로 하나의 모를 서로 기르는 것이 둘째이며, 좋지 않은 것을 솎아 내고 싱싱하고 튼튼한 것으로 골라낼 수 있으니 셋째이다. 어떤 사람들은 큰 가뭄을 만나면 모든 노력이 헛되니 이를 위험하다고 하나 그렇지 않다. 벼를 심는 논은 반드시 하천이 있어 물을 끌어들일 수가 있으며, 하천이 없다면 논이 아니다. 논이 아니라도 가뭄을 우려하는데 어찌 이앙만 그렇다고 하는가?

서유구 「임원경제지」

(2) 상품 작물과 구황 작물의 재배

상품 작물	• 농민들은 시장에 팔기 위한 작물을 재배하여 가계 수입을 증가시킴 • 쌀, 목화, 채소, <mark>담배(17세기 초 일본에서 전래)</mark>, 약초 등을 재배하여 판매 • 쌀의 상품화 활발(장시에서 가장 많이 거래) • 쌀의 수요가 늘면서 밭을 논으로 바꾸는 현상이 활발함
구황 작물	• 고구마 : 18세기 영조 때 일본에서 전래 • 감자 : 19세기 청에서 전래

사료 읽기

상품 작물의 재배

농민이 밭에 심는 것은 곡물만이 아니다. 모시, 오이, 배추, 도라지 등의 농사도 잘 지으면 그 이익이 헤아릴 수 없이 크다. 도회지 주변에는 파밭, 마늘밭, 배추밭, 오이밭 등이 많다. 특히, 서도 지방의 담배밭, 북도 지방의 삼밭, 한산의 모시밭, 전주의 생강밭, 강진의 고구마밭, 황주의 지황밭에서의 수확은 모두 상상등전(上上等田)의 논에서 나는 수확보다 그 이익이 10배에 이른다.

「경세유표」

(3) 지대(소작료)의 변화 : 타조법에서 도조법으로 바뀌어 감

타조법 (정률 지대)	• 병작반수 · 정률 지대 - 지주와 소작인이 수확을 반씩 나누는 방식(일정 비율로 소작료를 내는 방식) • 조선 전기는 물론 후기에도 일반적으로 행해짐 • 지주에게 유리, 지주 간섭 심함

도조법
(정액 지대)
	• 도조법의 등장
	  - 지주와 계약한 일정 액수를 소작료로 내는 방식
	  - 소작인에게 유리한 방식

광작과 농민층의 분화

광작이 가능해지면서 일부 농민은 부농층으로 성장하였다. 그러나 대부분의 농토를 소작시키고 일부 농토만 직접 경영하던 지주도 소작지를 회수하여 노비를 늘리거나 머슴을 고용하여 직접 경영하였다. 이 때문에 소작 농민은 소작지를 잃기는 쉬워지고, 얻기는 더욱 어려워졌다. 농촌을 떠난 농민들은 도시로 나가 상공업에 종사하거나 광산이나 포구를 찾아 임노동자가 되기도 하였다.

구황 작물

흉년이 들어 곡식이 부족할 때 기근을 해결하기 위해 주곡 대신 소비할 수 있는 작물.

조선 후기 지대

조선 후기에 지주에 대한 지대 납부 방식은 타조법에서 도조법으로 바뀌어 갔다. <mark>그러나 도조법은 조선 후기에 일반적인 현상은 아니었다.</mark>

③ 민영 수공업의 발달 및 민영 광산의 증가

(1) 민영 수공업의 발달

배경	• 도시 인구의 급증으로 제품 수요 증가, 관영 수공업 쇠퇴 등
선대제	• 선대제 수공업 : 자금과 원료를 미리 받아 제품을 생산하는 <mark>선대제 성행</mark>

(2) 광업 : 민영 광산의 증가

조선 전기	• 국가가 직접 경영, 사적인 광산 경영 통제, 농민들을 부역에 동원하여 채취
조선 후기	• 17세기 중엽 설점수세제(효종)를 시행하여 사채 허용 • 청과의 무역으로 은의 수요가 증가하면서 은광 개발 활기 • 광산의 개발은 이득이 많았기 때문에 몰래 채굴하는 <mark>잠채</mark>도 성행함 • <mark>덕대</mark>의 출현 : 덕대가 물주에게 자금을 조달받아 광산을 운영

④ 상품 화폐 경제의 발달

(1) 사상(私商)의 활동

신해통공 (정조)	• 내용 : 정조 때 채제공의 건의로 육의전을 제외한 시전 상인의 <mark>금난전권 폐지</mark> • 결과 : 사상들의 보다 자유로운 상업 활동이 가능해짐
난전	• <mark>이현</mark>(동대문 부근), <mark>칠패</mark>(남대문 밖) 등에는 사상들에 의한 난전 발달
의주의 만상	• 대중국 무역(청나라와의 무역)을 주도
동래의 내상	• 일본과의 무역 주도
평양의 유상	• 평양을 중심으로 활동
경강 상인	• 운송업에 종사하며 거상으로 성장 • <mark>한강을 근거지로 하여</mark> 주로 서남 연해안을 오가며 미곡, 소금, 어물 등을 거래 • 선박의 건조 등 생산 분야에까지 진출
개성의 송상	• 전국에 <mark>송방</mark>이라는 지점 설치 • 주로 <mark>인삼</mark>을 재배 및 판매 • <mark>의주의 만상과 동래의 내상을 중계</mark>(중계 무역)
객주, 여각	• 포구나 지방의 큰 장시에서 활동 • 상품 매매를 중개하고, 부수적으로 운송, 보관, 숙박, 금융 등의 영업

▲ 조선 후기의 상업과 무역 활동

💡 내용만 외우면 혼동에 빠진다. 지도를 통해 위치를 확인하면서 외워야 한다.

사료읽기

도고의 활동

허생은 안성의 한 주막에 자리잡고서 밤, 대추, 감, 배, 귤 등의 과일을 모두 사들였다. 허생이 과일을 도거리로 사 두자, 온 나라가 잔치나 제사를 치르지 못할 지경에 이르렀다. 따라서 과일값은 크게 폭등하였다. 허생은 이에 10배의 값으로 과일을 되팔았다. 이어서 허생은 그 돈으로 곧 칼, 호미, 삼베, 명주 등을 사 가지고 제주도로 들어가 말총을 모두 사들였다. 말총은 망건의 재료였다. 얼마 되지 않아 망건 값이 10배나 올랐다. 이렇게 하여 허생은 50만 냥에 이르는 큰돈을 벌었다.

「연암집」 허생전

조선 후기 광산 경영

조선 후기의 광산 경영은 경영 전문가인 덕대가 대개 상인 물주에게 자본을 조달받아 채굴업자와 채굴 노동자, 제련 노동자 등을 고용하여 광물을 채굴하고 제련하는 것이 일반적이었다. 이 작업 과정은 분업에 토대를 둔 협업으로 진행되었다.

금난전권

육의전을 비롯한 시전 상인들에게 주어진 권리로 무허가 상행위를 하는 난전을 금하고 특정 상품을 독점해 판매할 수 있는 권리이다.

관허 상인(어용 상인)

사상들과 대조적으로 시전 상인, 보부상, 공인은 관허 상인이다.

도고

조선 후기에 상업 활동이 활발해지면서 공인과 사상이 크게 활약하였는데, 이들 중 일부는 독점적 도매 상인인 도고로 성장하기도 하였다. 도고란 상품의 매점 매석을 통하여 이윤의 극대화를 노리던 상인들을 뜻한다.

(2) 장시의 발달

확대	• 15세기 말 남부 지방에서 개설되기 시작 → 18세기 중엽 전국에 1천여 개소 개설
기능	• 지방민의 교역 장소, 보통 5일마다 열림 • 광주 송파장, 덕원 원산장 등은 전국적인 유통망을 연결하는 상업의 중심지로 발돋움
보부상	• 생산자와 소비자를 이어 주는 데 큰 역할을 한 행상 • 장날의 차이를 이용하여 일정 지역 안이나 전국적인 장시를 무대로 활동 • 농촌의 장시를 하나의 유통망으로 연계시킴

(3) 화폐 유통

상평통보	• 인조 : 동전인 상평통보 주조 • 숙종 : 상평통보가 본격적으로 주조되고 전국에 널리 유통
전황 현상	• 지주나 대상인이 화폐를 고리대나 재산 축적에 이용 → 유통 화폐의 부족 현상
신용 화폐	• 상품 화폐 경제가 발달하면서 환, 어음 등의 신용 화폐가 점차 보급되어 감

(4) 대외 무역

청과의 무역	• 국경 지대를 중심으로 개시(공무역)와 후시(사무역)가 이루어짐 • 수출품 : 은, 종이, 무명, 인삼 등 • 수입품 : 비단, 약재 등
일본과의 무역	• 왜관 개시를 통한 대일 무역 활발 • 수출품 : 인삼, 쌀, 무명 등 • 수입품 : 은, 구리, 황, 후추 등
무역 상인	• 의주의 만상 : 대청 무역(청과의 무역) • 동래의 내상 : 대일 무역(일본과의 무역) • 개성의 송상 : 중계 무역(만상⇄송상(중계 무역)⇄내상)

보부상
봇짐장수와 등짐장수를 말한다. 그들은 자신들의 이익을 지키고 단결을 굳게 하기 위하여 보부상단이라는 조합을 이루고 있었다.

▲ 상평통보

전황 현상
지주나 대상인들이 화폐를 고리대나 재산 축적에 이용하여 동전의 발행량이 상당히 늘어났는데도 제대로 유통되지 않아 시중에서 동전 부족 현상이 나타났다.

실전 기출 및 예상 문제

01 밑줄 그은 ㉠에 해당하는 것으로 옳은 것을 |보기|에서 고른 것은?

역사 신문

제△△호   ○○○○년 ○○월 ○○일

대동법, 마침내 시행되다

그동안 호별로 일률적으로 부과되어 농민의 부담이 컸던 공납은 방납의 폐단으로 더욱 부담이 가중되었다. 이에 이이와 유성룡 등이 공납을 쌀로 거두자는 수미법을 주장하였다. 임진왜란을 겪은 후 1608년에 선혜청을 두어 대동법을 실시하게 되었다. 대동법의 시행은 조선 경제에 ㉠여러 가지 변화를 가져왔다.

| 보기 |

ㄱ. 백골징포, 황구첨정 등의 폐단이 사라졌다.
ㄴ. 관청에 물품을 조달하는 공인이 등장하였다.
ㄷ. 공납의 부과 기준이 가호에서 토지로 바뀌었다.
ㄹ. 풍흉과 토지 비옥도에 따라 전세를 차등 부과하였다.

① ㄱ, ㄴ   ② ㄱ, ㄷ   ③ ㄴ, ㄷ
④ ㄴ, ㄹ   ⑤ ㄷ, ㄹ

해설

대동법의 시행 결과를 묻는 문제이다.
대동법은 집집마다 부과하여 토산물을 징수하던 공물 납부 방식을 토지의 결수에 따라 쌀, 삼베나 무명, 동전 등으로 납부하게 하는 제도였다. 따라서 공납의 부과 기준이 가호에서 토지로 바뀐 것이다. 대동법이 실시되면서 공인이라는 어용 상인이 나타났는데, 이들은 관청에서 공가를 미리 받아 필요한 물품을 사서 납부하였다. 공인이 시장에서 많은 물품을 구매하였으므로, 상품 수요가 증가하였다.

오답 분석

ㄱ. 죽은 사람에게 군포를 징수하는 백골징포와 어린아이에게 군포를 징수하는 황구첨정은 군역의 폐단에 해당한다. 군역의 폐단을 시정하기 위해 영조 때에는 균역법이 실시되어 농민은 1년에 군포 1필만 부담하면 되었다.
ㄹ. 세종 때의 공법(전분 6등법, 연분 9등법)에 대한 설명이다. 세종 때에는 조세 제도를 좀 더 체계적으로 운영하기 위해서 토지 비옥도와 풍흉의 정도에 따라 전분 6등법, 연분 9등법으로 바꾸고, 조세 액수를 1결당 최고 20두에서 최하 4두를 내도록 하였다.

정답 ③

---

02 다음에 해당하는 상인들의 본거지를 지도에서 옳게 고른 것은?

전국에 송방이라는 지점을 설치하여 활동 기반을 강화하였는데, 주로 인삼을 재배·판매하고 만상과 내상을 중계하며 큰 이득을 남기기도 하였다.

① (가)   ② (나)   ③ (다)   ④ (라)   ⑤ (마)

해설

제시된 자료에 해당하는 상인은 개성의 송상이다. 이들은 전국에 송방이라는 지점을 설치하여 활동 기반을 강화하였는데, 주로 인삼을 재배하여 판매하고 의주의 만상과 동래의 내상을 중계하며 큰 이득을 남기기도 하였다.

오답 분석

① 의주의 만상은 대중국(대청) 무역을 주도하면서 재화를 많이 축적하였다.
② 평양을 중심으로 활약한 유상이다.
④ 경강 상인은 한강을 근거지로 하여 주로 서남 연해안을 오가며, 미곡, 소금, 어물 등을 거래하였다.
⑤ 동래의 내상은 일본과의 무역을 주도하였다.

정답 ③

03 다음 상황이 나타난 시기의 경제 모습으로 옳지 <u>않은</u> 것은?

> 이들은 이현과 칠패에서 난전을 벌이는 상인으로서 도고 최경윤, 이성노 등과 결탁하여 서울로 들어오는 어물을 모두 사들여 쌓아 두었다가 판매하였다. 이들이 판매하는 물품의 양은 시전에서 판매하는 어물의 10배에 이를 정도였다.

① 상평통보가 전국적으로 유통되었다.
② 농법의 개량으로 광작이 성행하였다.
③ 송상, 만상 등이 무역으로 부를 축적하였다.
④ 부역제에 기반을 둔 관영 수공업이 성행하였다.
⑤ 민간인에 의한 광산 개발이 활발하게 이루어졌다.

해설

문제에서 결정적인 힌트는 도고이다. 조선 후기에 상업 활동이 활발해지면서 공인과 사상이 크게 활약하였는데, 이들 중 일부는 독점적 도매 상인인 도고로 성장하기도 하였다.

도고란 상품의 매점매석을 통해서 이윤의 극대화를 노리던 상인을 뜻한다. 따라서 이 문제는 조선 후기의 경제 모습으로 틀린 것을 찾는 문제이다.

조선 후기에는 상공업이 발달함에 따라 교환의 매개로서 금속 화폐인 동전(상평통보)이 전국적으로 유통되었다. 농민들은 모내기법으로 잡초를 제거하는 일손을 덜 수 있게 되자 경작지의 규모를 확대할 수 있게 되어 광작이 성행하였다. 또한 사상이 각지에서 활발한 활동을 하였는데, 개성의 송상, 의주의 만상 등이 유명하였다.

광산은 본래 정부가 독점하여 필요한 광물을 채굴하였으나, 조선 후기에는 민간인에 의한 광산 개발이 활발하게 이루어졌다.

오답 분석

④ 부역제에 기반을 둔 관영 수공업이 성행한 것은 조선 전기의 모습이다. 16세기에 들어와 관영 수공업은 부역제가 해이해지고 상업이 발전하면서 점차 쇠퇴하기 시작하였고, 조선 후기에는 상품 화폐 경제가 진전되면서 시장 판매를 위한 수공업 제품의 생산도 활발해짐에 따라 민영 수공업이 발달하였다.

정답 ④

04 가상 인터뷰의 답변 내용으로 옳지 <u>않은</u> 것은?

> 요즘 모내기법이 전국적으로 확산되고 있다고 들었습니다. 이전의 농법에 비해 어떤 점이 이로운지 말씀해 주시겠습니까?

① 수확량이 늘어나게 되었습니다.
② 봄 가뭄 극복에 이점이 있습니다.
③ 병충해로 인한 피해가 줄었습니다.
④ 벼와 보리의 이모작이 가능해졌습니다.
⑤ 잡초 제거에 필요한 노동력이 줄었습니다.

해설

모내기법(이앙법)에 대한 설명으로 옳지 않은 것을 찾는 문제이다.

모내기법은 논에 직접 볍씨를 뿌리는 직파법과 달리 모판을 만들어 볍씨를 뿌리고 싹을 틔워 일정하게 자랄 때까지 키운 다음 물을 댄 논에 옮겨 심는 방법이다. 모내기법을 하게 되면 모내기 과정에서 상태가 안 좋은 모를 걸러 낼 수 있고 병충해로 인한 피해도 줄일 수 있어 수확량을 늘릴 수 있었다. 또한 잡초를 제거하는 데 있어서도 훨씬 수월하여 잡초 제거(김매기)에 필요한 노동력을 줄일 수 있었고, 벼와 보리의 이모작이 가능해 단위 면적당 생산량을 증가시켜 소득을 증대시킬 수 있었다.

오답 분석

② 모내기법은 봄 가뭄에 취약하였다. 모내기를 하려면 논에 물이 있어야 하는데, 가뭄이 들어 물이 부족하면 모를 심을 수 없었기 때문이었다.

정답 ②

7 조선 전기(근세)의 문화

1 교육·사상·종교·실록

(1) 교육 기관

국립	성균관 (서울)	• 조선 시대의 최고 교육 기관(최고 학부) • 입학 자격 : 생원, 진사를 원칙으로 함
	4학 (4부 학당)	• 중앙의 중등 교육 기관 : 동학, 서학, 남학, 중학 • 정원 : 각각 100명
	향교	• 지방의 중등 교육 기관 • 성현에 대한 제사와 유생의 교육, 지방민의 교화 • 부·목·군·현에 각각 하나씩 설립 • 규모와 지역에 따라 중앙에서 교관인 교수 또는 훈도 파견
사립	서원	• 선현에 대한 제사와 교육 담당, 사림의 여론 형성 주도
	서당	• 초등 교육 담당, 4학이나 향교에 입학하지 못한 선비와 평민의 자제 교육

(2) 성리학의 융성 및 이황과 이이

개요	• 이황과 이이는 성리학이 조선 사회에 확고하게 뿌리내리는 데 결정적 기여
퇴계 이황 (1501~1570)	• 「주자서절요」, 「성학십도」 저술 • 그의 사상은 임진왜란 이후 일본에 전해져 일본 성리학 발전에 영향을 줌
율곡 이이 (1536~1584)	• 강릉 오죽헌에서 이원수와 신사임당의 셋째 아들로 태어남 • 공물을 쌀로 거두는 수미법 주장 • 「동호문답」, 「성학집요」 등을 저술 ⓘ 이황의 「성학십도」와 혼동하지 말 것.

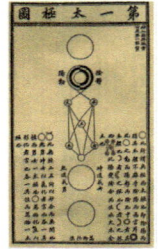

▲ 성학십도

성학십도와 성학집요의 차이점
「성학십도」에서는 군주 스스로가 성학을 따를 것을 제시한 반면, 「성학집요」에서는 현명한 신하가 성학을 군주에게 가르쳐 그 기질을 변화시켜야 한다고 주장하였다.

(3) 불교와 도교, 풍수지리설

불교	• 성리학이 주도 이념이었던 조선 시대에 불교계는 크게 위축
도교	• 도교 역시 크게 위축되어 사원이 정리되고 행사도 줄어들었음 • 소격서 설치 및 참성단에서 일월성신에 제사 지내는 초제 시행
풍수지리설과 도참 사상	• 중요시되어 한양 천도에 반영 • 양반 사대부의 묘지 선정에도 작용하여 산송(묘지 소송) 초래

(4) 조선 왕조 실록

정의	• 조선 태조부터 철종까지의 사실을 각 왕별로 기록한 편년체 역사서 • 광해군과 연산군은 일기로 표시
편찬 기관	• 한 국왕이 죽으면 다음 국왕 때 춘추관을 중심으로 실록청을 설치하고 편찬
편찬 자료	• 사초, 시정기 등을 종합, 정리하여 편찬
보관	• 4대 사고에 보관하였으나 임진왜란으로 전주 사고를 제외한 나머지 사고 소실 • 광해군 때 전주 사고본을 토대로 5대 사고로 정비
의의	• 유네스코 세계 기록 유산으로 등재

실록 편찬
한 국왕이 죽으면 다음 국왕 때 춘추관을 중심으로 실록청을 설치하고 사관이 국왕 앞에서 기록한 사초, 각 관청의 문서를 모아 만든 시정기 등을 종합, 정리하여 편찬하였다.

▲ 오대산 사고(강원 평창) : 「조선 왕조 실록」을 보관하기 위하여 임진왜란 이후에 만든 사고로 6·25 전쟁 때 불탄 것을 복원하였다.

② 조선 초기 민족 문화의 발달

태조 때	• 「고려국사」 편찬(정도전) : 고려 시대 역사 정리, 조선 건국의 정당성을 밝히려 함 • 법전 편찬 : 「조선경국전」(정도전), 「경제육전」(조준) • 천상열차분야지도 : 고구려의 천문도를 바탕으로 돌에 새김
태종 때	• 혼일강리역대국도지도 : 현존 동양 최고(最古)의 세계 지도 • 활자 인쇄술 : 주자소를 설치하고 구리로 계미자 주조
세종 때	• 훈민정음 창제 및 반포, 「농사직설」 편찬 • 천체 관측 기구 제작 : 혼의, 간의 • 자격루(물시계), 앙부일구(해시계), 측우기(강우량 측정) 제작 • 「칠정산」 편찬 : 중국의 수시력과 아라비아의 회회력을 참고하여 만든 역법서 • 「의방유취」(의학 백과사전), 「삼강행실도」 편찬 • 여민락 등 악곡을 짓고, 정간보 창안 • 활자 인쇄술 : 구리로 갑인자 주조, 밀랍 대신 식자판을 조립하는 방법 창안 • 「향약집성방」 편찬 : 우리 풍토에 알맞은 약재와 치료 방법을 개발, 정리 ⓘ 고려 후기에 편찬된 「향약구급방」과 혼동하지 말 것.

문종 때	• 「고려사」와 「고려사절요」 : 고려 시대의 역사를 자주적인 입장에서 재정리
	  – 「고려사」는 기전체 사서
	  – 「고려사절요」는 편년체(연대순으로 역사 서술) 사서

세조 때	• 원각사지 10층 석탑이 건립됨 : 고려 시대의 경천사 10층 석탑에 영향을 받음
성종 때	• 「동국통감」 : 서거정 등이 고조선부터 고려 말까지의 역사를 정리한 편년체 통사 • 「경국대전」 : 세조 때부터 편찬되기 시작하여 성종 때 완성 • 「국조오례의」 : 국가의 여러 행사에 필요한 의례를 정비하여 편찬 • 「악학궤범」 : 성현이 음악의 원리와 역사, 악기, 의상 및 소도구까지 망라하여 정리

자격루(물시계)
물시계인 자격루는 노비 출신의 과학 기술자인 장영실이 제작한 것으로 정밀 기계 장치와 자동 시보 장치를 갖춘 뛰어난 것이었다.

칠정산
세종 때에 만든 「칠정산」은 우리나라 역사상 최초로 서울을 기준으로 천체 운동을 정확하게 계산한 것이다.

삼강행실도
세종 때에는 모범이 될 만한 충신, 효자, 열녀 등의 행적을 그림으로 그리고 설명을 붙여 윤리서인 「삼강행실도」를 편찬하였다.

여민락·정간보
세종은 박연에게 악기를 개량하거나 만들게 하였고, 스스로 여민락 등 악곡을 짓고 소리의 장단과 높낮이를 표현할 수 있는 정간보를 창안하였다.

▲ 천상열차분야지도

▲ 혼일강리역대국도지도

▲ 측우기

▲ 앙부일구

▲ 원각사지 10층 석탑

해인사 장경판전

팔만대장경을 보관하고 있는 경남 합천 해인사의 장경판전은 유네스코 세계 문화유산으로 지정되었다.

▲ 해인사 장경판전

서원 건축의 특징

서원은 산과 하천이 가까이 있어 자연의 이치를 탐구할 수 있는 마을 부근의 한적한 곳에 위치하였는데 교육 공간인 강당을 중심으로 사당과 기숙 시설인 동재와 서재를 갖추었다. 서원 건축은 가람 배치 양식과 주택 양식이 실용적으로 결합된 독특한 아름다움을 지녔다.

▲ 도산 서원(안동)

안견의 몽유도원도

세종 대왕의 셋째 아들인 안평대군이 꿈에 도원에서 논 광경을 안견에게 말하여 그리게 한 것으로, 자연스러운 현실 세계와 환상적인 이상 세계를 능숙하게 처리하고 대각선적인 운동감을 활용하여 구현한 걸작이다.

법궁(정궁)

임금이 머무는 궁궐 가운데에서 으뜸이 되는 궁궐.

이궁

임금이 유사시에 머물 수 있도록 건설된 궁궐.

▲ 종묘

---

❸ 건축과 예술

(1) 시기별 비교

구분	15세기(초기)	16세기(중기)
건축	• 공공 건축 중심(궁궐, 관아, 성문 등) • 창덕궁, 창경궁, 해인사 장경판전 등	• 사림의 진출과 함께 서원 건축 활발 • 옥산 서원(경주), 도산 사원(안동)
글씨	• 안평대군 유명	• 양사언과 한호(한석봉)가 유명
도자기	• 분청사기(청자에 백토의 분을 칠한 것) 　- 16세기부터 세련된 백자가 본격적으로 생산되면서 점차 생산 감소	• 백자(순백의 고상함) 　- 16세기부터 본격적 생산 　- 선비의 취향과 어울려 널리 이용
그림	• 일본 무로마치 시대 미술에 영향을 줌 • 안견의 몽유도원도 • 강희안의 고사관수도	• 산수화, 사군자 등 • 이상좌의 송하보월도 • 신사임당의 초충도

▲ 분청사기 철화어문병

▲ 분청사기 조화어문편병

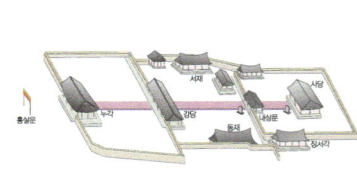
▲ 서원의 구조

▲ 순백자병

▲ 안견의 몽유도원도(일본 덴리 대학 소장)

▲ 고사관수도 (강희안)

▲ 송하보월도 (이상좌)

▲ 초충도(신사임당)

(2) 주요 궁궐과 종묘

경복궁	• 조선 시대 한양에서 처음 지어진 궁궐 • 1395년(태조 4)에 창건된 조선의 법궁(정궁), 임진왜란 때 불타 버림(소실됨) • 1868년(고종 5)에 흥선 대원군이 왕실의 권위를 높이기 위해 중건
창덕궁	• 태종 5년(1405)에 경복궁의 이궁으로 지어진 궁궐, 임진왜란 때 소실됨 • 임진왜란 후 재건되어 경복궁이 중건될 때까지 정궁의 역할을 함 • 유네스코 세계 문화유산으로 등재
창경궁	• 성종 14년(1483)에 창건, 임진왜란 때 불에 탄 이후 재건 • 일제가 동물원과 식물원을 설치하고, 궁의 이름을 창경원으로 낮추기도 함
종묘	• 조선 왕조 역대 왕과 왕비의 신주를 모신 조선 왕조의 사당 • 유네스코 세계 문화유산으로 등재

134 4부 조선의 성립과 발전

실전 기출및 예상문제

16회기출

01 다음 기구들이 처음 제작된 시기에 있었던 사실로 옳은 것은?

① 상감 기법의 청자가 유행하였다.

② 월정사 8각 9층 석탑이 세워졌다.

③ 칠정산이라는 역법서가 편찬되었다.

④ 토지 제도 개혁을 담은 반계수록이 저술되었다.

⑤ 홍역에 대한 의학 서적인 마과회통이 간행되었다.

해설

좌측의 사진은 앙부일구(해시계), 우측의 사진은 강우량을 측정하기 위해 만든 측우기이다. 이 두 기구들이 처음 제작된 시기는 세종 때이다.

세종 때에 만든 「칠정산」은 중국의 수시력과 아라비아의 회회력을 참고로 하여 만든 역법서로서, 우리나라 역사상 최초로 서울을 기준으로 천체 운동을 정확하게 계산한 것이다.

오답 분석

① 12세기 중엽에 고려의 독창적 기법인 상감법이 개발되어 자기에 활용되었다. 상감청자는 강화도에 도읍한 13세기 중엽까지 주류를 이루었으나, 원 간섭기 이후에는 퇴조해 갔다.

② 월정사 8각 9층 석탑이 세워진 것은 고려 시대이다.

④ 유형원은 조선 후기에 「반계수록」을 저술하였다. 이 책에서 유형원은 균전론을 내세워 자영농 육성을 위한 토지 제도의 개혁을 주장하였다.

⑤ 조선 후기에 정약용은 마진(홍역)에 대한 연구를 진전시키고 이 분야의 의서를 종합하여 「마과회통」을 편찬하였다.

정답　③

02 (가)에 들어갈 검색어로 옳은 것은?

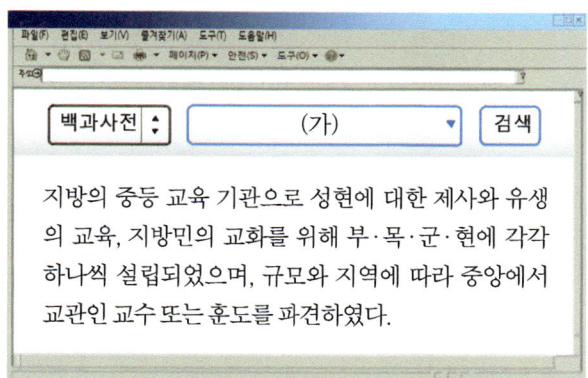

① 서원

② 서당

③ 성균관

④ 향교

⑤ 4부 학당

해설

향교는 지방의 국립 중등 교육 기관으로 성현에 대한 제사와 유생의 교육, 지방민의 교화를 위해 부·목·군·현에 각각 하나씩 설립되었다. 향교에는 그 규모와 지역에 따라 중앙에서 교관인 교수 또는 훈도를 파견하였다.

오답 분석

① 서원은 선현에 대한 제사와 교육을 담당한 사립 교육 기관이다.

② 서당은 초등 교육을 담당한 사립 교육 기관이다.

③ 성균관은 조선 시대 최고 교육 기관으로 국립 교육 기관이다.

⑤ 4부 학당(4학, 동학·서학·남학·중학)은 서울에 설치한 국립 중등 교육 기관이다.

정답　④

실전 기출 및 예상 문제

03 다음 자료에 대한 설명으로 옳은 것을 |보기|에서 고른 것은?

농사직설

풍토에 따라 농법이 다르기 때문에 이미 간행된 중국의 농서가 우리의 실정에 맞지 않습니다. 그러므로 각 도 감사에게 명하여 각지의 나이 많은 농부들에게 물어보아 각자 경험한 바를 자세히 듣고, 보고하게 하였습니다. 이를 수집하여 중요한 것을 뽑아 한 편의 책을 만들었습니다.

┌─ **보기** ─────────────────────┐
ㄱ. 세종 때에 편찬되었다.
ㄴ. 담배와 인삼 재배법이 소개되었다.
ㄷ. 농민의 실제 경험을 종합하여 편찬되었다.
ㄹ. 원의 농법이 고려에 들어오는 계기가 되었다.
└────────────────────────────┘

① ㄱ, ㄴ   ② ㄱ, ㄷ   ③ ㄴ, ㄷ
④ ㄴ, ㄹ   ⑤ ㄷ, ㄹ

해설
「농사직설」에 대해 묻는 문제이다. 15세기 세종 때 편찬된 「농사직설」은 우리나라 풍토에 맞는 씨앗의 저장법, 토질의 개량법, 모내기법 등 농민의 실제 경험을 종합하여 편찬하였다.

오답 분석
ㄱ. 담배는 17세기 초에 일본에서 전래된 후로 전라도 지방을 중심으로 전국에서 재배되었다.
ㄹ. 고려 후기에 이암은 원의 「농상집요」를 들여와 중국의 농법을 소개하였다.

정답 ②

04 다음 자료에 소개된 그림으로 옳은 것은?

세종 대왕의 셋째 아들인 안평대군이 꿈에 도원에서 논 광경을 안견에게 말하여 그리게 한 것으로, 자연스러운 현실 세계와 환상적인 이상 세계를 능숙하게 처리하고 대각선적인 운동감을 활용하여 구현한 걸작이다.

①

②

③

④

⑤

해설
제시된 자료에서 설명하고 있는 그림은 15세기 세종 대의 화가였던 안견이 안평대군의 요청을 받아 그린 몽유도원도이다.

오답 분석
① 조선 후기 정선의 인왕제색도
② 조선 후기 강세황의 영통골 입구도
③ 조선 후기 신윤복의 단오풍정
④ 조선 후기 김정희의 세한도

정답 ⑤

05 다음 설명에 해당하는 문화유산으로 옳은 것은?

조선 시대의 석탑으로 대리석으로 만들어졌다. 탑의 윗부분에 남아 있는 기록으로 세조 13년(1467)에 만들어졌음을 알 수 있으며, 형태가 특이하고 표현 장식이 풍부하여 훌륭한 걸작품으로 손꼽히고 있다. 1962년 국보 제2호로 지정되었다.

①

②

③

④

⑤

해설
제시된 자료에서 설명하고 있는 탑은 조선 세조 때 건립된 원각사지 10층 석탑으로 고려 시대 경천사 10층 석탑의 영향을 받은 석탑이다.

오답 분석
① 고려 시대의 월정사 8각 9층 석탑
② 백제의 익산 미륵사지 석탑
③ 통일 신라의 불국사 3층 석탑(석가탑)
④ 신라 하대의 진전사지 3층 석탑

정답 ⑤

06 밑줄 친 '그'에 대한 설명으로 옳은 것은?

1536년 강원도 강릉 오죽헌에서 이원수와 사임당 신씨의 셋째 아들로 출생한 그는 1548년에 진사시에 13세의 나이로 합격하였다. 1583년에는 병조 판서가 되어 선조에게 십만양병설 등의 개혁안을 주장하였다. 생원시·진사시를 포함해 응시한 아홉 차례의 과거에 모두 장원으로 합격하여 사람들에게 구도장원공이라고 불리기도 하였다.

① 예송 논쟁에서 효종의 정통성을 주장하였다.
② 청에 다녀와 열하일기를 저술하였다.
③ 성리학을 처음으로 소개하였다.
④ 기묘사화로 인해 제거되었다.
⑤ 동호문답, 성학집요 등을 저술하였다.

해설
밑줄 친 '그'는 조선 전기의 학자이자 정치가인 율곡 이이(1536~1584)이다. 이이는 강릉 오죽헌에서 이원수와 신사임당의 셋째 아들로 태어났다. 이이는 「동호문답」, 「성학집요」 등을 저술하여 16세기 조선 사회의 모순을 극복하는 방안으로 통치 체제의 정비와 수취 제도의 개혁 등 다양한 개혁 방안을 제시하였다.

오답 분석
① 예송 논쟁은 17세기 현종 때의 일이다.
② 조선 후기 북학파 실학자 박지원에 대한 설명이다.
③ 성리학을 처음 소개한 사람은 고려 충렬왕 때 안향이다.
④ 중종 때 기묘사화로 제거된 대표적 인물은 조광조이다.

정답 ⑤

8 조선 후기(근대 태동기)의 문화

1 성리학의 변화와 실학의 발달

(1) 성리학의 변화

성리학의 절대화	• 인조반정 이후 송시열을 중심으로 한 서인은 명분론을 강화하고 성리학을 절대화함		
성리학의 상대화	• 내용 : 17세기 후반부터 성리학을 상대화하고 6경과 제자백가 등에서 모순 해결의 사상적 기반을 찾으려는 경향이 나타남 • 대표 인물 : 윤휴와 박세당(사변록 저술) • 결과 : 윤휴와 박세당은 서인(노론)의 공격을 받아 사문난적으로 몰림		
호락논쟁 (18세기)	• 18세기에 이이 학파를 계승한 노론들 사이에서 인간과 사물의 본성을 어떻게 볼 것인가 하는 문제를 둘러싸고 호락 논쟁을 벌임		
양명학의 수용	전래	• 16세기 중종 때 전래 • 이황이 정통 주자학 사상과 어긋난다며 비판하면서 이단으로 간주됨	
	특징	• 성리학의 절대화와 형식화를 비판하면서 실천성 강조	
	사상	• 심즉리, 치양지, 지행합일(앎은 행함을 통해 성립한다는 이론)	
	정제두	• 18세기 초 몇몇 소론 학자가 명맥을 이어 가던 양명학을 체계적으로 연구하여 강화학파로 발전시킴 • 일반민을 도덕 실천의 주체로 인정, 양반 신분제 폐지 주장	
	의의	• 강화학파는 양명학을 바탕으로 역사학, 국어학 등에서 새로운 경지를 개척해 갔으며, 실학자들과도 영향을 주고받았음	
	한계	• 제자들이 정권에서 소외된 소론이었기 때문에 정제두의 학문은 집안의 후손과 인척을 중심으로 하여 계승되었음	

(2) 실학의 발달

① 농업 중심의 개혁론(중농학파, 경세치용 학파)

반계 유형원 (1622~1673)	• 「반계수록」에서 균전론을 내세워 자영농 육성을 위한 토지 제도 개혁 주장 • 균전론 : 관리, 선비, 농민 등 신분에 따라 차등 있게 토지를 재분배 • 양반 문벌 제도, 과거 제도, 노비 제도의 모순 비판
성호 이익 (1681~1763)	• 유형원의 실학 사상 계승 및 발전, 많은 제자를 양성하여 성호학파 형성 • 한전론 주장 : 영업전의 매매 금지 주장 • 6좀(나라를 좀먹는 여섯 가지 폐단 지적) : 노비 제도, 과거 제도, 양반 문벌 제도, 사치와 미신, 승려, 게으름 • 저서 : 「성호사설」, 「곽우록」
정약용 (1762~1836)	• 이익의 실학 사상 계승, 실학의 집대성 • 여전론 : 마을 단위로 토지를 공동 경작하고 노동량에 따라 수확량 분배 • 정전제 : 여전론을 내세웠다가 후에 정전제를 현실에 맞게 실시할 것을 주장 • 거중기 제작, 배다리 설계 • 저서 : 「경세유표」, 「목민심서」, 「흠흠신서」, 「기예론」 등

윤휴와 박세당
윤휴(1617~1680)는 「대학」, 「중용」 등 유교 경전에 대하여 독자적인 해석을 하였고, 박세당은 「사변록」을 저술하여 주자학적인 학풍을 비판하고 독자적인 견해를 발표하였다. 이들은 주자의 학문 체계와 다른 모습을 보였기 때문에 당시 서인(노론)의 공격을 받아 사문난적으로 몰렸다.

주자(주희)
성리학을 집대성하여 중국 사상계에 큰 영향을 미친 중국 남송 때의 유학자이다. 성리학을 주자학이라고도 한다.

사문난적
유교에서 교리를 어지럽히고 사상에 어긋나는 행동을 하는 사람

호락논쟁
인간과 사물의 본성이 다르다고 주장하는 충청도 노론(호론)과 같다고 보는 서울·경기 노론(낙론) 사이에서 시작되었다.

양명학
중국 명나라 때의 왕양명이 주창한 유학.

심즉리(心卽理)
인간의 마음이 곧 이(理)라는 이론이다.

치양지(致良知)
인간은 상하존비의 차별이 없이 본래 타고난 천리로서의 양지(선천적인 선악 판단 능력)를 실현하여 사물을 바로잡을 수 있다는 이론이다.

이익의 한전론

국가는 마땅히 한 집의 생활에 맞추어 재산을 계산해서 토지 몇 부를 한 집의 영업전으로 하여 당나라의 제도처럼 한다. 땅이 많은 자는 빼앗아 줄이지 않고 모자라는 자도 더 주지 않는다. 돈이 있어 사고자 하는 자는 비록 천 결이라도 허락해 주고, 땅이 많아서 팔려고 하는 사람은 영업전 몇 부 이외에는 허락하여 준다.

「곽우록」

정약용의 여전론

산골짜기와 시냇물의 지세를 기준으로 구역을 획정하여 경계를 삼고, 그 경계선 안에 포괄되어 있는 지역을 1여(閭)로 한다. …… 1여마다 여장(閭長)을 두며, 무릇 1여의 인민이 공동으로 경작하도록 한다. …… 여민이 농경하는 경우, 여장은 매일 개개인의 노동량을 장부에 기록하여 두었다가 가을이 되면 오곡의 수확물을 모두 여장의 집에 가져온 다음에 분배한다. 이때 국가에 바칠 세와 여장의 봉급을 제하며, 그 나머지를 가지고 노동 일수에 따라 여민(閭民)에게 분배한다.

「여유당전서」

보충하기　**정약용의 거중기 제작과 배다리 설계**

정약용은 인간이 다른 동물보다 뛰어난 것은 기술 때문이라 보고, 기술의 발달이 인간 생활을 풍요롭게 한다고 믿었다.(기예론) 그는 서양 선교사가 중국에서 펴낸 「기기도설」을 참고하여 거중기를 만들었는데, 이 거중기는 수원 화성을 쌓을 때에 사용되어 공사 기간을 단축하고 공사비를 줄이는 데 크게 공헌하였다. 또, 정조가 수원에 행차할 때 한강을 안전하게 건너도록 배다리도 설계하였다.

② 상공업 중심의 개혁론(중상학파, 북학파, 이용후생 학파)

유수원 (1694~1755)	• 「우서」 저술, 사농공상의 직업 평등과 전문화 주장 • 상공업의 진흥과 기술의 혁신 강조
담헌 홍대용 (1731~1783)	• 「의산문답」에서 지전설 주장 • 무한 우주론 주장, 중국이 세계의 중심이라는 생각 비판 • 기술 혁신과 문벌 제도 철폐, 성리학의 극복이 부국강병의 근본이라고 강조 • 「주해수용」, 「임하경륜」, 「의산문답」 저술
연암 박지원 (1737~1805)	• 청에 다녀와 「열하일기」 저술, 양반 문벌 제도의 비생산성 비판 • 상공업의 진흥 강조, 수레와 선박 이용, 화폐 유통의 필요성 주장
박제가 (1750~1805)	• 청에 다녀온 후 「북학의」 저술 : 청 문물의 적극적 수용 주장 • 상공업의 발달, 청과의 통상 강화, 수레와 선박의 이용 등을 역설 • 생산을 자극하기 위해서는 절약보다 소비를 권장해야 한다고 주장

사료읽기

※ 박제가의 소비관 : 박제가는 생산과 소비의 관계를 우물물에 비유하면서 생산을 자극하기 위해서는 절약보다 소비를 권장해야 한다고 주장하였다.

비유하건대, 재물은 대체로 샘과 같다. 퍼내면 차고, 버려 두면 말라 버린다. 그러므로 비단옷을 입지 않아서 나라에 비단 짜는 사람이 없게 되면 여공(길쌈질)이 쇠퇴하고, 쭈그러진 그릇을 싫어하지 않고 기교를 숭상하지 않아서 공장(수공업자)이 도야(기술을 익힘)하는 일이 없게 되면 기예가 망하게 되며, 농사가 황폐해져서 그 법을 잃게 되므로, 사농공상의 사민이 모두 곤궁하여 서로 구제할 수 없게 된다.

「북학의」

이익의 한전론

이익은 한 가정의 생활을 유지하는 데 필요한 규모의 토지를 영업전으로 정한 다음, 영업전은 법으로 매매를 금지하고, 나머지 토지만 매매를 허용하자고 주장하였다.

목민심서와 경세유표

정약용은 지방관의 도리와 지방 행정의 개혁에 대하여 쓴 「목민심서」와 중앙 행정의 개혁에 대하여 쓴 「경세유표」 등을 비롯하여 500여 권의 저술을 남겼다.

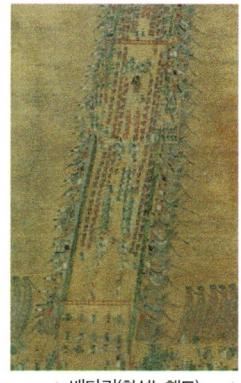

▲ 배다리(화성능행도)

▲ 거중기

지전설

김석문은 「역학도해」에서 우리나라 최초로 지전설을 주장하여 우주관을 크게 전환시켰으며, 홍대용도 지전설을 주장하였다. 지전설은 성리학적 세계관을 비판하는 근거가 되기도 하였다.

▲ 홍대용이 만든 혼천의

(3) 국학 연구의 확대

역사	안정복	• 「동사강목」: 우리 역사의 독자적 정통론을 세워 이를 체계화
	이긍익	• 「연려실기술」: 조선 시대의 정치와 문화 정리
	한치윤	• 「해동역사」: 500여 종의 중국 및 일본 자료 참고, 민족사 인식 폭 확대
	이종휘	• 「동사」: 고구려 역사 연구
	유득공	• 「발해고」: 발해사 연구 심화, 남북국 시대라는 용어 처음 사용
	김정희	• 「금석과안록」: 북한산비가 진흥왕 순수비임을 밝힘
지리서		• 한백겸의 「동국지리지」, 정약용의 「아방강역고」, 이중환의 「택리지」
지도		• 정상기의 동국지도 : 최초로 100리척을 사용 • 김정호의 대동여지도 – 산맥·하천·도로망 등의 표시 정밀 – 거리를 알 수 있도록 10리마다 눈금 표시 – 목판으로 인쇄됨
언어		• 신경준의 「훈민정음운해」, 유희의 「언문지」
기타		• 백과사전류 : 이수광의 「지봉유설」, 이익의 「성호사설」, 서유구의 「임원경제지」 등

사료읽기

유득공의 발해 인식

부여씨가 망하고 고씨(고구려)가 망한 다음 김씨(신라)가 남쪽을 차지하고, 대씨가 북쪽을 차지하고는 발해라 하였으니, 이것을 남북국이라 한다. 마땅히 남북국을 다룬 역사책이 있어야 하는데 고려가 편찬하지 않은 것은 잘못이다. 저 대씨가 누구인가? 바로 고구려 사람이다. 그들이 차지하고 있던 땅이 누구 땅인가? 바로 고구려 땅이다.

「발해고」

2 과학 기술의 발달 및 문화의 새 경향

(1) 과학 기술

서양 문물 수용	전래	• 곤여만국전도(세계 지도), 화포, 천리경, 자명종 등 전래
	벨테브레이	• 17세기 인조 때 제주도에 표류한 네덜란드인 • 훈련도감에 소속되어 서양식 대포의 제조법을 가르쳐 줌
	하멜	• 효종 때에는 하멜 일행이 제주도에 표류 • 억류되었다가 네덜란드로 돌아가 「하멜 표류기」를 지음.
역법	김육	• 시헌력 도입
의학	17세기	• 허준의 「동의보감」(1610, 광해군 때 완성) – 전통 한의학 체계적 정리, 유네스코 세계 기록 유산 지정
	18세기	• 정약용의 「마과회통」: 마진(홍역)에 대한 연구 진전 • 정약용은 박제가와 함께 종두법을 연구하여 실험하기도 함
	19세기	• 이제마의 「동의수세보원」(1894, 고종) – 사상 의학 확립(태양인, 태음인, 소양인, 소음인으로 구분 치료)
농서		• 신속의 「농가집성」: 벼농사 중심의 농법 소개, 이앙법 보급에 공헌 • 박세당의 「색경」, 홍만선의 「산림경제」, 서호수의 「해동농서」, 서유구의 「임원경제지」

동사와 발해고
이종휘는 「동사」에서 고구려 역사 연구를, 유득공은 「발해고」에서 발해사 연구를 심화하였으며, 남쪽의 신라와 북쪽의 발해를 남북국 시대라 부를 것을 처음으로 제안하였다. 이들은 고대사 연구의 시야를 만주 지방까지 확대시킴으로써 한반도 중심의 협소한 사관을 극복하는 데 힘썼다.

이중환의 택리지
인문 지리서로 각 지역의 자연 환경과 물산, 풍속, 인심 등을 서술하고, 어느 지역이 살기 좋은지를 논하였다.

100 리척
100 리를 1척으로 정한 지도 제작 방식.

곤여만국전도
조선 후기에 서양 선교사가 만든 곤여만국전도 같은 세계 지도가 중국을 통해 전해짐으로써 지리학에서도 보다 정밀한 지식을 가지게 되었고 더 정확한 지도가 만들어졌다. 이를 통하여 당시 조선인의 세계관이 확대될 수 있었다.

시헌력
서양 선교사인 아담 샬이 중심이 되어 만든 것으로 청에서 사용되고 있었는데, 종전의 역법보다 발전한 것이었다.

(2) 조선 후기 서민 문화의 발달

배경	• 상공업 발달과 농업 생산력 증대 • 서민의 경제적 · 사회적 지위 향상, 서당 교육 확대
판소리	• 구체적 이야기를 창과 사설로 엮어 가기 때문에 감정 표현이 솔직함 • 서민 문화의 중심 • 19세기 후반 신재효가 판소리 사설을 창작하고 정리함 • 춘향가 · 심청가 · 흥보가 · 적벽가 · 수궁가 등 다섯 마당이 전함
가면극 (탈놀이, 산대놀이)	• 지배층과 그들에게 의지하여 살아가는 승려의 부패와 위선 풍자 • 하층 서민인 말뚝이와 취발이를 등장시켜 양반의 허구 폭로
사설시조	• 격식에 구애됨 없이 감정을 구체적으로 표현
한글 소설	• 허균의 「홍길동전」 · 「춘향전」 · 「심청전」 등
시사 조직	• 중인층과 서민층의 문학 창작 활동이 활발해지면서 동호인들이 모여 시사 조직
풍속화 · 민화	• 풍속화와 민화 유행

(3) 한문학 : 실학의 유행과 함께 사회의 부조리한 현실 비판

정약용	• 삼정의 문란을 폭로하는 한시를 남김
박지원	• 「양반전」, 「허생전」, 「호질」, 「민옹전」 등의 한문 소설을 써서 양반 사회의 허구성 지적 💡 한글 소설과 혼동하지 말 것.

(4) 진경 산수화와 풍속화의 유행

진경 산수화		• 특징 : 우리의 자연을 사실적으로 그려 회화의 토착화를 이룩함 • 정선 : 18세기에 활약, 진경 산수화 개척 • 정선의 대표 작품 : 인왕제색도, 금강전도
풍속화	특징	• 당시 사람들의 생활 정경과 일상적인 모습을 생동감 있게 나타냄
	김홍도	• 서민의 생활을 익살스럽게 표현 • 작품 : 서당, 무동, 대장간, 씨름도 등
	신윤복	• 양반과 부녀자의 생활, 남녀 사이의 애정을 감각적, 해학적으로 묘사 • 작품 : 단오풍정 등

💡 정선, 김홍도, 신윤복의 작품을 혼동하지 말 것. 화풍을 유심히 관찰하면 모르는 그림이 나와도 누구의 작품인지 알 수 있다.

▲ 금강전도
(정선)

▲ 인왕제색도(정선)

▲ 서당(김홍도)

▲ 무동(김홍도)

▲ 씨름도(김홍도)

판소리
광대가 한 편의 이야기를 노래에 해당하는 창과 이야기에 해당하는 아니리와 몸놀림인 발림으로 연출한다.

시사(詩社)
중인층의 시인들이 서울 주변 지역에서 시사를 조직하여 문학 활동을 전개하면서 자신들의 사회적 지위를 높였고, 역대 시인의 시를 모아 시집을 간행하기도 하였다.

민화
조선 후기에는 민중의 미적 감각을 잘 나타낸 민화도 유행하였다. 해, 달, 나무, 꽃, 동물, 물고기 등을 소재로 삼아 소원을 기원하고 생활 공간을 장식하였다. 이런 민화에는 소박한 우리 정서가 짙게 배어 있다.

▲ 까치 호랑이(민화)

▲ 단오풍정(신윤복)

15세기 : 분청사기
16세기 : 백자
조선 후기 : 청화백자

청화백자

백자에 청색의 코발트 안료로 무늬를 그리고, 그 위에 투명 유약을 입혀 구워 낸 것으로, 조선 전기에는 사치품으로 일반인의 사용이 제한되었으나, 조선 후기 광주 분원에서 대량 생산되면서 널리 유행하였다.

▲ 청화백자

법주사 팔상전

국보 제55호로 우리나라의 문화재 중 유일한 5층 목탑이다. 벽면에 부처의 일생을 8장면으로 구분하여 그린 팔상도(八相圖)가 그려져 있어 팔상전이라 이름 붙였다.

(5) 서예·공예

서예	• 이광사의 동국진체와 김정희의 추사체
공예	• 백자가 민간에까지 널리 사용, 청화백자 유행

▲ 김정희의 글씨(추사체)

▲ 청화백자 대나무 무늬 각병

(6) 건축

17세기	건축물	• 법주사 팔상전, 화엄사 각황전, 금산사 미륵전
	특징	• 규모가 큰 다층 건물로, 내부가 하나로 통하는 구조로 되어 있음 • 불교의 사회적 지위 향상과 양반 지주층의 경제적 성장을 반영
18세기	건축물	• 논산 쌍계사, 부안 개암사, 안성 석남사
	특징	• 부농과 상인의 지원을 받아 장식성이 강함
19세기		• 흥선 대원군이 국왕의 권위를 높일 목적으로 재건한 경복궁의 근정전과 경회루

▲ 금산사 미륵전(전북 김제)

▲ 화엄사 각황전(전남 구례)

▲ 법주사 팔상전(충북 보은)

실전 기출 및 예상 문제

18회 기출

01 (가)에 들어갈 자료로 옳은 것을 |보기|에서 고른 것은?

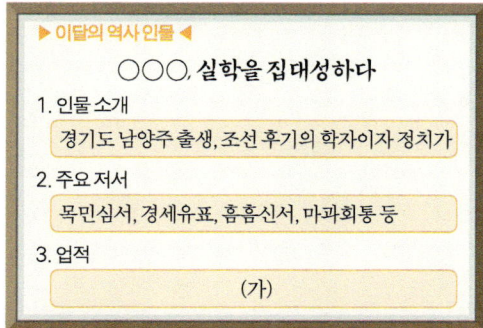

> ▶ 이달의 역사 인물 ◀
> ○○○, 실학을 집대성하다
> 1. 인물 소개
>   경기도 남양주 출생, 조선 후기의 학자이자 정치가
> 2. 주요 저서
>   목민심서, 경세유표, 흠흠신서, 마과회통 등
> 3. 업적
>   (가)

|보기|

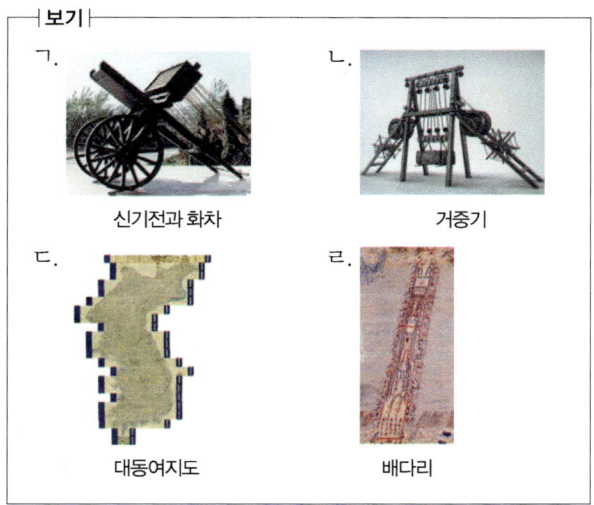

ㄱ. 신기전과 화차 ㄴ. 거중기
ㄷ. 대동여지도 ㄹ. 배다리

① ㄱ, ㄴ ② ㄱ, ㄷ ③ ㄴ, ㄷ
④ ㄴ, ㄹ ⑤ ㄷ, ㄹ

해설

실학을 집대성하고, 「목민심서」, 「경세유표」, 「흠흠신서」, 「마과회통」 등의 저서를 남긴 인물은 조선 후기의 학자 다산 정약용이다.
그는 서양 선교사가 중국에서 펴낸 「기기도설」을 참고하여 거중기를 만들었는데, 이 거중기는 수원 화성을 쌓을 때에 사용되어 공사 기간을 단축하고 공사비를 줄이는 데 크게 공헌하였다. 또한 그는 정조가 수원에 행차할 때 한강을 안전하게 건너도록 배다리도 설계하였다.

오답 분석

ㄱ. 신기전과 화차는 조선 초기에 만들어졌다.
ㄷ. 조선 후기 김정호의 대동여지도는 산맥, 하천, 포구, 도로망의 표시가 정밀하고, 거리를 알 수 있도록 10리마다 눈금이 표시되었으며, 목판으로 인쇄되었다.

정답 ④

02 다음 주장을 펼친 인물에 대한 설명으로 옳지 않은 것은?

> 비유하건대, 재물은 대체로 샘과 같다. 퍼내면 차고, 버려 두면 말라 버린다. 그러므로 비단옷을 입지 않아서 나라에 비단 짜는 사람이 없게 되면 여공(길쌈질)이 쇠퇴하고, 쭈그러진 그릇을 싫어하지 않고 기교를 숭상하지 않아서 공장(수공업자)이 도야(기술을 익힘)하는 일이 없게 되면 기예가 망하게 되며, 농사가 황폐해져서 그 법을 잃게 되므로, 사농공상의 사민이 모두 곤궁하여 서로 구제할 수 없게 된다.

① 서얼 출신이다.
② 정조 때 규장각 검서관으로 등용되었다.
③ 청에 다녀온 후 북학의를 저술하였다.
④ 청의 문물을 적극적으로 수용할 것을 주장하였다.
⑤ 북한산비가 진흥왕 순수비임을 밝혔다.

해설

박제가에 대해서 묻는 문제이다. 서얼 출신인 박제가는 청에 다녀온 후 「북학의」를 저술하여 청의 문물을 적극적으로 수용할 것을 제창하였다. 그는 상공업의 발달, 청과의 통상 강화, 수레와 선박의 이용 등을 역설하였다. 또, 생산과 소비와의 관계를 우물물에 비유하면서 생산을 자극하기 위해서는 절약보다 소비를 권장해야 한다고 주장하였다. 1779년 정조 때에는 규장각 검서관으로 등용되기도 하였다.

오답 분석

⑤ 조선 후기에 김정희는 「금석과안록」을 지어 북한산비가 진흥왕 순수비임을 밝혔다.

정답 ⑤

실전 기출및 예상문제

03 다음 학문에 대한 설명으로 옳지 않은 것은?

> • 지(知)는 심(心)의 본체이다. 심은 자연히 지를 모이게 한다. 아버지를 보면 자연히 효를 안다. 형을 보면 자연히 공손함을 안다. 어린아이가 우물에 들어가려는 것을 보면 자연히 측은을 안다. 이것이 곧 양지(良知)이니……
> • …… 앎은 행함의 시작이고, 행함은 앎의 완성이다. 성학은 단지 이 하나의 공부이니, 앎과 행함을 두 가지로 나눌 수 없다.
> 「전습록」

① 성리학의 절대화를 비판하며 실천성을 강조하였다.
② 이황이 정통 주자학과 어긋난다며 비판하였다.
③ 소론 계열의 일부 학자가 받아들였다.
④ 청에서 전해진 고증학과 서양 과학의 영향으로 발달하였다.
⑤ 정제두가 체계적으로 연구하여 강화학파로 발전시켰다.

해설
제시된 자료의 내용은 치양지설과 지행합일설에 대한 내용으로 양명학의 사상 체계이다.
① 성리학의 절대화와 형식화를 비판하며 실천성을 강조한 양명학은 16세기 중종 때 조선에 전래되었다.
② 학자들 사이에서 관심을 끌어가던 양명학은 퇴계 이황이 정통 주자학 사상과 어긋난다고 비판하면서 이단으로 간주되었다.
③,⑤ 18세기 초에 정제두는 몇몇 소론 학자가 명맥을 이어 가던 양명학을 체계적으로 연구하여 강화학파로 발전시켰다. 그는 일반민을 도덕 실천의 주체로 인정하였으며, 양반 신분제를 폐지하자고 주장하기도 하였다. 그러나 제자들이 정권에서 소외된 소론이었기 때문에, 그의 학문은 집안의 후손과 인척을 중심으로 하여 계승되었다.
강화학파는 양명학을 바탕으로 역사학, 국어학, 문학 등에서 새로운 경지를 개척해 갔으며, 실학자들과도 영향을 주고받았다.

오답 분석
④ 실학은 농업 중심의 개혁론, 상공업 중심의 개혁론, 국학 연구 등을 중심으로 확산되었으며, 이때 청에서 전해진 고증학과 서양 과학의 영향을 받기도 하였다.

정답 ④

21회기출
04 (가)에 들어갈 내용으로 옳은 것은?

> 법주사 경내에 있는 이 건축물은 부처님의 생애를 담은 팔상도가 그려져 있습니다. 또한 국보 제55호로 ____(가)____

① 팔만대장경을 보관하고 있습니다.
② 무구정광대다라니경이 발견되었습니다.
③ 현존하는 가장 오래된 목조 건축물입니다.
④ 우리나라의 문화재 중 유일한 5층 목탑입니다.
⑤ 삼국 시대 금동 미륵보살 반가 사유상을 모시고 있습니다.

해설
(가)는 법주사 팔상전(충북 보은)이다. 조선 후기 17세기의 건축으로는 김제 금산사 미륵전, 구례 화엄사 각황전, 보은 법주사 팔상전 등을 대표로 꼽을 수 있다. 이것들은 모두 규모가 큰 다층 건물로, 내부는 하나로 통하는 구조로 되어 있는데, 불교의 사회적 지위 향상과 양반 지주층의 경제적 성장을 반영하고 있다. 특히 법주사 팔상전은 우리나라의 문화재 중 유일한 5층 목탑이다.

오답 분석
① 팔만대장경은 합천 해인사 장경판전에 보관되어 있다.
② 무구정광대다라니경은 통일 신라의 석가탑(불국사 3층 석탑)에서 발견되었다.
③ 현존하는 가장 오래된 목조 건축물은 고려 시대 안동 봉정사 극락전이다.
⑤ 법주사 팔상전과 관련이 없는 내용이다.

정답 ④

05 (가)에 들어갈 인물로 옳은 것은?

〈 조선 후기 실학자 ⎡ (가) ⎤ 〉
• 주요 활동
  - 천문 관측 기구인 혼천의 제작
  - 「의산문답」에서 지전설 주장
  - 무한우주론의 우주관 제시
  - 「임하경륜」, 「주해수용」 저술

① 정약용   ② 홍대용   ③ 박지원
④ 유형원   ⑤ 유수원

노론 명문 출신인 홍대용은 청을 왕래하면서 얻은 경험을 토대로 「임하경륜」, 「의산문답」 등의 저술을 남겼는데, 이는 그의 문집인 「담헌서」에 수록되어 있다. 홍대용은 기술의 혁신과 문벌 제도의 철폐, 그리고 성리학의 극복이 부국강병의 근본이라고 강조하였으며, 「의산문답」에서 지전설을 주장하고 무한 우주론의 우주관을 제시하여 중국이 세계의 중심이라는 생각을 비판하였다.

① 정약용은 이익의 실학 사상을 계승하면서 실학을 집대성하였다. 지방의 행정 개혁에 대하여 쓴 「목민심서」, 중앙 행정의 개혁에 대하여 쓴 「경세유표」 등을 비롯하여 500여 권의 저술을 남겼다.
③ 박지원은 청에 다녀와 「열하일기」를 저술하고 상공업의 진흥을 강조하면서 수레와 선박의 이용, 화폐 유통의 필요성 등을 주장하고, 양반 문벌 제도의 비생산성을 비판하였다.
④ 유형원은 농업 중심 개혁론의 선구자로 「반계수록」을 저술하였다.
⑤ 유수원은 상공업 중심 개혁론의 선구자로, 「우서」를 저술하여 상공업의 진흥과 기술의 혁신을 강조하고 사농공상의 직업 평등과 전문화를 주장하였다.

정답 ②

06 다음 주장을 펼친 인물에 대한 설명으로 옳은 것을 |보기|에서 고른 것은?

사람 중에 간사하고 함부로 하는 자가 없다면 천하가 왜 다스려지지 않겠는가? 간사하고 함부로 하는 것은 재물이 모자라는 데에서 생기고 재물이 모자라는 것은 농사에 힘쓰지 않는 데에서 생긴다. 농사에 힘쓰지 않는 자 중에서 그 좀이 여섯 종류가 있는데, 장사꾼은 그중에 들어 있지 않다. 첫째가 노비요, 둘째가 과거요, 셋째가 벌열이요, 넷째가 기교요, 다섯째가 승니(僧尼)요, 여섯째가 게으름뱅이다.

|보기|
ㄱ. 자영농 육성을 위한 토지 제도 개혁론으로 한전론을 주장하였다.
ㄴ. 성호사설, 곽우록 등을 저술하였다.
ㄷ. 역사서인 동사강목을 저술하였다.
ㄹ. 북학의를 저술하여 청의 문물을 적극적으로 수용할 것을 제창하였다.

① ㄱ, ㄴ   ② ㄱ, ㄷ   ③ ㄴ, ㄷ
④ ㄴ, ㄹ   ⑤ ㄷ, ㄹ

제시된 자료는 이익이 나라를 좀먹는 여섯 가지의 폐단(노비 제도, 과거 제도, 양반 문벌 제도, 사치와 미신, 승려, 게으름)을 지적한 것이다. 18세기 전반에 주로 활약한 이익은 농업 중심 개혁론을 더욱 발전시켰다. 그는 유형원의 실학 사상을 계승, 발전시켰으며, 많은 제자를 길러 성호학파를 형성하였다. 또한 자영농 육성을 위한 토지 제도 개혁론으로 한전론을 주장하였으며, 「성호사설」, 「곽우록」 등을 저술하였다.

ㄷ. 안정복은 「동사강목」을 저술하여 이익의 역사 의식을 계승하였다. 「동사강목」은 고조선에서 고려 말까지의 역사를 서술한 것으로, 우리 역사의 독자적 정통론을 세워 이를 체계화하였다.
ㄹ. 박제가는 청에 다녀온 후 「북학의」를 저술하여 청의 문물을 적극적으로 수용할 것을 제창하였다.

정답 ①

07 (가)에 들어갈 검색어로 가장 적절한 것은?

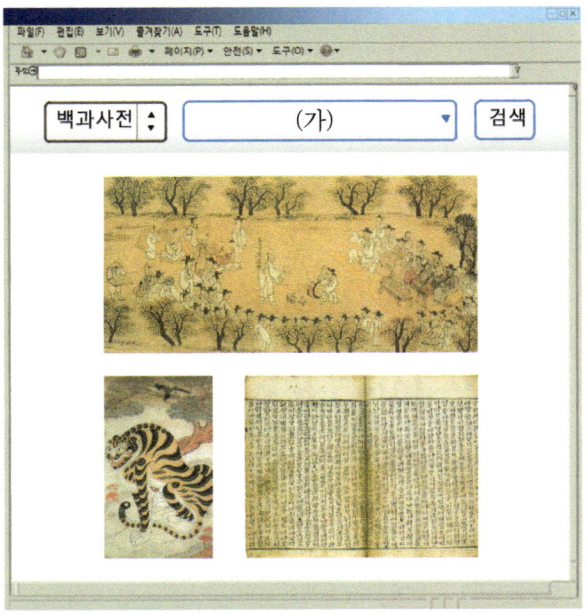

① 조선 후기 서민 문화의 발달
② 귀족 문화의 발달
③ 근대 문물의 수용
④ 국학 연구의 확대
⑤ 양반 중심의 문예 활동

해설

제시된 자료들은 판소리 공연 장면과 민화(까치 호랑이), 그리고 한글 소설인 「홍길동전」이다. 판소리, 민화, 한글 소설 등은 조선 후기 서민 문화의 발달을 보여 준다.

정답 ①

20회 기출

08 다음 작품이 유행한 시기에 볼 수 있는 사회 모습으로 옳지 않은 것은?

제6과장 양반춤

말뚝이 (가운데쯤 나와서) 쉬이, 양반 나오신다아! …… 개 잘량이라는 '양'자에 개다리 소반이라는 '반'자를 쓰는 양반이 나오신단 말이오.
양반들 야아, 이놈, 뭐야아!
말뚝이 아, 이 양반들, 어찌 듣는지 모르갔소. 노론, 소론, 호조, 병조, 옥당을 다 지내고 삼정승, 육판서 다 지내고 퇴로 재상으로 계신 이 생원네 삼 형제분이 나오신다고 그리하였소.
양반들 (합창) 이 생원이라네~.

① 장시가 전국적으로 확산되었다.
② 홍길동전 등 한글 소설이 유행하였다.
③ 재산의 자녀 균분 상속이 일반적이었다.
④ 서당이 널리 보급되어 교육의 기회가 확대되었다.
⑤ 서민의 소박한 미의식이 담긴 민화가 유행하였다.

해설

제시된 자료는 조선 후기에 유행한 탈춤이다. 따라서 조선 후기의 모습으로 틀린 것을 고르는 문제이다. 15세기 말 남부 지방에서 개설되기 시작한 장시는 16세기 중엽에 이르러 전국적으로 확대되었고, 조선 후기의 18세기 중엽에 이르러서는 전국에 1,000여 개 소가 개설되었다. 조선 후기에는 한글 소설이 유행하고 서당이 널리 보급되어 교육의 기회가 확대되었으며, 서민의 소박한 미의식이 담긴 민화가 유행하였다.

오답 분석

③ 조선 후기에는 제사는 반드시 큰아들이 지내야 한다는 의식이 확산되었고, 재산 상속에서도 큰아들이 우대를 받았다. 자녀 균분 상속은 고려 시대에서 조선 중기까지이다.

정답 ③

09 (가)~(라)에 대한 설명으로 옳지 않은 것은?

(가)   (나)

(다)   (라)

① (가) - 전라도 강진과 부안이 대표적 생산지였다.
② (나) - 16세기부터 생산이 점차 감소하였다.
③ (다) - 선비의 취향과 어울려서 널리 이용되었다.
④ (라) - 조선 후기에 유행하였다.
⑤ (나)-(가)-(라)-(다)의 순으로 유행하였다.

해설

(가)는 고려 시대의 청자 상감 운학 무늬 매병이다. 고려의 청자는 자기를 만들 수 있는 흙이 생산되고 연료가 풍부한 지역에서 구워졌는데, 전라도 강진과 부안이 유명하였다.
(나)는 분청사기 철화 어문병이다. 고려 말에 나타난 분청사기는 청자에 백토의 분을 칠한 것으로, 안정된 그릇 모양과 소박하고 천진스러운 무늬가 어우러져, 정형화되지 않으면서 구김살 없는 우리의 멋을 잘 나타내고 있다. 그러나 분청사기는 16세기부터 세련된 백자가 본격적으로 생산되면서 점차 그 생산이 줄어들었다.
(다)는 순백자병이다. 16세기부터 세련된 백자가 본격적으로 생산되었다. 조선의 백자는 청자보다 깨끗하고 담백하며 순백의 고상함을 풍겨 선비의 취향과 어울렸기 때문에 널리 이용되었다.
(라)는 청화백자 대나무 무늬 각병이다. 조선 후기에는 백자가 민간에까지 널리 사용되면서 본격적으로 발전하였으며, 청화백자가 유행하는 가운데 형태가 다양해지고, 안료도 청화, 철화, 진사 등으로 다채로웠다.

오답 분석

⑤ (가) - (나) - (다) - (라)의 순으로 유행하였다.

정답   ⑤

24회 기출

10 교사의 질문에 대한 학생의 대답으로 적절하지 않은 것은?

당시 사람들의 생활 모습을 생생하게 묘사한 김홍도의 씨름도입니다. 이 그림이 그려진 시기의 문화에 대해 말해 볼까요?

① 탈춤과 산대놀이가 성행하였어요.
② 흥보가 등의 판소리가 유행하였어요.
③ 상감청자 제작이 활발하게 이루어졌어요.
④ 중인층의 시사(詩社) 활동이 활발하였어요.
⑤ 홍길동전 등의 한글 소설이 널리 읽혔어요.

해설

김홍도의 씨름도가 그려진 시기는 조선 후기이다. 따라서 조선 후기의 문화에 대한 내용으로 틀린 것을 고르는 문제이다.
조선 후기 문화의 새 기운 중에서 가장 두드러지고 인기 있는 분야는 판소리와 탈춤이었다. 판소리와 탈춤은 서민 문화를 확대하는 데 크게 기여하였다. 조선 후기의 사회 변동을 구체적으로 반영한 것은 문학이었다. 그중에서도 한글 소설과 사설시조가 대표적이었는데, 이는 문학의 저변이 서민층에까지 확대되면서 나타난 현상이었다. 한글 소설인 허균의 「홍길동전」은 서얼에 대한 차별의 철폐, 탐관오리의 응징을 통한 이상 사회의 건설을 묘사하는 등 당시의 현실을 날카롭게 비판하였다. 조선 후기에는 중인층과 서민층의 문학 창작 활동이 활발해지면서 동호인들이 모여 시사를 조직하기도 하였다.

오답 분석

③ 상감청자는 고려 시대 12세기 중엽에서 강화도에 도읍한 13세기 중엽까지 주류를 이루었다. 조선 후기에는 청화백자가 유행하였다.

정답   ③

5부

근대 사회의 전개
(개항기)

1. 외세의 침략적 접근과 개항

2. 개화 정책의 추진과 반발

3. 구국 운동과 근대적 개혁의 추진

4. 독립 협회와 대한제국

5. 일제의 국권 침탈과 국권 수호 운동

학습 포인트

- 1~5파트는 정치 파트입니다. 근현대사는 전근대사에 비해 아주 짧은 기간 동안 많은 사건을 다룹니다. 따라서 사건이 꼬리에 꼬리를 물고 진행되니 흐름을 잡는 것에 주력합시다.
- 사건의 배경, 경과, 결과에 주목하면서 공부하되 세부적 내용보다는 큰 개념과 순서에 주목하면서 공부합시다.
- 외울 내용이 다소 많아 보이지만 중급의 경우 지엽적인 내용은 출제되지 않으므로 자신감을 가지고 앞으로 나아갑시다.

6. 개항 이후의 경제 및 사회·문화

학습 포인트

- 개항기의 경제는 몇몇 사건이 반복적으로 출제되고 있고, 어렵지 않게 출제되므로 교재의 노란색 중요 표시를 따라서 공부하시면 쉽게 정답을 맞출 수 있습니다. 특히 청 상인의 내륙 진출을 허용한 조·청 상민 수륙 무역 장정은 단골 주제로 출제되고 있습니다.
- 개항기와 일제 강점기의 문화는 시기를 파악하는 문제가 가장 까다로운 문제입니다. 연도를 외우는 것이 아니라 어느 시기에 있었는지를 구분하여야 합니다. 이에 따라 본 교재에서는 문화사를 시기별로 정리해 놓았습니다.
- 특히 신문과, 종교의 활동은 단골 주제로 출제되고 있는데, 신문의 경우는 각 신문의 특징뿐 아니라 신문이 발행된 시기를 잘 파악해 두어야 합니다.

외세의 침략적 접근과 개항

1 흥선 대원군의 개혁 정치

(1) 흥선 대원군 집권 전 국내외 정세

국내	• 세도 정치로 왕권 실추, 삼정의 문란과 임술 농민 봉기 • 이양선(외국 선박) 출몰, 천주교 및 동학 확산
국외	• 영·프 연합군에 의한 베이징 함락, 러시아의 연해주 차지

(2) 대원군의 개혁 정치 : 전통 체제 내에서의 개혁 〔ⓘ 근대적 개혁 아님.〕

세도 정치 타파		• 안동 김씨 축출, 능력에 따른 인재 등용
비변사 폐지		• 비변사 축소 및 폐지, 의정부(정치)와 삼군부(군사)의 기능 부활
법전 정비		• 「대전회통」, 「육전조례」 편찬
경복궁 중건		• 왕실의 권위를 높이기 위해 임진왜란 때 불타 버린 경복궁 중건 • 원납전 징수, 당백전 발행, 묘지림 벌목과 부역 동원
삼정의 개혁	목적	• 삼정의 문란을 시정해 민생 안정과 국가 재정 확충 도모
	전정	• 양전 사업 실시 : 토지 대장에서 누락된 토지(은결) 색출
	군정	• 호포법 실시 : 양반에게도 군포 징수
	환곡	• 가장 폐단이 심했던 환곡제를 사창제로 개혁
서원 정리	목적	• 왕권 강화, 민생 안정(양반 횡포 방지), 국가 재정 확보
	내용	• 붕당의 근거지로 인식되어 온 서원을 47개소만 남기고 철폐

(3) 통상 수교 거부 정책과 양요 (대원군 집권기 주요 사건)

병인박해(1866)	• 9명의 프랑스 신부들과 남종삼 등 수천 명의 신도 처형
제너럴셔먼호 사건 (1866, 평양)	• 미국 상선 제너럴셔먼호가 통상 요구 및 약탈 자행 • 평안도 관찰사 박규수와 평양 군민들이 불태워 침몰시킴
병인양요 (1866, 강화도)	• 병인박해를 구실로 로즈 제독의 프랑스 함대가 강화도 침략 • 문수산성에서 한성근이, 정족산성에서 양헌수가 항전 • 프랑스군이 강화도 외규장각 도서와 각종 문화재 약탈
오페르트 도굴 사건 (1868, 충남 덕산)	• 독일 상인 오페르트가 충남 덕산에 있는 남연군(대원군 아버지)의 묘를 도굴해 통상을 요구하려다 실패하고 도주
신미양요 (1871, 강화도)	• 제너럴셔먼호 사건을 구실로 미국 로저스 제독이 강화도 침략 • 어재연이 광성보에서 결사적 항전
척화비 건립	• 두 차례의 양요에서 서양을 물리친 흥선 대원군은 전국 각지에 척화비를 세워 통상 수교 거부 의지를 분명히 함
대원군의 하야 (1873)	• 최익현의 대원군을 비판하는 탄핵 상소와 고종의 친정 선언으로 결국 하야하고 민씨 일파가 정권을 잡게 됨

▲ 지역별 주요 사건

척화비 내용

서양 오랑캐가 침입하는 데 싸우지 않음은 곧 화의하는 것이요, 화의를 주장함은 나라를 파는 것이다. 이를 자손만대에 경계하노라. 병인년에 만들고 신미년에 세운다.

▶ 척화비

2 개항과 불평등 조약 체제

(1) 강화도 조약 체결의 배경

대원군 하야 (1873)	• 최익현의 탄핵 상소와 고종의 친정 선언으로 하야 • 민씨 세력이 집권하면서 개항과 통상 무역을 주장하는 집단 성장
통상 개화론의 대두	• 박규수(양반 관료) : 조선 후기 북학파 실학자였던 박지원의 손자 • 오경석(역관) : 청에서 「해국도지」 책 입수→개화 사상에 영향 • 유홍기(의관) : 김옥균, 박영효 등에게 개화 사상 교육
운요호 사건 (1875)	• 일본 군함 운요호가 강화 해역을 침범하여 조선 수비군의 발포를 유도하고, 초지진과 영종도를 포격하여 파괴함 • 일본은 조선 측의 운요호에 대한 포격을 구실 삼아 포함의 위력으로 수교 조약 체결 강요(포함 외교)→1876년 강화도 조약 체결

(2) 강화도 조약(1876. 2, 조·일 수호 조규)

조항	조약의 내용	의미·결과
1관	• 조선은 자주국이며 일본과 평등한 권리를 갖는다.	• 청의 종주권 부인
2관	• 일본은 사신을 서울에 파견하고 조선도 사신을 동경에 파견한다.	• 수신사 파견
4관	• 조선국은 부산 외에 2개 항구를 개항한다.	• 부산, 원산, 인천 개항
7관	• 일본국 항해자가 자유롭게 해안을 측량토록 허가한다.	• 해안 측량권
10관	• 일본국 인민이 조선국이 지정한 각 항구에서 죄를 범할 경우 일본국 관원이 재판한다.	• 치외 법권
분석	• 외국과 맺은 최초의 근대적 조약, 불평등 조약(치외 법권과 해안 측량권 인정)	

(3) 부속 조약 체결

조·일 수호 조규 부록 (1876. 8.)	• 조선 내에서 일본 외교관의 여행의 자유 • 개항장에서 일본 화폐의 유통 허용 • 개항장 10리 이내를 일본인의 거류지로 설정
조·일 무역 규칙 (1876. 8.)	• 일본 수출입 상품에 대한 무관세 • 양곡의 무제한 유출 허용

어재연 장군기(수자기)

신미양요 때 미국에 빼앗겼던 어재연 장군기가 2007년 장기 대여 형식으로 국내로 돌아왔다.

▲ 어재연 장군기

통상 개화론

문호를 개방하여 서양 문물을 받아들이고 이들과 통상해야 한다는 주장.

포함 외교

함대를 파견하여 압력을 가해 상대방으로부터 유리한 조건을 끌어내려는 외교 수단.

▲ 일본 군함 운요호

치외 법권

외국인이 현재 거주하는 나라의 법률을 적용받지 않는 특권, 즉 외국인이 다른 나라에 갔을 때 그 나라 법에 의해 처벌받는 것이 아니라 자기 나라 법에 의해 처벌받는 특권을 말한다.

실전 기출 및 예상 문제

01 밑줄 그은 '정책'의 시행 목적으로 옳은 것을 | 보기 |에서 고른 것은?

○○ 신문

제△△호   ○○○○년 ○○월 ○○일

문화재청은 경남 창녕의 사액 서원인 관산 서원 터에서 땅에 묻힌 위패를 발견했다고 밝혔다. 이를 통해 서원을 헐고 신주를 묻도록 했던 흥선 대원군의 정책이 실체로 확인되었다.

| 보기 |
ㄱ. 신분제 폐지   ㄴ. 국가 재정 확보
ㄷ. 세도 정치 강화   ㄹ. 양반의 횡포 방지

① ㄱ, ㄴ   ② ㄱ, ㄷ   ③ ㄴ, ㄷ
④ ㄴ, ㄹ   ⑤ ㄷ, ㄹ

> **해설**
> 흥선 대원군의 정책 중 서원 정리 정책의 시행 목적에 대해서 묻고 있다. 흥선 대원군은 지방 양반의 세력 근거지로 국가 재정을 좀먹고 백성을 수탈해 온 서원을 47개의 사액 서원만 남기고 철폐하였으며, 서원의 토지와 노비를 몰수하였다. 서원 정리는 왕권을 강화하고, 국가 재정을 확보하며, 민생을 안정시키기 위한 조치였으나, 유생들의 강력한 반발을 일으켰다.

> **오답 분석**
> ㄱ. 신분제 폐지는 1차 갑오개혁(1894) 때의 일이다.
> ㄷ. 흥선 대원군은 실추된 왕권을 강화하기 위해 외척 세도가인 안동 김씨 일족을 정계에서 몰아내고 당파와 신분을 가리지 않고 능력에 따라 인재를 고르게 등용하였다.

> **정답** ④

02 (가) 인물에 대한 정책으로 옳지 않은 것은?

    (가)   이(가) 화폐를 주조하도록 하였다. 이름하기를 '호대당백(戶大當百)이라 하였다. 유통된 지 얼마 되지 않아 물가가 뛰었다.   「대한계년사」

① 대전회통, 육전조례의 법전을 편찬하였다.
② 임진왜란 때 불탄 경복궁을 중건하였다.
③ 과거제를 폐지하였다.
④ 호포제를 실시하였다.
⑤ 양전 사업을 실시하여 은결을 색출하였다.

> **해설**
> (가)는 흥선 대원군이다. 흥선 대원군은 경복궁 중건 비용을 마련하기 위해 한 닢이 상평통보 100전에 해당하는 당백전을 발행하여 유통시킴으로써 화폐량이 증가하여 화폐 가치가 떨어지고 물가가 폭등하는 인플레이션을 초래하기도 하였다.
> 흥선 대원군은 「대전회통」, 「육전조례」의 법전을 편찬하여 통치 체제를 정비하였고, 왕실의 권위를 높이기 위해 임진왜란 때 불탄 경복궁을 중건하였다.
> 또한 양반들에게도 군포를 징수하는 호포법을 실시하였으며, 양전 사업을 실시하여 토지 대장인 양안에 오르지 않은 땅(은결)을 색출하였다.

> **오답 분석**
> ③ 과거제는 1차 갑오개혁(1894) 때 폐지되었다.

> **정답** ③

03 다음 사건이 들어갈 시기를 연표에서 올바르게 고른 것은?

미국의 로저스 제독이 이끄는 군함이 강화도를 침략하였다. 미국군은 초지진과 덕진진을 점령하고 광성보를 공격하였다. 어재연 등이 이끄는 조선 수비대는 광성보에서 결사적으로 항전하였고, 결국 미국군은 조선 군인들의 거센 저항에 밀려 퇴각하였다.

1866.1.	1866.7.	1866. 9.	1868	1875	1876
	(가)	(나)	(다)	(라)	(마)
병인 박해	제너럴셔먼호 사건	병인 양요	오페르트 도굴 사건	운요호 사건	강화도 조약

① (가)   ② (나)   ③ (다)   ④ (라)   ⑤ (마)

해설

제시된 자료는 1871년에 있었던 신미양요이다. 미국은 제너럴셔먼호 사건(1866)을 구실 삼아 무력으로 조선과 통상 관계를 수립하려고 하였다. 그리하여 미국의 로저스 제독이 이끄는 군함이 강화도로 침략해 왔다. 어재연 등이 이끄는 조선의 수비대는 광성보에서 결사적으로 항전하였고, 결국 미국은 조선 군인들의 거센 저항으로 퇴각하였다.

정답 ④

04 다음 조약에 대한 설명으로 옳은 것을 |보기|에서 고른 것은?

1관   조선은 자주국이며 일본과 평등한 권리를 갖는다.
2관   일본 정부는 지금부터 15개월 후 사신을 조선국 서울에 파견하며, 조선도 사신을 동경에 파견한다.
3관   조선국은 부산 외에 2개 항구를 개항한다.

보기

ㄱ. 치외 법권과 해안 측량권을 내준 불평등 조약이다.
ㄴ. 최혜국 대우 조항이 포함되었다.
ㄷ. 외국과 맺은 최초의 근대적 조약이자 불평등 조약이다.
ㄹ. 저율의 관세 조항을 두었다.

① ㄱ, ㄴ   ② ㄱ, ㄷ   ③ ㄴ, ㄷ
④ ㄴ, ㄹ   ⑤ ㄷ, ㄹ

해설

제시된 자료는 1876년 일본과 맺은 강화도 조약이다. 일본은 흥선 대원군이 물러난 뒤, 무력으로 조선의 문호를 개방시키려 하였다. 일본은 군함 운요호를 동원하여 강화 해역 깊이 들어와 조선 수비군의 발포를 유도하고, 초지진과 영종도를 포격하여 파괴하였다.(운요호 사건, 1875) 일본은 조선 측의 운요호에 대한 포격을 구실 삼아 포함의 위력으로 수교 조약의 체결을 강요하였고, 결국 조선은 1876년에 강화도 조약을 맺어 문호를 개방하게 되었다. 강화도 조약은 외국과 맺은 최초의 근대적 조약이자, 치외 법권, 해외 측량권 등을 내준 불평등 조약이었다.

오답 분석

ㄴ과 ㄹ은 조·미 수호 통상 조약의 내용이다.

정답 ②

2 개화 정책의 추진과 반발

1 조선책략의 전래와 유포

(1) 조선책략의 전래와 영향

전래 (1880)	• 2차 수신사로 일본에 간 김홍집이 청의 외교관 황쭌셴(황준헌)이 쓴 「조선책략」을 들여옴
요점	• 조선은 러시아의 남하를 견제하기 위해서 중국과 더욱 친하고, 일본과 결속하고, 미국과 연대를 모색하여야 한다는 내용
영향	• 정부의 개화 정책 추진과 조·미 수호 통상 조약 체결에 영향을 줌

사료읽기

조선책략

오늘날 조선의 책략은 러시아를 막는 일보다 더 급한 것이 없을 것이다. 러시아를 막는 책략은 무엇인가. 중국과 친하고 일본과 맺고 미국과 이어짐으로써 자강을 도모해야 한다.

(2) 1880년대 초 정부의 개화 정책 추진

배경	• 1차 수신사 김기수(1876), 2차 수신사 김홍집 파견(1880)	
정치	• 통리기무아문 설치(1880) : 개화 정책 추진 중심 기구, 산하에 12사 설치	
군사	• 2영 설치 : 5군영을 2영(무위영, 장어영)으로 통합·개편 • 별기군 창설(1881) : 신식 군대, 일본인 교관 초빙, 근대적 군사 훈련 실시	
외교 사절	조사 시찰단 (1881, 일본)	• 일본에 어윤중, 박정양, 홍영식 등을 파견 • 일본의 정부 기관과 각종 산업 시설 등을 시찰
	영선사 (1881, 청)	• 김윤식을 영선사로 삼아 유학생들을 청의 톈진 기기국에 파견하여 무기 제조법 등을 습득 → 기기창(1883) 설치에 영향

2 서양 열강과의 통상 수교

(1) 조·미 수호 통상 조약(1882)

배경	• 김홍집이 가져온 황쭌셴의 「조선책략」이 국내 지식층에 유포 • 러시아와 일본을 견제하기 위한 청의 알선	
조·미 수호 통상 조약의 주요 내용		
1조	• 한 나라가 제 3국의 압박을 받을 경우 서로 도와준다	• 거중 조정
4조	• 조선국 내에서 미국인과의 사이에 분쟁이 생긴 사건은 피고 국적의 해당 관리가 법에 의하여 심리한다.	• 치외 법권
5조	• 수출입 상품에 대하여 관세를 지불해야 한다.	• 관세 부과
14관	• 조약을 체결한 뒤에 통상 무역, 상호 교류 등에서 본 조약에 부여되지 않은 어떠한 권리나 특혜를 다른 나라에 허가할 때에는 자동적으로 미국 관민에게도 똑같이 준다.	• 최혜국 대우
분석	• 조선이 서양 국가와 맺은 최초의 조약, 불평등 조약(치외 법권, 최혜국 대우)	

조사 시찰단(신사 유람단)
조사 시찰단은 국내의 반발을 우려하여 암행어사 신분으로 부산에 집결 후 일본으로 출발하였으며, 일본의 정부 기관과 각종 산업 시설 등을 시찰하고 돌아와 각기 담당 분야에 관한 보고서를 제출하여 정부의 개화 정책을 뒷받침하였다.

별기군
1881년 신식 군대인 별기군이 창설되었다. 일본인 교관인 호리모토를 초빙하여 근대적 군사 훈련을 실시하고 사관 생도를 양성하였다.

▲ 별기군

거중 조정
양국 중 한 나라가 제3국으로 인해 어려움을 겪을 시 서로 도와야 한다는 규정.

최혜국 대우
한 나라가 어떤 외국에 부여하고 있는 가장 유리한 대우를 조약 상대국에도 부여하는 것을 말한다. 최혜국 대우 규정으로 인해 이후 이권 침탈의 원인을 제공하였다.

강화도 조약과 조·미 수호 통상 조약의 비교 (○ : 있음, × : 없음)

구분	치외 법권	최혜국 대우	관세 부과	거중 조정	해안 측량권
강화도 조약	○	×	×	×	○
조·미 수호 통상 조약	○	○	○	○	×

(2) 기타 서양 열강과의 통상 수요

조·영 통상 조약(1883)	• 치외 법권, 최혜국 대우 규정
조·독 통상 조약(1883)	• 치외 법권, 최혜국 대우 규정
조·러 통상 조약(1884)	• 치외 법권, 최혜국 대우 규정
조·프 통상 조약(1886)	• 치외 법권, 최혜국 대우 규정, 천주교 포교 인정

③ 개화 정책에 대한 반발

(1) 위정척사 운동

시기	배경	대표 인물	활동 내용
1860년대	• 병인양요	이항로, 기정진	• 통상 반대 운동(척화주전론)
1870년대	• 강화도 조약	최익현	• 개항 반대 운동(왜양일체론)
1880년대	• 조선책략 유포 • 정부의 개화 정책 추진	이만손	• 개화 반대 운동(영남 만인소)
성격	• 1890년대 이후 항일 의병 운동으로 계승 • 보수적인 유생 주도의 반외세, 반침략 민족 운동		

사료읽기

위정척사 운동

○ 이항로의 척화주전론(1860년대) : 서양과의 통상 반대

서양 오랑캐의 화가 오늘날에 이르러서는 홍수나 맹수의 해보다 더 심합니다. 전하께서는 부지런히 힘쓰시고 경계하시어 안으로는 관리들로 하여금 사학(邪學)의 무리를 잡아 베게 하시고 밖으로는 장병으로 하여금 바다를 건너오는 적을 정벌케 하소서.

○ 최익현의 왜양일체론(1870년대) : 강화도 조약 체결 반대(개항 반대)

일단 강화를 맺고 나면 저들은 물건을 교역하는 데 욕심을 낼 것입니다. 저들의 물건은 모두 지나치게 사치스럽고 기이한 노리개로, 손으로 만든 것이어서 그 양이 무궁합니다. 우리의 물건은 모두가 백성들의 생명이 달린 것이고 땅에서 나는 것이므로 한정이 있습니다. 〈중략〉 저들이 비록 왜인이라고 하나 실은 양적(洋賊)입니다.

○ 이만손의 영남 만인소(1880년대) : 개화 반대, 미국과의 통상 수교 반대

수신사 김홍집이 가지고 와서 유포한 황쭌셴의 사사로운 책자를 보노라면 어느새 털끝이 일어서고 쓸개가 떨리며 울음이 북받치고 눈물이 흐릅니다. 중국은 우리가 신하로서 섬기는 바이며…… 신의와 절도를 지키고 속방의 직분을 지킨 지 벌써 2백 년이나 되었습니다. 이제 무엇을 더 친할 것이 있겠습니까? 일본은 우리에게 매여 있던 나라입니다. …… 그들은 이미 우리 땅을 잘 알고…… 그들이 우리의 허술함을 알고 함부로 쳐들어오면 장차 이를 어찌 막겠습니까? 미국은 우리가 본래 모르던 나라입니다. 잘 알지 못하는데 공연히 타인의 권유로 불러들였다가 우리의 약점을 알아차려 청을 하거나 과도한 경우를 떠맡긴다면 장차 이에 어떻게 응할 것입니까? 러시아는 본래 우리와 혐의가 없는 나라입니다. 공연히 남의 말만 듣고 틈이 생기게 된다면 우리의 위신이 손상될 뿐만 아니라 만약 이를 구실로 침략해 온다면 장차 이를 어떻게 막을 것입니까? 「일성록, 1881」

위정척사 운동

위정(衛正)이란 바른 것, 즉 성리학과 성리학적 질서를 수호하자는 것이고, 척사(斥邪)란 사악한 것, 즉 성리학 이외의 종교와 사상을 배척하자는 것이다.

척화주전론

서양의 통상 요구를 배척하고 서양의 침략에 맞서 싸우자는 주장으로 흥선 대원군의 통상 수교 거부 정책을 강력히 뒷받침함.

왜양일체론

일본과 서양은 똑같다는 주장이다.

배경	• 개화 정책에 대한 반발, 일본의 경제 침탈로 곡물이 유출되면서 쌀값 폭등 • 민씨 정권의 별기군 우대 및 구식 군인에 대한 차별 대우 등
전개	• 구식 군인의 봉기 : 정부 고관의 집과 일본 공사관 습격 • 궁궐 난입 : 궁궐로 쳐들어가 선혜청 당상 민겸호 살해, 명성황후 피신 • 흥선 대원군 재집권 : 통리기무아문과 별기군 폐지, 5군영 부활 • 청군의 개입 : 청군의 조선 출병 및 흥선 대원군을 청으로 압송
결과	• 청군에 의한 군란 진압, 민씨 세력 재집권(친청 정책 실시) • 청의 내정 간섭 심화 : 청군 주둔, 고문 파견(마젠창, 묄렌도르프) • 조 · 청 상민 수륙 무역 장정 체결 : 청 상인의 내륙 진출 허용(내지 통상권) • 제물포 조약 체결 : 일본 공사관의 경비병 주둔 인정

사료읽기

조 · 청 상민 수륙 무역 장정(1882) : 내지 통상권 허용, 치외 법권 인정

전문 : 이 장정은 중국이 속방(속국)을 우대하는 뜻에서 나온 만큼 다른 각국과 일체 균점하는 예와 같지 않다.

2조 : 조선에서의 청 상무위원의 치외 법권을 인정한다.

4조 : 북경과 한성, 양화진에서의 개잔 무역(외래 상인이 상품을 보관, 유숙하는 곳)을 허용하고 호조(일종의 여행 증명)를 가진 자는 개항장 밖의 내륙 통상권과, 연안 무역권까지 허용한다.

제물포 조약(1882) : 일본 공사관의 경비병 주둔 인정

4조 : 일본에게 배상금 50만 원을 지불할 것

5조 : 일본 공사관에 군인을 두어 경비하는 것을 허용하고 그 비용은 조선국이 부담할 것

6조 : 조선국은 대관을 특파해 일본국에게 사죄할 것

(3) 임오군란 이후 정부의 개화 정책

전환국 설치(1883)	• 화폐 주조 기관
박문국 설치(1883)	• 근대식 인쇄 출판 기관
기기창 설치(1883)	• 근대식 무기 제조 공장
보빙사 파견 (1883)	• 시기 : 조 · 미 수호 통상 조약 후 • 인물 : 민영익, 홍영식, 유길준 등 • 활동 : 미국 시찰(일부는 유럽도 시찰)
우정국 창설(1884)	• 우편 사무 관장

▲ 보빙사

(4) 임오군란(1882) 이후 개화파의 대립 심화

개요	• 외교 정책과 개화의 방법을 둘러싸고 온건 개화파와 급진 개화파 대립 심화	
구분	**온건 개화파**(사대당)	**급진 개화파**(개화당)
인물	• 김홍집, 어윤중, 김윤식	• 김옥균, 박영효, 홍영식 등
개화 방법	• 동도서기론, 청의 양무 운동(중체서용) • 점진적 개혁 추구	• 문명 개화론(일본의 메이지 유신) • 급진적 개혁 추구
성향	• 친청 사대 정책 • 민씨 정권과 결탁	• 청과 사대 관계 단절 주장 • 민씨 정부의 친청 정책 비판

임오군란

민씨 정권은 신식 군대인 별기군을 우대하고 구식 군대를 차별하였다. 구식 군인들은 1년 넘게 월급을 받지 못해 생계의 위협을 받게 되었다. 1882년 6월, 선혜청 도봉소에서 구식 군인들은 겨우 받은 한 달치 월급에 겨와 모래가 섞여 있자, 마침내 폭동을 일으켰다. 이들은 정부 고관의 집을 공격하고 별기군의 일본인 교관 호리모토를 죽였으며, 일본 공사관을 습격하였다. 또한 궁궐로 쳐들어가 민비가 도피하는 상황에 이르렀다. 고종은 흥선 대원군에게 정권을 맡겼다. 재집권한 대원군은 5군영을 부활시켰으며, 통리기무아문과 별기군을 폐지하였다. 그러나 청의 개입으로 상황은 바뀌었다. 민씨 정권의 요청을 받은 청은 신속히 군대를 조선에 파견하였고 군란의 책임을 물어 대원군을 청으로 압송하였다.

빈민층의 임오군란 합세

당시 구식 군인들은 서울 변두리에 많이 거주하였는데, 이 지역의 빈민들이 임오군란에 다수 합세하였다.

동도서기론

우리의 정신 문화는 지키고 서양의 기술을 수용하려는 것으로 청의 중체서용이나 일본의 화혼양재와 유사한 의미를 지닌다.

문명 개화론

서양의 기술뿐 아니라 제도와 사상까지 받아들이자는 주장이다.

4 갑신정변과 한반도를 둘러싼 정세

(1) 갑신정변(1884) : 근대 국민 국가 건설을 목표로 한 최초의 정치 개혁 운동

배경	• 개화파의 대립 심화, 청의 내정 간섭 심화, 급진 개화파의 입지 위축 • 청·프 전쟁 및 일본 공사의 군사적 지원 약속
전개	• 급진 개화파(김옥균, 홍영식 등)가 우정국(우정총국) 개국 축하연을 이용해 정변 → 민씨 정권의 고위 관료들을 살해하고 개화당 정부 수립 → 14개조 개혁 정 강 마련 → 청군의 개입으로 3일 만에 실패(3일 천하) • 홍영식은 죽임을 당함, 김옥균·박영효·서광범·서재필 등은 일본으로 망명
결과	• 청의 내정 간섭 강화, 개화 운동의 흐름 약화 • <mark>한성 조약 체결</mark>(1884) : 일본 공사관 신축비와 배상금 지불 • <mark>청과 일본 간의 톈진 조약 체결</mark>(1885) : 후에 청일 전쟁의 원인이 됨
성격	• 메이지 유신을 모델로 한 급진적인 개혁 운동
의의	• <mark>청과의 사대 관계를 끊고</mark> 국가의 자주권을 확립하려 함 • 전제 군주제를 근대적 <mark>입헌 군주제</mark>로 바꾸어 근대 국민 국가를 수립하려 함 • 문벌 폐지 및 <mark>인민 평등권을 제정</mark>하여 봉건적 신분 제도의 타파 시도
한계	• 위로부터 전개된 개혁(민중의 지지 부족), 일본의 지원에 의존 • 백성이 원하는 <mark>토지 개혁이 없었음</mark>, 급진 개화파의 정치·군사적 기반 미약

사료읽기

갑신정변 때의 14개조 정강 중 일부

1. <mark>청에 잡혀간 흥선 대원군을 조속히 귀국하게 하고 청에 대한 조공 허례를 폐지한다.</mark>
2. <mark>문벌을 폐지하여 인민 평등권을 제정하고 능력에 따라 인재를 등용한다.</mark>
3. 지조법을 개정하여 관리의 부정을 막고 백성을 구제하며 국가 재정을 충실케 한다.
12. 모든 국가 재정은 호조에서 통할케 한다.(재정 기관의 일원화)
13. 대신과 참찬은 날짜를 정하여 의정부에서 정령을 논의, 결정하여 시행한다.
14. 의정부와 6조 외의 불필요한 기관을 없앤다.

(2) 갑신정변(1884) 이후의 국내외 정세

청과 일본의 대립 격화	• 조선을 둘러싼 청과 일본의 대립 격화
영국의 거문도 점령 (1885~1887)	• 이유 : 러시아의 남하에 대비한다는 구실 • 결과 : 거문도를 해밀턴 항이라 명명하고 불법 점령(거문도 사건)
한반도 중립화론 대두	• 제기 : 독일 영사 부들러와 <mark>유길준</mark> 등이 제기 • 결과 : 이 당시 중립화론은 받아들여지지 않았음

사료읽기

유길준의 중립화론
대저 우리나라가 아시아의 중립국이 된다면 러시아를 방어하는 큰 기틀이 될 것이고, 또한 아시아의 여러 대국들이 서로 보전하는 정략도 될 것이다. …… 이는 비단 우리나라만을 위한 것이 아니라 중국의 이익도 될 것이고 여러 나라가 서로 보전하는 계책도 될 것이니 무엇이 두려워서 하지 않겠는가.　　　　　　　　　　　　　　　　　　　　　　　　　「유길준 전서」

급진 개화파의 위축
급진 개화파 김옥균이 개화 자금을 마련하기 위해 일본으로부터 차관을 도입하려 했으나 실패하여 급진 개화파의 정치적 입지가 위축되었다.

청·프 전쟁
1884년 7월 청이 베트남 문제로 프랑스와 전쟁 상태에 들어가자, 조선에 주둔하고 있던 3천 명의 청나라 군사 중 그 반이 베트남 전선으로 이동하였다.

한성 조약(1884)
개화당 일파가 갑신정변을 일으켰다가 실패하고 일본으로 망명하자, 흥분한 민중이 서울에 있는 일본 공사관을 불태우고 일본 거류민을 죽였다. 이에 일본은 자신들도 정변에 연루되었음에도 조선이 국서로서 사죄를 표명할 것과 일본 공사관 신축비와 배상금 지불 등을 내용으로 하는 한성 조약을 체결하였다.

톈진 조약(1885)
청과 일본 양국은 조선에서 군대를 철수하고 장차 조선에 군대를 파병할 경우 상대국에게 미리 알릴 것 등을 내용으로 하는 톈진 조약을 체결하였다. 이로써 일본은 조선에 대하여 청국과 동등한 파병권을 획득하였으며, 톈진 조약은 후에 청일 전쟁의 원인이 되었다.

22회 기출

01 다음 책이 국내에 소개되어 나타난 영향으로 옳은 것은?

> …… 그렇다면 오늘날 조선이 세워야 할 책략으로 러시아를 막는 것보다 더 급한 일이 없다. 러시아를 막는 책략은 무엇인가? 중국과 친하고, 일본과 맺고, 미국과 이어짐으로써 자강을 도모할 따름이다. ……

① 홍경래의 난이 발생하였다.
② 통신사가 일본에 파견되었다.
③ 최제우가 동학을 창시하였다.
④ 척화비가 전국 각지에 건립되었다.
⑤ 조·미 수호 통상 조약이 체결되었다.

해설

제시된 자료는 「조선책략」이다. 1880년 2차 수신사로 일본에 간 김홍집이 청의 외교관 황쭌셴(황준헌)이 쓴 「조선책략」을 들여와 정부의 개화 정책 추진에 영향을 주었는데, 이 책의 요점은 '조선은 러시아의 남하를 견제하기 위해서 중국과 더욱 친하고(친중국), 일본과 결속하고(결일본), 미국과 연대를 모색(연미국)하여야 한다.'는 것이다. 「조선책략」은 정부의 개화 정책 추진과 1882년 조·미 수호 통상 조약 체결에 영향을 주었다.

오답 분석

① 홍경래의 난(1811)은 세도 정치기에 세도 정치의 폐해와 평안도 지역에 대한 차별 등이 원인이 되어 일어났다.
② 조선에서는 1607년(선조)부터 1811년(순조)까지 12회에 걸쳐 통신사라는 이름으로 일본에 사절을 파견하였다.
③ 최제우는 1860년에 동학을 창시하였다.
④ 두 차례의 양요에서 서양의 침략을 물리친 흥선 대원군은 전국 각지에 척화비를 세워 통상 수교 거부 의지를 분명히 하였다.

정답 ⑤

02 다음과 같은 주장이 제기된 배경으로 옳은 것은?

> 수신사 김홍집이 가지고 와서 유포한 황쭌셴의 사사로운 책자를 보노라면 어느새 털끝이 일어서고 쓸개가 떨리며 울음이 북받치고 눈물이 흐릅니다. 중국은 우리가 신하로서 섬기는 바이며…… 신의와 절도를 지키고 속방의 직분을 지킨 지 벌써 2백 년이나 되었습니다. 이제 무엇을 더 친할 것이 있겠습니까? 일본은 우리에게 매여 있던 나라입니다. …… 그들은 이미 우리 땅을 잘 알고…… 그들이 우리의 허술함을 알고 함부로 쳐들어오면 장차 이를 어찌 막겠습니까? 미국은 우리가 본래 모르던 나라입니다. 잘 알지 못하는데 공연히 타인의 권유로 불러들였다가 우리의 약점을 알아차려 청을 하거나 과도한 경우를 떠맡긴다면 장차 이에 어떻게 응할 것입니까? 러시아는 본래 우리와 혐의가 없는 나라입니다. 공연히 남의 말만 듣고 틈이 생기게 된다면 우리의 위신이 손상될 뿐만 아니라 만약 이를 구실로 침략해 온다면 장차 이를 어떻게 막을 것입니까?

① 영국의 거문도 점령
② 조선책략의 유포
③ 갑오개혁 추진
④ 독립 협회 해산
⑤ 을사늑약 체결

해설

제시된 자료는 이만손의 '영남 만인소'이다. 위정척사 운동은 정부가 미국과 통상 조약을 체결하려 하자 절정에 이르렀다. 유생들은 정부가 황쭌셴의 「조선책략」에 따라 서양과 통교하려 한다고 여겨 이를 반대하는 상소를 올렸는데, 그 대표적인 것이 1881년(고종 18) 이만손이 중심이 되어 영남 유생들이 집단적으로 올린 만인소였다.
그러나 이러한 반대에도 불구하고 1882년 조·미 수호 통상 조약은 체결되었다.

오답 분석

① 영국의 거문도 점령 사건은 1885년의 일이다.
③ 갑오개혁은 1894년부터 추진되었다.
④ 독립 협회는 1898년에 해산되었다.
⑤ 을사늑약은 1905년에 체결되었다.

정답 ②

03 다음 조항들의 공통점으로 옳은 것은?

> 제10조 일본국 인민이 조선국에서 지정한 각 항구에 머무는 동안에 죄를 범한 것이 조선국 인민과 관계되더라도 모두 일본국 관원이 심의하여 처리한다.
> ─ 조·일 수호 조규 ─
>
> 제4조 미국 인민이 상선이나 해안에서 조선 인민의 생명과 재산에 손해를 주는 등의 일이 있을 때에는, 미국 영사관 혹은 미국에서 파견한 관원에게 넘겨 미국 법률에 따라 조사하고 체포하여 처벌한다.
> ─ 조·미 수호 통상 조약 ─

① 치외 법권을 규정하였다.
② 최혜국 대우를 인정하였다.
③ 수출입 절차를 규정하였다.
④ 내지 통상권을 허용하였다.
⑤ 관세 부과 원칙을 규정하였다.

해설

첫 번째 조항은 강화도 조약(1876, 조·일 수호 조규)의 치외 법권에 관한 내용이고, 두 번째 조항은 조·미 수호 통상 조약(1882)의 치외 법권에 관한 내용이다. 따라서 정답은 ①번이다.

※ 강화도 조약과 조·미 수호 통상 조약의 비교

구분	강화도 조약	조·미 수호 통상 조약
치외 법권	○	○
최혜국 대우	×	○
관세 부과	×	○
거중 조정	×	○
해안 측량권	○	×

(○ : 있음, × : 없음)

오답 분석

② 최혜국 대우는 조·미 수호 통상 조약에서 처음 규정되었다.
④ 조·청 상민 수륙 무역 장정(1882)에 대한 설명이다.

정답 ①

04 다음 사건에 대한 설명으로 옳은 것을 |보기|에서 고른 것은?

> 구식 군인들은 1년 넘게 월급을 받지 못해 생계의 위협을 받게 되었다. 1882년 6월, 선혜청 도봉소에서 구식 군인들은 겨우 받은 한 달치 월급에 겨와 모래가 섞여 있자, 마침내 폭동을 일으켰다. 이들은 정부 고관의 집을 공격하고 별기군의 일본인 교관 호리모토를 죽였으며, 일본 공사관을 습격하였다.

|보기|
ㄱ. 구식 군인에 대한 차별 대우가 발단이 되었다.
ㄴ. 급진 개화파의 주도로 전개되었다.
ㄷ. 우정국 개국 축하연을 계기로 일어났다.
ㄹ. 조·청 상민 수륙 무역 장정이 체결되는 결과를 초래하였다.

① ㄱ, ㄴ   ② ㄱ, ㄷ   ③ ㄱ, ㄹ
④ ㄴ, ㄷ   ⑤ ㄷ, ㄹ

해설

제시된 자료에 해당하는 사건은 구식 군인에 대한 차별 대우가 발단이 되어 일어난 임오군란(1882)이다. 임오군란의 결과 청의 내정 간섭이 심화되었다. 임오군란을 진압한 청은 위안스카이(원세개)가 지휘하는 청군을 조선에 주둔시켰으며, 마젠창과 독일인 묄렌도르프를 고문으로 파견하여 조선의 내정 및 외교에 간섭하였다. 또한 청 상인의 내륙 진출을 허용하는 조·청 상민 수륙 무역 장정을 체결하였다.

오답 분석

ㄴ과 ㄷ은 갑신정변(1884)에 대한 설명이다.

정답 ③

실전 기출및 예상 문제

21회기출

05 다음 조약 체결의 원인이 된 사건 내용으로 가장 적절한 것은?

⋮

제3조 조선은 5만원을 지출하여 해를 당한 일본 관원의 유족과 부상자를 특별히 돌보아 준다.

제4조 흉도들의 포악한 행동으로 인하여 일본국이 입은 손해와 공사를 호위한 해군과 육군의 비용 중에서 50만 원을 조선국에서 보충한다.

제5조 일본 공사관에 군사 약간을 두어 경비를 서게 한다.

① 구식 군인이 선혜청을 습격하였다.
② 방곡령을 내려 곡식 유출을 막았다.
③ 영국군이 거문도를 불법 점령하였다.
④ 평양 군민이 제너럴셔먼호를 불태웠다.
⑤ 운요호가 강화도에서 무력 시위를 하였다.

해설
제5조에 결정적 힌트가 있다. 일본 공사관에 경비병 주둔을 인정한 조약은 제물포 조약(1882)이다. 제물포 조약의 체결의 배경이 된 사건은 구식 군인들이 일으킨 임오군란(1882)이다.

오답 분석
② 1889년 일본으로의 곡물 유출이 늘어나 곡물 가격이 폭등하자, 함경도 관찰사 조병식 등 지방관들은 방곡령을 선포하였다.
③ 영국은 러시아의 남하에 대비한다는 구실로 거문도를 해밀턴 항이라 명명하고 약 2년 동안(1885~1887) 불법으로 점령하였다.(거문도 사건)
④ 1866년 미국 상선 제너럴셔먼호가 대동강을 거슬러 올라와 통상을 요구하며 약탈을 자행하였고 이에 평양 감사(평안도 관찰사) 박규수와 평양의 군민들이 제너럴셔먼호를 불태워 침몰시켰다. 이 사건은 1871년 신미양요의 원인이 되었다.
⑤ 운요호 사건(1875)에 대한 설명이다. 운요호 사건은 강화도 조약 체결(1876)의 배경이 되었다.

정답 ①

19회기출

06 밑줄 그은 '그'에 대한 설명으로 옳은 것은?

　그의 생각은 무엇보다도 청의 세력을 꺾고, 청을 추종하는 귀족 세력을 없앤 후 우리나라의 자주 독립을 수립하려는 것이었다. 더욱이 청의 대원군 납치를 참을 수 없는 수치로 여겨 분개하며 떨쳐 나서려 하였다.

「서재필 박사 자서전」

① 독사신론을 지었다.
② 영남 만인소를 주도하였다.
③ 헌정 연구회를 조직하였다.
④ 황준헌이 쓴 조선책략을 가져왔다.
⑤ 일본을 모델로 급진적인 개혁을 추진하였다.

해설
밑줄 그은 '그'는 갑신정변(1884)을 주도한 급진 개화파 김옥균이다. 김옥균, 박영효, 홍영식, 서광범 등 급진 개화파(개화당)는 청의 내정 간섭과 청에 의존하려는 정부의 정책에 반대하면서, 청의 간섭 때문에 정부의 개화 정책이 제대로 추진되지 못하는 현실을 강력하게 비판하였다. 급진 개화파는 일본의 메이지 유신(문명 개화론)을 본받아 급진적인 개혁을 추구하였다.

오답 분석
① 신채호에 대한 설명이다.
② 이만손에 대한 설명이다.
③ 이준에 대한 설명이다.
④ 김홍집에 대한 설명이다.

정답 ⑤

07 다음 개혁안이 제시된 사건에 대한 설명으로 옳지 <u>않은</u> 것은?

> 1. 청에 잡혀간 흥선 대원군을 곧 돌아오도록 하게 하며, 종래 청에 대해 행하던 조공의 허례를 폐지한다.
> 2. 문벌을 폐지하고 인민 평등의 권리를 세워, 능력에 따라 관리를 임명한다.
> 12. 모든 재정은 호조에서 통할한다.
> 13. 대신과 참찬은 의정부에 모여 정령을 의결하고 반포한다.

① 일본군이 조선에 주둔하는 결과를 가져왔다.
② 우정총국 개국 축하연을 이용하여 일어났다.
③ 한성 조약이 체결되는 결과를 초래하였다.
④ 청의 내정 간섭이 심해지는 결과를 초래하였다.
⑤ 급진 개화파가 주도하였다.

해설

제시된 자료는 갑신정변 14개조 정강이다. 따라서 갑신정변에 대한 설명으로 틀린 것을 찾는 문제이다.
급진 개화파는 우청총국(우정국) 개국 축하연을 이용하여 민씨 정권의 요인들을 처단하고 개화당 정부를 수립한 뒤, 14개조의 개혁 정강을 마련하였다. 이 정강의 주요 내용은 청에 대한 조공 허례의 폐지, 인민 평등권의 확립, 지조법의 개혁, 모든 재정의 호조 관할, 내각 중심 정치의 실시 등이었다. 갑신정변은 청군의 개입으로 결국 3일 천하로 끝나고 말았다. 갑신정변의 결과, 청의 조선에 대한 내정 간섭은 더욱 강화되었으며, 일본은 자신들도 정변에 연루되었음에도 불구하고, 조선이 국서로서 사죄를 표명할 것과 일본 공사관 신축비와 배상금 지불 등을 내용으로 하는 한성 조약을 조선과 체결하였다.

오답 분석

① 일본군이 조선에 주둔하는 결과를 가져온 것은 임오군란이다. 임오군란의 결과 조선은 일본과 제물포 조약을 체결하여 배상금을 물고, 일본 공사관의 경비병 주둔 등을 인정하였다.

정답 ①

---

08 다음 주장이 제기된 시기를 연표에서 옳게 고른 것은?

> 대저 우리나라가 아시아의 중립국이 된다면 러시아를 방어하는 큰 기틀이 될 것이고, 또한 아시아의 여러 대국이 서로 보전하는 정략도 될 것이다. …… 이는 비단 우리나라만을 위한 것이 아니라 중국의 이익도 될 것이고, 여러 나라가 서로 보전하는 계책도 될 것이니 무엇이 두려워서 하지 않겠는가?

1866	1871	1876	1882	1884	1894
	(가)	(나)	(다)	(라)	(마)
병인 양요	신미 양요	강화도 조약	임오 군란	갑신 정변	갑오 개혁

① (가)　② (나)　③ (다)　④ (라)　⑤ (마)

해설

제시된 자료는 유길준의 중립화론(1885)이다. 갑신정변 이후 조선을 둘러싸고 청과 일본의 대립이 격화되었고, 영국도 러시아의 남하 정책에 대항하여 거문도를 불법으로 점령(거문도 사건, 1885)함으로써 한반도는 열강들의 대립으로 긴장감이 높아졌다. 이 무렵 조선 주재 독일 부영사 부들러는 한반도의 중립화를 조선 정부에 건의하였고, 미국 유학에서 귀국한 유길준도 열강의 침략으로부터 조선의 안전을 보장받기 위하여 조선 중립화론을 제기하였다.

정답 ⑤

3 구국 운동과 근대적 개혁의 추진

① 동학 농민 운동과 갑오개혁

(1) 동학의 교조 신원 운동

삼례 집회 (1892. 11.)	• 동학 교도들이 전라도 삼례에 모여 최제우의 억울한 죽음을 풀어달라는 교조 신원과 동학 교도에 대한 탄압을 중지할 것을 요구
서울 복합 상소 (1893. 2.)	• 서울 궁궐 앞에서 교조 신원에 대해 국왕에게 복합 상소(궁궐 앞에 엎드려 올리는 상소)하였으나 실패함
보은 집회 (1893. 3.)	• 충북 보은에서 집회를 열고 교조 신원은 물론 탐관오리의 숙청, 일본과 서양 세력의 배척을 요구하는 척왜양창의 등의 정치적 구호를 내세움 → 점차 종교 운동에서 농민 중심의 정치 운동으로 전환

(2) 동학 농민 운동과 갑오개혁의 전개 과정(1894년의 주요 사건)

① 동학 농민 운동 고부 농민 봉기(고부 민란, 1894. 1.)

배경	• 고부 군수 조병갑의 탐학 : 만석보 개수 시 농민 강제 동원 및 수세 징수
경과	• 전봉준 등은 사발통문을 돌리고 천여 명의 농민과 고부 관아를 습격 • 군수를 내쫓고 아전들을 징벌한 뒤 농민들에게 곡식을 나누어 주고 해산함
결과	• 정부는 고부 군수를 교체하고 진상 조사를 위해 안핵사 이용태 파견

② 동학 농민 운동 1차 봉기(1894. 3., 남접) 🔆 순서 암기가 중요하다.

배경		• 안핵사 이용태는 민란 관련자를 역적죄로 몰아 가혹하게 탄압
경과	무장 봉기	• 무장에서 전봉준과 동학 농민군 봉기
	백산 집결	• 보국안민, 제폭구민의 기치를 내걸고 3월 하순에 백산에 집결하여 4대 강령과 격문 발표
	황토현 전투	• 관군을 황토현에서 물리침(4월 7일)
	황룡촌 전투	• 장성 황룡촌에서 서울에서 파견된 경군 격파(4월 23일)
	전주성 점령	• 전주성 점령(4월 27일)
	청군 상륙	• 조선 정부의 요청으로 청군이 아산만으로 상륙(5월 5일)
	일본군 상륙	• 일본군도 톈진 조약을 구실로 인천에 상륙(5월 6일)
	전주 화약	• 폐정 개혁을 약속하고 동학 농민군과 전주 화약 체결(5월 8일) • 전주 화약 이후 동학 농민군은 집강소 설치(폐정 개혁안 실천)

사료 읽기

백산 창의문

우리가 의를 들어 이에 이르렀음은 그 본의가 결코 다른 데 있지 아니하고 백성을 도탄 속에서 건지고 국가를 반석 위에 두고자 함이라. 안으로는 탐학한 관리의 머리를 베고, 밖으로는 횡포한 강적의 무리를 쫓아내고자 함이다.

4대 강령

1. 사람을 죽이지 말고 물건을 해치지 말라.
2. 충효를 다하며, 세상을 구하고 백성을 편안케 하라.
3. 일본 오랑캐를 물리치고 성도를 깨끗이 하라.
4. 군대를 몰고 서울로 올라가 권세가와 귀족을 멸하라.

만석보
고부 군수 조병갑이 농민들을 강제로 동원해 쌓은 보(저수지)이다. 조병갑은 고부 군수로 있으면서 만석보를 개수할 때 농민들을 강제로 동원하였고, 추수 때 수세(水稅)로 700여 석을 착복하였다.

사발통문
사발을 뒤집어 놓고 거사에 동의하는 사람들의 이름을 원을 그리면서 써넣었다.

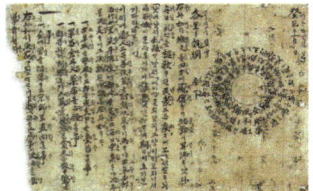
▲ 사발통문

안핵사
지방에서 사건이 발생하였을 때에 이를 처리하기 위해 파견한 임시 관직.

포접제
동학 포교를 위해 각 지방에 만든 조직이다. 접은 크게 북접(충청도, 종교적, 온건파)과 남접(전라도, 정치적, 강경파)으로 나뉘었다.

집강소
전주 화약 이후 동학 농민군이 내정을 개혁할 목적으로 전라도 53개 군에 설치한 민정 기관이다. 집강소에는 한 사람의 집강과 그 아래에 서기, 성찰, 집사 등의 임원을 두었으며 전주에는 집강소의 총본부인 대도소를 설치하였다.

동학 농민군의 폐정 개혁안 12개조

1. 동학도는 정부와의 원한을 씻고 서정에 협력한다.
2. 탐관오리는 그 죄상을 조사해 엄징한다.
3. 횡포한 부호를 엄징한다.
4. 불량한 유림과 양반의 무리를 징벌한다.
5. 노비 문서를 소각한다. →신분제 철폐 요구
6. 7종의 천인 차별을 개선하고, 백정이 쓰는 평량갓을 없앤다. →신분제 철폐 요구
7. 청상과부의 개가(재혼)를 허용한다. →봉건적 폐습 폐지
8. 무명의 잡세는 일체 폐지한다. →수취 제도 개혁 요구
9. 관리 채용에는 지벌을 타파하고 인재를 등용한다. →능력에 따른 인재 등용
10. 왜와 통하는 자는 엄징한다. →반외세
11. 공사채를 물론하고 기왕의 것을 무효로 한다. →부채 탕감
12. 토지는 평균해 분작한다. →토지 개혁 요구

③ 1차 갑오개혁(1894. 7.) 추진 과정

정부의 교정청 설치 (6월 11일)	• 일본은 조선이 내정 개혁을 해야 한다며 철병 거부 • 일본의 간섭에 대항하고 자주적으로 개혁을 추진하기 위해 설치
일본의 경복궁 점령 (6월 21일)	• 일본은 청일 전쟁을 일으키려는 본심을 드러내고 먼저 조선 정부를 제압하기 위해 경복궁을 점령함
청일 전쟁 발발 (6월 23일)	• 일본이 풍도 앞바다에서 청국 함대를 기습 공격
군국기무처 설치 (6월 25일)	• 경복궁을 점령한 일본의 위협 속에 민씨 정권 붕괴 • 흥선 대원군을 섭정으로 하는 1차 김홍집 내각 성립 • 군국기무처를 설치하고 1차 갑오개혁을 추진해 나감
1차 갑오개혁 (7월~12월)	• 군국기무처가 개혁 주도 • 청의 연호를 폐지하고 개국 연호(개국 기원) 사용 • 왕실과 정부의 사무를 분리하여 왕권 축소(궁내부 신설 : 왕실 사무) • 6조를 8아문으로 변경 • 과거제 폐지 및 새로운 관리 임용 제도 마련 • 경무청 신설, 재정 기관의 일원화(탁지아문에서 관할) • 은 본위 화폐 제도 채택 및 도량형 통일, 조세 금납제 시행 • 신분제 철폐(공·사노비제 폐지), 인신매매 금지 • 조혼 금지, 과부의 재가 허용, 고문과 연좌법 폐지

④ 동학 농민 운동 2차 봉기(1894. 9., 남·북접 연합)

배경	• 일본의 경복궁 점령과 내정 간섭 강화
전개	• 전봉준의 남접과 손병희의 북접이 연합 부대를 형성해 논산에 집결(9월) • 공주 우금치 전투(11월)에서 관군과 일본군에게 패배
결과	• 전봉준을 비롯한 지도자들이 순창에서 체포됨으로써 동학 농민 운동 실패

군국기무처
1차 갑오개혁 기간 동안 개혁 법안을 심의·의결한 기관으로, 최고 입법 기관의 성격을 지녔다.

8아문
내무아문　외무아문
탁지아문　군무아문
법무아문　학무아문
공무아문　농상아문

경무청
내무아문 밑에 경무청이라는 경찰 기구를 설치하였다.

은 본위 화폐 제도
은의 가치를 기준으로 삼아 화폐의 가치를 확정하고 유지하는 제도.

도량형
길이나 무게 등을 측정하기 위한 단위들의 총체.

조세 금납제
세금을 돈(화폐)으로 납부하게 하는 것.

녹두 장군 전봉준 관련 민요
새야 새야 파랑새야 녹두밭에 앉지 마라.
녹두꽃이 떨어지면 청포 장수 울고 간다.

▲ 압송되는 전봉준

전봉준 공초(신문 내용 기록 문서)

문: 작년 3월 고부 등지에서 민중을 크게 모은 것은 무슨 까닭인가?

답: 고부 군수가 정액 외에 가렴(가혹하게 징수함)이 수만 냥인 고로 민심이 원통하여 의거하였다.

문: 고부에서 기포할 때에는 동학이 많았는가, 원통한 사람이 많았는가?

답: 동학은 적고 원통한 사람이 많았다.

문: 다시 봉기한 이유는 무엇인가?

답: 귀국(일본)이 개화라 칭하며 군대를 거느리고 밤중에 왕궁을 공격하여 임금을 놀라게 하였다. 이에 백성들이 충군애국의 마음으로 의병을 규합하고 일본인과 접전하여 그 책임을 묻고자 함이었다.

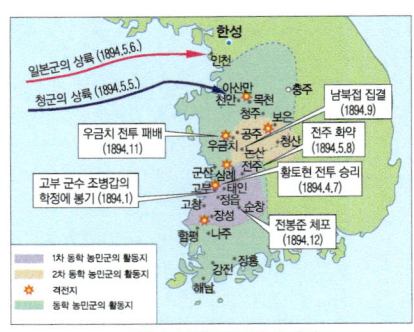

▲ 동학 농민 운동의 전개 과정

동학 농민 운동의 의의와 한계

의의	• 반봉건, 반외세적(반침략적) 민족 운동, 아래로부터의 개혁 운동 • 동학 농민들의 요구는 갑오개혁에 부분적으로 반영됨 • 농민군의 잔여 세력은 후에 의병 운동(을미의병)에 가담해 무장 투쟁 활성화
한계	• 근대 사회 건설을 위한 구체적인 방안을 제시하지 못함 • 일부 양반은 민보군을 조직해 일본군·관군과 함께 동학 농민군 진압에 동참

⑤ 2차 갑오개혁(1894. 12. ~ 1895. 7.)

일제의 적극적 간섭	• 청일 전쟁에서 승세를 잡은 일본은 적극적 간섭 정책을 취함 • 군국기무처 폐지, 2차 김홍집·박영효 연립 내각 수립
개혁 내용	• 독립 서고문과 홍범 14조 발표 • 중앙 조직 개편 : 8아문을 7부로 개편 • 지방 제도 개편 : 8도의 행정 구역을 23부로 개편 • 지방 재판소 설치(사법권 독립) : 지방관의 사법권 박탈 • 지방관의 권한 축소 : 사법권과 군사권 배제, 행정권만 행사 • 고종의 교육 입국 조서 발표 : 교육의 중요성 강조 • 한성 사범 학교 설립, 외국어 학교 관제 발표, 유학생 파견

홍범 14조

고종은 문무 백관을 거느리고 종묘에 나아가 독립서고문을 바치고, 국정 개혁의 기본 강령인 홍범 14조를 반포하였다.

7부

외부	내부
탁지부	군부
법부	학부
농상공부	

홍범 14조

1. 청국에 의존하는 생각을 버리고 자주 독립의 기초를 세운다.
4. 왕실 사무와 국정 사무를 분리하여 서로 혼동하지 않는다.
7. 조세의 징수와 경비 지출은 모두 탁지아문의 관할에 속한다.
14. 문벌을 가리지 않고 널리 인재를 등용한다.

② 을미사변과 을미개혁

(1) 러·프·독의 삼국 간섭 (1895. 4.)

배경	• 청일 전쟁에서 승리한 일본이 청나라와 요동 반도(랴오둥 반도) 할양 등을 골자로 하는 시모노세키 조약 체결(1895. 4.)
내용	• 만주로의 진출을 기도하고 있던 러시아는 프랑스, 독일과 함께 일본에 외교적 압력을 가해 요동 반도를 청에 반환하도록 함
영향	• 일본 세력 위축, 러시아의 영향력 강화 • 3차 김홍집 내각(친러 내각) 성립

(2) 을미사변(1895. 8.)과 을미개혁(1895. 8.~1896. 2.)

을미사변	배경	• 3차 김홍집 내각에서의 친러파 우세, 고종의 친러·친미 정책 표방
	내용	• 일본은 자신들의 세력을 만회하기 위해 미우라 신임 공사의 주도 아래 궁궐을 침범하여 배일 정책을 주도하던 왕비(명성황후)를 시해함
	결과	• 4차 김홍집 내각(친일 내각) 수립 및 을미개혁 추진
을미개혁		• '건양' 연호 제정, 단발령 실시, 태양력 사용, 소학교 설치, 종두법 실시 • 갑신정변으로 중단되었던 우편 사무 재개 • 친위대(중앙)·진위대(지방) 설치

(3) 을미의병 (1895~, 항일 의병 투쟁의 시작)

계기	• 을미사변과 단발령에 반발
참여	• 위정척사 사상을 가진 유생들이 주도, 일반 농민과 동학 농민군 잔여 세력 가담
의병장	• 유인석(제천), 이소응(춘천) 등
결과	• 아관 파천으로 친일 정권이 무너진 뒤, 단발령이 철회되고 국왕의 해산 권고 조칙이 내려지자 대부분 해산함

사료읽기

> **을미의병 격문**
>
> 원통함을 어찌하리오. 국모의 원수를 생각하며 이를 갈았는데, 참혹함이 더욱 심해져 임금께서 또 머리를 깎는 지경에 이르렀으니…… 부모에게 받은 몸을 금수로 만드니 무슨 일이며, 부모에게 받은 머리카락을 풀 베듯이 베어 버리니……　　　　　「유인석의 격문」

(4) 아관 파천 (1896. 2.~1897. 2.)

배경	• 을미사변과 단발령 등으로 반일 감정이 높아지고 각지에서 항일 의병이 일어났으며, 을미사변 후 고종은 신변의 위협까지 느끼고 있었음
내용	• 친러파 세력이 고종을 러시아 공사관으로 피신시킴
결과	• 을미개혁 중단, 친일 내각이 무너지고 친러 내각 수립 • 단발령 철회 및 의병 해산을 권고하는 조칙을 내림 • 국가의 자주성이 손상되고, 열강의 이권 침탈 심화

시모노세키 조약
1. 조선이 완전한 자주 독립국임을 인정할 것.
2. 요동(랴오둥) 반도와 타이완, 펑후 제도를 일본 제국에 할양한다.
3. 청국은 일본 제국에 배상금 2억 냥을 지불한다.

갑오·을미개혁의 평가
갑신정변과 동학 농민 운동의 개혁안을 일부 반영한 정치, 경제, 사회 등 각 분야에 걸친 근대적 개혁이었다. 그러나 당시 가장 절실한 과제였던 군사적 개혁이나 농민이 요구한 토지 제도의 개혁 등이 이루어지지 않았고, 일본의 간섭을 배제할 수 없었다는 점에서 한계를 지녔다.

실전 기출 및 예상 문제

01 밑줄 그은 '전쟁' 기간 중에 있었던 사실로 옳은 것은?

일본이 우리나라를 차지하려는 욕심을 드러냈다며? 우리 정부의 철병 요구를 거부하고 오히려 경복궁을 점령했다고 하지?

그러게 말이야. 게다가 친일 내각을 세우고, 청군을 공격하여 전쟁을 일으켰다고 하네.

① 동학 농민군이 우금치 전투에서 패배하였다.
② 한국 광복군이 대일 선전 성명서를 발표하였다.
③ 국민 대표 회의가 중국 상하이에서 개최되었다.
④ 의병 연합 부대가 서울 진공 작전을 계획하였다.
⑤ 일제가 징병령을 내려 조선인을 전쟁에 동원하였다.

해설
청일 전쟁(1894. 6.~1895. 4.) 중에 있었던 사건을 고르는 문제이다. 1894년 6월 21일, 일본은 군대를 동원하여 경복궁을 점령해 조선 정부를 제압하고, 이틀 뒤인 23일에는 청·일 전쟁을 일으키고, 조선에 대한 내정 간섭을 강화하면서 이권 탈취에 급급하였다. 이에 동학 농민군이 9월에 재봉기하였다. 전봉준의 남접과 손병희의 북접은 연합 부대를 형성하여 논산에 집결하였다. 남접과 북접이 합세한 동학 농민군은 공주 우금치에서 일본군과 관군을 상대로 전투를 벌였으나, 결국 우세한 화력에 밀려 패배하고 말았다.(우금치 전투, 1894. 11.)

오답 분석
②, ③, ⑤ 일제 강점기에 있었던 사건들이다.
④ 13도 창의군의 서울 진공 작전은 1908년 1월에 있었다.

정답 ①

02 (가)와 (나) 사이에 들어갈 사건으로 옳지 않은 것은?

(가)

전주성 점령

(나)

우금치 전투

① 청군의 아산만 상륙
② 일본군 인천 상륙
③ 전주 화약
④ 군국기무처 설치
⑤ 황룡촌 전투

해설
동학 농민군의 전주성 점령(1894. 4. 27.)과 공주 우금치 전투(1894. 11.) 사이에 들어갈 사건으로 틀린 것을 찾는 문제이다.
① 청군 상륙(1894. 5. 5.)
② 일본군 상륙(1894. 5. 6.)
③ 전주 화약(1894. 5. 8.)
④ 군국기무처 설치(1894. 6. 25.)

오답 분석
⑤ 황룡촌 전투는 1894년 4월 23일에 있었던 전투로 전주성 점령보다 이른 시기에 있었다.

정답 ⑤

03 밑줄 그은 '개혁'의 내용으로 옳은 것을 | 보기 |에서 고른 것은?

군국기무처의 주도로 개혁을 한다는군.

사노비를 없애고 과거제도 폐지한다네.

| 보기 |

ㄱ. 박문국을 설치하여 한성순보를 발행하였다.

ㄴ. 조혼을 금지하고 과부의 재가를 허용하였다.

ㄷ. 청의 연호를 폐지하고 개국 기원을 사용하였다.

ㄹ. 전국의 서원을 47개만 남기고 모두 철폐하였다.

① ㄱ, ㄴ   ② ㄱ, ㄷ   ③ ㄴ, ㄷ

④ ㄴ, ㄹ   ⑤ ㄷ, ㄹ

해설

군국기무처의 주도로 개혁을 한다는 점과, 사노비를 없애고 과거제를 폐지한다는 내용으로 볼 때 1차 갑오개혁(1894)임을 알 수 있다.

※ 1차 갑오개혁

– 청의 연호를 폐지하고 개국 연호(개국 기원) 사용

– 왕실과 정부 사무의 분리

– 8아문제, 은 본위 화폐 제도 채택, 경무청 신설

– 과거제 폐지, 신분제 철폐

– 조혼 금지, 과부의 재가 허용, 고문과 연좌법 폐지

– 탁지아문으로 재정 일원화

오답 분석

ㄱ. 1883년에는 근대식 인쇄 출판 기관인 박문국이 설치되었고, 박문 국에서는 우리나라 최초의 신문인 한성순보가 발행되었다.

ㄹ. 흥선 대원군은 붕당의 근거지로 인식되어 온 서원을 47개소만 남 기고 철폐하였다.

정답 ③

04 다음과 관련된 의병에 대한 설명으로 옳지 않은 것은?

원통함을 어찌하리오. 국모의 원수를 생각하며 이를 갈았 는데, 참혹함이 더욱 심해져 임금께서 또 머리를 깎는 지 경에 이르렀으니…… 부모에게 받은 몸을 금수로 만드니 무슨 일이며, 부모에게 받은 머리카락을 풀 베듯이 베어 버리니……

「유인석 격문」

① 위정척사 사상을 가진 유생들이 주도하였다.

② 동학 농민군의 잔여 세력이 가담하였다.

③ 을미사변과 단발령에 반발하여 봉기하였다.

④ 고종의 권고 조칙으로 해산하였다.

⑤ 해산 군인의 합류로 전투력이 향상되었다.

해설

국모의 원수, 머리를 깎는 지경 등의 힌트로 보아 을미사변(명성황후 시해)과 단발령에 반발하여 일어난 을미의병(1895~)임을 알 수 있다. 을미의병은 위정척사 사상을 가진 유생들이 주도하였으며, 일반 농민 과 동학 농민군의 잔여 세력이 이에 가담하였다. 대표적인 의병장으 로는 유인석과 이소응 등이 있다.

을미의병은 아관 파천으로 친일 정권이 무너진 뒤, 단발령이 철회되 고 국왕의 해산 권고 조칙이 내려지자 대부분 해산하였다.

오답 분석

⑤ 고종 황제의 강제 퇴위와 군대 해산에 반발하여 일어난 정미의병 (1907~)에 대한 설명이다.

정답 ⑤

4 독립 협회와 대한제국

1 독립 협회의 창립과 활동(1896. 7.~1898. 12.)

(1) 독립 협회의 창립

독립문
독립 협회는 국민의 성금을 모아 중국에 대한 사대의 상징인 영은문을 헐고 그 자리에 독립문을 세워 민중에게 자주 독립 의식을 고취시켰다.

▲ 독립문

배경	• 아관 파천 이후 열강의 이권 침탈 심화
창립	• 갑신정변의 주동자로 일본을 거쳐 미국에 망명해 있던 서재필 귀국 • 서재필은 먼저 독립신문을 창간(1896. 4.)하고 독립 협회 조직(1896. 7.)

💡 독립 협회의 창립보다 독립신문의 창간이 시기상 더 빠르다.

(2) 독립 협회의 활동

민중 계몽	• 독립신문 발간, 독립문 건립, 강연회·토론회 개최
자주 국권	• 러시아의 절영도 조차 요구 저지 및 한·러 은행 폐쇄 • 만민 공동회를 열어 러시아의 군사 교련단과 재정 고문단을 철수시킴 • 프랑스, 독일의 광산 채굴권 요구 저지
자유 민권	• 국민의 신체와 재산권 보호 운동 전개 • 언론, 출판, 집회, 결사의 자유 확보 노력
자강 개혁	• 보수적 내각을 퇴진시키고 박정양의 진보적 내각을 수립하게 하는 데 성공 • 관민 공동회를 열고, 헌의 6조를 결의하여 국왕의 재가를 받았음 • 의회 설립 운동 : 정부와 협상을 벌여 의회식 중추원 관제를 반포하게 함

의회식 중추원 관제
중추원 의원은 관선과 민선 각각 25인으로 하였으며, 민선 의관은 처음에는 독립 협회에서 선출하도록 되어 있었다. 이것은 제한된 의미에서나마 최초로 국민 참정권을 공인한 점에서 역사적 의미를 가진다. 독립 협회는 정부와 협상을 벌여 의회식 중추원 관제를 반포하게 하여 우리나라 역사상 처음으로 의회가 설립될 단계에 이르렀으나 의회 설립은 실패하였다.

사료읽기

> **헌의 6조**
> 1. 외국인에게 의지하지 말고 관민이 힘을 합해 전제 황권을 견고하게 할 것
> 2. 외국과의 이권에 관한 계약과 조약은 각 대신과 중추원 의장이 합동 날인해 시행할 것
> 3. 국가 재정은 탁지부에서 전관하고, 예산과 결산을 국민에게 공포할 것
> 4. 중대 범죄를 공판하되, 피고의 인권을 존중할 것
> 5. 칙임관을 임명할 때에는 정부에 그 뜻을 물어서 중의에 따를 것
> 6. 정해진 규정을 실천할 것

(3) 독립 협회의 해산(1898. 12.)

황국 협회
전국의 보부상으로 조직된 단체이다. 1898년 홍종우, 이기동 등이 보부상과 연합하여 만들었는데 황실과 정부의 정책을 지지하였다.

모함	• 보수 세력은 독립 협회가 왕정을 폐지하고 공화정을 실시하려 한다고 모함
해산령	• 놀란 고종은 독립 협회 해산령을 내림
항의	• 서울 시민과 독립 협회 회원들은 만민 공동회를 열고 항의
해산	• 정부는 황국 협회에 소속된 보부상 2천여 명을 동원하여 만민 공동회 탄압 • 결국 군대를 동원하여 독립 협회를 해산시킴

(4) 독립 협회의 의의와 영향

내용	• 의회 설립 운동 전개(입헌 군주제 지향), 근대 의식과 자주 국권 의식 확산에 기여 • 민중을 계몽하여 개화 운동에 결합시킴으로써 민중에 바탕을 둔 개혁 운동 전개
영향	• 독립 협회의 운동은 한말의 애국 계몽 운동에 영향을 줌

② 대한제국(1897~1910)과 광무개혁

(1) 대한제국의 성립(1897. 10.)

배경	• 고종이 러시아 공사관에서 경운궁(지금의 덕수궁)으로 환궁(1897. 2.)
선포	• 연호를 '광무(光武)'로 정하고 국호를 '대한제국'으로 하여 자주 국가임을 선포

(2) 대한제국의 광무개혁 : 구본신참의 원칙, 점진적 개혁

정치	• 대한국 국제 반포(1899) : 황제권의 무한함을 강조
군사	• 황제가 군권을 장악하기 위해 원수부 설치 • 서울의 시위대 및 지방의 진위대 증강
경제	• 양전 사업을 실시하고 근대적 토지 소유 증명서인 지계 발급 • 상공업 진흥책(식산흥업 정책)에 의하여 여러 분야에서 근대적 공장과 회사가 설립됨
교육	• 각종 실업 학교와 기술 교육 기관 설립, 유학생 파견
외교	• 이범윤을 간도 관리사로 파견(1902) • 만국 우편 연합에 가입, 파리 만국 박람회 참여

사료 읽기

대한국 국제(황제의 전제권 강화)

1조 대한국은 세계 만국이 공인한 자주 독립 제국이다.
2조 대한제국의 정치는 만세불변의 전제 정치이다.
3조 대한국 대황제는 무한한 군권을 누린다.
9조 대한국 대황제는 각 조약 체결 국가에 사신을 파견하고, 선전, 강화 및 제반 조약을 체결한다.

(3) 광무개혁의 의의와 한계

의의	• 전제 군주제의 확립을 통해 근대 주권 국가 지향 • 산업 · 교육 · 근대적 시설 확충
한계	• 전제 군주제를 강화하는 등 집권층의 보수적 성향

환구단(원구단)
고종이 황제 즉위식을 거행한 곳.

▲ 환구단

대한국 국제(1899)
정부는 입헌 군주제와 의회 설립을 추구하던 독립 협회를 결국 해산시켰으며 (1898. 12.), 일종의 헌법으로 제정한 대한국 국제에서 대한제국의 정치는 만세 불변의 전제 정치임과 황제의 무한함을 강조하고 군대 통수권, 입법권, 행정권, 사법권, 외교권 등을 황제의 대권으로 규정하였다.

지계
토지 소유권을 증명하는 문서.

구본신참
옛 제도를 근본으로 하고 새로운 제도를 참고한다는 의미.

실전 기출 및 예상 문제

18회기출

01 다음은 어떤 단체가 개최한 토론회 주제이다. 이 단체의 활동으로 옳은 것은?

> 1897. 8. 조선의 급선무는 인민의 교육에 있다.
> 1897. 12. 인민의 견문을 넓히려면 신문을 발간하는 일이 제일 중요하다.
> 1898. 4. 중추원을 개편하는 것이 정치상 제일 긴요하다.
> 1898. 5. 백성의 권리가 높아질수록 임금의 지위가 높아지고, 나라의 힘을 떨칠 수 있다.

① 정부에 헌의 6조를 건의하였다.
② 국외 독립운동 기지를 건설하였다.
③ 고종 퇴위 반대 운동을 전개하였다.
④ 일제의 황무지 개간권 요구를 저지하였다.
⑤ 을사 5적을 규탄하고 친일파를 처단하려 하였다.

해설

시기상으로 볼 때, 그리고 신문 발간, 중추원의 개편 등을 언급하는 것으로 보아 독립 협회(1896. 7.~ 1898. 12.)가 개최한 토론회 주제임을 알 수 있다. 1898년, 독립 협회는 만민 공동회에 정부 대신들을 합석시켜 관민 공동회를 열고 국권 수호와 민권 보장, 국정 개혁을 내용으로 하는 헌의 6조를 결의하여 국왕의 재가를 받았다.

오답 분석

② 신민회의 활동이다.
③ 대한 자강회에 대한 설명이다.
④ 보안회에 대한 설명이다.
⑤ 나철, 오기호의 5적 암살단에 대한 설명이다.

정답 ①

22회기출

02 다음 서술형 평가의 답안에 들어갈 내용으로 옳은 것은?

서술형 평가

○학년 ○반 이름 : ○○○

• 다음 자료를 공포한 정부의 경제 정책에 대해 서술해 보세요.

> **- 대한국 국제 -**
>
> 제1조. 대한국은 세계 만국이 공인한 자주 독립 제국이다.
> 제2조. 대한제국의 정치는 만세불변의 전제 정치이다.
> 제3조. 대한국 대황제는 무한한 군권을 누린다.
> ⋮

답안	

① 국가 재정을 호조로 일원화시켰다.
② 재정 확보를 위해 애국 공채를 발행하였다.
③ 회사령을 공포하여 기업 설립을 통제하였다.
④ 군량 마련을 위해 식량 공출제를 실시하였다.
⑤ 근대적 토지 소유 증명서인 지계를 발급하였다.

해설

대한제국은 "옛 제도를 근본으로 하고 새로운 제도를 참작한다."라는 구본신참의 개혁 방향을 제시하고, 대한국 국제(1899)를 제정하여 황권을 강화하였다. 또, 양전 사업을 실시하여 근대적 토지 소유 증명서인 지계를 발급하였다.

오답 분석

① 갑신정변 14개조 정강의 내용이다.
② 대한민국 임시 정부의 활동이다.
③, ④ 회사령 공포와 공출제 실시는 국권 피탈 후 일제가 우리 민족의 경제를 수탈하기 위해 추진한 정책이다.

정답 ⑤

03 다음 내용의 결의를 주도한 단체의 활동으로 옳지 <u>않은</u> 것은?

1. 외국인에게 의지하지 말고 관민이 힘을 합해 전제 황권을 견고하게 할 것
2. 외국과의 이권에 관한 계약과 조약은 각 대신과 중추원 의장이 합동 날인해 시행할 것
3. 국가 재정은 탁지부에서 전관하고, 예산과 결산을 국민에게 공포할 것
4. 중대 범죄를 공판하되, 피고의 인권을 존중할 것
5. 칙임관을 임명할 때에는 정부에 그 뜻을 물어서 중의에 따를 것
6. 정해진 규정을 실천할 것

① 독립문 건립
② 의회 설립 운동 전개
③ 국외 독립운동 기지 건설
④ 러시아의 절영도 조차 요구 저지
⑤ 만민 공동회와 관민 공동회 개최

해설

제시된 자료는 1898년 독립 협회가 관민 공동회에서 결의한 헌의 6조이다. 따라서 독립 협회의 활동을 묻는 문제이다.

※ 독립 협회의 주요 활동

민중 계몽 운동	• 독립신문 발간 • 독립문 건립 • 토론회 개최
자주 국권 운동	• 만민 공동회 개최 • 러시아의 절영도 조차 요구 저지 • 한 · 러 은행 폐쇄 • 러시아의 군사 교련단과 재정 고문단을 철수시킴
자유 민권 운동	• 국민의 신체와 재산권 보호 운동 전개 • 언론, 출판, 집회, 결사의 자유 확보 노력
자강 개혁 운동	• 관민 공동회 개최(헌의 6조 결의) • 의회 설립 운동(중추원 관제 반포)

오답 분석

③ 신민회(1907~1911)의 활동이다.

정답 ③

---

04 (가)의 수립 시기를 연표에서 옳게 고른 것은?

고종은 러시아 공사관에서 약 1년 만에 환궁한 후, 자주 독립의 근대 국가를 세우려는 국민적 열망과 러시아를 견제하려는 국제 여론에 힘입어 을(를) 수립하였다.

환구단 : 고종이 황제 즉위식을 거행한 곳

1876		1882		1894		1896		1898		1905	
	(가)		(나)		(다)		(라)		(마)		
강화도 조약		임오 군란		갑오 개혁		독립 협회 창립		독립 협회 해산		을사 늑약	

① (가) ② (나) ③ (다) ④ (라) ⑤ (마)

해설

(가)는 대한제국이다. 아관 파천(1896)으로 러시아 공사관에 머물던 고종이 1897년에 경운궁(지금의 덕수궁)으로 환궁하자, 국가의 위상을 높여야 한다는 분위기가 조성되었다. 이에 고종은 연호를 광무로 정하고, 국호를 대한제국으로 하여 환구단(원구단)에서 황제 즉위식을 거행하고 자주 국가임을 선포하였다.(1897)

정답 ④

5 일제의 국권 침탈과 국권 수호 운동

1 일제의 국권 침탈 과정

(1) 러·일 전쟁의 발발

배경	• 삼국 간섭(1895) 이후 한반도 지배권을 둘러싼 러시아와 일본의 대립 격화
경과	• 러·일 간의 전운이 감돌자 대한제국은 국외 중립 선언(1904.1.) • 만주와 한반도의 지배권을 두고 러·일 전쟁 발발(1904.2.)
결과	• 일본의 승리 : 승리한 일본은 러시아와 포츠머스 조약 체결(1905.9.)

(2) 일제의 국권 침탈 과정

한·일 의정서 (1904.2.)	• 배경 : 러·일 전쟁 중 일본이 군사상 필요한 지역을 사용하기 위해 • 내용 : 군사 전략상 필요한 요충지 사용
1차 한·일 협약 (1904.8.)	• 배경 : 러·일 전쟁 전세가 일본에게 유리하게 전개되자 간섭 강화 • 결과 : 재정 고문 메가타, 외교 고문 스티븐스 임명(고문 정치)
을사늑약 (1905.11.)	• 을사조약 또는 2차 한·일 협약이라고도 함 • 배경 : 러·일 전쟁에서 승리한 일본의 노골적 강압 • 결과 : 외교권 박탈 및 통감부 설치(통감 정치)
한·일 신협약 (1907.7.)	• 정미 7조약이라고도 함 • 행정 각 부에 일본인 차관 임명(차관 정치), 대한제국의 군대 해산
한·일 병합 조약 (1910.8.)	• 내용 : 대한제국의 통치권을 일본에 양여 • 결과 : 총독부 설치 및 초대 총독으로 데라우치 임명

사료 읽기

○ 한·일 의정서(1904.2.)

4조 …… 대한제국 정부는 일본 제국 정부의 행동이 용이하도록 충분한 편의를 제공할 것. 일본 정부는 전항의 목적을 성취하기 위하여 군략상 필요한 지점을 수시로 사용할 수 있다.

○ 1차 한·일 협약(1904.8.)

1조 한국 정부는 일본 정부가 추천하는 일본인 1명을 재정 고문으로 하여 한국 정부에 용빙하고, 재무에 관한 사항은 일체 그 의견을 물어 시행할 것.
2조 한국 정부는 일본 정부가 추천하는 외국인 1명을 외교 고문으로 하여 ……

○ 을사늑약(을사조약, 1905.11.)

2조 일본국 정부는 한국과 타국과의 사이에 현존하는 조약의 실행을 완수하는 임무를 담당하고, 한국 정부는 지금부터 일본국 정부의 중개를 거치지 않고는 국제적 성질을 가진 어떠한 조약이나 약속을 맺지 않을 것을 서로 약속한다.
3조 일본국 정부는 그 대표자로 하여금 한국 황제 폐하의 궐하에 1명의 통감을 두고 통감은 오로지 외교에 관한 사항을 관리하기 위하여 경성(서울)에 주재하고 친히 한국 황제 폐하에게 내알하는 권리를 가진다.

통감부
을사조약 체결 후 1906년 2월 설치되어 1910년 8월 주권의 상실과 더불어 총독부가 설치될 때까지 4년 6개월 동안 한국의 국정 전반을 사실상 모두 장악했던 통치 기구이다. 초대 통감에는 이토 히로부미가 임명되었다.

한·일 신협약(정미7조약)
1. 한국 정부는 시정 개선에 있어 통감의 지도를 받을 것.
4. 한국 고등 관리의 임명은 통감의 동의를 받을 것.
5. 한국 정부는 통감이 추천하는 일본인을 한국 관리에 채용할 것.

〈부수 각서〉
3조 다음 방법에 의하여 군비를 정리함.
1. 육군 1대대를 존치하여 황궁 수위를 담당하게 하고 기타 부대는 해체한다.

② 국권 침탈에 대한 민족의 저항

(1) 을사늑약(을사조약)에 대한 저항(1905~)

자결 순국	• 민영환, 조병세 등은 자결로써 을사조약에 항거
5적 암살단 조직	• 나철, 오기호 등은 5적 암살단 조직
대한매일신보	• 을사조약이 무효라는 고종의 친서 발표
황성신문	• 장지연의 '시일야방성대곡' 논설을 실어 을사조약 비판
을사의병 봉기	• 민종식(관료 출신 의병장) : 의병을 일으켜 홍주성 점령 • 최익현(유생 출신 의병장) : 전북 태인에서 의병을 일으킴 • 신돌석(평민 출신 의병장) : 경상·강원도 일대에서 활약
헤이그 특사 파견 (1907. 6.)	• 목적 : 고종이 을사조약의 불법성을 국제 사회에 알리기 위해 • 파견 : 네덜란드 헤이그에서 열리는 2회 만국 평화 회의에 이위종, 이상설, 이준을 특사로 파견 • 결과 : 일본은 헤이그 특사 파견을 빌미로 고종을 강제 퇴위시킴

사료 읽기

장지연의 시일야방성대곡

저 개돼지만도 못한 소위 우리 정부의 대신이라는 자는 각자의 영리만을 생각하고, 위협에 벌벌 떨면서 나라를 팔아먹는 도적이 되어, 4,000년 역사의 강토와 500년 종사를 타인에게 바치고, 2000만의 영혼을 모두 타인의 노예로 되게 하니, 저 개돼지만도 못한 외무대신 박제순과 각 대신은 족히 엄하게 문책할 가치도 없거니와, 명색이 참정대신이라는 자는 정부의 우두머리임에도 불구하고 다만 '부(否)'자로써 책임을 면하며 이름만 팔려고 꾀하였다.

(2) 정미의병의 저항(1907~)

계기	• 고종의 강제 퇴위와 군대 해산
특징	• 해산 군대의 의병 합류, 의병의 전쟁화, 의병장의 다양화
13도 연합 의병 (13도 창의군)	• 결성(1907. 12.) : 총대장 이인영, 군사장 허위 • 각국 영사관에 의병을 국제법상의 교전 단체로 인정해 줄 것을 요구 • 서울 진공 작전(1908. 1) : 서울 근교까지 진격하였으나 후퇴
호남 의병	• 서울 진공 계획 실패 후에도 호남 지역을 중심으로 의병 운동 전개 • 일제의 남한 대토벌 작전(1909. 9.)으로 의병 투쟁 위축

(3) 의사들의 활동

장인환과 전명운	• 미국 유학 중이던 장인환과 전명운이 휴가차 귀국한 외교 고문 스티븐스를 샌프란시스코에서 사살함(1908. 3.)
안중근	• 1909년 10월 만주 하얼빈 역에서 이토 히로부미 사살 • 중국의 뤼순(여순) 감옥에 수감되어 옥중에서 「동양 평화론」 집필
이재명	• 매국노 이완용을 칼로 찔러 중상을 입히고 체포됨

최익현
전북 태인에서 의병을 일으킨 최익현은 의병을 이끌고 순창으로 진격하여 진위대와 대치하였다. 이때 그는 "동포끼리 서로 싸울 수 없다." 하여 스스로 체포되었고, 결국 쓰시마 섬(대마도)에 끌려가 순절하였다.

신돌석
평민 출신 의병장으로 '태백산 호랑이'라 불리었으며, 일월산을 거점으로 영해, 평해, 울진 등 경상, 강원도 일대에서 유격 전술을 사용하며 활약하였다.

헤이그 특사
왼쪽부터 이준, 이상설, 이위종.

▲ 헤이그 특사

서울 진공 작전
1908년 1월 허위의 선발대가 동대문 밖 30리 지점까지 진격하였으나, 일본의 화력에 밀려 실패하고 말았다.

▲ 정미의병의 모습

남한 대토벌 작전
1909년 의병 항전의 중심이 호남 지방으로 옮겨진 뒤, 일본군은 1909년 9월부터 약 2개월 동안 이른바 '남한 대토벌 작전'이라는 무자비한 진압 작전을 벌였다. 이 작전으로 의병 투쟁이 크게 위축되었으나 많은 의병들은 압록강과 두만강을 건너 간도와 연해주로 근거지를 옮겨 항전을 계속하였다.

▲ 체포된 호남 지역 의병장들

애국 계몽 운동
교육, 언론, 종교 등 문화 활동과 산업의 진흥을 통해 실력을 양성하여 국권을 회복하려는 운동이다. 이 운동은 주로 지식인과 관료층을 중심으로 전개되는데, 이 운동을 주도한 인물들은 **사회 진화론의 영향**을 받아 우리나라를 둘러싼 국제 관계를 약육강식과 적자생존의 원리가 지배하는 힘의 각축장으로 인식하였다.

일진회(1904~1910)
송병준, 이용구가 조직한 친일 단체로 1910년 한국이 일제에 강제 병합될 때까지 일제의 침략 정책에 적극 협력한 친일 매국 단체이다.

▲ 도산 안창호

105인 사건(1911)
1911년, 일제는 서북 지방을 중심으로 한 배일 기독교 세력과 신민회의 항일 운동을 탄압하려고 데라우치 총독 암살 음모를 조작하여 수백 명의 민족 지도자를 투옥하고, 중심 인물 105인을 재판에 회부하였다.

❸ 애국 계몽 운동 단체들의 활동

(1) 보안회(1904. 7.)

조직	• 원세성, 송수만 등이 서울에서 조직
활동	• 일본의 황무지 개간권 요구에 반대 운동을 전개하여 이를 저지하는 데 성공

(2) 헌정 연구회(1905. 5.)

조직	• 이준, 윤효정 등이 조직
활동	• 의회 설립을 통한 입헌 군주제 수립 주장
해체	• 일진회의 반민족 행위를 규탄하다가 1906년 통감부에 의해 해산됨

(3) 대한 자강회(1906~1907)

조직	• 윤효정, 장지연 등이 조직, 헌정 연구회를 계승함
활동	• 전국에 25개의 지회를 두었음, 월보 간행, 교육 진흥, 강연회 개최 등의 활동
해체	• 고종의 강제 퇴위 반대 운동을 전개하다가 1907년 통감부에 의해 해산됨

사료 읽기

대한 자강회 취지서

무릇 우리나라의 독립은 오직 자강의 여하에 있을 따름이다. 우리 대한이 종전에 자강의 방법을 강구하지 않아 인민이 스스로 우매함에 묶여 있고 국력이 쇠퇴하여 마침내 오늘의 위기에 다다라, 결국 외국인의 보호를 당하게 되었으니, 이는 모두 자강의 도에 뜻을 다하지 않았던 까닭이다. …… 자강의 방법을 생각해 보면, 다름이 아니라 교육을 진작함과 식산흥업에 있다. 무릇 교육이 일어나지 못하면 백성의 지혜가 열리지 못하고, 산업이 늘지 못하며, 국부가 증가하지 못한다.

▲ 대한 자강회 월보

(4) 신민회(1907~1911)

조직	• 안창호, 양기탁 등 사회 각계각층의 인사를 망라하여 조직된 비밀 결사
목표	• 공화 정체의 근대 국민 국가 수립 → 우리나라 최초로 공화정을 주장한 단체
활동	• 민족 교육 육성 : 평양에 대성 학교 설립(안창호), 정주에 오산 학교 설립(이승훈) • 민족 산업 육성 : 자기 회사(평양) 설립, 태극 서관(대구, 평양) 설립 • 국외 독립운동 기지 건설 : 남만주(서간도) 삼원보, 삼원보에 신흥 강습소 설립
해체	• 일제가 날조한 105인 사건(1911)으로 조직 와해

사료 읽기

신민회 설립 취지문

신민회는 무엇을 위해 일어남이뇨? 민습의 완고 부패에 신사상이 시급하며, 민습의 우미(愚迷)에 신교육이 시급하며, 열심의 냉각에 신제창이 시급하며, …… 정치의 부패에 신개혁이 시급이라. 천만 가지 일에 신(新)을 기다리지 않는 바 없도다. …… 우리 대한인은 내외를 막론하고 통일 연합으로써 그 진로를 정하고 독립 자유로써 목적을 세움이니, 이것이 신민회의 원하는 바이며 …… 간단히 말하면 오직 신정신을 불러 깨우쳐서 신단체를 조직한 후에 신국을 건설할 뿐이다.

실전 기출 및 예상 문제

01 밑줄 그은 '이 사건'으로 옳은 것은?

지도는 일제가 일으킨 이 사건에 반발하여 봉기한 대표적 의병장과 그 활동 지역을 표시한 것입니다.

① 을사늑약
② 사법권 강탈
③ 토지 조사 사업
④ 고종의 강제 퇴위
⑤ 대한제국 군대의 해산

해설

밑줄 그은 '이 사건'은 을사늑약(을사조약)이다.
1905년 11월, 일제는 고종 황제와 정부 대신들을 위협하고 강제로 을사늑약(을사조약)을 체결하여 외교권을 박탈하였고, 이에 을사의병이 봉기하였다. 민종식은 의병을 일으켜 홍주성을 점령하고 일본군과 맞섰으며, 전북 태인에서 의병을 일으킨 최익현은 의병을 이끌고 순창으로 진격하여 진위대와 대치하였다. 이 때 그는 '동포끼리 서로 싸울 수 없다.' 하여 스스로 체포되었고, 결국 쓰시마 섬(대마도)에 끌려가 순절하였다.
평민 출신 의병장 신돌석은 일월산을 거점으로 영해, 평해, 울진 등 경상·강원도 일대에서 유격 전술을 사용하며 활약하였다.

오답 분석

② 일제는 1909년 기유각서를 체결하여 감옥 사무와 사법권을 박탈하였다.
③ 일제의 토지 조사 사업은 일제 강점기인 1910년대에 추진되었다.
④, ⑤ 1907년 고종의 강제 퇴위와 군대 해산을 계기로 일어난 의병은 정미의병이다.

정답 ①

02 다음 내용을 집필한 인물에 대한 설명으로 옳은 것은?

대저 합치면 성공하고 흩어지면 패망한다는 것은 만고에 분명히 정해져 있는 이치다. 지금 세계는 동서로 나뉘어 있고 인종도 각각 달라 서로 경쟁하고 있다. …… 동양 평화를 위한 의로운 싸움을 하얼빈에서 시작하고, 옳고 그름을 가리는 자리는 여순으로 정했다. 이어 동양 평화 문제에 관한 의견을 제출하는 바이니 여러분은 깊이 살펴 주기 바란다.

① 외교 고문 스티븐스를 사살하였다.
② 만주 하얼빈 역에서 이토 히로부미를 사살하였다.
③ 헤이그 특사로 파견되었다.
④ 갑신정변을 주도하였다.
⑤ 한인 애국단을 조직하였다.

해설

제시된 자료를 보면 동양 평화와 하얼빈 등의 힌트가 보인다. 제시된 자료는 안중근이 만주 하얼빈 역에서 이토 히로부미를 사살한 후 여순(뤼순) 감옥에서 집필한 「동양 평화론」 서문이다. 따라서 정답은 ②번이다.

오답 분석

① 미국 유학 중이던 장인환과 전명운은 외교 고문 스티븐스가 휴가차 귀국해 기차 회견을 통해 일본의 한국 침략을 정당화하는 발언을 한 데 분개하여 그를 샌프란시스코에서 사살하였다.
③ 고종은 을사조약(을사늑약)의 불법성을 국제 사회에 알리기 위해 네덜란드 헤이그에서 열리는 제2회 만국 평화 회의에 이위종, 이상설, 이준을 특사로 파견하였다.
④ 갑신정변을 주도한 인물은 급진 개화파 김옥균, 홍영식 등이다.
⑤ 김구는 침체에 빠진 임시 정부에 활기를 불어넣기 위해 1931년에 상하이에서 한인 애국단을 조직하였다.

정답 ②

실전 기출및 예상문제

03 다음 자료의 단체에 대한 설명으로 옳은 것은?

> 우리 대한이 종전에 자강의 방법을 강구하지 않아 인민이 스스로 우매함에 묶여 있고 국력이 쇠퇴하여 마침내 오늘의 위기에 다다라, 결국 외국인의 보호를 당하게 되었으니, 이는 모두 자강의 도에 뜻을 다하지 않았던 까닭이다.

① 해외 독립운동 기지 건설을 추진하였다.
② 105인 사건으로 해체되었다.
③ 고종의 강제 퇴위 반대 운동을 전개하였다.
④ 5적 암살단을 조직하였다.
⑤ 대성 학교와 오산 학교를 설립하였다.

 해설

제시된 자료는 대한 자강회 취지서이다. 따라서 대한 자강회(1906~1907)의 활동을 찾아야 한다.
윤효정, 장지연 등이 조직한 대한 자강회는 전국에 25개 지회를 두었으며, 월보 간행, 교육 진흥, 산업 개발, 강연회 개최 등의 활동을 통하여 실력 양성에 의한 국권 회복 운동을 전개하였으나, 1907년, 고종 강제 퇴위 반대 운동을 전개하다가 통감부에 의해 해산되었다.

 오답 분석

①, ②, ⑤ 신민회에 대한 설명이다.
④ 나철, 오기호 등은 을사조약에 찬성한 매국노들을 처단하기 위해 5적 암살단을 조직하였다.

※ 을사 5적
을사조약(을사늑약) 체결 과정에서 일본에 협조한 5명의 대신으로, 이완용, 이근택, 이지용, 박제순, 권중현을 일컫는다.

정답 ③

20회기출

04 (가)에 들어갈 단체에 대한 설명으로 옳은 것은?

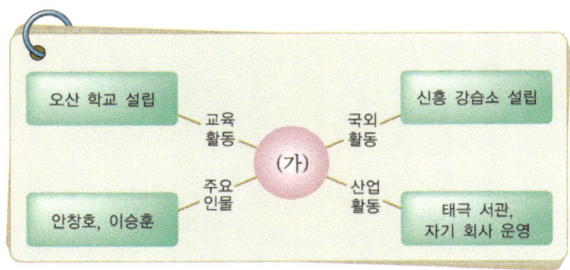

① 헌의 6조를 건의하였다.
② 3·1 운동을 계획하였다.
③ 잡지 한글을 간행하였다.
④ 105인 사건으로 해체되었다.
⑤ 정우회 선언을 계기로 결성되었다.

해설

(가)에 들어갈 단체는 신민회(1907~1911)이다. 1911년, 일제는 서북 지방을 중심으로 한 배일 기독교 세력과 신민회의 항일 운동을 탄압하기 위하여 데라우치 총독 암살 음모를 조작하여 수백 명의 민족 지도자들을 투옥하고, 중심 인물 105인을 재판에 회부하였다.(105인 사건) 이 사건으로 인하여 신민회는 와해되고 말았다.

오답 분석

① 독립 협회
② 민족 지도자, 종교계 인사 등
③ 조선어 연구회(1921)
⑤ 신간회(1927~1931)

정답 ④

05 다음 조약에 대한 우리 민족의 저항으로 옳지 <u>않은</u> 것은?

제2조　일본국 정부는 한국과 타국과의 사이에 현존하는 조약의 실행을 완수하는 임무를 담당하고, 한국 정부는 지금부터 일본국 정부의 중개를 거치지 않고는 국제적 성질을 가진 어떠한 조약이나 약속을 맺지 않을 것을 서로 약속한다.

제3조　일본국 정부는 그 대표자로 하여금 한국 황제 폐하의 궐하에 1명의 통감을 두고 통감은 오로지 외교에 관한 사항을 관리하기 위하여 경성(서울)에 주재하고 친히 한국 황제 폐하에게 내알하는 권리를 가진다.

① 나철, 오기호 등이 5적 암살단을 조직하였다.
② 최익현이 의병을 일으켰다.
③ 고종이 헤이그에 특사를 파견하였다.
④ 황성신문은 장지연의 '시일야방성대곡'을 실어 비판하였다.
⑤ 서재필이 독립 협회를 조직하여 항거하였다.

해설
제시된 조약은 을사조약(을사늑약, 1905. 11.)이다.
1905년 11월, 일제는 을사조약을 강제로 체결하여 우리의 외교권을 빼앗았다. 이에 조병세, 이상설 등은 을사조약에 찬성한 대신들의 처벌과 조약 폐기를 요구하는 상소를 올렸고, 민영환을 비롯한 우국지사들은 자결로써 을사조약에 항거하였으며, 나철, 오기호 등은 을사조약에 찬성한 매국노들을 처단하기 위해 5적 암살단을 조직하였다. 황성신문은 장지연의 '시일야방성대곡'을 실어 을사조약을 비판하였으며, 최익현, 민종식, 신돌석 등은 의병을 일으켰다. 1907년에 고종은 을사조약의 불법성을 국제 사회에 알리기 위해 네덜란드 헤이그에서 열리는 제2회 만국 평화 회의에 이위종, 이상설, 이준을 특사로 파견하였다.

오답 분석
⑤ 독립 협회는 1898년에 해산되었다.

정답　⑤

06 다음 자료의 의병에 대한 설명으로 옳지 <u>않은</u> 것은?

군사장은 미리 군비를 신속히 정돈하고 철통같은 출동 태세를 갖추었다. 곧 전군에 진군 명령을 전달하여 동대문까지 나아갔다. …… 선두에 서서 300여 명을 인솔하고 동대문 삼십 리 밖에서 전군이 모이기를 기다렸다. 일시에 서울을 공격하고 돌아오려 하였는데 전군이 채 모이기도 전에 일본군의 습격을 받았다. …… 그 목적은 입경(入京)하여 통감부를 쳐부수고 ……　「대한매일신보」

① 13도 창의군을 결성하여 서울 진공 작전을 펼쳤다.
② 각국 영사관에 교전 단체로 승인해 줄 것을 요구하였다.
③ 대표적 의병장으로는 최익현이 있다.
④ 해산된 군인의 참여로 전투력이 향상되었다.
⑤ 고종의 강제 퇴위와 군대 해산을 계기로 일어났다.

해설
제시된 자료는 13도 창의군(13도 연합 의병)의 서울 진공 작전에 관한 자료이다. 따라서 정미의병에 대한 설명으로 틀린 것을 찾는 문제이다.
1907년 고종 황제의 강제 퇴위와 군대 해산을 계기로 일어난 정미의병은 해산 군인이 의병에 합류하면서 전투력이 강화되었으며, 그 규모와 성격 면에서 의병 전쟁으로 발전되어 갔다. 1907년 12월에는 이인영을 총대장, 허위를 군사장으로 하는 13도 연합 의병(13도 창의군)이 결성되었다. 의병들은 서울 주재 각국 영사관에 서신을 발송하여 의병을 국제법상의 교전 단체로 인정해 줄 것을 요구하는 한편, 1908년 1월에는 허위의 선발대가 동대문 밖 30리 지점까지 진격하였으나, 일본군의 화력에 밀려 실패하고 말았다.(서울 진공 작전)

오답 분석
③ 을사조약(1905)에 반발하여 전북 태인에서 의병을 일으킨 을사의병장 최익현은 의병을 이끌고 순창으로 진격하여 진위대와 대치하였으나, '동포끼리 서로 싸울 수 없다.' 하여 스스로 체포되었고, 결국 쓰시마 섬(대마도)에 끌려가 순절하였다.(1906)

정답　③

6 개항 이후의 경제 및 사회·문화

1 외세의 경제 침략과 국민 경제의 모색

(1) 개항 초기(1876년 강화도 조약 체결 이후) : 일본 상인의 침투

개항	• 강화도 조약에 따라 먼저 부산(1876), 원산(1880) 개항
약탈 무역	• 일본 상인들이 치외 법권, 무관세 무역 등의 특혜를 누리며 약탈적 무역
거류지 무역	• 일본 상인들은 개항장 10리(4km) 이내에서만 활동할 수 있었음 • 일본 상인은 객주, 여각, 보부상 등을 매개로 무역 활동 전개
중계 무역	• 일본 상인들은 영국산 면제품(옥양목)을 사들여 와 조선에 팔고, 쇠가죽, 쌀, 콩, 금 등을 수입해 가는 중계 무역으로 막대한 이익을 취함
조선의 상황	• 일본으로의 곡물 유출로 곡물 가격 상승(물가고와 식량 부족으로 고통) • 거류지 무역으로 국내의 일부 중개 상인(객주, 여각, 보부상)은 부 축적

(2) 임오군란(조·청 상민 수륙 무역 장정 체결) 이후 : 청과 일본 상인의 치열한 경쟁

내용	• 임오군란 후 조·청 상민 수륙 무역 장정 체결(1882, 내지 통상권 인정) 　– 청 상인의 개항장 밖 내륙 진출 허용
영향	• 최혜국 대우 규정에 따라 다른 나라 상인들도 내륙 진출 • 청과 일본의 상권 경쟁이 치열해짐 • 서울 등 조선 상인들의 피해, 객주·여각·보부상 등 중개 상인 몰락
대응	• 상권 수호 운동 : 서울 시전 상인들의 철시 운동 전개(외국 상점 퇴거 요구) • 방곡령 선포(1889) 　– 배경 : 일본으로의 곡물 유출이 늘어나 곡물 가격 폭등 　– 경과 : 함경도 관찰사 조병식 등 지방관들이 방곡령 선포 → 일본이 조·일 통상 장정(37관) 규정 위반이라며 일본 상인들의 손해에 대한 배상금 요구 　– 결과 : 조선 정부의 방곡령 철회 및 배상금 지불

사료읽기

조·일 통상 장정(1883)

37관 만약 조선국에 가뭄·수해·병란 등의 일이 있어 국내 식량 결핍을 우려하여 조선 정부가 잠정적으로 쌀의 수출을 금지하고자 할 때에는 반드시 먼저 1개월 전에 지방관이 일본 영사관에 통고해야 한다. → 방곡령 선포 규정

40관 조선 화폐에 의한 관세 및 벌금 납입을 규정한다. → 관세 부과 규정

42관 일본 상인에 대한 최혜국 대우를 인정한다. → 최혜국 대우 규정

(3) 청·일 전쟁(1894) 이후 : 청·일 전쟁의 승리로 일본 상인이 조선 시장 독점적 지배

거류지 무역

개항장 외국인 거류지를 중심으로 이루어진 무역 형태이다. 조·일 수호 조규 부록에 따라 개항 초기 일본 상인의 활동 범위를 개항장 10리 이내로 제한하였다. 따라서 일본 상인은 객주, 여각, 보부상 등을 매개로 무역 활동을 전개하였다.

▲ 인천의 외국인 거류지 : 인천은 1883년 개항되었다.

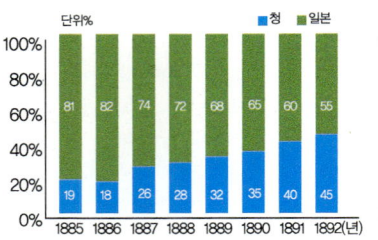

▲ 청과 일본으로부터의 수입액 비교

철시

시장이나 가게를 닫고 파업하는 행위.

(4) 아관 파천(1896) 이후의 경제 : 열강의 이권 침탈 본격화

배경	• **아관 파천 이후** 열강의 이권 침탈 본격화 • 최혜국 대우 규정을 근거로 경쟁적 이권 침탈
이권 침탈	• 러시아 : 압록강 · 울릉도 삼림 채벌권 등 • 미국 : 운산 금강 채굴권, 경인선 철도 부설권 • 일본 : 경부선 철도 부설권, 직산 금광 채굴권 • 프랑스 : 경의선 철도 부설권 • 영국 : 은산 금광 채굴권 • 독일 : 당현 금광 채굴권
대응	• 독립 협회(1896~1898)의 이권 수호 운동 – 러시아의 절영도 조차 요구 저지 및 한 · 러 은행 폐쇄 등 • 서울의 시전 상인들은 황국 중앙 총상회(1898)를 조직하여 상권 수호 운동 전개

▲ 열강의 이권 침탈

(5) 러 · 일 전쟁 발발(1904) 이후 : 차관 제공, 토지 약탈 본격화, 화폐 정리 사업

토지 약탈 본격화	• 러 · 일 전쟁에 필요한 경부선과 경의선을 부설하면서 철도 부지 약탈 • 군용지를 핑계로 주둔지 근처의 토지를 대량 약탈 • 러 · 일 전쟁 중 막대한 **황무지 개간권 요구**
동척 설립	• 일제는 **1908년 동양 척식 주식회사를 설립**하여 약탈한 토지 관리
차관 제공	• 화폐 정리와 시설 개선의 명목을 내세워 막대한 차관을 억지로 제공

메가타의
화폐 정리 사업
(1905~1909)
	• 주도 : 1차 한 · 일 협약 체결(1904)로 파견된 **재정 고문 메가타**
	• 목적 : 한국의 경제를 일본에 예속화시키기 위해
	• 내용
	  – 상평통보와 백동화 등을 일본 제일은행권으로 교환
	  – 일본 제일은행권을 본위 화폐로 삼음
	  – 일본의 화폐 제도에 따라 **금 본위제** 실시
	• 결과 : **유통 화폐의 부족 현상 초래, 국내 상공업자들 큰 타격**

대응	• 황무지 개간권 요구 반대 운동
	  – **보안회**는 가두 집회를 열고 거족적 반대 운동 전개
	  – 실업인과 관리들은 농광 회사를 설립해 우리 스스로 개간할 것을 주장
	  – 결과 : **일제는 황무지 개간권 요구를 철회함**
	• **국채 보상 운동**(1907) : **김광제, 서상돈** 등의 발의로 시작
	  – 배경 : 일본의 강제적 차관 제공으로 국채가 **1,300만 원**으로 증가
	  – 취지 : 국민 모금으로 정부가 진 빚을 갚아 경제 자립과 국권 수호
	  – 경과 : **대구에서 시작되어 전국으로 확산, 국채 보상 기성회** 조직
	  – 언론의 후원 : **대한매일신보**, 황성신문, 만세보, 제국신문 등
	  – 일제의 방해 : 일진회를 이용해 방해, 대한매일신보의 양기탁을 국채 보상금 횡령이라는 누명을 씌워 구속
	  – 결과 : 통감부의 방해로 큰 성과를 이루지 못함

동양 척식 주식회사(동척)

1908년 일제는 동양 척식 주식회사를 설립하여 약탈한 토지를 관리하고 국가 소유의 미개간지 등을 계획적으로 약탈해 갔다.

▲ 동양 척식 주식회사

화폐 정리 사업

당시 사용되던 상평통보와 백동화 등을 정리하고 일본 제일은행이 발행한 화폐로 대체한 사업이다. 일제는 백동화를 질에 따라 갑, 을, 병으로 나누고, 병종은 교환에서 제외하였는데, 한국 상인이 소유한 백동화의 상당수가 을종이나 병종으로 판정받았다.

▲ 백동화

▲ 1908년 일본 제일은행이 발행한 일원권

2 개항 이후의 사회 변화

갑신정변(1884)	• 문벌 폐지와 인민 평등권 제정 및 능력에 따른 인재 등용 주장
동학 농민 운동(1894)	• 양반 중심의 신분 사회가 타파되는 결정적 계기 마련
갑오개혁(1894)	• 신분 제도 폐지, 공·사노비제 폐지, 인신매매 금지
독립 협회	• 민중의 민권 의식과 평등 의식 성장에 기여
항일 의병 운동	• 평민 출신이 의병장으로 활약하면서 신분 의식 극복에 기여
국채 보상 운동(1907)	• 남녀노소, 지역, 신분을 가리지 않고 각계각층의 사람 동참

3 근대 문물의 수용과 발전(시기별로 보는 문화사)

(1) 임오군란(1882) 이후

박문국 (1883)	• 근대식 인쇄 출판 기관 • 우리나라 최초의 신문인 한성순보 발행
한성순보 (1883~1884)	• 우리나라 최초의 신문, 순한문으로 발행 • 10일 주기로 발행, 관보의 성격을 지님 • 갑신정변으로 박문국이 파괴되면서 폐간(중단)됨
기기창(1883)	• 근대식 무기 제조 공장, 영선사 귀국 후 설치
전환국(1883)	• 화폐 주조 기관
원산 학사 (1883)	• 설립 : 함경도 덕원 지방의 관민 • 목적 : 신지식을 교육해 인재 양성 • 교육 : 근대 학문과 무술 교육 • 의의 : 우리나라 최초의 근대식 사립 학교
동문학(1883)	• 정부에서 설립한 영어 강습 기관(일종의 통역관 양성소)
우정국 (1884)	• 우편 사무를 관장하기 위해 설치된 관서 • 보빙사로 파견되었다가 귀국한 홍영식 등의 노력으로 만들어짐 • 우정국(우정총국) 개국 축하연에서 갑신정변이 일어남

(2) 갑신정변(1884) 이후

광혜원(1885)	• 최초의 근대식 병원, 정부가 설립하고 선교사 알렌이 운영
전신(1885)	• 서울과 인천 사이에 전신 가설, 한성 전보총국 설치
배재 학당(1885)	• 개신교 계통의 사립 학교, 선교사 아펜젤러가 설립
이화 학당(1886)	• 개신교 계통의 사립 학교, 미국 선교사 스크랜튼 여사에 의해 창립 • 한국 최초의 여성 교육 기관
육영 공원(1886)	• 최초의 근대적 관립 학교, 헐버트와 길모어 등 미국인 교사 초빙 • 현직 관료와 상류층 자제에게 영어, 정치학 등 근대 학문 교육
전등(1887)	• 1887년 경복궁에서 우리나라 최초로 점등

(3) 갑오·을미개혁기(1894~)

2차 갑오개혁	• 교육 입국 조서 반포, 교육 입국 조서에 따라 한성 사범 학교 설립
을미개혁(1895)	• 소학교 설치, 갑신정변으로 중단된 우편 사무 재개

▲ 한성순보

▲ 우정총국

광혜원(제중원)과 알렌
조선 정부는 미국인 선교사 알렌의 건의를 받아들여, 홍영식의 옛집에 최초의 서양식 병원인 광혜원(제중원)을 세웠다.

▲ 알렌

한성 사범 학교
서울에 설립되었던 관립 교원 양성 학교.

교육 입국 조서(1895. 2.)

세계의 형세를 보면 부강하고 독립하여 잘사는 모든 나라는 다 국민의 지식이 밝기 때문이다. 이 지식을 밝히는 것은 교육으로 된 것이니 교육은 실로 국가를 보존하는 근본이 된다. …… 이제 짐은 정부에 명하여 널리 학교를 세우고 인재를 길러 새로운 국민의 학식으로써 국가 중흥의 큰 공을 세우고자 하니, 국민들은 나라를 위하는 마음으로 덕(德)과 체(體)와 지(智)를 기를지어다. 왕실의 안전이 국민들의 교육에 있고, 국가의 부강도 국민들의 교육에 있도다.　　「고종실록」

(4) 대한제국기(1897~1910)

독립신문 (1896~1899)	• 대한제국 수립 전인 1896년 4월 7일, 정부의 지원을 받아 서재필이 창간 • 우리나라 최초의 민간 신문, 한글과 영문으로 발행, 1899년 폐간
독립문(1897)	• 프랑스의 개선문 모방, 독립 협회가 영은문 자리에 설립
명동 성당 (1898)	• 고딕 양식으로 지어진 대표적 근대 건축물 • 1970~80년대 '민주화의 성지'로 인식되고 있음
덕수궁 석조전 (1910)	• 르네상스 양식의 석조 건물 • 1946년 미·소 공동 위원회의 회의장으로 사용됨
전화	• 궁궐 안에 가설, 1900년대에 들어 서울의 상류 사회에 점차 보급
전차(1899)	• 서대문~청량리 사이에 전차 운행 시작
경인선(1899)	• 미국이 부설권 획득 → 일본에 양도되어 일본이 완공 • 우리나라 최초의 철도(노량진~제물포)
경부선(1905)	• 일본에 의해서 러·일 전쟁 중 군사적 목적으로 부설됨
경의선(1906)	• 프랑스가 부설권 획득 → 후에 일본이 가져가 완공 • 러·일 전쟁 중 군사적 목적으로 부설됨
제국신문 (1898~1910)	• 서민과 부녀자들이 주된 독자층 • 순한글 신문
황성신문 (1898~1910)	• 유생층 대상, 국한문 혼용 • 장지연의 '시일야방성대곡'을 실어 을사조약 비판
대한매일신보 (1904~1910)	• 양기탁, 베델(영국인)이 창간 • 을사조약이 무효라는 고종의 친서 발표 • 국채 보상 운동을 전국적으로 확산시키는 데 기여함 • 강경한 항일 논조, 일본인 출입 금지 푯말을 써 붙임
민족 운동가들이 설립한 사립 학교	• 서전서숙(1906, 이상설, 북간도), 명동 학교(1908, 김약연, 북간도) • 대성 학교(1907, 안창호, 평양), 오산 학교(1907, 이승훈, 정주)
일제의 탄압	• 신문지법 제정(1907) : 민족 언론 탄압 • 사립 학교령 제정(1908) : 사립 학교의 설립과 운영을 통제

▲ 독립신문

▲ 독립문

▲ 명동 성당:중세 고딕 양식

▲ 덕수궁 석조전 : 르네상스 건축 양식

교육 입국 조서

고종은 2차 갑오개혁 때 교육의 중요성을 강조하는 교육 입국 조서를 발표하였다. 교육 입국 조서의 정신에 따라 근대 교육 제도가 확립되면서 사범 학교, 소학교, 외국어 학교 등 각종 관립 학교가 설립되었다.

전차 운행

황실과 미국인 콜브란이 합자로 한성 전기 회사(1898)을 설립하고 발전소를 건설해 서대문~청량리 사이에 전차의 운행이 시작되었다.(1899)

▲ 서울의 전차

베델

1904년 러·일 전쟁이 일어나자 런던 데일리 뉴스의 특파원으로 내한하였다. 그해 7월 양기탁과 함께 대한매일신보를 창간하였으며, 항일 언론 활동에 힘썼다. 1909년 5월 심장병으로 병사하여 서울 양화진 외국인 묘지에 묻혔다.

▲ 베델과 대한매일신보

독사신론
신채호는 대한매일신보에 '독사신론'을
연재하여 일본의 식민 사관에 대항할 수
있는 민족주의 사학의 발판을 마련하
였다.

④ 국학 연구의 진전과 문예·종교의 새 경향

(1) 국학 연구의 진전

국어	• 국문 연구소 설립(1907) : 주시경, 지석영 등의 주도로 국문의 정리와 국어의 이해 체계가 확립되기 시작함
국사	• 애국 계몽 운동 시기에 신채호, 박은식 등의 활약으로 근대 계몽 사학 성립 • 신채호 　- 대한매일신보에 '독사신론' 연재(민족주의 사학의 발판 마련) 　- 기타 저서 : 「이순신전」, 「을지문덕전」 등 • 박은식 : 조선 광문회를 조직하여 실학의 저서를 비롯한 고전을 다시 간행
탄압	• 일제는 1909년 출판법을 반포하여 교과서나 일반 서적들의 내용을 검열

금수회의록
동물들을 통하여 인간 사회의 모순과 비
리를 풍자하였다.

▲ 금수회의록

(2) 문예 활동

문학	• 신체시와 신소설 등장 　- 신체시 : 최남선의 '해에게서 소년에게'(1908) 　- 신소설 : 이인직의 '혈의 누'(1906), 안국선의 '금수회의록'(1908)
예술	• 음악 : 서양식 악곡에 맞추어 부르는 창가 유행 • 연극 : 원각사 설립(1908, 한국 최초의 서양식 극장, '은세계'·'치악산' 공연)

▲ 원각사(1908)

(3) 종교

천주교	• 1886년 조·프 수호 통상 조약을 통해 포교의 자유를 얻음 • 고아원, 양로원을 운영하는 등 사회 사업에 관심 • 경향신문(1906~1910) 간행
개신교	• 서양 의술 및 근대 교육(배재·이화 학당 등) 보급에 기여
천도교 (동학)	• 3대 교주인 손병희 때 동학 내의 친일 세력을 내쫓고 천도교로 개편(1905) • '만세보'를 발간하여 계몽 운동에 참여
대종교	• 나철, 오기호 등이 단군 신앙을 기반으로 대종교 창시(1909)
불교	• 한용운은 '조선 불교 유신론'을 내세우며 불교의 혁신과 자주성 회복 주장
유교	• 박은식의 '유교 구신론' 주창(실천적인 새로운 유교 정신 강조)

사료 읽기

박은식의 유교 구신론(1909, 유교의 개량과 혁신을 주장한 박은식의 논문)

이른바 3대 문제는 무엇인고. 첫째는, 유교파의 정신이 전적으로 제왕의 편에 있고 인민 사회에
보급할 정신이 부족한 것이다. 둘째는, 여러 나라를 돌면서 천하의 주의들을 강구하려 하지 않
고…… 셋째는, 우리 대한의 유가는 쉽고 정확한 법문(양명학)을 구하지 아니하고 질질 끌고 되
어 가는 대로 내버려 두는 공부(주자학)를 전적으로 숭상하는 것이다.

실전 기출 및 예상 문제

23회기출

01 (가)에서 (나)로 바뀌게 된 계기로 옳은 것은?

외국 상인의 활동 변화

(가) 외국 상인은 개항장으로부터 일정 거리 안에서만 활동할 수 있었다.

→

(나) 외국 상인은 개항장을 벗어나 대도시와 지방의 장시에서도 활동할 수 있었다.

① 독립 협회의 요구
② 청·일 전쟁의 발발
③ 영국의 거문도 불법 점령
④ 황국 중앙 총상회의 활동
⑤ 조·청 상민 수륙 무역 장정의 체결

해설

(가)는 '외국 상인이 개항장으로부터 일정 거리 안에서만 활동할 수 있었다.'라는 내용으로 볼 때 개항 초기 거류지 무역임을 알 수 있고, (나)는 '외국 상인이 개항장을 벗어나 대도시 및 지방의 장시에서도 활동할 수 있었다.'라는 내용을 볼 때 외국 상인의 내륙 진출이 가능해졌음을 알 수 있다. 따라서 (가)에서 (나)로 바뀌게 된 계기는 는 임오군란의 결과로 체결된 조·청 상민 수륙 무역 장정이다.

1882년 조·청 상민 수륙 무역 장정의 체결로 청 상인들이 개항장 밖 내륙까지 진출할 수 있게 되자, 다른 나라 상인들도 최혜국 대우를 내세워 내륙에 진출할 수 있게 되었다. 일본 상인과 청 상인은 서울까지 직접 들어와 막대한 이익을 올리기 시작하였고, 반면에, 국내 상인들은 큰 타격을 받았다.

정답 ⑤

21회기출

02 지도의 상황이 나타난 계기로 가장 적절한 것은?

① 고종이 아관 파천을 단행하였다.
② 신미양요가 강화도에서 일어났다.
③ 일본이 한·일 신협약을 강요하였다.
④ 흥선 대원군이 프랑스 신부를 처형하였다.
⑤ 오페르트가 남연군 묘를 도굴하려 하였다.

해설

제시된 지도는 아관 파천(1896) 이후 열강의 이권 침탈을 보여 주는 지도이다. 고종이 러시아 공사관으로 피신한 아관 파천 이후 조선의 주권이 약화되면서 열강의 이권 침탈이 본격화되었다. 한 나라가 이권을 획득하면 다른 나라들도 최혜국 대우를 내세우며, 경쟁적으로 이권을 침탈하였다.

오답 분석

② 신미양요는 1871년 미국이 강화도를 침략한 사건이다.
③ 한·일 신협약은 1907년에 체결되었다.
④ 흥선 대원군이 프랑스 신부들과 많은 천주교 신도들을 처형한 사건은 병인박해(1866)이다.
⑤ 1868년에 독일 상인 오페르트가 충남 덕산에 있는 남연군(대원군 아버지)의 묘를 도굴하여 유해를 미끼로 통상을 요구하려 하였으나 실패하고 도주하는 사건(오페르트 도굴 사건)이 발생하였다. 이 사건으로 반외세 감정이 고조되고 흥선 대원군의 통상 수교 거부 의지가 강화되었다.

정답 ①

실전 기출 및 예상 문제

03 다음 민족 운동에 대한 설명으로 옳지 않은 것은?

국채 1300만 원은 우리 대한의 존망에 관계가 있는 것이다. 갚아 버리면 나라가 존재하고 갚지 못하면 나라가 망하는 것은 대세가 반드시 그렇게 이르는 것이다. 현재 국고에서는 이 국채를 갚아 버리기 어려운즉, 장차 삼천리 강토는 우리나라와 백성의 것이 아닌 것으로 될 위험이 있다. …… 2천만 인이 3개월을 한정하여 담배의 흡연을 폐지하고 그 대금으로 1인마다 20전씩 징수하면 1300만 원이 될 수 있다. 우리 2천만 동포 중에 애국 사상을 가진 이는 기어이 이를 실시해서 삼천리 강토를 유지하게 되기를 간절히 바라는 바이다.

〈대한매일신보〉

① 평양에서 시작되어 전국으로 확대되었다.
② 국민의 힘으로 국채를 갚고 국권을 지키자는 운동이다.
③ 대한매일신보 등의 언론들도 적극 후원하였다.
④ 일제 통감부의 방해로 큰 성과를 이루지 못했다.
⑤ 김광제, 서상돈 등의 발의로 시작되었다.

04 (가)에 대한 탐구 활동으로 적절한 것은?

① 조·일 통상 장정의 규정을 분석한다.
② 일본에서 제공된 차관 규모를 분석한다.
③ 통리기무아문이 설치된 목적을 조사한다.
④ 부산과 인천이 개항된 원인을 조사한다.
⑤ 화폐 정리 사업이 끼친 영향을 조사한다.

05 교사의 질문에 대한 답변으로 가장 적절한 것은?

다음과 같이 그래프가 변화한 이유에 대해 발표해 볼까요?

청과 일본으로부터의 수입액 비교

① 청·일 전쟁의 결과라고 할 수 있습니다.
② 조·청 상민 수륙 무역 장정 이후 청·일 상인 간의 경쟁이 치열해졌습니다.
③ 일본이 화폐 정리 사업을 실시했기 때문입니다.
④ 청·일 간의 시모노세키 조약이 체결되었기 때문입니다.
⑤ 일본이 철도 건설에 지나치게 투자했기 때문입니다.

해설
임오군란 이후 청의 내정 간섭이 심화되었고, 조·청 상민 수륙 무역 장정이 체결되어 청 상인이 내륙으로 진출하게 됨으로써 일본 상인과의 경쟁이 치열해져 갔다.

오답 분석
① 청일 전쟁(1894~1895)의 승리에 힙입어 일본 상인들은 청국 상인들의 경쟁을 물리치고 조선 시장을 독점적으로 지배하기에 이르렀다.
③ 일제의 화폐 정리 사업은 1905년부터 시행되었다.
④ 청·일 전쟁에서 승리한 일본은 청나라와 요동 반도 할양 등을 골자로 하는 시모노세키 조약을 체결(1895)하였다.
⑤ 교사의 질문에 대한 답변과 관련 없다.

정답 ②

---

06 다음 자료에 해당하는 신문으로 옳은 것은?

편집국 모습

일제가 민간 신문에 대한 사전 검열을 통해 언론 자유를 봉쇄하자 양기탁은 영국인 베델과 교섭해 신문을 창간하였다. 이 신문은 을사늑약의 무효를 주장하고, 의병 활동을 대대적으로 보도하는 등 항일 논조를 높여 민중의 지지를 받았다.

① 독립신문

② 대한매일신보

③ 한성순보

④ 황성신문

⑤ 제국신문

해설
제시된 자료에 해당하는 신문은 대한매일신보(1904~1910)이다. 대한매일신보는 1904년에 영국인 베델과 양기탁이 함께 창간한 신문이다. 대한매일신보는 을사조약이 무효라는 고종의 친서를 발표했으며, 국채 보상 운동을 전국적으로 확산시키는 데 기여하였다.

오답 분석
① 독립신문은 1896년 4월 7일, 정부의 지원을 받아 서재필이 창간하였다. 독립신문은 우리나라 최초의 민간 신문이다.
③ 한성순보는 우리나라 최초의 신문으로서 순한문으로 발행되었다. 1883년 창간되었으나, 갑신정변(1884)으로 박문국이 파괴되면서 폐간되었다. 10일 주기로 발행되었으며, 관보의 성격을 지녔다.
④ 황성신문(1898~1910)은 장지연의 '시일야방성대곡' 논설을 실어 을사조약을 비판하였다.
⑤ 제국신문(1898~1910)은 서민과 부녀자들이 주된 독자층이었으며, 순한글 신문이었다.

정답 ②

실전 기출 및 예상 문제

07 자료와 관련된 제도가 시작된 시기를 연표에서 옳게 고른 것은?

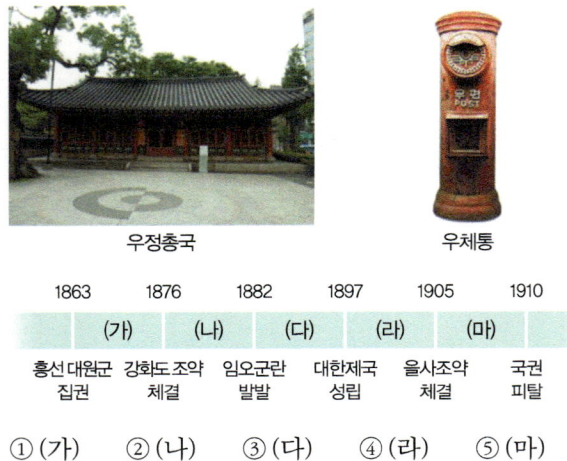

우정총국   우체통

1863	1876	1882	1897	1905	1910
	(가)	(나)	(다)	(라)	(마)
흥선 대원군 집권	강화도 조약 체결	임오군란 발발	대한제국 성립	을사조약 체결	국권 피탈

① (가) ② (나) ③ (다) ④ (라) ⑤ (마)

해설
우정국(우정총국, 1884)은 우편 사무를 관장하기 위해 설치된 관서로 미국에 보빙사로 파견되었다가 귀국한 홍영식 등의 노력으로 만들어졌으며, 우정국 개국 축하연에서 갑신정변이 일어났다. 갑신정변으로 중단된 우편 사무는 을미개혁(1895~1896) 때 재개되었다.

정답 ③

08 밑줄 그은 '이 병원'이 설립된 시기를 연표에서 옳게 고른 것은?

알렌은 중상을 입은 민영익을 치료해 생명을 구해 주었는데, 이것을 계기로 알렌은 고종의 총애를 받았고, 고종에게 근대식 병원을 설립할 것을 건의하였다. 이에 최초의 서양식 병원인 이 병원이 설립되었다.

1876	1884	1894	1897	1905	1910
	(가)	(나)	(다)	(라)	(마)
강화도 조약	갑신 정변	갑오 개혁	대한제국 수립	을사 늑약	국권 피탈

① (가) ② (나) ③ (다) ④ (라) ⑤ (마)

해설
알렌은 갑신정변(1884) 때 중상을 입은 민영익을 치료해 생명을 구해 주었는데, 이것을 계기로 알렌은 고종의 총애를 받았고, 고종에게 근대식 병원을 설립할 것을 건의하였다. 이에 1885년에 우리나라 최초의 근대식 병원인 광혜원(제중원)이 설립되었다.

정답 ②

09 (가)에 들어갈 학교로 옳은 것은?

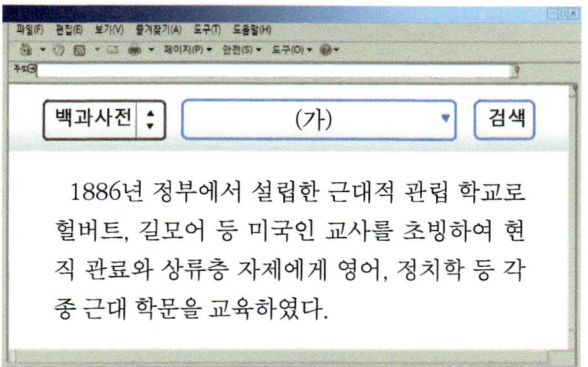

백과사전 ‖ (가) ▾ 검색

1886년 정부에서 설립한 근대적 관립 학교로 헐버트, 길모어 등 미국인 교사를 초빙하여 현직 관료와 상류층 자제에게 영어, 정치학 등 각종 근대 학문을 교육하였다.

① 동문학
② 광혜원
③ 원산 학사
④ 육영 공원
⑤ 이화 학당

(가)는 1886년에 정부에서 설립한 근대적 관립 학교인 육영공원이다. 육영공원에서는 헐버트, 길모어 등 미국인 교사를 초빙하여 현직 관료와 상류층 자제에게 영어, 수학, 정치 등 근대 학문을 교육하였다.

오답 분석
① 동문학은 1883년 정부에서 설립한 영어 강습 기관(일종의 통역관 양성소)이다.
② 광혜원(1885, 후에 제중원으로 개칭)은 최초의 근대식 병원으로 정부가 설립하고, 선교사 알렌으로 하여금 운영하게 하였다.
③ 원산 학사는 1883년에 설립된 우리나라 최초의 근대식 사립 학교이다.
⑤ 이화 학당은 1886년 미국 선교사 스크랜튼 여사에 의해 창립된 한국 최초의 여성 교육 기관이다.

정답 ④

10 다음 근대 문물이 설치되어 운영된 시기에 볼 수 있는 모습으로 옳은 것을 |보기|에서 고른 것은?

서울의 전차

경인선 개통식

┤보기├
ㄱ. 전등불 밑에서 글을 읽고 있는 관리
ㄴ. 한성순보를 읽고 있는 고종
ㄷ. 명동 성당에서 미사를 드리는 천주교 신도
ㄹ. 순창에서 체포되어 압송되는 전봉준

① ㄱ, ㄴ   ② ㄱ, ㄷ   ③ ㄴ, ㄷ
④ ㄴ, ㄹ   ⑤ ㄷ, ㄹ

해설
전차 개통과 경인선 철도 개통은 1899년의 일이다. 따라서 1899년 이후로 운행되기 때문에 운행 이후에 생긴 것과 운행 이전에 생겨 계속 유지되는 것을 찾아야 한다. 전등은 1887년 경복궁에서 처음으로 점등되었고, 명동 성당은 1898년에 건립되었다.

오답 분석
ㄴ. 한성순보는 1883년에 박문국에서 발행하였으나, 1884년 갑신정변으로 박문국이 파괴되면서 폐간되었다.
ㄹ. 전봉준이 체포된 시기는 1894년 12월의 일이다.

정답 ②

6부

일제의 강점과
민족 운동의 전개
(일제 강점기)

1. 일제의 식민지 지배 정책과 경제 수탈

학습 포인트

- 전형적인 출제 유형은 일제의 시기별 식민지 지배 정책을 구분하는 문제입니다. 따라서 일제의 1910년대 무단 통치기, 20년대 문화 통치기, 30년대 이후 민족 말살 통치기의 통치 방식과 사회 모습을 구분할 수 있으면 이 단원의 문제는 가볍게 맞출 수 있습니다.

2. 3·1 운동과 대한민국 임시 정부

학습 포인트

- 3·1 운동은 자주 출제되지만 항상 맞추라고 주는 쉬운 문제로 출제되니 크게 부담을 가질 필요 없습니다. 특히 3·1 운동의 전개 과정과 영향에 주목합시다.
- 대한민국 임시 정부의 활동은 무조건 출제됩니다. 단, 고난이도 문제 출제 시에는 1940년대 충칭 정부 시기와 그 전의 임시 정부의 활동을 구분하는 문제가 출제될 수 있으니 잘 구분해 둡시다. 특히 한인 애국단의 이봉창과 윤봉길의 활동에 주목합시다.

3. 의열단의 활동과 국외 무장 독립 전쟁

학습 포인트

- 의열단의 활동 역시 매우 중요합니다. 의열단을 주제로 한 문제는 신채호의 조선 혁명 선언 사료를 주고 의열단에 대해서 묻거나 대한민국 임시 정부의 한인 애국단과 구분하는 문제가 출제됩니다.
- 국외 무장 독립 전쟁은 여러분들이 가장 어려워하는 파트이나, 문제는 쉽게 출제가 됩니다. 세밀한 것을 외우려고 하지 말고 큰 흐름과 주요 단체와 주요 인물의 활동에 주목하도록 합시다.

4. 사회·경제적 민족 운동

학습 포인트

- 일제 강점기를 공부하는 데에 있어 가장 편한 파트이면서 출제 비중이 상당히 높은 파트입니다. 공부하기가 수월한 대신 버리는 부분이 거의 없을 정도로 거의 모든 주제가 출제 가능합니다. 특히 물산 장려 운동, 6·10 만세 운동, 신간회, 광주 학생 항일 운동에 주목합시다.

5. 민족 문화 수호 운동

학습 포인트

- 문화사는 일제 강점기가 가장 수월한 편에 속합니다. 출제 빈도가 가장 높은 파트는 한국사 연구에서 박은식과 신채호, 국어 연구에서 조선어 학회의 활동, 종교 부분에서 천도교와 대종교의 활동입니다.
- 문화사는 위에서 설명드린 바와 같이 단독 주제로도 출제 가능하지만 문학과 예술 활동의 경우에는 시기별로 구분해서 외워야 합니다. 예를 들면 일제의 문화 통치기에 대한 자료를 주고 그 시기에 문학과 예술 활동을 묻는 문제 유형입니다.

1 1910년대(무단 통치, 헌병 경찰 통치)

조선 총독
조선 총독은 일본군 현역 대장 또는 대장 출신자 중에서 임명되었고, 일본 국왕에 직속되어 입법권, 사법권, 행정권 및 군대 통수권까지 장악하였다.

헌병 경찰 제도
군대의 경찰인 헌병이 경찰을 지휘하며 일반 경찰 업무까지 간여하는 제도이다. 헌병 경찰은 범죄 즉결례, 경찰범 처벌 규칙에 따라 정식 법 절차나 재판을 거치지 않고도 조선인에게 벌금을 물리거나 구류 등을 처할 수 있었다.

(1) 무단 통치(헌병 경찰 통치)

조선 총독부 (1910~1945)	• 식민 통치의 중추 기관으로 조선 총독부 설치 • 조선 총독은 일본군 현역 대장 또는 대장 출신자 중에서 임명
중추원 설치	• 총독부의 자문 기구, 친일파로 구성
헌병 경찰 제도	• 헌병이 경찰을 지휘하며, 일반 경찰 업무까지 간여 • 재판 없이 즉결 처분권 행사
조선 태형령 제정	• 태형 실시, 조선인에게만 적용
제복 착용 및 패검	• 일반 관리는 물론 학교 교원까지 제복을 입히고 칼을 차게 함
기본권 박탈	• 언론, 집회, 출판, 결사의 자유 박탈

사료읽기

> **조선 태형령(1912~1920)**
> 1조 3개월 이하의 징역 또는 구류에 처하여야 할 자는 그 정상에 따라 태형에 처할 수 있다.
> 4조 본령에 의해 태형에 처하거나 또는 벌금이나 과료를 태형으로 바꾸는 경우에는 1일 또는 1원을 태 하나로 친다. 1원 이하는 태 하나로 계산한다. 단, 태는 다섯 이하여서는 안 된다.
> 11조 태형은 감옥 또는 즉결 관서에서 비밀리에 행한다.
> 13조 본령은 조선인에 한해 적용한다.

▲ 태형 도구

기한부 신고제
토지 조사 사업은 신고주의를 적용하여 토지 소유권을 주장하려는 사람은 필요한 서류를 구비하여 지정된 기일 내에 신고하여야 소유권을 인정하였다. 그러나 신고 절차가 복잡하고 신고 기간도 짧아 많은 사람들이 신고하지 못하였으며 반일 감정으로 신고를 기피하기도 하여 일제에게 많은 토지를 약탈당했다.

도지권
소작인이 소작지를 영구적으로 경작할 수 있는 권리.

입회권
마을 주변의 주인 없는 토지에 대한 농민들의 공동 이용권.

(2) 경제 수탈

토지 조사 사업 (1910~1918)	명분	• 근대적 토지 소유권 확립
	실제	• 식민 통치에 필요한 재정 확보와 토지 약탈
	방법	• 임시 토지 조사국 설치(1910) → 토지 조사령 공포(1912) • 기한부 신고제(신고주의 원칙)
	결과	• 미신고 토지 및 소유 관계가 불명확한 공유지 등 약탈 • 조선 총독부의 토지 소유 및 지세 수입 증가 • 관습상의 경작권과 도지권·입회권 부정 • 지주의 소유권만 인정(식민지 지주제 강화) • 많은 농민들이 기한부 계약에 의한 소작농으로 전락
회사령 제정 (1910)		• 목적 : 조선인의 기업 활동 억제 • 내용 : 회사 설립 시 조선 총독의 허가를 받도록 규정(총독 허가제)
기타 산업 침탈		• 삼림령(1911), 어업령(1911), 광업령(1915) 등 • 자원 수탈을 위해 호남선(1914)과 경원선(1914) 철도 건설

사료읽기

> **토지 조사령(1912)**
> 1관 토지의 조사 및 측량은 본령에 의한다.
> 2관 소유권의 주장은 신고주의를 원칙으로 한다.
> 4관 토지 소유자는 조선 총독이 정하는 기간 내에 주소, 씨명, 명칭 및 소유지의 소재, 지목, 자번호, 사표, 등급, 지적, 결수를 임시 토지 조사 국장에게 신고해야 한다. 단, 국유지는 보관 관청이 임시 토지 조사 국장에게 통지해야 한다.

② 1920년대 (문화 통치)

(1) 문화 통치(민족 분열 통치)의 실상

배경	• 3·1 운동(1919)을 계기로 무단 통치에서 이른바 문화 통치로 전환	
구분	**정책**	**실상**
총독 임명	• 문관도 임명 가능	• 실제 임명된 문관 총독 없음
경찰 제도	• 헌병 경찰제를 보통 경찰제로 변경	• 경찰 수와 장비 등 경찰력 강화
참정권	• 도 평의회, 부·면 협의회 설치	• 친일 인사 참여
기본권	• 언론, 출판, 집회, 결사의 자유 부분적 인정	• 조선일보, 동아일보 등이 창간되었으나 검열, 정간, 압수 등 탄압 • 치안 유지법 제정(1925)
교육	• 2차 조선 교육령(1922) 　- 조선어를 필수 과목으로 지정 　- 사범 학교와 대학을 설치할 수 있는 길이 마련됨	• 여전히 조선인에 대한 차별적 교육 • 일제는 경성 제국 대학을 설립(1924)하여 한국인의 불만을 무마하려 함
기타	• 관리와 교원의 제복과 칼 착용 폐지, 태형령 폐지	

사료 읽기

치안 유지법

1조 국체(國體)를 변혁하고 또는 사유 재산 제도를 부인하는 것을 목적으로 하여 결사를 조직하거나 또는 이를 알고 가입한 자는 십 년 이하의 징역 또는 금고에 처함.

(2) 경제 수탈

산미 증식 계획 (1920~1934)	배경	• 일본 내 공업화 정책 추진으로 식량 부족 • 부족한 쌀을 한국에서 확보할 목적으로 산미 증식 계획 시행
	내용	• 토지 개량, 수리 시설 확충, 품종 개량 등을 통해 증산 추진
	결과	• 쌀 생산량 증가(목표량은 미달성) • 증산량을 초과한 수탈(증산량 < 수탈량)
	영향	• 조선의 식량 사정 악화 → 만주에서 잡곡 수입(잡곡 수입 증가) • 미곡(쌀) 중심의 단작형 농업 구조 심화 • 쌀 증산 비용을 농민에게 떠넘김 → 많은 수의 농민 몰락 • 소작농 증가 및 소작 쟁의 증가
기타 경제 정책		• 회사령 철폐(1920) : 회사 설립을 허가제에서 신고제로 변경 • 관세 철폐(1923) : 일본 상품의 조선 수출의 길 확대

사료 읽기

조선 총독부 산미 증식 계획 요강

일본에서의 쌀 소비는 연간 약 6,500만 석이다. 일본 내 생산고는 약 5,800만 석을 넘지 못해 해마다 그 부족분을 외국의 공급에 의지하는 형편이다. 또한 일본 인구는 해마다 70만 명씩 증가하고 있고…… 앞으로 쌀은 계속 부족할 것이다. 따라서 지금 미곡의 증식 계획을 수립하여 일본 제국의 식량 문제를 해결하는 데 도움을 주는 것은 진실로 국책상 급무라고 믿는다.

「조선 총독부 농림국, 1926」

치안 유지법

일제가 국가 체제의 변혁이나 사유 재산 제도의 부인을 목적으로 결사를 조직하는 자를 처벌하기 위해 제정한 법률로 사회주의자뿐만 아니라 독립운동가들까지 철저히 탄압하였다.

산미 증식 계획

1920년부터 시작된 산미 증식 계획은 더 많은 쌀을 일본으로 가져가기 위해 추진되었다. 이 사업은 수리 시설의 확대와 품종 교체, 화학 비료 사용 증가 등을 통해 이루어졌는데, 대부분의 지주는 다소 이익을 보기도 했으나, 소작농은 수리 조합비나 비료 대금을 비롯한 각종 비용 부담이 늘어나면서 많은 고통을 겪었다. 결국 지주는 빠르게 토지 소유를 확대해 나갈 수 있었으나, 자작농이나 자소작농은 토지를 잃고 소작농이나 화전민으로 전락하게 되었다.

회사령 철폐

1920년 일본은 회사 설립을 허가제에서 신고제로 바꾸어 조선에서의 기업 설립을 용이하게 하였다. 그러나 이것은 일본 자본이 조선에 자유롭게 들어올 수 있는 길을 열어 주기 위해서였다.

❸ 1930년대 이후(민족 말살 통치)

(1) 민족 말살 정책(황국 신민화 정책)

배경	• 1930년대에 들어와 일제의 대륙 침략 전쟁 본격화 : 만주 사변(1931), 중·일 전쟁(1937), 태평양 전쟁(1941)
목적	• 우리 민족을 침략 전쟁에 동원하기 위하여 일본인으로 동화시키는 데 박차
정책	• 내선일체, 일선동조론 강조 • 황국 신민 서사 암송 강요(1937) • 신사 참배 및 궁성 요배 강요 • 일본식 성명으로 바꿀 것을 강요(창씨개명, 1939) • 우리말·우리 역사 교육 금지 • 동아일보와 조선일보 폐간(1940) • 소학교를 국민학교로 개칭(1941)

▲ 황국 신민 서사 암송

(2) 경제 수탈

남면북양 정책	목적	• 한반도를 공업 원료 공급지로 활용하기 위해
	내용	• 남부에 면화 재배, 북부에 양 사육 강요
병참 기지화 정책		• 침략 전쟁 확대에 따른 군수 공업 육성
농촌 진흥 운동 (1932~1940)	명분	• 농민 경제의 안정화, 춘궁 퇴치, 자력갱생 등을 내세움
	실상	• 대공황으로 더욱 궁핍해진 농민의 저항을 무마하기 위해
중·일 전쟁 (1937) 이후		• 국가 총동원법 제정(1938) • 지원병제(1938), 국민 징용령(1939, 노동력 동원) • 공출 제도와 식량 배급제(1939) • 산미 증식 계획 재개(1940) : 군량 확보를 위해 • 학도 지원병제(1943), 징병제(1944) • 여자 정신대 근무령(1944) : 여성 노동력 착취, 위안부로 삼는 만행

사료읽기

국가 총동원법 (1938)

1조 국가 총동원이란 전시에 국방 목적을 달성하기 위하여 국가의 전력을 가장 유효하게 발휘하도록 인적 및 물적 자원을 운영하는 것이다.

4조 정부는 전시에 국가 총동원상 필요한 때에는 칙령이 정하는 바에 따라 제국 신민을 징용하여 총동원 업무에 종사하게 할 수 있다.

▲ 몸빼

▲ 국민복 차림의 학생들

▲ 강제 공출된 금속류

내선일체·일선동조론

내선일체는 일본과 조선은 하나라는 뜻이고, 일선동조론은 일본인과 조선인은 조상이 같다는 뜻이다.

▲ 내선일체 포스터

신사 참배·궁성 요배

신사는 일본 왕실의 조상신이나 국가 공로자를 안치한 사당을 말하는데, 일제는 곳곳에 신사를 짓고 신사 참배를 강요하였고, 일왕이 살고 있는 궁성을 향해 절을 하도록 하는 궁성 요배를 강요하였다.

▲ 신사 참배

국민학교

일제는 1941년에 소학교를 '황국 신민 학교'라는 뜻을 가진 국민학교로 바꾸었다.

대공황

1929년에 시작되어 1939년까지 세계적으로 지속된 경제의 하강 국면.

국가 총동원법(1938)

1937년 중·일 전쟁을 일으키며 본격적인 대륙 침략에 나선 일제는 1938년 국가 총동원법을 제정하여 전시 동원 체제를 확립하고 물적, 인적 자원 수탈을 강화하였다.

실전 기출및 예상문제

20회기출

01 (가)에 들어갈 내용으로 가장 적절한 것은?

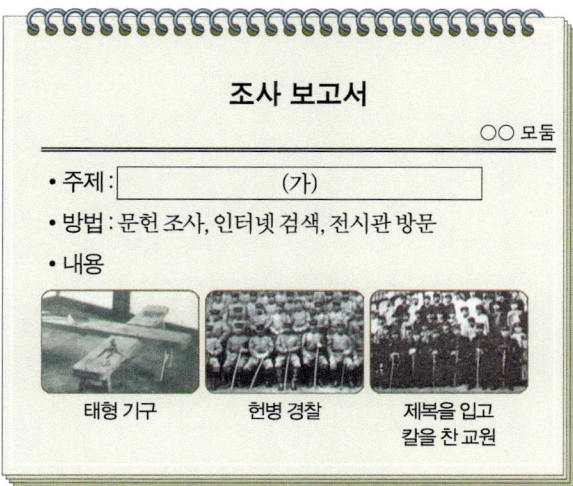

조사 보고서

○○ 모둠

- 주제 : (가)
- 방법 : 문헌 조사, 인터넷 검색, 전시관 방문
- 내용

태형 기구 / 헌병 경찰 / 제복을 입고 칼을 찬 교원

① 국권 강탈을 위한 통감 정치
② 민족 분열을 획책한 문화 통치
③ 폭력과 무력을 앞세운 무단 통치
④ 전쟁 수행을 위한 병참 기지화 정책
⑤ 민족 말살을 목표로 한 황국 신민화 정책

해설

③ 태형 기구, 헌병 경찰, 제복을 입고 칼을 찬 교원의 모습들을 볼 때 1910년대 일제의 무단 통치기(헌병 경찰 통치기)임을 알 수 있다. 1910년대 무단 통치기에는 조선 태형령을 제정하여 헌병 경찰이 우리 민족에게 매질까지 할 수 있게 하였으며, 일반 관리는 물론 학교 교원까지 제복을 입히고 칼을 차게 하였다.

오답 분석

① 통감 정치는 을사조약(을사늑약, 1905) 이후부터 1910년 국권 피탈 이전에 해당한다.
② 3·1 운동 이후 1920년대에 해당한다.
④, ⑤ 1930년대 이후인 민족 말살 통치기의 모습이다.

정답 ③

02 다음 법령이 제정된 시기의 일제의 식민 정책으로 옳은 것은?

1조 3개월 이하의 징역 또는 구류에 처하여야 할 자는 그 정상에 따라 태형에 처할 수 있다.
11조 태형은 감옥 또는 즉결 관서에서 비밀리에 행한다.
13조 본령을 조선인에 한하여 적용한다.

① 동아일보와 조선일보를 폐간하였다.
② 조선어 학회를 강제로 해산시켰다.
③ 치안 유지법을 제정하였다.
④ 헌병 경찰 제도를 실시하였다.
⑤ 조선어를 필수 과목으로 지정하였다.

해설

제시된 자료는 1910년대 일제 무단 통치기(헌병 경찰 통치기)에 제정된 조선 태형령이다. 일제는 1912년 조선 태형령을 제정하여 헌병 경찰이 우리 민족에게 매질까지 할 수 있게 하였는데, 태형령은 우리 민족에게만 차별적으로 적용되었다.
일제는 1910년 9월 헌병 경찰 제도를 창설하였는데 이 제도는 헌병으로 하여금 군사 경찰뿐만 아니라 일반 치안 유지를 위한 경찰 행정도 담당하게 하는 제도였다.

오답 분석

①, ② 동아일보와 조선일보 폐간(1940), 조선어 학회 강제 해산(1942)은 일제의 민족 말살 통치기 때의 모습이다.
③, ⑤ 치안 유지법 제정(1925), 조선어 필수 과목 지정은 1920년대 문화 통치기의 모습이다.

정답 ④

03 다음 정책의 시행 결과로 옳지 <u>않은</u> 것은?

> 1관 토지의 조사 및 측량은 본령에 의한다.
> 2관 소유권의 주장은 신고주의를 원칙으로 한다.
> 4관 토지 소유자는 조선 총독이 정하는 기간 내에 주소, 씨명, 명칭 및 소유지의 소재, 지목, 자번호, 사표, 등급, 지적, 결수를 임시 토지 조사 국장에게 신고해야 한다. 단, 국유지는 보관 관청이 임시 토지 조사 국장에게 통지해야 한다.

① 조선 총독부의 지세 수입이 증가하였다.
② 미신고 토지는 조선 총독부의 소유가 되었다.
③ 자작농이 증가하고, 소작농이 감소하였다.
④ 소작농의 관습적 경작권이 부정되었다.
⑤ 동양 척식 주식회사 소유의 농지가 증가하였다.

해설

제시된 자료는 토지 조사령(1912)이다. 따라서 1910년대에 시행된 토지 조사 사업의 결과를 묻는 문제이다. 토지 사업의 결과 일제는 미신고 토지를 모두 차지하였을 뿐 아니라, 왕실이나 공공 기관의 토지, 문중의 토지, 소유 관계가 불명확한 공유지 등 상당 부분이 조선 총독부의 소유가 되었으며, 이렇게 약탈한 토지를 동양 척식 주식회사와 일본인에게 헐값으로 불하하였다. 또한 농민들이 누려 왔던, 관습상의 경작권, 도지권 등도 부정하고 지주의 소유권만 인정하였다. 이로써 많은 농민들은 기한부 계약에 의한 소작농으로 전락하였다.

오답 분석

③ 토지 조사 사업의 결과 많은 농민들이 토지를 상실하여 자작농이 감소하고 소작농은 증가하였다.

정답 ③

---

04 일제의 통치 방식이 (가)에서 (나)로 바뀐 배경으로 옳은 것은?

(가)	(나)
일본 제국의 군대를 각 도 요처에 주둔시켜 시국의 변화에 대비하며, 헌병 경찰을 전국 각지에 배치하여 치안에 종사하게 한다. －조선총독 직무 대행 데라우치 발언－	정부는 관제를 개혁하여 총독 임용의 범위를 확장하고 경찰 제도를 개정하며, 또한 일반 관리나 교원 등의 복제를 폐지함으로써 시대의 흐름에 순응하고…… －조선 총독 사이토 훈시－

① 3·1 운동이 일어났다.
② 일본군이 만주 사변을 일으켰다.
③ 일제가 치안 유지법을 제정하였다.
④ 해산된 군인들이 시가전을 벌였다.
⑤ 독립군이 봉오동에서 일본군을 물리쳤다.

해설

(가)는 '헌병 경찰을 전국 각지에 배치하여 치안에 종사하게 한다.'라는 힌트를 통해서 1910년대 일제의 무단 통치라는 것을 알 수 있고, (나)는 일반 관리나 교원 등의 복제 폐지, 즉 '관리와 교원의 제복과 칼 착용을 폐지한다는 내용' 등으로 볼 때 3·1 운동(1919) 이후 문화 통치임을 알 수 있다. 따라서 이 문제는 일제의 식민 통치 방식이 무단 통치에서 문화 통치로 바뀌게 된 배경을 찾으라는 문제이다. 일제는 1919년 3·1 운동을 계기로 식민지 통치 정책을 무단 통치에서 이른바 문화 통치로 전환하였다.

오답 분석

② 일제가 만주 사변을 일으킨 것은 1931년의 일이다.
③ 일제가 치안 유지법을 제정한 시기는 1925년이다.
④ 1907년 대한제국 군대가 일본에 의해 강제 해산되자 해산된 군인들이 일본군과 시가전을 벌이기도 하였다.
⑤ 봉오동 전투는 1920년의 일이다.

정답 ①

05 (가)에 들어갈 사진 자료를 |보기|에서 옳게 고른 것은?

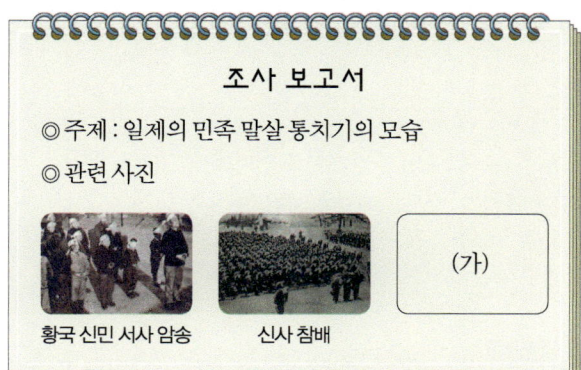

조사 보고서

◎ 주제 : 일제의 민족 말살 통치기의 모습
◎ 관련 사진

황국 신민 서사 암송 / 신사 참배 / (가)

|보기|

ㄱ. 토지 조사 사업
ㄴ. 암태도 소작 쟁의
ㄷ. 강제 공출된 금속류
ㄹ. 전쟁터에 끌려간 한국인 일본군 위안부들

① ㄱ, ㄴ
② ㄱ, ㄷ
③ ㄴ, ㄷ
④ ㄴ, ㄹ
⑤ ㄷ, ㄹ

06 다음의 모습을 볼 수 있었던 시기의 사실로서 옳은 것은?

몸뻬 / 국민복 차림의 학생들

① 동아일보와 조선일보가 창간되었다.
② 공출 제도와 식량 배급제가 실시되었다.
③ 동양 척식 주식회사가 설립되었다.
④ 토지 조사 사업이 추진되었다.
⑤ 조선어가 필수 과목으로 지정되었다.

2 3·1 운동과 대한민국 임시 정부

복벽주의
군주가 통치하는 시대로 돌아가자는 주장.

1 1910년대 국내외 민족 운동

(1) 국내 비밀 결사 운동 단체

독립 의군부 (1912)	• 임병찬이 고종의 밀명을 받아 의병과 유생들을 규합하여 결성 • 복벽주의 표방, 조선 총독부와 일본 정부에 국권 반환 요구서를 보냄
대한 광복회 (1915)	• 군대식 조직을 갖춤(총사령 : 박상진, 부사령 : 김좌진) • 공화 정체의 근대 국가 수립을 목표로 삼았음(공화주의 표방) • 친일파 처단, 만주에 무관 학교를 설립하기 위해 군자금을 모음

(2) 국외의 민족 운동(지역별 독립운동 단체)

독립운동단체
학교

▲ 1910년대 독립군 기지와 단체

독립 운동 기지	• 서간도(남만주) 삼원보 : 이회영 등 신민회 인사들이 중심이 되어 건설 • 밀산부 한흥동 : 이상설 등이 중심이 되어 건설 • 연해주 블라디보스토크의 신한촌을 중심으로 많은 독립운동 단체 설립
서간도 삼원보	• 경학사(1911) → 부민단(1912) → 한족회(1919. 4.), 서로 군정서(1919. 5.) • 신흥 강습소 → 3·1 운동 이후 신흥 무관 학교(1919)로 개편
북간도	• 중광단(1911, 대종교) → 3·1 운동 이후 북로 군정서로 개편
연해주	• 13도 의군(1910, 유인석·이상설), 성명회(1910, 유인석·이상설) • 권업회(1911, 이상설), 대한 광복군 정부(1914), 대한 국민 의회(1919)
상하이	• 신한 청년당(1918) : 여운형 등이 결성, 파리 강화 회의에 김규식 파견
미주	• 흥사단(1913, 안창호), 대조선 국민 군단(1914, 박용만, 하와이)

2 3·1 운동(1919)의 전개

(1) 배경

윌슨의 민족 자결주의
각 민족의 정치적 운명은 다른 민족의 간섭 없이 그 민족 스스로가 결정해야 한다는 원칙이다. 그러나 윌슨이 말한 민족 자결은 독일과 같은 패전국이 지배하던 식민지에만 적용되는 것으로, 미국이나 일본과 같은 전승국의 식민지는 그 대상에서 제외되었다.

러시아 혁명	• 레닌의 세계 식민지 민족 해방 지원 선언
민족 자결주의	• 미국 대통령 윌슨의 '민족 자결주의' 원칙 제시
파리 강화 회의	• 상하이의 신한 청년당이 김규식을 파리 강화 회의에 대표로 파견
대한 독립 선언서	• 무오 독립 선언서라고도 함, 만주 길림에서 민족 지도자들이 발표
2·8 독립 선언	• 도쿄(동경) 유학생들이 2·8 독립 선언서 발표(1919. 2.)
일제의 무단 통치	• 일제의 강압적 무단 통치로 일본에 대한 저항 의식 고조
고종 황제 독살설	• 1919년 1월 고종 황제가 갑자기 서거, 일제가 독살했다는 소문이 퍼짐

사료읽기

대한 독립 선언(무오 독립 선언, 1918)

2천만 형제자매여! 정의는 무적의 칼이니 이로써 하늘에 거스르는 악마와 나라를 도적질하는 적을 한 손으로 무찌르라. 궐기하라, 독립군! 독립군은 일제히 천지를 바르게 한다. 한 번 죽음은 사람이 피할 수 없는 것이나, 개, 돼지와도 같은 삶을 누가 바라겠는가! 살신성인하면 2천만 동포는 같이 부활할 것이다.

(2) 전개 과정과 의의

1단계 (점화기)	• 민족 대표들이 민족 대표 33인의 이름으로 독립 선언서를 낭독한 뒤 자진 투옥 • 학생과 시민들은 <mark>탑골 공원</mark>에서 독립 선언식 거행
2단계 (도시 확산기)	• 만세 시위가 학생들의 주도적 역할로 도시로 확산 • 상인, 노동자 등이 만세 시위, 파업 등으로 가세
3단계 (농촌 확산기)	• 전국 각지의 농촌으로까지 확대 • 비폭력 운동으로 시작된 만세 시위가 <mark>무력적 저항으로 바뀌어 감</mark>
해외 확산	• 만주, 연해주, 미국, 일본 등지에서도 국외 동포에 의해 시위 전개
일제의 탄압	• 시위 군중 무차별 살상, <mark>화성 제암리 학살 사건</mark>
의의·영향	• <mark>대한민국 임시 정부가 수립되는 계기</mark>를 마련함 • 일제의 <mark>무단 통치가 문화 통치로 바뀌게 됨</mark> • 무장 독립운동의 활성화 계기 마련 • 약소 민족 독립운동에 영향을 줌(중국의 5·4 운동, 인도 간디의 비폭력 저항 운동 등)

사료 읽기

3·1 독립 선언서(기미 독립 선언서)와 공약 3장

「기미독립선언」
<mark>오등(吾等)은 이에 아 조선의 독립국임과 조선인의 자주민임을 선언하노라.</mark> 이로써 세계 만방에 고하여 인류 평등의 대의를 극명하며, …… 인류적 양심의 발로에 기인한 세계 개조의 대기운에 순응 병진하기 위하여 이를 제기함이니 ……

「공약삼장」
• 금일 오인의 이 거사는 정의, 인도, 생존, 존영을 위하는 민족적 요구이니, 오직 자유적 정신을 발휘할 것이요, 결코 배타적 감정으로 일주하지 말라.
• 최후의 한 사람까지 최후의 한순간까지 민족의 정당한 의사를 쾌히 발표하라.
• 일체의 행동은 가장 질서를 존중하여 오인의 주장과 태도로 하여금 어디까지든지 광명정대하게 하라.

③ 대한민국 임시 정부의 수립과 활동

(1) 각지의 임시 정부와 임시 정부의 통합

대한 국민 의회 (1919. 3.)	• 위치 : 연해주 블라디보스토크 • 대통령 손병희, 국무총리 이승만
상하이 임시 정부 (1919. 4.)	• 위치 : 상하이 • 국무총리 이승만
한성 정부 (1919. 4.)	• 위치 : 서울 • 집정관 총재 이승만
임시 정부의 통합 (1919. 9.)	• 한성 정부의 법통을 계승하고 대한 국민 의회를 흡수하여 상하이에 통합된 대한민국 임시 정부 수립(1919. 9.) • 우리나라 최초로 <mark>삼권이 분립</mark>된 <mark>민주 공화제</mark> 정부로 출범 • 대통령에는 이승만, 국무총리에는 이동휘 선임

▲ 각지의 임시 정부

대한 국민 의회
(1919. 3)
블라디보스토크
한성 정부
(1919. 4)
상하이 임시정부
(1919. 4)
대한민국 임시정부
(1919. 9)
서울
상하이

화성 제암리 학살 사건
만세 시위가 확산되자 일제는 헌병 경찰은 물론 군인까지 출동시켜 시위 군중을 무차별 살상하였다. 특히 화성 제암리에서는 전 주민을 교회에 집합, 감금하고 불을 질러 학살하였다.

유관순
3·1 운동 때 천안 아우내 장터 등지에서 만세 운동을 주도하다가 일제에 의해 체포되어 옥사하였다.

▲ 유관순

대한민국 임시 정부 헌법
1조 대한민국은 대한 인민을 조직한다.
2조 대한민국의 주권은 대한 인민 전체에 있다.
3조 대한민국의 강토를 구 한국의 판도로 한다.
5조 대한민국의 입법권은 의정원이, 행정권은 국무원이, 사법권은 법원이 행사한다.

연통제와 교통국
연통제는 국내 각 도, 군, 면에 독판, 군감, 면감 등 정부의 연락 책임자를 두어 정부 문서와 명령의 전달, 군자금 조달, 정보의 보고 등의 업무를 담당하게 하였고, 교통국은 통신 기관으로 정보의 수집, 분석, 교환, 연락의 업무를 관장하였다.

애국 공채(독립 공채)
대한민국 임시 정부가 독립운동에 필요한 자금을 확보하기 위해 발행하였다.

▲ 애국 공채

독립신문
대한민국 임시 정부의 기관지로서 독립 협회가 발행했던 독립신문과 다른 신문이다.

조지 쇼와 이륭 양행
이륭 양행은 아일랜드 출신 조지 쇼가 경영하던 무역 회사로 만주 안동(단둥)에 위치해 있었다. 이륭 양행 2층에는 임시 정부 교통부 산하, 안동 교통국 사무국이 입주해 있었다. 쇼는 우리의 항일 투쟁을 적극적으로 도왔다.

이봉창과 윤봉길의 모습

▲ 이봉창   ▲ 윤봉길

상하이 사변
상하이의 중국 신문들이 이봉창 의거를 보도하면서 '일본 국왕이 불행히도 명중되지 않았다.'라고 표현하자, 격분한 일본군이 상하이를 공격하였다.

(2) 대한민국 임시 정부의 초기 활동

비밀 연락망	• 연통제 : 비밀 연락 조직(국내의 독립운동을 연결하기 위해 설치) • 교통국 : 임시 정부의 통신 기관
군자금 조달	• 애국 공채(독립 공채)를 발행하여 독립운동 자금을 모금함
외교 활동	• 파리 강화 회의에 김규식을 대표로 파견하여 독립 주장 • 미국에 구미 위원부를 두어 이승만을 중심으로 외교 활동 전개
군사 활동	• 군무부를 설치하여 군사에 관한 업무를 관장하게 함
문화 활동	• 사료 편찬소를 두어 「한일 관계 사료집」 간행 • 임시 정부 기관지로 '독립신문' 간행

(3) 국민 대표 회의 개최 (1923, 임시 정부의 시련)

배경	• 임시 정부의 외교 활동 성과 미흡, 일제의 탄압으로 연통제와 교통국 조직 파괴 • 독립운동 방향을 둘러싼 대립(외교 독립론 vs 무장 투쟁론 등) • 민족주의 계열과 사회주의 계열 간의 갈등 • 이승만의 국제 연맹 위임 통치 청원서 제출 사건으로 갈등 심화
경과	• 창조파와 개조파 등으로 나뉘어 대립 신채호 등 창조파 ─ 임시 정부를 해체하고 새로운 정부를 세우자! 안창호 등 개조파 ─ 임시 정부를 개편하자! 김구 등 현상 유지파 ─ 임시 정부를 그대로 유지하자!
결과	• 결렬됨 → 창조파와 개조파의 많은 인사들이 임시 정부를 떠남 → 임시 정부의 침체
이후 변화	• 이승만을 탄핵·파면하고 박은식을 2대 대통령으로 추대(1925) • 2차 개헌(1925) : 국무령 중심의 내각 책임제 • 3차 개헌(1927) : 국무위원 중심의 집단 지도 체제

(4) 한인 애국단의 활동과 임시 정부의 이동

조직		• 침체에 빠진 임시 정부에 활기를 불어 넣기 위해 1931년 김구가 상하이에서 조직
활동	이봉창	• 내용 : 일본 도쿄에서 일본 국왕이 탄 마차를 향해 폭탄 투척(1932. 1.) • 결과 : 국왕 폭살은 실패, 중국인들에게도 큰 감동을 줌 • 영향 : 일제가 군대를 동원하여 상하이를 침략(상하이 사변, 1932. 1.)
	윤봉길	• 내용 : 상하이 훙커우 공원 투탄 의거(1932. 4.) • 사건 과정 　- 일본이 상하이 훙커우 공원에서 일왕 생일 및 상하이 사변 승리 축하식 거행 　- 윤봉길이 식장에 폭탄 투척 　- 많은 일본군 장성과 고관 살상 • 영향 　- 중국 국민당 정부의 대한민국 임시 정부 지원 　- 중국 정부가 중국 내 우리 민족의 무장 독립 활동 허용 　- 일제의 탄압 강화로 임시 정부가 상하이를 떠나 이동함

(5) 1940년대 임시 정부의 활동(충칭 시기의 임시 정부)

이동	중국 국민당 정부를 따라 이동→충칭에 정착
활동	• 한국 독립당 결성(1940. 5.) • 한국 광복군 창설(1940. 9.) • 4차 개헌 : 주석 중심 지도 체제 • 대한민국 건국 강령 발표(1941. 11.) • 태평양 전쟁 발발 이후 대일·대독 선전 포고 • 5차 개헌 : 주석·부주석 지도 체제

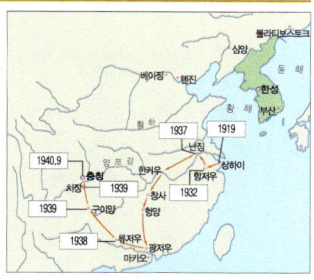

▲ 임시 정부의 이동

🌀 한국 광복군의 활동 요약

창설	• 1940년 9월 충칭에서 창설(총사령관 지청천, 참모장 이범석)
대일·대독 선전 포고	• 1941년 태평양 전쟁 발발 이후 대일·대독 선전 포고
조선 의용대 흡수	• 1942년 김원봉이 이끈 조선 의용대의 일부를 흡수 통합
영국군과 연합 작전 수행	• 1943년 인도, 미얀마 전선에서 영국군과 연합 작전 수행
국내 진공 작전 계획	• 미국 전략 정보국(OSS)과 합작하여 국내에 침투할 국내 정진군을 편성하고 훈련 실시

🌀 임시 정부 지도 체제 변천

1차 개헌(1919. 9.)	• 대통령 중심제
2차 개헌(1925. 4.)	• 국무령 중심의 내각 책임제
3차 개헌(1927. 3.)	• 국무 위원 중심의 집단 지도 체제(약 14년간 유지)
4차 개헌(1940. 10.)	• 주석 중심 지도 체제(주석 : 김구)
5차 개헌(1944. 4.)	• 주석·부주석 지도 체제(주석 : 김구, 부주석 : 김규식)

사료 읽기

○ 대한민국 임시 정부 건국 강령(1941. 11.)

삼균 제도를 골자로 한 헌법을 실행하여 정치와 경제와 교육의 민주적 실시로 실제상 균형을 도모하며, 전국의 토지와 대생산 기간의 국유화가 완성되고 전국 학령 아동의 전수가 고급 교육의 무상 교육이 완성되고 보통 선거 제도가 구속 없이 완전히 실시되어…… 극빈 계급의 물질과 정신상 생활 정도와 문화 수준이 최고 보장되는 과정을 건국의 제2기라 함.

○ 한국 광복군의 대일 선전 포고(1941)

우리는 3천만 한국 인민과 정부를 대표하여 삼가 중·영·미·소·캐나다 기타 제국의 대일 선전이 일본을 격패하게 하고 동아를 재건하는 가장 유효한 수단이 됨을 축하하여 이에 특히 다음과 같이 성명한다.

3. 한국, 중국 및 서태평양으로부터 왜구를 완전히 구축하기 위하여 최후 승리를 거둘 때까지 혈전한다.

대한민국 건국 강령 발표
임시 정부는 1941년 11월, 조소앙의 삼균주의를 받아들인 대한민국 건국 강령을 발표하였다.

조소앙의 삼균주의
정치, 경제, 교육의 균등을 통해 개인과 개인의 균등 생활을 실현하고 이를 토대로 민족과 민족, 국가와 국가의 균등 생활을 이루며, 나아가 세계일가를 추구한다는 이론 체계.

▲ 조소앙

태평양 전쟁
1941년 12월 8일 일본이 진주만을 공격하면서 태평양 전쟁이 일어나자, 임시 정부는 즉각 대외 활동을 펴 대일 선전 포고를 하였으며, 그 후 독일에 대해서도 선전 포고하였다.

▲ 한국 광복군

실전 기출 및 예상 문제

01 다음 선언으로 시작된 민족 운동의 배경으로 옳은 것을 |보기|에서 고른 것은?

오등(吾等)은 자(茲)에 아(我) 조선의 독립국임과 조선인의 자주민임을 선언하노라. 이로써 세계 만방에 고하여 인류평등의 대의를 극명하며, 이로써 자손만대에 고하여 민족자존의 정권을 영유케 하노라.

|보기|
ㄱ. 도쿄 유학생들이 2·8 독립 선언서를 발표하였다.
ㄴ. 순종의 죽음으로 슬픔이 고조되었다.
ㄷ. 미국 대통령 윌슨이 민족 자결주의 원칙을 제시하였다.
ㄹ. 신간회의 활동으로 국민들의 자각이 높아졌다.

① ㄱ, ㄴ   ② ㄱ, ㄷ   ③ ㄴ, ㄷ
④ ㄴ, ㄹ   ⑤ ㄷ, ㄹ

해설
제시된 자료는 기미 독립 선언서(3·1 독립 선언서)이다. 따라서 1919년 3·1 운동의 배경으로 옳은 것을 고르는 문제이다. 일본에서는 최팔용 등 유학생들이 조선 청년 독립단을 조직하고 동경(도쿄)에서 2·8 독립 선언서를 발표(1919. 2.)하였고 이는 3·1 운동의 배경이 되었다. 미국 대통령 윌슨은 파리 강화 회의에서 '자기 민족의 문제를 스스로 결정한다.'는 민족 자결주의 원칙을 제시하여 3·1 운동의 배경이 되었다.

오답 분석
ㄴ. 순종은 1926년에 승하하였다. 3·1 운동은 고종 황제의 독살설이 배경이 되었다.
ㄹ. 신간회는 1927년에 결성되었다.

※ 3·1 운동의 배경
- 윌슨의 민족 자결주의
- 파리 강화 회의 대표(김규식) 파견
- 무오 독립 선언(대한 독립 선언)
- 2·8 독립 선언
- 일제의 무단 통치
- 고종 황제 독살설

정답   ②

19회 기출

02 다음과 같은 원칙에 의해 세워진 독립운동 단체의 활동으로 옳지 않은 것은?

첫째, 상하이와 연해주의 정부를 일체 해소하고 한성 정부를 계승할 것
둘째, 정부는 당분간 상하이에 둘 것
셋째, 상하이에서 임시 정부의 수립 이래 실시한 행정은 유효임을 인정할 것
넷째, 현재의 각료는 일제히 사퇴하고 한성 정부가 선임한 각료들이 정부를 인수할 것

① 기관지인 독립신문을 발행하였다.
② 애국 공채를 발행하여 군자금을 모았다.
③ 국내와의 연계를 위해 연통제를 실시하였다.
④ 구미 위원부를 설치하여 외교 활동을 펼쳤다.
⑤ 동북 항일 연군을 조직하여 항일 무장 투쟁을 전개하였다.

해설
제시된 자료의 원칙에 의해 세워진 독립운동 단체는 대한민국 임시 정부이다. 1919년 9월 한성 정부의 법통을 계승하고 대한 국민 의회를 흡수하여 상하이에 대한민국 임시 정부가 수립되었다.
대한민국 임시 정부는 기관지인 독립신문을 발행하였고, 애국 공채를 발행하여 군자금을 모았으며, 국내와의 연계를 위해 연통제를 실시하였다. 또한 미국에 구미 위원부를 두어 이승만을 중심으로 외교 활동을 전개하였다.

오답 분석
⑤ 동북 항일 연군은 1936년 만주 지역에서 결성된 군사 조직이다.

정답   ⑤

03 (가), (나) 지역에서 대한민국 임시 정부가 전개한 활동으로 옳은 것을 |보기|에서 고른 것은?

→ 임시 정부 이동 경로

동해
황해
(나)충칭
(가)상하이

┌─|보기|──────────────────────┐
│ ㄱ. (가) - 독립운동의 방향을 논의하기 위해 국민 대표 회
│   의가 개최되었다.
│ ㄴ. (가) - 김원봉의 조선 의용대의 일부를 흡수·통합하
│   였다.
│ ㄷ. (나) - 이승만을 탄핵·파면하고 박은식을 2대 대통령
│   으로 추대하였다.
│ ㄹ. (나) - 한국 광복군을 창설하여 총사령관에 지청천, 참
│   모장에 이범석이 취임하였다.
└──────────────────────────────┘

① ㄱ, ㄴ   ② ㄱ, ㄹ   ③ ㄴ, ㄷ
④ ㄴ, ㄹ   ⑤ ㄷ, ㄹ

해설

대한민국 임시 정부는 1919년부터 1932년까지 상하이에 위치해 있었으나, 1932년 윤봉길의 상하이 홍커우 공원 의거로 일제의 감시와 탄압이 가중됨에 따라 상하이를 벗어나게 되었다. 이후 임시 정부는 여러 지역을 거쳐 1940년에 충칭에 자리를 잡고 광복을 맞이하는 1945년까지 활동하였다. 임시 정부가 독립운동 방향을 논의하기 위해 국민 대표 회의를 개최한 것은 1923년의 일이다. 따라서 국민 대표 회의는 상하이에서 전개한 활동이다. 임시 정부가 한국 광복군을 창설한 것은 1940년 9월의 일로 충칭에서 전개한 활동이다.

오답 분석

ㄴ. 임시 정부가 한국 광복군에 김원봉이 이끈 조선 의용대의 일부를 흡수·통합한 것은 1942년의 일로, 충칭 임시 정부 시기의 활동에 해당한다.
ㄷ. 임시 정부가 이승만을 탄핵·파면하고 박은식을 2대 대통령으로 추대한 것은 1925년의 일로, 상하이 임시 정부 시기의 활동에 해당한다.

정답 ②

---

04 다음 두 사건이 일어난 시기를 연표에서 옳게 고른 것은?

(가) 이봉창이 일본 도쿄에 가서 일본 국왕이 탄 마차를 향해 폭탄을 던졌으나, 국왕 폭살에는 실패하였다. 상하이의 중국 신문들은 이봉창의 의거를 보도하면서 '일본 국왕이 불행히도 명중되지 않았다.'고 표현하였고 이에 격분한 일제는 군대를 동원해 상하이를 침략하였다.

(나) 상하이 사변 전승과 일왕의 생일을 축하하기 위해 상하이 홍커우 공원에서 축하식이 거행되었다. 이때 한인 애국단의 윤봉길이 식장에 폭탄을 투척하여 일본군 장성과 고관들을 죽이거나 부상을 입혔다. 중국 국민당의 장제스는 "중국의 1억 인구가 해내지 못한 일을 한국의 한 청년이 해내었다."고 높이 평가하였으며, 이후 대한민국 임시 정부에 대한 지원을 강화하였다.

1905		1910		1919		1931		1941		1945	
	(가)		(나)		(다)		(라)		(마)		
을사 늑약		국권 피탈		3·1 운동		만주 사변		태평양 전쟁		광복	

① (가)   ② (나)   ③ (다)   ④ (라)   ⑤ (마)

해설

(가)는 한인 애국단 이봉창의 일본 국왕 폭살 기도 사건(1932. 1.)이고, (나)는 한인 애국단 윤봉길의 상하이 홍커우 공원 투탄 의거(1932. 4.)이다. 한인 애국단은 침체에 빠진 임시 정부에 활력을 불어넣기 위해 1931년 김구가 중심이 되어 상하이에서 조직하였다. 한인 애국단의 대표적 활동이 바로 이봉창과 윤봉길 의거이다.

한인 애국단은 의열단과 비교하는 문제로도 출제될 수 있으니 의열단과 구분해서 공부해 두도록 하자.

정답 ④

의열단의 활동과 국외 무장 독립 전쟁

조선 혁명 선언
1923년 의열단 김원봉의 요청으로 신채호가 작성하였다. 이 선언에서 신채호는 자치론, 외교론, 준비론 등을 비판하고 독립을 위한 민중의 직접 혁명을 주장하였다.

1 의열단의 결성

결성	• 1919년 11월 만주 길림에서 김원봉을 중심으로 결성
지침	• 신채호가 작성한 '조선 혁명 선언'을 활동 지침으로 삼았음
목표	• 폭력 투쟁을 통한 일제 타도를 목표로 함 • 암살 대상 : 조선 총독 이하 고관, 군부 수뇌, 대만 총독, 매국노, 친일파 거두 등 • 파괴 대상 : 조선 총독부, 동양 척식 주식회사, 매일신보사, 각 경찰서 등
활동	• 박재혁 : 부산 경찰서 폭탄 투척(1920) • 김익상 : 조선 총독부 폭탄 투척(1921) • 김상옥 : 종로 경찰서 폭탄 투척(1923) • 김지섭 : 도쿄 궁성에 폭탄 투척(1924) • 나석주 : 동양 척식 주식회사와 조선 식산 은행에 폭탄 투척(1926)

의열단의 노선 전환	
배경	• 개별적 의열 활동의 한계를 인식하고 조직적 무장 투쟁의 필요성 절감
내용	• 1920년대 중엽 : 김원봉과 단원들이 황포 군관 학교에 입학해 군사 훈련을 받음 • 1932년 : 난징에 조선 혁명 간부 학교 설립 • 1935년 : 민족 혁명당 결성

황포(황푸) 군관 학교
중국 국민당 지도자 쑨원이 군 지휘관 양성을 목적으로 세운 군사 학교로 중국 광저우 교외에 있는 황푸에 설립되었다.

사료읽기

신채호의 조선 혁명 선언(의열단 선언)

내정 독립이나 참정권이나 자치를 운동하는 자가 누구이냐? …… 너희들이 '동양 평화', '한국 독립 보전' 등을 담보한 맹약이 먹도 마르지 아니하여 삼천리 강토를 집어먹힌 역사를 잊었느냐? ……

일본 강도 정치하에서 문화 운동을 부르는 자 누구이냐? …… 검열, 압수 중에 몇몇 신문, 잡지를 가지고 문화 운동의 목탁으로 떠들며, 강도의 비위에 거스르지 아니할 만한 언론이나 주창하여 이를 문화 발전의 과정으로 본다면, 그 문화 발전이 도리어 조선인의 불행인가 하노라. ……

둘째는 준비론이니 을사조약 당시에 여러 나라 공관에 빗발치듯하던 종이쪽지로 넘어가는 국권을 붙잡지 못하며, 정미년의 헤이그 특사도 독립 회복의 복음을 안고 오지 못하매, 이에 차차 외교에 대하여 의문이 되고 전쟁이 아니면 안 되겠다는 판단이 생겼다. 그러나 군인도 없고 무기도 없이 무엇으로써 전쟁을 하겠느냐. ……
이상의 이유에 의하여 우리는 '외교', '준비' 등의 미몽을 버리고 민중 직접 혁명의 수단을 취함을 선언하노라. ……

민중은 우리 혁명의 대본영이다. 폭력은 우리 혁명의 유일한 무기이다. 우리는 민중 속으로 가서 민중과 손을 맞잡아 끊임없는 폭력(암살, 파괴, 폭동)으로써 강도 일본의 통치를 타도하고 우리 생활에 불합리한 일제의 제도를 개조하여 인류로써 인류를 압박하지 못하며, 사회로써 사회를 박탈하지 못하는 이상적 조선을 건설할지니라.

❷ 국외 무장 독립 전쟁

(1) 1920년대 무장 독립 전쟁

봉오동 전투 (1920. 6.)	• 참가 : ==홍범도의 대한 독립군== 등 • 전개 : 일본군을 봉오동에서 대파	

청산리 전투 (1920. 10.)	• 참가 : ==김좌진의 북로 군정서군(대종교), 홍범도의 대한독립군== 등 독립군 연합 부대 • 전개 : 훈춘 사건 → 일본군의 만주 진입 → 청산리 일대에서 6일 동안 10여 차례의 전투 끝에 일본군을 대파함 • 의의 : ==독립 전쟁 사상 최대 규모의 승리==	▲ 봉오동 전투와 청산리 전투
간도 참변 (1920. 10.)	• 봉오동 전투와 청산리 전투에서 패배한 일본이 그에 대한 보복으로 간도 일대에서 수많은 우리 동포들을 학살함 (간도 참변 = 경신 참변)	
대한 독립 군단 (1920. 12.)	• 간도 참변 이후 독립군 부대의 밀산부 이동 • 서일을 총재로 하는 대한 독립 군단 조직 • 소련령 자유시로 이동	
자유시 참변 (1921)	• 소련 적색군의 무장 해제 요구에 저항하다 많은 독립군 사상자 발생	▲ 독립군의 이동
3부의 성립 (참·정·신)	• 내용 : 독립군의 재정비 • 3부의 성립 　- 육군 주만 참의부(1923) 　- 정의부(1925, 주요 인물 : 지청천) 　- 신민부(1925, 주요 인물 : 김좌진) • 특징 : 민정 기관과 군정 기관을 갖춤	
미쓰야 협정 (1925)	• 일제와 만주 군벌 간에 체결 • 독립군의 활동 위축	▲ 1920년대 독립운동 지도

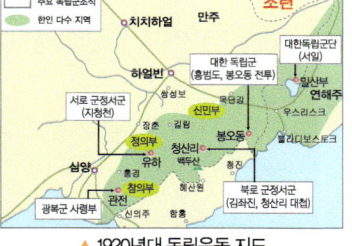

3부 통합 운동	배경	• 미쓰야 협정으로 만주 지역 무장 독립운동 타격 • 1920년대 국내외에서 전개된 민족 유일당 운동의 영향
	혁신 의회 (1928, 북만주)	• 김좌진 · 지청천 등을 중심으로 조직 • 1930년 한국 독립당으로 개편되고 한국 독립군 결성
	국민부 (1929, 남만주)	• 남만주 지역에서 결성 • 조선 혁명당 창설, 조선 혁명군 편성(총사령관 양세봉)

▶ 3부의 통합 과정

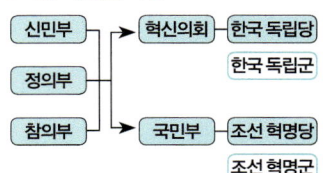

▶ 1920년대 주요 사건 순서

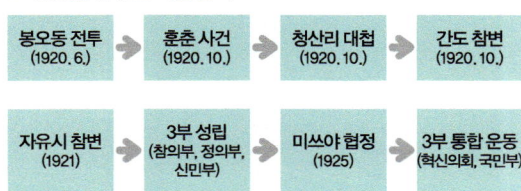

훈춘 사건

봉오동 전투에서 참패한 일본은 독립군 부대를 토벌하기 위해 대규모 일본군을 만주에 투입하려 하였다. 그러나 중국이 이를 거부하자 일본은 병력 투입의 구실을 만들기 위해 마적을 매수하여 훈춘의 민가와 일본 영사관을 공격하게 하는 조작극을 벌였고, 만주에 있는 일본 영사관 및 거류민을 보호한다는 구실을 내세워 대병력을 투입하였다.

청산리 전투(대첩) 일지

일자	전투
10. 21	==백운평==, 완루구
10. 22	천수평, ==어랑촌==
10. 23	맹개골, 만기구
10. 24 ∼ 25	천보산
10. 26	고동하

미쓰야 협정

조선 총독부 경무 국장 미쓰야와 만주 군벌 장쭤린 사이에 독립군의 탄압, 구속, 체포, 인도에 관한 이른바 미쓰야 협정이 맺어짐으로써 독립군의 활동은 큰 위협을 받게 되었다.

(2) 1930년대 이후 무장 독립 전쟁

① 한·중 연합 작전(1930년대)

배경	• 1931년 일본이 만주 사변(만주 침략)을 일으키고 이듬해 괴뢰 정권인 만주국을 수립하자 중국 내 항일 감정이 고조되고, 독립군 역시 큰 위협을 받게 됨
한·중 연합 작전 전개	
지청천의 한국 독립군	• 지청천이 이끈 한국 독립군은 중국 호로군과 연합 작전 전개 • 쌍성보 전투, 대전자령 전투, 사도하자 전투 등에서 일본군 격파
양세봉의 조선 혁명군	• 양세봉이 지휘하는 조선 혁명군은 중국 의용군과 연합 작전 전개 • 영릉가 전투와 홍경성 전투 등에서 일본군 격파

사료 읽기

한·중 연합군의 결성

한국 독립군과 중국 호로군의 합의 내용
• 한중 양군은 최악의 상황이 오는 경우에도 장기간 항전할 것을 맹세한다.
• 전시의 후방 전투 훈련은 한국 장교가 맡고 한국군에 필요한 군수품 등은 중국군이 맡는다.

조선 혁명군과 중국 의용군의 합의 내용
중국과 한국 양국의 군민은 한뜻으로 일제에 대항하여 싸우고, 인력과 물자는 나누어 쓰며, 합작의 원칙하에 국적에 관계없이 그 능력에 따라 항일 공작을 나누어 맡는다.

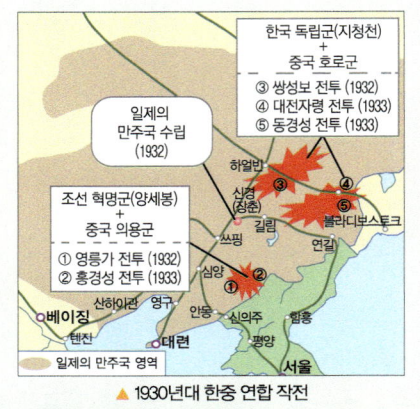

▲ 1930년대 한중 연합 작전

② 조선 의용대의 활동(중국 관내의 항일 투쟁)

창설	• 1938년 김원봉이 중국의 우한 한커우에서 조직
특징	• 중국 관내에서 결성된 최초의 한인 무장 부대
활동	• 중국 국민당의 지원을 받아 주로 정보 수집과 포로 심문 등의 활동 전개
분열	• 일부는 조선 의용대 화북 지대에 편성되었다가 조선 의용군으로 개편(1942) • 김원봉과 남아 있던 일부 대원들은 1942년 한국 광복군에 합류

조선 의용대
1935년 난징에서 민족 혁명당이 결성되었다. 중·일 전쟁(1937)이 발발하자 민족 혁명당은 다른 단체들과 연합하여 조선 민족 전선 연맹을 결성하였고, 이듬해 중국 국민당 정부의 지원을 받아 조선 의용대를 조직하였다.

▲ 조선 의용대 창설 기념사진

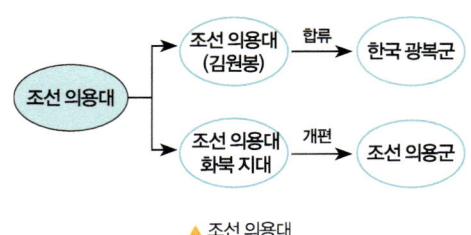

▲ 조선 의용대

실전 기출 및 예상 문제

20회 기출

01 다음 의거를 일으킨 단체에 대한 설명으로 옳은 것을 |보기|에서 고른 것은?

 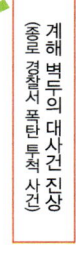 

김상옥

계해 벽두의 대사건 진상 (종로 경찰서 폭탄 투척 사건)

나석주

식은(식산 은행)에 폭탄을 투척 동척(동양 척식 주식회사와

|보기|
ㄱ. 6·10 만세 운동을 계획하였다.
ㄴ. 기관지인 만세보를 발행하였다.
ㄷ. 김원봉이 만주에서 조직하였다.
ㄹ. 조선 혁명 선언을 활동 지침으로 삼았다.

① ㄱ, ㄴ   ② ㄱ, ㄷ   ③ ㄴ, ㄷ
④ ㄴ, ㄹ   ⑤ ㄷ, ㄹ

해설
김상옥의 종로 경찰서 폭탄 투척 사건, 나석주의 동양 척식 주식회사와 식산 은행 폭탄 투척 의거를 자료로 제시하고 의열단에 대해서 묻고 있다. 의열단은 1919년 11월에 김원봉이 만주에서 조직하였으며 신채호가 작성한 조선 혁명 선언을 활동 지침으로 삼았다.

※ 의열단의 활동

시기	성명	활동 내용
1920	박재혁	부산 경찰서 폭탄 투척
1921	김익상	조선 총독부 폭탄 투척
1923	김상옥	종로 경찰서 폭탄 투척
1924	김지섭	도쿄 궁성에 폭탄 투척
1926	나석주	동양 척식 주식회사와 식산 은행 폭탄 투척

오답 분석
ㄱ. 6·10 만세 운동(1926)은 조선 공산당, 천도교, 학생 등이 계획하였다.
ㄴ. 만세보(1906~1907)는 천도교 기관지이다.

정답 ⑤

02 다음을 선언을 행동 지침으로 삼았던 단체에 대한 설명으로 옳지 <u>않은</u> 것은?

> 민중은 우리 혁명의 대본영이다. 폭력은 우리 혁명의 유일한 무기이다. 우리는 민중 속으로 가서 민중과 손을 맞잡아 끊임없는 폭력(암살, 파괴, 폭동)으로써 강도 일본의 통치를 타도하고 우리 생활에 불합리한 일체의 제도를 개조하여 인류로써 인류를 압박하지 못하며, 사회로써 사회를 박탈하지 못하는 이상적 조선을 건설할지니라.

① 단원으로 나석주, 김익상 등이 있었다.
② 만주 길림에서 결성되었다.
③ 조선 혁명 간부 학교를 설립하였다.
④ 중국 황포 군관 학교에 입학하여 군사 훈련을 받았다.
⑤ 김구가 임시 정부에 활기를 불어 넣기 위해 조직하였다.

해설
제시된 자료는 의열단(김원봉)의 요청으로 신채호가 작성한 '조선 혁명 선언'(1923)의 일부이다. 이 선언을 활동 지침으로 한 단체는 김원봉, 윤세주 등이 1919년 11월에 만주 길림에서 조직한 의열단이다.
① 대표적 의열단원으로는 나석주, 김상옥, 김익상 등이 있었다.
② 의열단은 1919년 11월 김원봉 등이 만주 길림에서 결성하였다.
③ 1932년에는 중국 국민당 정부의 지원 아래 난징에 조선 혁명 간부 학교를 설립하였다.
④ 1920년대 중엽 김원봉과 일부 단원들이 중국 황포(황푸) 군관 학교에 입학하여 군사 훈련을 받았다.

오답 분석
⑤ 한인 애국단은 침체에 빠진 임시 정부에 활기를 불어넣기 위해 1931년 김구가 중심이 되어 상하이에서 조직하였다.

정답 ⑤

25회기출

03 다음 공모전 작품에 들어갈 자료로 옳은 것은 |보기|에서 고른 것은?

제○○회
**독립운동
UCC 공모전**

1. 공모 주제
   1920년대 해외 무장 독립 투쟁
2. 응모 자격
   학생 및 일반인
3. 주최
   □□문화재단

ㅣ보기ㅣ

ㄱ. 봉오동 반일 전적 기념비

ㄴ. 쌍성보 전투 유적지

ㄷ. 청산리 항일 대첩 기념비

ㄹ. 충칭 대한민국 임시 정부 청사

① ㄱ, ㄴ   ② ㄱ, ㄷ   ③ ㄴ, ㄷ
④ ㄴ, ㄹ   ⑤ ㄷ, ㄹ

해설
1920년대 해외 무장 독립 투쟁에 대해서 묻는 문제이다. 1920년 6월, 홍범도의 대한 독립군은 안무의 국민회군, 최진동의 군무 도독부군과 연합하여 일본군을 봉오동에서 대파(봉오동 전투)하였고, 1920년 10월에는 김좌진의 북로 군정서군, 홍범도의 대한 독립군을 비롯한 독립군 연합 부대가 청산리 일대의 삼림 지대에서 약 6일 동안 10여 차례의 전투 끝에 일본군을 크게 격파(청산리 전투)하였다.

오답 분석
ㄴ. 1930년대에는 한·중 연합 작전이 전개되었는데, 지청천이 이끈 한국 독립군은 중국 호로군과 연합하여 쌍성보 전투(1932), 대전자령 전투(1933) 등에서 일본군을 격파하였다.
ㄹ. 대한민국 임시 정부가 충칭에 자리잡은 것은 1940년의 일이다.

정답 ②

04 (가) 전투가 있었던 시기를 연표에서 옳게 고른 것은?

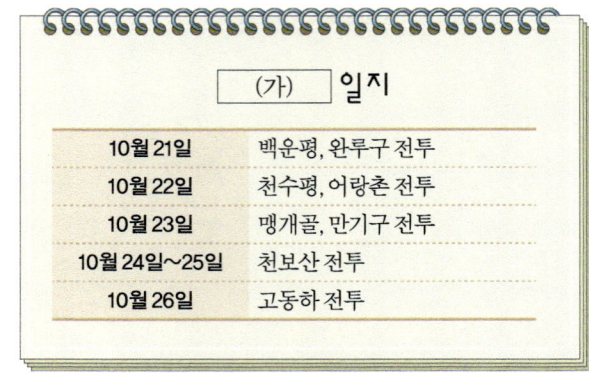

(가) **일지**

10월 21일	백운평, 완루구 전투
10월 22일	천수평, 어랑촌 전투
10월 23일	맹개골, 만기구 전투
10월 24일~25일	천보산 전투
10월 26일	고동하 전투

1910	1919	1931	1937	1941	1945
	(가)	(나)	(다)	(라)	(마)
국권 피탈	3·1 운동	만주 사변	중일 전쟁	태평양 전쟁	광복

① (가)   ② (나)   ③ (다)   ④ (라)   ⑤ (마)

해설
제시된 자료는 청산리 전투 일지이다.
1920년 10월, 김좌진의 북로 군정서군(대종교), 홍범도의 대한 독립군을 비롯한 독립군 연합 부대가 청산리 일대의 삼림 지대에서 약 6일 동안 10여 차례의 전투 끝에 일본군을 크게 격파(청산리 전투)하였다.

정답 ②

05 다음 전투들이 일어난 시기를 연표에서 옳게 고른 것은?

〈한·중 연합 작전 전개〉

- 쌍성보 전투
- 대전자령 전투
- 영릉가 전투
- 홍경성 전투

1910	1919	1931	1937	1941	1945
(가)	(나)	(다)	(라)	(마)	
국권 피탈	3·1 운동	만주 사변	중일 전쟁	태평양 전쟁	광복

① (가) ② (나) ③ (다) ④ (라) ⑤ (마)

해설

제시된 자료는 1930년대 한·중 연합 작전으로 승리한 전투이다. 지청천이 이끄는 북만주의 한국 독립군은 중국 호로군과 연합하여 쌍성보 전투(1932), 대전자령 전투(1933) 등에서 일본군을 격파하였고, 남만주의 조선 혁명군은 양세봉의 지휘 아래 중국 의용군과 힘을 합해 영릉가 전투(1932), 홍경성 전투(1933) 등에서 일본군을 격파하였다.

정답 ③

06 (가)에 들어갈 내용으로 옳은 것은?

- 창설
  - 1940년 중국 충칭에서 창설
  - 총사령관에 지청천, 참모장에 이범석 취임
- 주요 활동
  - (가)
  - 인도, 미얀마 전선에서 영국군과 연합 작전
  - 국내 진공 작전 계획

① 조선 의용대의 일부를 흡수 통합하였다.
② 청산리 전투에서 승리하였다.
③ 홍경성, 영릉가 전투에서 승리하였다.
④ 신흥 강습소를 설립하였다.
⑤ 자유시 참변으로 큰 타격을 받았다.

해설

한국 광복군의 활동을 묻는 문제이다.
대한민국 임시 정부는 1940년 9월 충칭에서 한국 광복군을 창설하였다. 1942년에는 한국 광복군에 김원봉이 이끈 조선 의용대의 일부를 흡수 통합하여 군사력을 강화하였다.

※ 한국 광복군의 활동 요약
- 1940년 9월 충칭에서 창설
- 1941년 태평양 전쟁 발발 이후 대일 선전 포고
- 1942년 김원봉이 이끈 조선 의용대의 일부를 흡수 통합
- 1943년 인도, 미얀마 전선에서 영국군과 연합 작전 수행
- 미국 전략 정보국(OSS)과 합작하여 국내에 침투할 국내 정진군을 편성하고 훈련 실시

오답 분석
② 김좌진의 북로 군정서군, 홍범도의 대한 독립군 등
③ 양세봉의 조선 혁명군
④ 신민회의 활동
⑤ 대한 독립 군단

정답 ①

4 사회·경제적 민족 운동

① 사회적 민족 운동의 전개

(1) 사회주의 사상의 유입

내용	• 3·1 운동 이후 사회주의 사상이 러시아, 일본, 중국에서 들어오면서 청년, 지식층을 중심으로 사회주의 운동 시작
영향	• 노동·농민 운동, 청년·여성 운동, 형평 운동 등 사회·경제 운동 활성화에 영향

(2) 청년 운동·소년 운동·여성 운동

청년 운동	• 3·1 운동 이후 청년 단체의 수 증가 • 강연회 등을 개최해 민중 계몽에 노력 • 조선 청년 총동맹(1924) 결성
소년 운동	• 천도교 소년회(1921) : 방정환 주도로 조직, 어린이날 제정, 잡지 「어린이」 발간
여성 운동	• 1920년대에 근우회 등 많은 여성 단체가 조직됨

(3) 형평 운동

배경	• 갑오개혁 때 신분 제도가 폐지되었으나 백정 출신에 대한 사회적 차별은 여전히 존재
전개	• 백정 출신들이 경남 진주에서 조선 형평사 조직(1923, 이학찬) → 전국적으로 조직 확대 → 신분 해방 운동을 넘어서 민족 해방 운동의 성격까지 내포
한계	• 일제의 탄압이 강화되면서 1930년대 중반 이후 회원들의 순수한 경제적 이익 향상 운동으로 성격 변화

조선 청년 총동맹(1924)
1924년 민족주의 계열과 사회주의 계열로의 분열을 수습하기 위해 조직됨.

방정환(천도교 계열)
'어린이'라는 용어를 만들어 사용한 방정환은 1923년 우리나라 최초의 순수 아동 잡지인 「어린이」를 창간하였다. '어린이날'은 방정환이 관여했던 천도교 소년회가 5월 1일을 '어린이날'로 선포한 데서 비롯되었으며, 광복 이후 5월 5일로 고정되었다.

백정 출신에 대한 차별
갑오개혁 때 신분 제도가 폐지됨에 따라 그동안 천대받던 백정도 평등한 지위를 얻었으나, 백정 출신에 대한 사회적 차별은 일제 강점기에도 여전히 남아 있었다. 총독부는 새 호적을 만들면서 백정 출신을 호적에 '도한'으로 써넣거나 붉은 점을 찍어 차별하였다. 학교 입학 통지서에도 백정 신분을 밝힘으로써 입학이 거부되거나 중도에 학교를 그만두는 일도 많았다.

사료읽기

조선 형평사 취지문 (1923. 4.)

공평은 사회의 근본이고 사랑은 인간의 본성이다. 고로 우리는 계급을 타파하고 모욕적인 칭호를 폐지하여 교육을 장려하고 우리도 참다운 인간으로 되고자 함이 본사의 주지이다. 지금까지 조선의 백정은 어떠한 지위와 압박을 받아 왔던가? 과거를 회상하면 종일 통곡하고도 피눈물을 금할 수 없다.

▲ 형평 운동 포스터

(4) 농민 운동과 노동 운동

① 농민 운동(소작 쟁의)

배경	• 토지 조사 사업과 산미 증식 계획으로 인한 피해, 높은 소작료 부담
1920년대	• 소작료 인하, 소작권 이전 반대 등 생존권 투쟁(농민의 경제적 권익 투쟁) • 대표적 소작 쟁의 : 암태도 소작 쟁의(1923) → 소작료를 낮추는 성과를 거둠 • 조선 농민 총동맹 조직(1927) : 전국적인 농민 운동 단체
1930년대	• 사회주의 세력과 연계 아래 비합법 조직인 혁명적(적색) 농민 조합을 중심으로 전개 • 정치 투쟁 중심으로 발전(항일 투쟁으로 발전)

보충하기 **암태도 소작 쟁의(1923)**

암태도 소작 쟁의는 1923년 8월부터 1924년 8월까지 전라남도 신안군 암태도의 소작인들이 벌인 소작 농민 항쟁으로 1920년대 전반기의 대표적 농민 운동이었다. 암태도 소작인들은 암태 소작 인회를 조직해, 약 1년간에 걸쳐 암태도의 악질 지주 문재철과 이를 비호하는 일제에 대항해 소작 쟁의를 벌였고, 소작료를 40%로 낮추는 데 성공하였다.

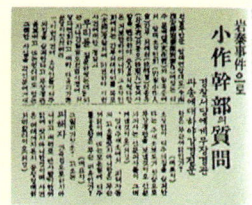

▲ 암태도 소작 쟁의 신문 기사

② 노동 운동(노동 쟁의)

배경	• 일제의 식민지 공업화 정책으로 노동자 수 증가 → 열악한 노동 조건
1920년대	• 주로 임금 인상, 노동 조건 개선 등 생존권 투쟁 전개 • 조선 노동 총동맹 결성(1927) : 전국적인 노동 운동 단체 • 대표적 노동 운동 : 원산 노동자 총파업(1929) → 항일적 성격까지 띤 운동
1930년대	• 사회주의자들과 연결된 비합법적 조직인 혁명적(적색) 노동조합의 형태로 전개 • 노동 운동 역시 항일 투쟁으로 발전

보충하기 **원산 노동자 총파업**

'라이징 선'이라는 석유 회사의 일본인 현장 감독이 조선인을 구타한 사건을 계기로 노동자들은 이에 대한 항의와 함께 노동 조건의 개선을 요구하며 파업에 들어갔다. 회사 측은 노동자들의 요구를 받아들이겠다고 약속했으나, 이행하지 않고 노동 운동을 억누르려 하였고, 이에 원산 노동 연합회는 1929년 1월 총파업에 들어갔다. 전국적으로 지지와 성원을 얻었으며, 일본, 중국, 프랑스 등지의 노동자들도 격려 전문을 보내왔다. 원산 노동자 총파업은 일제의 탄압으로 결국 실패로 끝났으나, 일제 강점기 노동 운동에서 가장 큰 규모의 파업이었다.

▲ 원산 노동 연합회의 시위 행렬

소작 쟁의 발생 건수

연도	건수
1921	27
1923	176
1925	11
1927	22
1929	36
1931	57
1933	66
1935	71
1937	24
1939	24

노동 쟁의 발생 건수

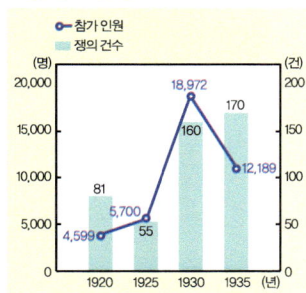

3·1 운동 이후 당장의 독립은 어렵다고 판단한 일부 지식인들은 약육강식과 우승열패라는 <mark>사회진화론적 세계관에 입각하여</mark> 먼저 실력을 양성하는 것이 필요하다고 생각하였다.

조선 물산 장려회

조선 물산 장려 운동은 민족 자본의 위기가 심화된 1922년 말 본격화하였다. 조만식 등을 중심으로 한 서북 지방의 사회계, 종교계, 교육계 인사들은 평양에서 조선 물산 장려회를 발족시켰다.

❷ 민족 실력 양성 운동

(1) 물산 장려 운동(1922년 말 본격화)

배경	• 일제가 일본과 조선 사이의 무역에서 관세를 철폐하려 하자 위기 의식 고조 • 회사령 폐지 이후 한국인이 설립한 기업이 증가하였으나 일본 기업과 힘겨운 경쟁
목적	• <mark>민족 자본과 민족 산업을 육성</mark>하여 민족 경제의 자립 도모
전개	• <mark>평양에서 시작</mark>되어 전국으로 확산 • 일본 상품 배격, 국산품 애용 강조, 근검저축, 생활 개선, 금주·단연 등
구호	• <mark>'내 살림 내 것으로'</mark>, <mark>'조선 사람 조선 것으로'</mark>, <mark>'우리는 우리 것으로 살자'</mark>
단체	• 조선 물산 장려회(1922, 평양, <mark>조만식</mark>), 자작회, 토산 애용 부인회 등
한계	• 일제의 감시 및 탄압으로 큰 성과를 거둘 수 없었음 • 민족주의 계열이 주도, <mark>사회주의 계열은 부르주아(자본가)를 위한 운동이라며 비판</mark> • 일부 상인과 자본가들에 의해 토산물 가격 상승

💡 1907년 국채 보상 운동과 혼동하지 말자.

사료읽기

물산 장려회 궐기문

내 살림 내 것으로.
보아라. 우리의 먹고 입고 쓰는 것이 거의 다 우리의 손으로 만든 것이 아니었다. 이것이 세상에서 제일 무섭고 위태한 일인 줄을 오늘에서야 우리는 깨달았다. …… 입어라, 조선 사람이 짠 것을. 먹어라 조선 사람이 만든 것을. 써라, 조선 사람이 지은 것을. 조선 사람, 조선 것.

▲ 국산품 이용 선전 광고(경성 방직 주식회사)

(2) 민립 대학 설립 운동(1920년대 초반)

배경	• 한국인의 고등 교육을 위한 대학 설립의 필요성 인식
전개	• 조선 민립 대학 기성회 조직(1923) • <mark>'한민족 1천만이 한 사람이 1원씩'</mark>이라는 구호를 내걸고 1000만 원 모금 운동 전개 • 만주, 미국, 하와이 등 해외에서도 모금 운동 전개
결과	• 일제는 경성 제국 대학(1924)을 설립하여 한국인의 불만을 무마하려 함 • 일제의 방해, 1924년과 1925년 가뭄과 수해로 모금 운동이 어렵게 되어 결국 실패

사료읽기

조선 민립 대학 설립 기성회의 발기 취지서(1923)

우리의 운명을 어떻게 개척할까? 정치냐, 외교냐, 산업이냐? 물론 이와 같은 일이 모두 필요하도다. 그러나 그 기초가 되고 요건이 되며…… 교육이 아니면 아니 된다. …… 민중의 보편적 지식은 보통 교육으로도 가능하지만 심오한 지식과 학문은 고등 교육이 아니면 불가하며, …… 오늘날 조선인이 세계 문화 민족의 일원으로 남과 어깨를 견주고 우리의 생존을 유지하며 문화의 창조와 향상을 기도하려면, 대학의 설립이 아니고는 다른 방도가 없도다.

(3) 한글 보급 운동(문맹 퇴치 운동)

조선일보의 문자 보급 운동 (1929~)	• 주도 : 조선일보를 중심으로 귀향한 학생들이 참여 • 표어 : 아는 것이 힘, 배워야 산다 • 결과 : 한글 교재 10만 부를 발행하여 농촌 지방에 분배함으로써 큰 성과 • 금지 : 1935년 일제에 의해 금지
동아일보의 브나로드 운동 (1931~)	• 주도 : 동아일보를 중심으로 학생들이 참여 • 활동 : 농민들에게 한글 교육, 미신 타파·근검절약 등 계몽 활동 전개 • 심훈의 「상록수」: 브나로드 운동을 소재로 하고 있는 대표적 문학 작품 • 금지 : 1935년 일제에 의해 금지

③ 민족 유일당 운동(민족 협동 전선 운동)

(1) 사회주의 사상의 확산과 영향

확산	• 3·1 운동 이후 사회주의 사상의 유입 및 확산
영향	• 민족주의 계열과 사회주의 계열로 분화

(2) 독립운동 세력의 분화

민족주의 세력	• 일제의 지배에서 벗어나 독립을 이루고 자본주의 체제의 국가를 세우고자 함 • 민립 대학 설립 운동이나 물산 장려 운동 같은 실력 양성 운동 추진 • 민족주의 세력의 분화 　- 원인 : 일부 세력이 자치 운동을 벌이는 등 일제와 타협적 경향을 보임 　- 분화 : 타협적 민족주의와 비타협적 민족주의로 분화
사회주의 세력	• 노동자, 농민이 중심이 되는 사회주의 국가 실현 주장 • 노동조합과 농민 조합을 만들고 계급 운동과 독립운동 전개

(3) 6·10 만세 운동(1926) : 기미운동 이후 제2차 만세 사건

배경	• 식민지 교육 정책에 대한 반발, 순종의 승하로 슬픔 고조
준비	• 조선 공산당(사회주의계)은 천도교계(민족주의계) 등과 함께 순종의 인산일에 맞춰 만세 시위를 계획하였으나 일제에 의해 사전 발각 • 학생들은 예정대로 시위 운동 계획 추진
전개	• 순종의 인산일(장례일)인 6월 10일 학생들이 만세 시위 전개, 시민들도 합세
탄압	• 일제가 치안 유지법을 적용하여 탄압
의의	• 민족주의 계열과 사회주의 계열이 함께 추진 • 민족주의계와 사회주의계의 연대 계기 마련(민족 유일당 운동의 계기가 되었음)

사료읽기

6·10 만세 운동의 격문(1926)

조선 민중아!
우리의 철천지 원수는 자본·제국주의 일본이다. 2천만 동포야, 죽음을 각오하고 싸우자!
만세, 만세, 조선 독립 만세!

▲ 6·10 만세 운동

문자 보급 운동 교재

브나로드 운동

'브나로드'는 러시아어로 '민중 속으로' 라는 의미이다.

▲ 동아일보의 브나로드 운동

자치 운동(자치론)

절대 독립이나 독립 전쟁 대신 일제의 지배를 인정하는 범위 내에서 자치권을 획득하자는 운동이다. 이광수 등은 일본의 식민 통치를 인정하고 그 범위 안에서 우선 자치를 얻어 내어 민족의 실력을 양성하자는 자치론을 주장하였다.

이광수의 민족적 경륜

지금의 조선 민족에게는 왜 정치적 생활이 없는가? …… 일본이 조선을 병합한 이래로 조선인에게는 정치 활동을 금한 것이 첫째 원인이다. …… 지금까지 해 온 정치적 운동은 모두 일본을 적대시하는 운동 뿐이었다. 이런 종류의 정치 운동은 해외에서나 할 수 있는 일이고, 조선 내에서는 허용되는 범위 내에서 일대 정치적 결사를 조직해야 한다는 것이 우리의 주장이다.

「동아일보」(1924. 1.)

기미운동

3·1운동을 말한다.

국공 합작
중국 국민당과 중국 공산당이 맺은 두
번에 걸친 협력 관계를 말한다.
1차(1924~1927), 2차(1937~1945)

한국 독립 유일당 북경 촉성회
안창호가 북경, 상하이 등에서 독립운동
단체들의 단결을 호소하였고, 이에 호응
하여 1926년 북경에서 '한국 독립 유일
당 북경 촉성회'가 결성되었다.

민중 대회 사건(1929)
신간회는 1929년 광주 학생 항일 운동이
일어나자 현지에 진상 조사단을 파견하
였다. 그리고 진상 보고를 위한 민중 대
회를 개최하려 하였으나 계획이 사전에
발각되어 홍명희 등이 검거됨으로써 실
행되지 못하였다. 민중 대회 사건 이후
신간회 중앙 본부에서는 '자치론자들과
제휴하자.'라는 주장이 제기되었고 이는
각 지회의 반발을 초래하였다.

(4) 신간회의 창립(1927~1931)과 활동

배경	국외	• 중국의 1차 국공 합작(1924~1927) • 한국 독립 유일당 북경 촉성회 결성(1926)
	국내	• 민족주의 세력의 분열 : 비타협적 민족주의 vs 타협적 민족주의(자치 운동) • 6 · 10 만세 운동(1926) : 민족주의계와 사회주의계의 연대 계기 마련 • 조선 민흥회 창립(1926) : 한정된 규모의 민족 협동 전선 조직 • 정우회 선언(1926) : 신간회 창립의 중요한 계기가 됨
창립		• 1927년 2월 비타협적 민족주의 세력과 사회주의 세력 간의 협동체인 신간회 창립 • 회장 : 이상재, 부회장 : 홍명희
강령		1. 우리는 정치적, 경제적 각성을 촉진한다. 2. 우리는 단결을 공고히 한다. 3. 우리는 기회주의를 일체 배격한다. → 자치 운동 반대
발전		• 서울에 본부를 두고 전국 각지에 지회 설치, 만주와 일본에도 지회 조직 • 일제 치하 최대 규모의 민족 운동 단체로 성장(합법적 항일 단체)
활동		• 각 지방의 지회를 중심으로 순회 강연회 실시, 교양 강좌 등 민중 계몽 활동 전개 • 노동 · 농민 운동, 여성 운동, 청년 운동, 형평 운동 등과 연계하여 활동 • 한국인 본위의 교육 실시, 착취 기관 철폐 주장 • 광주 학생 항일 운동(1929) 지원 　- 광주 학생 항일 운동이 일어나자, 현지에 진상 조사단 파견 　- 광주 학생 항일 운동 진상 보고를 위한 민중 대회 계획
분열		• 국제 공산당 조직인 코민테른의 노선 변화 : 민족주의 세력과의 협동 전선 포기 • 신간회 중앙 본부에서 '자치론자들과 제휴하자.'라는 주장 제기 → 각 지회의 반발 초래
해소		• 일제의 탄압과 계열 간의 이념 대립으로 해소

사료 읽기

정우회 선언(1926) : 사회주의 계열의 정우회가 비타협적 민족주의 세력과의 협동 전
선 주창

민족주의적 세력에 대해서는 그 부르주아 민주주의적 성질을 명백히 인식하는 동시에 과정상의
동맹자적 성질도 충분히 승인하여, 그것이 타락되지 않는 한 적극적으로 제휴하여 대중의 개량적
이익을 위해서라도 종래의 소극적 태도를 버리고 분연히 싸워야 할 것이다.

근우회 행동 강령
1. 여성에 대한 사회적 법률적 일체 차별
　철폐
2. 일체 봉건적 인습과 미신 타파
3. 조혼 폐지 및 결혼의 자유
6. 부인 노동의 임금 차별 철폐 및 산전
　산후 임금 지불
7. 부인 및 소년공의 위험 노동 및 야업
　폐지

▲ 「근우」: 근우회 기관지

(5) 근우회(1927. 5.) : 신간회의 자매 단체(신간회와 연계하여 활동)

결성	• 신간회의 창립을 계기로 민족 협동 전선체인 근우회 결성(김활란 등)
창립 이념	• 여성들의 공고한 단결과 지위 향상
주요 활동	• 기관지 「근우」 발간, 여성 의식 향상을 위한 강연회와 토론회 • 여성 노동자 권위 옹호, 여성 기술 교육을 위한 강습회
해체	• 1931년 신간회가 해소되면서 근우회도 해체

사료 읽기

근우회 창립 취지문
…… 우리가 실지로 우리 자체를 위하여 우리 사회를 위하여 분투하려면 우선 조선 자매 전체의
역량을 공고히 단결하여 운동을 전반적으로 전개하지 아니하면 아니 된다. 일어나라! 오너라! 단
결하자! 분투하자! 조선 자매들아! 미래는 우리의 것이다.

4 광주 학생 항일 운동(1929. 11.)

배경	• 일제의 식민지 차별 교육과 억압 • 신간회의 활동으로 국민들이 자각이 높아짐
발단	• 일본인 학생이 우리나라 여학생을 희롱 → 한·일 학생 간의 충돌 → 일제의 편파적 사건 처리
전개	• 광주 지역 학생들의 총궐기 → 전국 규모의 항일 투쟁으로 확대

독서회,
신간회의 노력
	• 광주 학생 항일 운동이 전국적 규모의 항일 투쟁으로 발전한 데에는 독서회와 신간회의 노력이 있었음
	• 신간회의 지원
	  – 광주 학생 항일 운동이 일어나자, 현지에 진상 조사단 파견
	  – 광주 학생 항일 운동 진상 보고를 위한 민중 대회 계획

의의	• 3·1 운동 이후 최대의 민족 운동으로 발전

사료읽기

광주 학생 항일 운동(1929)의 격문

학생, 대중이여 궐기하라! 검거된 학생은 우리 손으로 탈환하자.
언론, 결사, 집회, 출판의 자유를 획득하라.
식민지 교육 제도를 철폐하라.
조선인 본위의 교육 제도를 확립하라. 용감한 학생, 대중이여!
최후까지 우리의 슬로건을 지지하라.
그리고 궐기하라. 전사여 힘차게 싸워라.

-💡- 6·10 만세 운동과 광주 학생 항일 운동의 공통점 : 학생들이 중심이 되어 전개, 일제의 민족 차별 교육에 항거

5 국외 이주 동포들의 생활(일제 강점기 및 대한제국기 활동 포함)

만주	서간도 삼원보	• 경학사(1911) → 부민단(1912) → 한족회(1919), 서로 군정서(1919) • 신흥 강습소(1911) → 신흥 무관 학교(1919)
	북간도	• 서전서숙(1906), 명동 학교(1908) • 중광단(1911) → 대한 정의단(1919) → 북로 군정서(1919, 김좌진) • 대한 독립군(1919, 홍범도)
	시련	• 간도 참변(1920)으로 큰 피해
연해주	활동	• 13도 의군(1910), 성명회(1910), 권업회(1911) • 대한 광복군 정부(1914), 대한 국민 의회(1919)
	시련	• 1937년 연해주의 한인들이 소련 당국에 의해 중앙아시아로 강제 이주됨
일본	활동	• 유학생들의 2·8 독립 선언(1919. 2.)
	시련	• 1923년 관동 대지진 때 일본인들에 의해 조선인들이 학살당함
미주	활동	• 미주 이주는 1902년 하와이 이민으로 시작(정부의 해외 취업 알선) • 하와이 사탕수수 농장 이민(1903~1905년 사이에 7천여 명 이주) • 대한인 국민회(1910), 대조선 국민 군단(1914, 하와이)
	시련	• 하와이로 이민 간 동포는 사탕수수 농장일, 철도 공사 등의 고된 노동

광주 학생 항일 운동의 발단

1929년 10월 30일 광주를 떠난 통학 열차가 나주역에 도착했을 때 광주 중학교 3학년 후쿠다 슈조 등 일본인 학생들이 광주 여자 고등 보통 학교 3학년인 박기옥 등을 희롱하였고 이를 목격한 광주 고등 보통 학교 2학년생인 박준채(박기옥의 사촌 동생) 등과 싸움이 벌어졌다. 싸움은 광주 고보와 광주 중학 학생들의 패싸움으로 확산되었고, 일본 경찰은 일방적으로 일본인 학생을 편들고 조선인 학생들을 구타하였다.

독서회

광주에서 조직된 항일 학생 비밀 결사.

사진 결혼

하와이에 건너가 살던 조선인 노동자들은 결혼 문제를 해결할 수 없었다. 이로 인해 불만이 높아지자, 신랑과 신부의 사진을 보고 결혼을 결정짓는 사진 결혼이 이루어졌다. 즉, 하와이로 이주한 청년의 사진만 보고 한국 여성들이 건너가 결혼하던 풍속이다. 이러한 사진 결혼으로 노동자들은 가정을 가지게 되었으나, 서로에 대해서 잘 알지 못하는 상태에서 이루어진 결혼이라는 문제점을 가지고 있었다.

01 다음 민족 운동의 사진 자료로 가장 적절한 것은?

공평은 사회의 근본이고 사랑은 인간의 본성이다. 고로 우리는 계급을 타파하고 모욕적인 칭호를 폐지하여 교육을 장려하고 우리도 참다운 인간으로 되고자 함이 본사의 주지이다. 지금까지 조선의 백정은 어떠한 지위와 압박을 받아 왔던가? 과거를 회상하면 종일 통곡하고도 피눈물을 금할 수 없다.

①  ②  ③

④  ⑤

제시된 자료는 조선 형평사 취지문(1923. 4.)이다. 따라서 형평 운동에 해당하는 자료를 찾아야 한다.
갑오개혁 때 신분 제도가 폐지됨에 따라 그동안 천대받던 백정도 평등한 지위를 얻었으나 백정 출신에 대한 사회적 차별은 일제 강점기에도 여전히 남아 있었다.
백정 출신들은 경남 진주에서 이학찬 등을 중심으로 조선 형평사를 창립하고 평등한 대우를 요구하는 형평 운동을 전개하였다.

오답 분석
② 동아일보의 브나로드 운동 포스터
③ 근우회 기관지 「근우」
④ 조선일보의 문자 보급 운동 교재
⑤ 물산 장려 운동 광고

정답 ①

02 다음 민족 운동에 대한 설명으로 옳지 않은 것은?

내 살림 내 것으로.
보아라, 우리의 먹고 입고 쓰는 것이 거의 다 우리의 손으로 만든 것이 아니었다. 이것이 세상에서 제일 무섭고 위태한 일인 줄 오늘에야 우리는 깨달았다. …… 입어라, 조선 사람이 짠 것을. 먹어라, 조선 사람이 만든 것을. 써라, 조선 사람이 지은 것을. 조선 사람, 조선 것.

① 평양에서 시작되어 전국으로 확산되었다.
② 조만식을 중심으로 전개되었다.
③ 사회주의자들의 지지와 적극 참여로 활성화되었다.
④ 민족 경제의 자립을 도모하려 하였다.
⑤ 토산물 가격이 상승하는 결과를 초래하기도 하였다.

해설
제시된 자료는 물산 장려회 궐기문으로 물산 장려 운동에 해당된다.
①, ② 물산 장려 운동은 1920년대 초 평양에서 시작되어 전국으로 확산된 운동이다.
④ 물산 장려 운동은 민족 기업을 육성하여 경제 자립을 이루자는 운동이었다.
⑤ 일부 상인과 자본가들에 의해 토산물 가격이 상승하는 결과를 초래하기도 하였다.

오답 분석
③ 사회주의 계열은 물산장려운동을 부르주아(자본가)를 위한 운동이라며 비판하였다.

정답 ③

03 다음 민족 운동에 대한 설명으로 옳은 것은?

역사 신문

제△△호 　　　　　　　　　　　1926년 ○○월 ○○일

다시 울린 대한 독립 만세의 함성

순종의 인산일에 모인 사람들

마지막 황제 순종의 인산일을 기하여 많은 사람들이 모여들었다. 학생들은 이때를 기회로 일제의 삼엄한 감시를 뚫고 격문을 뿌리며 독립 만세 시위를 벌였다.

---

① 신민회의 조직적인 지원을 받았다.

② 민족 유일당 운동의 계기가 되었다.

③ 대한매일신보의 후원으로 전개되었다.

④ 광주에서 시작하여 전국으로 확산되었다.

⑤ 선교사 스코필드에 의해 전 세계에 알려졌다.

해설

'순종의 인산일(장례일)을 기하여 독립 만세 시위를 벌였다.'는 내용을 볼 때 6·10 만세 운동(1926)임을 알 수 있다.

조선 공산당(사회주의계)은 천도교계(민족주의계) 등과 함께 순종의 인산일에 맞춰 대규모 만세 시위를 계획하였으나 일제에 의해 사전 발각되었다. 이에 많은 애국 인사들이 검거되고 인쇄된 격문을 압수당했다. 그러나 조선 학생 과학 연구회를 비롯한 학생들은 예정대로 시위 운동 계획을 추진하였다. 순종의 인산일인 6월 10일, 일본 군경의 삼엄한 감시 속에서 학생들은 격문을 살포하고 만세 시위를 전개하였고, 시민들도 합세하였다. 일제는 시위 현장에서 많은 학생들을 체포하여 투옥시켰다.

6·10 만세 운동은 민족주의계와 사회주의계의 연대 계기를 마련하여 민족 유일당 운동의 계기가 되었다.

오답 분석

① 신민회는 1907년 결성되어 1911년에 와해되었다.

③ 대한매일신보의 후원이 있었던 운동은 국채 보상 운동(1907)이다.

④ 광주 학생 항일 운동(1929)에 대한 설명이다.

⑤ 선교사 스코필드는 3·1 운동 때의 일제의 포악상을 해외에 알렸다.

정답 ②

---

04 다음 자료와 같은 활동이 전개되었던 시기의 상황으로 옳은 것은?

최용신은 1931년 YWCA 파견 교사로 경기도 화성군 반월면 샘골에 파견되었다. 그는 예배당을 빌려 한글·산술·재봉·수예·가사·노래·성경 등을 가르쳤다. 1934년부터 학원의 운영이 어려워지자 다방면으로 노력하다가, 이듬해 1월 26세의 나이에 과로로 사망하였다. 농촌을 살리기 위한 눈물겨운 그의 행적은 1935년에 「상록수」로 소설화되었다.

① 브나로드 운동이 전개되었다.

② 토지 조사 사업이 실시되었다.

③ 산미 증식 계획이 시작되었다.

④ 암태도 소작 쟁의가 발생하였다.

⑤ 일본식 성명의 사용을 강요받았다.

해설

시기상 1931년이라는 점과 한글 등을 가르쳤다는 것, '농촌을 살리기 위한' 등의 내용, 그리고 브나로드 운동을 소재로 한 소설인 심훈의 「상록수」라는 힌트를 통해 동아일보의 브나로드 운동(1931~1935)임을 알 수 있다.

오답 분석

② 토지 조사 사업은 1910년대에 실시되었다.

③ 산미 증식 계획은 1920년에 시작되었다.

④ 암태도 소작 쟁의는 1923년에 있었다.

⑤ 창씨개명 강요는 1940년대의 모습이다.

정답 ①

실전 기출및 예상 문제

05 다음 상황을 배경으로 결성된 단체에 대한 설명으로 옳은 것은?

- 이광수, 최린 등이 자치론을 주장하여 일제에 타협적인 태도를 보이자, 비타협적 민족주의자들은 이를 비판하며 사회주의 세력과 연대하여 민족 운동을 강화하고자 하였다.
- 사회주의 계열의 정우회는 비타협적 민족주의 세력과의 제휴 등을 내용으로 하는 선언문을 발표하였다.

① 미국에 구미 위원부를 설치하였다.
② 중국 국민당 정부의 지원을 받았다.
③ 연통제를 통해 독립운동 자금을 모았다.
④ 순종 인산일에 대규모 만세 시위를 계획하였다.
⑤ 광주 학생 항일 운동 당시 진상 조사단을 파견하였다.

해설

제시된 자료의 내용은 신간회 결성의 배경이 된 내용들이다. 1920년대 중반 무렵 이광수, 최린 등이 자치론을 주장하며 일제에 타협적인 태도를 보이자, 비타협적 민족주의자들은 이를 비판하며 사회주의 세력과 연대해 민족 운동을 강화하고자 하였고, 1926년 11월에는 사회주의 단체인 정우회가 민족주의 세력과의 협동 전선을 주창하는 정우회 선언을 발표하였다. 이 선언은 신간회 창립의 중요한 계기가 되었다.
신간회는 1929년 광주 학생 항일 운동이 일어나자 현지에 진상 조사단을 파견하였다.

오답 분석

①, ②, ③ 대한민국 임시 정부에 해당한다.
④ 6 · 10 만세 운동을 계획한 것은 조선 공산당(사회주의계), 천도교계(민족주의계), 학생 등이다.

정답 ⑤

---

06 교사의 질문에 대한 답변으로 옳지 **않은** 것은?

다음 강령을 내건 단체에 대해 발표해 볼까요?

- 우리는 정치적 · 경제적 각성을 촉진한다.
- 우리는 단결을 공고히 한다.
- 우리는 기회주의를 일체 배격(부인)한다.

① 정우회 선언이 창립의 주요한 계기가 되었다.
② 광주 학생 항일 운동이 일어나자 진상 조사단을 파견하였다.
③ 일제 치하 최대 규모의 민족 운동 단체로 성장하였다.
④ 105인 사건으로 해체되었다.
⑤ 기회주의 배격과 민족 단결을 내세웠다.

해설

교사가 묻고 있는 단체는 비타협적 민족주의 세력과 사회주의 세력 간의 협동체인 신간회(1927)이다.
1926년 11월, 사회주의 단체인 정우회는 민족주의 세력과의 협동 전선을 주창하는 정우회 선언을 발표하였는데, 이 선언은 신간회 창립의 중요한 계기가 되었다. 신간회는 광주 학생 항일 운동(1929)이 일어나자 현지에 진상 조사단을 파견하였다. 그리고 진상 보고를 위한 민중 대회를 개최하려 했으나, 계획이 사전에 발각되어 실행되지 못하였다.
신간회는 일본 제국주의 통치하에서 가장 규모가 컸던 반일 사회 운동 단체였다.

오답 분석

④ 105인 사건(1911)을 계기로 해체된 단체는 신민회이다.

정답 ④

07 다음 선언이 있었던 시기를 연표에서 옳게 고른 것은?

민족주의적 세력에 대해서는 그 부르주아 민주주의적 성
질을 명백히 인식하는 동시에 과정상의 동맹자적 성질도
충분히 승인하여, 그것이 타락되지 않는 한 적극적으로 제
휴하여 대중의 개량적 이익을 위해서라도 종래의 소극적
태도를 버리고 분연히 싸워야 할 것이다

1910	1919	1927	1931	1937	1941
	(가)	(나)	(다)	(라)	(마)	
국권 피탈	3·1 운동	신간회 창립	만주 사변	중일 전쟁	태평양 전쟁

① (가)　　② (나)　　③ (다)　　④ (라)　　⑤ (마)

해설

제시된 자료는 1926년 11월, 사회주의 계열의 정우회가 비타협적 민
족주의 세력과의 협동 전선을 주창한 정우회 선언이다. 이 선언은 신
간회 창립의 중요한 계기가 되었다.

정답　②

08 (가), (나) 민족 운동에 대한 설명으로 옳지 않은 것은?

(가) 조선 민중아! 우리의 철천지 원수는
　　자본·제국주의 일본이다.
　　2천만 동포야! 죽음을 각오하고 싸우자!
　　만세, 만세 조선 독립 만세!
(나) 학생, 대중이여 궐기하라! 검거된 학생은 우리 손으
　　로 탈환하자. 언론, 결사, 집회, 출판의 자유를 획득하
　　라. 식민지 교육 제도를 철폐하라. 조선인 본위의 교
　　육 제도를 확립하라. 용감한 학생, 대중이여! 최후까
　　지 우리의 슬로건을 지지하라. 그리고 궐기하라. 전
　　사여 힘차게 싸워라.

① (가) – 순종의 인산일을 기회로 삼아 일어났다.
② (가) – 일제가 치안 유지법을 적용하여 탄압하였다.
③ (나) – 신간회 창립의 배경이 되었다.
④ (나) – 3·1운동 이후 최대의 민족 운동으로 발전하였다.
⑤ (가), (나) – 학생들의 주도로 전개되었다.

해설

(가)는 6·10만세 운동(1926) 때의 격문이다. 순종의 인산일인 6월 10
일, 일본 군경의 삼엄한 감시 속에서 학생들은 격문을 살포하고 만세
시위를 전개하였고 이에 시민들도 합세하였다. 이에 일본은 1925년에
제정된 치안 유지법을 적용하여 이 운동을 탄압하였다.
(나)는 광주 학생 항일 운동(1929) 때의 격문이다. 광주 학생 항일 운동
은 전국적으로 확산되어 3·1운동 이후 최대의 민족 운동으로 발전하
였다.

오답 분석

③ 신간회 결성에 영향을 준 것은 6·10 만세 운동이다. 6·10 만세 운
　동은 민족주의계와 사회주의계의 연대 계기를 마련하여 비타협적
　민족주의 세력과 사회주의 세력 간의 협동체인 신간회 결성(1927)
　에 영향을 주었다.
　신간회는 1929년에 광주 학생 항일 운동이 일어나자, 현지에 진상
　조사단을 파견하였다.

정답　③

5 민족 문화 수호 운동

1 일제의 한국사 왜곡

조선사 편수회(1925)
총독부가 한국사 왜곡을 위하여 설치한 기관으로 「조선사」를 편찬하였다.

청구 학회(1930)
조선사 편수회와 경성 제국 대학 교수가 중심이 되어 청구 학회를 결성하고 「청구학총」을 간행하여 식민 사학 보급에 광분하였다.

식민 사관	타율성론	• 한국사의 전개 과정이 외세의 간섭과 힘에 의해 타율적으로 이루어졌다는 주장
	정체성론	• 한국사는 역사적 발전 단계를 제대로 겪지 못해 전근대 단계에 정체되어 있다는 주장
	당파성론	• 한국인은 분열성이 강해 항상 내분으로 싸웠다는 주장
식민 사학 연구 기관		• 조선사 편수회(1925) • 청구 학회(1930)

2 한국사 연구 및 국어 연구 등

(1) 민족주의 사학

특징	• 한국사의 발전 주체가 우리 민족임을 강조
박은식	• 대한민국 임시 정부 2대 대통령 • 민족 정신을 '혼'으로 파악하고 '혼'이 담겨 있는 민족사의 중요성을 강조함 • 「한국 통사」, 「한국독립운동지혈사」 저술
신채호	• 낭가 사상(화랑 정신) 강조 • 「조선 상고사」 저술 : 역사는 아와 비아의 투쟁의 기록, 고대사 연구에 초점을 맞춤 • 「조선사 연구초」 저술 : 묘청의 서경 천도 운동을 '조선 일천년래 제일대사건'으로 평가
정인보	• 조선의 얼 강조, 조선학 운동 전개
문일평	• 조선 심(心) 강조, 조선학 운동 전개

조선학 운동(1930년대)
1934년 정인보, 문일평, 안재홍 등이 조선학 운동을 전개하였다. 실학에서 자주적인 근대 사상과 우리 학문의 주체성을 찾아 우리 문화의 고유성과 세계성을 찾으려 하였다.

🔎 박은식과 신채호는 인물사 문제로 계속 출제된다. 교재 부록편에 수록되어 있는 인물사편을 통해 보충하자.

사료읽기

박은식의 「한국 통사」

옛사람이 이르기를, 나라는 없어질 수 있으나 역사는 없어질 수 없다고 하였으니, 그것은 나라는 형체이고 역사는 정신이기 때문이다. 이제 한국의 형체는 허물어졌지만 정신만이라도 오로지 남아 있을 수 없는 것인가? 이것이 내가 역사를 쓰는 까닭이다. 정신이 살아 있으면 형체도 부활할 때가 있을 것이다.

신채호의 「조선 상고사」

역사란 무엇이뇨? 인류 사회의 아(我)와 비아(非我)의 투쟁이 시간부터 발전하며 공간부터 확대하는 심적 활동의 상태의 기록이니, 세계사라 하면 세계 인류의 그리되어 온 상태의 기록이며, 조선 역사라 하면 조선 민족이 그리되어 온 상태의 기록이니라. …… 무릇 주체적 위치에 선 것을 '아'라 하고 그 밖에는 '비아'라 하는데 …… '아'에 대한 '비아'의 접촉이 잦을수록 '비아'에 대한 '아'의 투쟁이 더욱 맹렬하여, 인류 사회의 활동이 그칠 사이가 없으며 …… 그러므로 역사는 '아'와 '비아'와의 투쟁의 기록인 것이다.

(2) 사회 경제 사학

백남운	• 유물 사관을 토대로 역사 연구, <mark>식민 사관의 정체성론 반박</mark> • 한국사가 세계사의 보편적 발전 법칙에 입각하여 발전하였음을 강조 • <mark>「조선 사회 경제사」</mark>(1933), 「조선 봉건 사회 경제사」(1937) 저술

> ### 사료 읽기
>
> 백남운의 「조선 사회 경제사」
>
> 우리 조선 역사 발전의 전 과정은 예를 들어 지리적인 조건, 인류학적 골상, 문화 형태의 외형적 특징 등에서 다소의 차이를 인정하더라도 외관적인 이른바 특수성은 다른 문화 민족의 역사적 법칙과 구별될 만큼 독자적인 것은 아니다. <mark>세계사의 일원론적 역사 법칙에 따라 다른 여러 민족과 거의 같은 발전 과정을 거쳐 왔다.</mark>

(3) 실증 사학

특징	• 문헌 고증 방법을 통하여 한국사를 실증적, 객관적으로 연구
진단 학회 (1934)	• 이병도, 손진태 등을 중심으로 조직 • 일제의 청구 학회에 대항하여 연구 논문집 「진단학보」 발간

(4) 국어 연구와 한글 보급

조선어 연구회 (1921)	• 이윤재, 최현배 등이 국문 연구소의 전통을 계승하여 창립 • 잡지 「한글」 간행, 한글 기념일인 '<mark>가갸날</mark>' 제정(1926) • 우리말 쓰기를 권장하여 한글 대중화에 노력
조선어 학회 (1931)	• 조선어 연구회가 조선어 학회로 개편됨 • 「한글」 교재 편찬 • <mark>한글 맞춤법 통일안과 표준어 제정</mark> • <mark>「우리말 큰 사전」 편찬 시도</mark> • 일제가 강제 해산(조선어 학회 사건, 1942)

🔵 보충하기   조선어 학회 사건(1942)

1942년 함흥 영생 고등 여학교 학생 박영옥이 기차 안에서 친구들과 한국말로 대화하다가 경찰관 야스다에게 발각되어 취조를 받게 된 사건이 벌어졌다. 취조 결과 여학생들에게 감화를 준 사람이 서울에서 우리말 사전 편찬을 하고 있는 정태진임을 알게 되었고 같은 해 9월 5일에 정태진을 연행, 취조해 조선어 학회가 민족주의 단체로서 독립운동을 목적으로 하고 있다는 자백을 강제로 받아 내어 회원들을 검거하였다.

(5) 문화재의 보호

간송 전형필	• 일제의 문화재 약탈에 맞서 자신의 재산을 우리 문화재를 수집 보존하는 데 사용 • 수집한 문화재는 그가 건립한 사립 박물관인 보화각(현재 간송 미술관)에 보존 • 수집품 중에는 「훈민정음」 원본을 비롯한 수많은 고서적, 자기 등이 있음

유물 사관

역사가 발전하는 원동력은 관념이 아니라 물질이라는 마르크스주의의 역사관. 역사는 원시 공동체, 고대 노예제, 중세 봉건제, 근대 자본주의, 공산주의 단계로 발전한다고 보았다.

우리말 큰 사전

조선어 학회는 「우리말 큰 사전」을 편찬하려 하였지만, 일제의 방해로 중단되고 말았다. 「우리말 큰 사전」은 해방 후 한글 학회(1949)가 완간(1957)하였다.

조선어 학회 사건

1942년 10월 일제는 조선어 학회를 독립운동 단체로 간주하여 이윤재, 최현배 등 회원들을 체포하였고 조선어 학회를 강제 해산시켰다.

▲ 조선어 학회 회원들

❸ 종교·문예 활동

(1) 각 종교의 활동

개신교	• 일제 말기 신사 참배 거부 운동 전개	
천주교	• 일부 신자는 만주에서 의민단을 조직하여 청산리 전투에 참가	
불교	• 한용운을 중심으로 조선 불교 유신회(1920) 조직 → 불교 정화 운동 전개	
천도교	대한제국기	• 손병희 때 동학 내 친일 세력을 내쫓고 천도교로 개편(1905) • 「만세보」(1906~1907)를 발간하여 계몽 운동에 참여
	일제 강점기	• 3·1 운동 주도 및 제2의 3·1 운동 계획(1922) • 잡지 간행 : 「개벽」, 「어린이」, 「신여성」 등 • '어린이날' 제정
대종교	대한제국기	• 나철, 오기호 등이 단군 신앙을 기반으로 대종교 창시(1909)
	일제 강점기	• 중광단, 북로 군정서(청산리 전투) 등을 조직해 항일 무장 투쟁
원불교	• 1916년 박중빈이 창시, 개간 사업·저축 운동·새 생활 운동 전개	

(2) 문예 및 과학

1910년대	• 이광수의 「무정」(한국 최초의 근대적 장편 소설)

1920년대
(3·1운동 이후)
	• 동인지 간행 : 「폐허」, 「백조」 등
	• 과학 : 안창남의 고국 방문 비행(1922)
	• 저항 문학 : 김소월의 '진달래 꽃', 한용운의 '님의 침묵' 등
	• 연극 : '토월회'라는 극단 조직(1922)
	• 영화 : 나운규의 「아리랑」 제작 발표(1926)
	• 신경향파 문학 대두
	  – 사회주의 영향을 받은 신경향파 작가들이 활동
	  – 신경향파 작가들이 카프(KAPF) 결성

1930년대 이후 (창작 활동 위축)	• 친일 문학 : 이광수, 서정주, 노천명 등 • 저항 문학 : 이육사, 윤동주 등

대종교
대종교는 1909년 나철에 의해 '단군교'라는 이름으로 창시되었고, 1910년 교명을 '대종교'로 바꾸었다.

천도교에서 발행한 잡지

▲ 개벽   ▲ 어린이

안창남의 고국 방문 비행
우리나라 최초의 비행사인 안창남은 1922년 12월 여의도 상공에서 수만 관중이 지켜보는 가운데 고국 방문 비행을 성공적으로 마쳐 민족적 자긍심을 고취시켰다.

▲ 안창남 고국 방문 비행 기사

한용운의 '님의 침묵'
님은 갔습니다.
아아! 사랑하는 나의 님은 갔습니다.
푸른 산빛을 깨치고 단풍나무 숲을 향하여 난 작은 길을 걸어서 차마 떨치고 갔습니다.……

카프(KAPF)
조선 프롤레타리아 예술가 동맹.

민족 말살 통치기 친일 문학
(서정주의 오장 마쓰이 송가, 1944)
마쓰이 히데오!
그대는 우리의 오장, 우리의 자랑
그대는 경기도 개성 사람……
우리의 동포들이 밤과 낮으로
정성껏 만들어 보낸 비행기 한 대에
그대, 몸을 실어 날았다간 내리는 곳 ……
쪼각쪼각 부서지는 산더미 같은 미국 군함……
장하도다
우리의 육군 항공 오장 마쓰이 히데오여
너로 하여 향기로운 삼천리의 산천이여.

🔴 **보충하기**   나운규의 「아리랑」(1926) 줄거리

영진은 전문학교를 다닐 때 독립 만세를 부르다가 왜경에게 고문을 당해 정신 이상이 된 청년이었다. 실성한 영진에게 옛 친구 현구가 방문하고 현구는 영진의 여동생 영희와 사랑에 빠진다. 그러나 악덕 지주의 머슴이자 친일파인 기호는 영진네 빚을 빌미로 영희에게 흑심을 품고 영희를 겁탈하려 하였고, 이를 본 현구는 영희를 구하기 위해 기호와 난투극을 벌인다. 지켜보던 영진은 갑자기 환상에 빠지고 환상 끝에 낫을 휘둘러 기호를 죽인다. 그 충격으로 영진은 제정신을 되찾지만 살인 혐의로 일본 경찰에 체포된다. 영진의 손에 포승이 묶여지자 사람들은 영진을 에워싸고 오열한다. 그때 영진이 다음과 같이 말한다. "영진은 죽음의 길을 가는 것이 아니라 갱생의 길을 가는 것이오니, 여러분 부디 눈물을 거두어 주십시오." 일본 순사에게 잡혀 아리랑 고개를 넘어가는 영진의 뒤로 청년들이 말없이 따른다. '아리랑'이 울려 퍼진다.

실전 기출 및 예상 문제

18회기출

01 다음 퀴즈에 대한 답으로 옳은 것은?

이 종교의 중심 인물로는 나철과 오기호 등이 있습니다. 국권 침탈 이후 민족 교육을 실시하고, 중광단 등의 항일 무장 단체를 결성한 이 종교는 무엇일까요?

①  대종교

②  개신교

③  원불교

④  천도교

⑤  천주교

해설

나철, 오기호가 중심 인물이라는 것을 볼 때 대종교임을 알 수 있다. 나철, 오기호 등은 단군 신앙을 기반으로 대종교를 창시(1909)하였다. 대종교는 중광단(1911) → 대한 정의단(1919) → 북로 군정서(1919)를 조직해 항일 무장을 전개하였다. 특히 김좌진의 북로 군정서군은 홍범도의 대한 독립군을 비롯한 독립군 연합 부대와 청산리 전투에서 일본군을 크게 격파하였다.

오답 분석

② 개신교는 일제 말기 신사 참배 거부 운동을 전개하였다.

③ 1916년 박중빈이 창시한 원불교는 개간 사업, 저축 운동, 새생활 운동을 전개하였다.

④ 천도교는 제2의 3·1 운동을 계획하기도 했으며, 「개벽」, 「어린이」, 「신여성」 등의 잡지를 간행하였다.

⑤ 천주교 일부 신자는 만주에서 의민단을 조직하여 청산리 전투에 참가하였다.

정답 ①

02 (가)의 종교와 관련된 설명으로 옳은 것은?

문호 개방 이후에 동학은 농민을 기반으로 하여 민중 종교, 민족 종교로 성장하였다. 20세기 초 3대 교주인 손병희 때에는 친일 세력들을 내쫓고 [(가)]로 개편하면서 새로운 발전을 이룩하였다. 일제 강점기에는 제2의 3·1 운동을 계획하기도 하였다.

① 의민단을 조직하여 청산리 전투에 참여하였다.

② 병인박해로 많은 신도들이 처형되었다.

③ 단군 숭배 사상을 통해 민족 의식을 높였다.

④ 박중빈이 창시하여 새생활 운동을 전개하였다.

⑤ 개벽, 어린이 등의 잡지를 발행하였다.

해설

(가)는 천도교이다. 동학은 제3대 교주인 손병희 때 친일 세력을 내쫓고 천도교로 개편(1905)하면서 새로운 발전을 이룩하였다. 천도교는 대한제국기에 만세보(1906~1907)를 발간하여 민중 계몽에 힘썼으며, 일제 강점기에는 3·1 운동을 주도하고 제2의 3·1 운동을 계획하기도 하였으며, 「개벽」, 「어린이」, 「신여성」 등의 잡지를 발행하였다.

오답 분석

①, ② 천주교

③ 대종교

④ 원불교

정답 ⑤

03 다음 글을 쓴 인물의 활동으로 옳은 것을 |보기|에서 고른 것은?

> 옛 사람이 이르기를, 나라는 없어질 수 있으나 역사는 없어질 수 없다고 하였으니, 그것은 나라는 형체이고 역사는 정신이기 때문이다. 이제 한국의 형체는 허물어졌지만 정신만이라도 오로지 남아 있을 수 없는 것인가? 이것이 내가 역사를 쓰는 까닭이다. 정신이 살아 있으면 형체도 부활할 때가 있을 것이다.　　　　　　　　　「한국통사」

> |보기|
> ㄱ. 진단 학회를 조직하였다.
> ㄴ. 유교 구신론을 주장하였다.
> ㄷ. 대한민국 임시 정부 대통령으로 활동하였다.
> ㄹ. 독사신론을 저술하였다.

① ㄱ, ㄴ　　　② ㄱ, ㄷ　　　③ ㄴ, ㄷ
④ ㄴ, ㄹ　　　⑤ ㄷ, ㄹ

해설

제시된 자료는 박은식의 「한국 통사」이다. 박은식은 실천적인 새로운 유교 정신을 강조하는 유교 구신론을 주창하였고, 1925년에는 대한민국 임시 정부 2대 대통령으로 추대되었다.

오답 분석

ㄱ. 1934년 이병도, 손진태 등을 중심으로 순수 학술 연구 단체인 진단 학회가 조직되었다.

ㄹ. 신채호는 1908년 「독사신론」을 저술하여 대한매일신보에 연재해 민족주의 사학의 발판을 마련하였다.

정답 ③

04 다음 주장을 한 인물에 대한 설명으로 옳지 <u>않은</u> 것은?

> 역사란 무엇이뇨? 인류 사회의 아(我)와 비아(非我)의 투쟁이 시간부터 발전하며 공간부터 확대하는 심적 활동의 상태의 기록이니, 세계사라 하면 세계 인류의 그리되어 온 상태의 기록이며, 조선 역사라 하면 조선 민족이 그리되어 온 상태의 기록이니라. …… 무릇 주체적 위치에 선 것을 '아'라 하고 그 밖에는 '비아'라 하는데 …… '아'에 대한 '비아'의 접촉이 잦을수록 '비아'에 대한 '아'의 투쟁이 더욱 맹렬하여, 인류 사회의 활동이 그칠 사이가 없으며 …… 그러므로 역사는 '아'와 '비아'와의 투쟁의 기록인 것이다.

① 국민 대표 회의에서 창조파로 활동하였다.
② 대한매일신보에 독사신론을 연재하였다.
③ 의열단의 요청으로 조선 혁명 선언을 작성하였다.
④ 조선 상고사, 조선사 연구초를 저술하였다.
⑤ 조선어 연구회를 조직하였다.

해설

제시된 자료는 신채호의 「조선 상고사」이다. 신채호는 임시 정부의 국민 대표 회의(1923)에서 '임시 정부를 해체하고 새로운 정부를 세우자.'는 창조파로 활동하였고, 1908년 「독사신론」을 저술하여 대한매일신보에 연재해 민족주의 사학의 발판을 마련하였다. 또한 1923년에 의열단(김원봉)의 요청으로 조선 혁명 선언을 작성하였다. 저서로는 「독사신론」, 「이순신전」, 「을지문덕전」, 「조선 상고사」, 「조선사 연구초」 등이 있다.

오답 분석

⑤ 1921년 이윤재, 최현배 등이 국문 연구소(1907)의 전통을 이은 조선어 연구회를 조직하였다.

정답 ⑤

05 다음 책을 저술한 인물에 대한 설명으로 옳은 것은?

우리 조선 역사 발전의 전 과정은 예를 들어 지리적인 조건, 인류학적 골상, 문화 형태의 외형적 특징 등에서 다소의 차이를 인정하더라도 외관적인 이른바 특수성은 다른 문화 민족의 역사적 법칙과 구별될 만큼 독자적인 것은 아니다. 세계사의 일원론적 역사 법칙에 따라 다른 여러 민족과 거의 같은 발전 과정을 거쳐 왔다.

「조선 사회 경제사」

① 김원봉의 요청으로 조선 혁명 선언을 작성하였다.
② 식민 사학의 정체성 이론을 반박하였다.
③ 순수 학술 연구 단체인 진단 학회를 조직하였다.
④ 독사신론을 저술하였다.
⑤ 민족정신을 '혼'으로 파악하였다.

해설
제시된 자료는 백남운의 「조선 사회 경제사」이다.
백남운 등 사회 경제 사학자들은 한국사를 세계사적 보편성 위에 체계화하는 과정에서 식민 사학의 정체성 이론을 반박하였다. 이들은 한국사가 세계사의 보편적 발전 법칙에 입각하여 발전하였음을 강조하고, 한국 역사의 정체성을 주장하는 일제 식민 사학자들의 모순과 기만성을 폭로하기도 하였다.

오답 분석
①, ④ 신채호에 대한 설명이다.
③ 이병도, 손진태에 대한 설명이다.
⑤ 박은식은 민족정신을 '혼'으로 파악하고 '혼'이 담겨 있는 민족사의 중요성을 강조하였다.

정답 ②

06 (가) 단체에 대한 설명으로 옳은 것은?

1931년에는 조선어 연구회가 ☐(가)☐로 확대 개편되었다. 1942년 일제는 ☐(가)☐를 독립운동 단체로 간주하여 이윤재, 최현배 등 회원들을 체포하고, 강제로 해산시켰다.

┤보기├
ㄱ. 우리말 큰 사전의 편찬을 시도하였다.
ㄴ. 한글 맞춤법 통일안과 표준어를 제정하였다.
ㄷ. 민립 대학 설립을 추진하였다.
ㄹ. 태극 서관을 운영하였다.

① ㄱ, ㄴ   ② ㄱ, ㄷ   ③ ㄴ, ㄷ
④ ㄴ, ㄹ   ⑤ ㄷ, ㄹ

해설
(가)는 1931년 조선어 연구회가 확대 개편된 조선어 학회이다. 조선어 학회는 한글 교재를 편찬·발간하여 국어 교육에 활용하도록 하였고, 한글 맞춤법 통일안과 표준어를 제정하였으며, 「우리말 큰 사전」의 편찬을 시도하였으나, 일제의 방해로 성공하지 못하였다. 1942년 일제는 조선어 학회를 독립운동 단체로 간주하여 이윤재, 최현배 등 회원들을 체포, 투옥하였다. 그리고 조선어 학회를 강제로 해산시켰는데, 이를 조선어 학회 사건이라고 한다.

오답 분석
ㄷ. 민립 대학 설립 운동을 추진한 단체는 조선 민립 대학 기성회(1923)이다.
ㄹ. 신민회(1907~1911)에 대한 설명이다.

정답 ①

7부

현대 사회의 발전

1. 8·15 광복과 대한민국의 수립

학습 포인트

- 광복 후부터 대한민국 정부 수립까지의 주요 사건들의 순서를 묻는 문제(연표 문제)가 자주 출제되고 있습니다.
- 모스크바 3국 외상 회의와, 좌우 합작 운동을 중심으로 전·후 사건을 잘 파악합시다.
- 5·10 총선거의 핵심 사항에 주목합시다. 중요한 내용은 노란색으로 표시해 두었으니 놓치지 맙시다.

2. 자유 민주주의의 시련과 발전

학습 포인트

- 현대사의 정치 파트에 해당하는 부분으로 여러분들이 많이 어려워하는 파트입니다. 그러나 정작 시험은 어렵지 않게 출제되므로 큰 사건들을 제외하고는 깊이 들어가 공부할 필요가 없습니다.
- 현대사 공부의 기본은 각 정부별로 어떤 사건이 있었는지를 파악하는 것이 가장 기본입니다.

3. 경제 발전과 사회·문화

학습 포인트

- 이승만 정부 때의 미국의 원조 경제와, 박정희 정부 때의 경제 상황은 단독 주제로 출제될 수 있으니 관심을 가집시다. 특히 박정희 정부 때의 경제에서 제3 공화국 시기인 1960년대와 유신 체제기인 1970년대 경제의 특징을 잘 구분해야 합니다.
- 경제와 사회·문화 파트의 사건들은 어느 정부 시기에 해당되는지를 묻는 문제가 주류를 이룹니다. 따라서 본 교재는 각 정부별로 분류해서 각 사건들을 기술하였습니다.

4. 통일을 위한 노력

학습 포인트

- 무조건 1문제 이상 출제되고 있습니다. 박정희 정부 시기의 7·4 남북 공동 성명과 노태우 정부 때의 남북 기본 합의서 채택, 김대중 정부 때의 6·15 남북 공동 선언이 가장 중요합니다.
- 각 사료별로 노란색 중요 표시를 한 곳에 주목합시다. 노란색 중요 표시가 된 것은 사료형 문제 출제 시 거의 변함없이 출제되는 내용들입니다.

8·15광복과 대한민국의 수립

① 광복 전 국내외 건국 준비 활동

(1) 국내외 건국 준비 활동

지역	단체	중심 인물	군사 기반	공통점
국외	대한민국 임시 정부(충칭)	김구	한국 광복군	민주 공화국 수립 지향
	조선 독립 동맹(1942, 옌안)	김두봉	조선 의용군	
국내	조선 건국 동맹(1944)	여운형		

(2) 광복 직전 한국 문제에 대한 국제 논의

명칭	시기	참가국	내용
카이로 회담	1943	미·영·중	한국 독립 최초 약속
얄타 회담	1945. 2.	미·영·소련	소련군의 대일전 참전 결의
포츠담 선언	1945. 7.	미·영·중·소련	카이로 선언(한국의 독립) 재확인

② 8·15 광복과 광복 직후 남한의 정세

(1) 조선 건국 준비 위원회의 결성과 미 군정의 실시

조선 건국 준비 위원회 (1945. 8. 15.)	• 조선 건국 동맹을 확대 개편하여 결성, 좌우 합작 • 위원장 여운형(중도 좌파), 부위원장 안재홍(중도 우파) • 전국에 지부 설치, 치안과 질서 유지 • 조선 인민 공화국 선포(1945. 9. 6.)
미 군정 실시 (1945 ~ 1948)	• 미 군정기 : 1945. 9. 8. ~ 1948. 8. 15. • 미 군정은 조선 인민 공화국과 대한민국 임시 정부를 부정함 • 조선 총독부의 관료와 경찰들을 활용, 친일파 처단 외면

보충하기   광복 직후 정치 세력들의 활동

(1) 한국 민주당(한민당) : 김성수, 송진우 등 우익 세력이 조직(1945. 9.)
(2) 독립 촉성 중앙 협의회 : 이승만이 1945년 10월 중순에 귀국하여 발족
(3) 한국 독립당(김구) : 1945년 11월 김구 주석 일행 귀국, 임시 정부의 핵심 정당인 한국 독립당도 국내에서 활동
(4) 조선 공산당(좌익 세력) : 광복 직후 박헌영을 중심으로 조선 공산당 재건 → 1946년 남조선 노동당(남로당)으로 개편

조선 독립 동맹(1942)
중국 화북 지방에서는 사회주의 계열의 독립운동가들이 조선 독립 동맹을 결성하였다. 이들은 조선 의용대 화북 지대를 조선 의용군으로 개편하여 중국 공산당의 팔로군과 함께 항일 전쟁을 수행하기도 하였다.

조선 건국 동맹
1944년 8월 여운형 등이 일본의 패전과 민족의 독립에 대비하여 만든 비밀 결사.

38도선 설정
1945년 8월 6일 미국은 일본 히로시마에 원자 폭탄을 투하하고, 사흘 뒤 나가사키에도 원자 폭탄을 투하하였다. 한편 소련은 일본에 선전 포고하고 한반도에 진입하였다. 이에 미국은 소련군의 한반도 단독 점령을 막기 위해 북위 38도선을 일본군 무장 해제를 위한 잠정적인 군사 분계선으로 할 것을 소련에게 제의하였고, 소련이 이에 동의하였다. 이로 인해 광복 이후 북위 38도선을 경계로 미·소 군정이 실시되는 결과를 초래하였다.

(2) 모스크바 3국 외상 회의(1945. 12.)

결정 내용	• 임시 민주 정부의 수립, 미·소 공동 위원회 설치 • 최고 5년간 신탁 통치 실시
영향	• 신탁 통치를 둘러싼 좌·우익의 갈등 심화  vs  우익(반탁) 좌익(찬탁) ▲ 신탁 통치 반대 운동 ▲ 모스크바 3국 외상 회의 결정 지지 대회 • 신탁 통치 반대 • 처음에는 신탁 통치 반대 • 김구, 이승만, 한국 민주당 등 • 얼마 뒤 모스크바 3국 외상 회의 결정 지지로 입장 바꿈

모스크바 3국 외상 회의
38도선을 경계로 한반도가 분단되고 미·소 양군의 통치가 실시되는 가운데 미국, 영국, 소련의 3국은 모스크바에서 외무 장관 회의를 열어 한반도 문제의 처리에 대해 논의하였다.

신탁 통치
강대국이 독립할 능력이 없는 나라를 일정 기간 동안 통치해 주는 것.

사료 읽기

모스크바 3국 외상 회의 결정 내용

1. 조선을 독립 국가로 재건설하며 조선을 민주주의적 원칙하에 발전시키기 위한 조건을 조성하고 가능한 한 속히 장구한 일본의 조선 통치의 참담한 결과를 청산하기 위하여…… 임시 조선 민주주의 정부를 수립할 것이다.
2. 조선 임시 정부 구성을 원조할 목적으로 먼저 그 적절할 방책을 연구 조정하기 위해 남조선 미합중국 점령군과 북조선 소연방 점령군의 대표자들로 공동 위원회가 설치될 것이다.
3. 공동 위원회의 제안은 최고 5년 기한의 4개국 신탁 통치를 협약하기 위하여 미·영·중·소 여러 나라 정부가 공동 참작할 수 있도록 조선 임시 정부와 협의한 후 제출되어야 한다.

3 좌·우 합작 운동(1946~1947)

(1) 배경 : 좌·우익 간 대립 심화, 1차 미·소 공동 위원회 결렬, 이승만 정읍 발언

1차 미·소 공동 위원회 결렬	• 개최 : 서울에서 1차 미·소 공동 위원회 개최(1946. 3.) • 결과 : 미국과 소련의 의견 대립으로 결렬(1946. 5.)
이승만의 정읍 발언 (1946. 6.)	• 1차 미·소 공동 위원회 결렬 이후 이승만은 전라도 정읍에서 행한 연설에서 남한 단독 정부 수립을 주장함

1차 미·소 공동 위원회
(1946. 3 ~ 1946. 5)
모스크바 3국 외상 회의 결정 사항에 따라 1차 미·소 공동 위원회가 서울에서 개최되었으나 미국은 표현의 자유를 내세워 국내의 모든 정당·사회 단체를 회담에 참여시킬 것을 주장한 반면에 소련은 모스크바 3상 회의 결과에 반대하는 정당이나 사회 단체와는 협의할 수 없다고 주장하였다. 결국 양측의 주장이 맞서면서 회담은 결렬되었다.

사료 읽기

이승만의 정읍 발언

이제 우리는 무기 휴회된 공위(1차 미·소 공동 위원회)가 재개될 기색도 보이지 않으며 통일 정부를 고대하나 여의케 되지 않으니 우리 남방(남한)만이라도 임시 정부 혹은 위원회 같은 것을 조직하여 38도 이북에서 소련이 철퇴하도록 세계 공론에 호소하여야 될 것이니 여러분도 결심하여야 될 것이다. ……

▲ 이승만

(2) 좌우 합작 운동 전개

좌우 합작 위원회 (1946. 7.)	• 김규식(중도 우파)과 여운형(중도 좌파) 등을 중심으로 결성 • 좌우 합작 7원칙 발표(좌익과 우익의 제안 절충)
미 군정의 지원	• 미 군정이 좌우 합작 운동을 지원함
실패(한계)	• 김구, 이승만 등 주요 세력 불참 • 냉전 체제 심화로 미 군정이 좌우 합작 운동에 대한 지원을 철회함 • 여운형이 극우파 청년에게 암살됨(1947. 7.)

사료읽기

좌우 합작 7원칙(1946. 10.)

1. 3상 회의 결정에 따라 남북을 통한 좌우 합작으로 민주주의 임시 정부를 수립할 것.
2. 미·소 공동 위원회의 속개를 요청하는 공동 성명을 발표할 것.
3. 토지 개혁에 있어 몰수, 유조건 몰수, 체감 매상 등으로 토지를 농민에게 무상으로……
4. 친일파, 민족 반역자를 처리할 조례를 본 합작 위원회에서 입법 기구에 제안하여 입법 기구로 하여금 심리 결정하여 실시케 할 것.
7. 전국적으로 언론, 집회, 결사, 출판, 교통, 투표 등의 자유가 절대 보장되도록 할 것.

4 한국 문제의 유엔(UN) 상정과 남북 협상

(1) 한국 문제의 유엔 상정과 남한 단독 선거 실시 결정

배경	• 2차 미·소 공동 위원회 개최(1947. 5.) : 미·소 대립으로 또 결렬 • 미국이 한반도 문제를 유엔으로 이관
UN 총회 (1947. 11.)	• 유엔 감시 아래 인구 비례에 의한 남북한 총선거 실시 결정 • 유엔 한국 임시 위원단 설치 결정
UN 한국 임시 위원단 파견	• 유엔 한국 임시 위원단 남한 입국(1948. 1.) • 소련은 임시 위원단이 북한에 들어오는 것을 거부
UN 소총회 (1948. 2.)	• 남북한 총선거가 불가능해지자, 유엔 소총회는 유엔 한국 임시 위원단의 활동이 가능한 지역에서 선거(남한 단독 선거) 실시 결정

(2) 남북 협상(1948. 4.) 💡 남북 협상이 열린 시기에 주목하자.

배경	• 김구와 김규식이 남북 분단을 저지하기 위해 북한에 남북 협상 제의
경과	• 평양에서 남북 지도자 회의 개최 • 남한 단독 정부 수립 반대, 미·소 양군의 철수를 요구하는 결의문 채택
한계	• 미·소 냉전 체제하에서 남북 협상이 단독 정부의 성립을 막을 수 없었음

남북 협상 기간
1948년 4월 19일부터 30일까지 평양에서 열렸다.

▲ 38도선을 넘는 김구

사료읽기

김구의 "3천만 동포에게 읍고함"(1948년 2월 10일)

한국이 있고야 한국 사람이 있고, 한국 사람이 있고야 민주주의도 공산주의도 또 무슨 단체도 있을 수 있는 것이다. 그러면 우리의 자주 독립적 통일 정부를 수립하려는 이때에 있어서 어찌 개인이나 자기 집단의 사리사욕에 탐하여 국가 민족의 백년대계를 그르칠 자가 있으랴. …… 나는 통일된 조국을 건설하려다가 38선을 베고 쓰러질지언정 일신의 구차한 안일을 취하여 단독 정부를 세우는 데는 협력하지 아니하겠다. ……

⑤ 5·10 총선거와 대한민국 정부의 수립

5·10 총선거 (1948. 5. 10.)	• 우리나라 최초의 민주 선거 • <mark>우리나라 역사상 최초로 실시된 보통 선거</mark> • 평등, 직접, 비밀, 자유의 원칙에 따른 민주주의 선거 • 결과 : 제헌 국회 의원 선출(임기 2년), 5월 말 제헌 국회 개원 • 한계 : 김구와 김규식 등 남북 협상파와 공산주의자 불참
헌법 제정·공포 (1948. 7. 17.)	• 제헌 헌법(요약) 　- 대통령 중심제, 내각제 요소 가미 　- 대통령 간선제(국회에서 간접 선거로 대통령 선출) 　- 국회는 단원제로 구성
대한민국 정부 수립 (1948. 8. 15.)	• 제헌 국회에서 대통령에 이승만, 부통령에 이시영 선출 • 1948년 8월 15일 대통령을 이승만으로 하는 대한민국 정부 수립→12월에 개최된 유엔 총회에서 합법 정부 승인

🌊 광복 이후 주요 사건 순서

모스크바 3국 외상 회의 (1945. 12.)	➡	신탁 통치 문제를 둘러싼 좌·우익의 갈등	➡	1차 미·소 공동 위원회 (1946. 3.)
이승만의 정읍 발언 (1946. 6.)	➡	좌우 합작 위원회 결성 (1946. 7.)	➡	2차 미·소 공동 위원회 (1947. 5.)
UN 총회의 남북한 총선거 결정 (1947. 11.)	➡	UN 한국 임시 위원단 파견 → 소련의 입북 거부 (1948. 1.)	➡	UN 소총회의 남한 단독 선거 실시 결정 (1948. 2.)
김구·김규식의 남북 협상 (1948. 4.)	➡	5·10 총선거 (1948. 5.)	➡	대한민국 정부 수립 (1948. 8.)

단독 정부 수립을 둘러싼 갈등
제주 4·3 사건(1948)
1948년 4월 3일 단독 정부 수립 반대와 미군의 즉시 철수 등을 주장하는 제주도의 공산주의자와 일부 주민들이 무장 봉기하여 관공서와 경찰 지서를 습격한 사건이다. 시기상으로 남북 협상보다 먼저 일어난 사건이다.

보통 선거
일정한 연령에 달하면 어떤 조건에 따른 제한 없이 선거권을 주는 제도이다.

단원제
단원제는 국민이 직접 선출한 대표자로 이루어진 국회(의회)가 단 하나의 합의체로 구성되는 제도이다. 국회(의회)가 두 개의 의원으로 구성되어 있는 양원제에 상대되는 개념이다.

제헌 헌법
정부 형태는 대통령을 국가 원수로 하는 대통령 중심제를 채택하고 있으나, 미국과 같은 순수한 형태의 대통령 중심제를 취하고 있지는 않다. 대통령은 행정부의 수반이며 국가 원수지만, 국회에서 대통령 및 부통령을 선출하게 함으로써 의원 내각제의 총리의 선출과 같은 형식을 취하고 있다.

실전기출및예상문제

23회기출

01 (가)~(다)를 일어난 순서대로 옳게 나열한 것은?

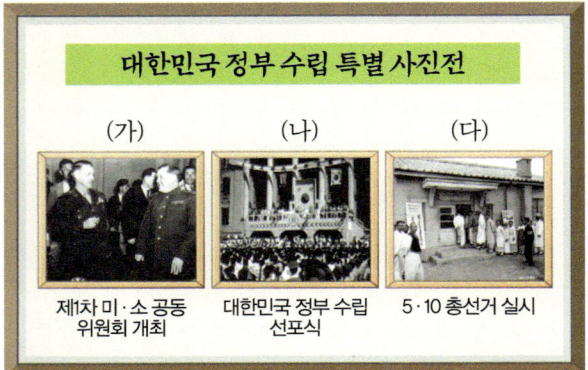

대한민국 정부 수립 특별 사진전

(가)	(나)	(다)
제1차 미·소 공동 위원회 개최	대한민국 정부 수립 선포식	5·10 총선거 실시

① (가)-(나)-(다)
② (가)-(다)-(나)
③ (나)-(가)-(다)
④ (나)-(다)-(가)
⑤ (다)-(가)-(나)

 해설

광복 후부터 대한민국 정부 수립까지의 주요 사건을 일어난 순서대로 나열하는 전형적인 문제이다.

(가) 모스크바 3국 외상 회의(1945. 12.)의 결정에 따라 1차 미·소 공동 위원회가 개최된 것은 1946년 3월이다.

(다) 1948년 5월 우리나라 역사상 처음으로 보통·비밀 선거인 5·10 총선거가 남한에서 실시되었다.

(나) 1948년 8월 15일 마침내 대통령을 이승만으로 하는 대한민국 정부가 수립되었다.

정답 ②

02 다음은 이승만이 정읍에서 행한 연설이다. 이 연설이 있었던 시기를 연표에서 옳게 고른 것은?

"이제 우리는 무기 휴회된 공위가 재개될 기색도 보이지 않으며 통일 정부를 고대하나 여의케 되지 않으니 우리 남방(남한)만이라도 임시 정부 혹은 위원회 같은 것을 조직하여 38도 이북에서 소련이 철퇴하도록 세계 공론에 호소하여야 될 것이니 여러분도 결심하여야될 것이다."

1945. 8.	1945. 12.	1946. 3.	1946. 7.	1947. 5.	1948. 4.
(가)	(나)	(다)	(라)	(마)	
8·15 광복	모스크바 3국 외상 회의	1차 미·소 공동 위원회 개최	좌·우 합작 위원회 결성	2차 미·소 공동 위원회 개최	남북 협상

① (가)　② (나)　③ (다)　④ (라)　⑤ (마)

해설

제시된 자료는 이승만의 정읍 발언이다.

1차 미·소 공동 위원회 결렬 이후 1946년 6월, 이승만은 전라도 정읍에서 행한 연설에서 남한 단독 정부 수립을 주장하였다.

1차 미·소 공동 위원회의 휴회와 이승만의 단독 정부 수립 운동으로 남북 분단을 우려한 김규식(중도 우익)과 여운형(중도 좌익)은 1946년 7월 좌우 합작 위원회를 발족하였고, 좌우 합작 위원회는 좌익과 우익의 제안을 절충해 1946년 10월에 '좌우 합작 7원칙'을 발표하였다.

정답 ③

03 (가)~(마) 시기에 해당하는 사실로 옳지 않은 것은?

	(가)	(나)	(다)	(라)	(마)
1945. 8.	1945. 12.	1946. 3.	1946. 7.	1947. 11.	1948. 8.
8·15 광복	모스크바 3국 외상 회의	1차 미·소 공동 위원회 개최	좌·우 합작 위원회 결성	UN총회 한국 문제 결의	대한민국 정부 수립

① (가)-조선 건국 준비 위원회가 조선 인민 공화국을 선포하였다.

② (나)-신탁 통치 반대 운동이 대대적으로 일어났다.

③ (다)-이승만이 정읍에서 남한만의 정부 수립을 주장하였다.

④ (라)-김구와 김규식이 평양에서 남북 협상에 참여하였다.

⑤ (마)-제주 4·3 사건이 발생하였다.

해설

① 1945년 9월 6일 조선 건국 준비 위원회는 남한 지역에 미군의 주둔이 다가오자, 미군과의 협상에서 유리한 위치를 차지하기 위해 조직을 개편하여 조선 인민 공화국을 선포하였다.

② 모스크바 3국 외상 회의의 신탁 통치안이 국내에 전해지자 신탁 통치 반대 운동이 대대적으로 일어났다.

③ 1차 미·소 공동 위원회 결렬 이후 이승만은 전라도 정읍에서 행한 연설에서 남한 단독 정부 수립을 주장하였다.(정읍 발언, 1946. 6.)

⑤ 1948년 4월 3일에는 남한 단독 선거 반대, 미군의 철수 등을 주장하는 제주도의 공산주의자들과 일부 주민들이 무장 봉기하여 관공서와 경찰 지서를 습격하였다.(제주 4·3 사건)

오답 분석

④ 김구와 김규식이 남북 협상에 참가한 시기는 1948년 4월이다.

정답 ④

04 다음 인물에 대한 설명으로 옳은 것을 | 보기 |에서 고른 것은?

- 1919년 대한민국 임시 정부 외무부 차장 취임
- 1944년 조선 건국 동맹 결성
- 1945년 조선 건국 준비 위원회 조직
- 1947년 7월 서울 혜화동 로터리에서 한지근에 의해 암살됨

보기

(가) 대한민국 임시 정부 2대 대통령을 지냈다.

(나) 의열단의 요청으로 '조선 혁명 선언'을 작성하였다.

(다) 상하이에서 신한 청년당을 결성하였다.

(라) 김규식과 함께 좌우 합작 위원회를 결성하였다.

① (가), (나) ② (나), (다) ③ (나), (라)
④ (다), (라) ⑤ (가), (라)

해설

제시된 인물은 여운형이다. 여운형은 1918년에 상하이에서 신한 청년당을 결성했으며, 1946년에는 김규식과 함께 좌우 합작 위원회를 결성하였다.

오답 분석

(가) 박은식에 대한 설명이다.

(나) 신채호에 대한 설명이다.

정답 ④

2 자유 민주주의의 시련과 발전

1 이승만 정부(제1 공화국, 1948. 8.~1960. 4.)

(1) 반민족 행위 처벌법(1948. 9.)

배경	• 미 군정의 친일파 처단 외면(조선 총독부의 관료와 경찰들을 그대로 활용)
제정	• 제헌 국회에서 제정(제헌 헌법에 근거하여 제정)
목적	• 친일파 처벌, 일제의 잔재를 청산하고 민족 정기를 바로잡기 위해 제정
활동	• 반민족 행위 특별 조사 위원회(반민특위) 설치 • 노덕술, 이광수, 최남선, 최린 등 친일 행위자 검거
결과	• 실제로 처벌받은 친일파는 거의 없었음 • 이승만 정부의 소극적 태도로 친일파 처벌 좌절

(2) 여수 · 순천 10 · 19 사건(1948. 10.)

내용	• 제주도 4 · 3 사건 진압을 명령받은 여수 주둔 부대가 부대 내 좌익 세력의 선동으로 반란을 일으켜 여수와 순천을 점령 → 정부가 병력을 동원해 진압

(3) 농지 개혁

배경	• 광복 당시 한국인의 대다수는 농민이었고, 농민의 다수가 소작농이었음 • 북한은 이미 토지 개혁을 1946년에 실시함
제정	• 1949년 농지 개혁법 제정 → 1950년 3월 일부 개정 · 시행
원칙	• 경자유전, 유상 매입(유상 매수) · 유상 분배
방법	• 3정보를 상한으로 하여 그 이상 지주가 소유한 농지는 국가가 유상 매입 • 국가에서 매수한 농지는 영세 농민에게 3정보를 한도로 유상 분배
결과	• 자작농(자영농) 증가, 지주 계급 소멸, 근대 농업 경제 발전의 발판 마련
한계	• 실시가 지연되어 대상 토지 감소(지주들이 농지 개혁 이전에 임의로 토지 처분)

이승만 정부의 반민특위 활동 방해
이승만 정부는 반공 정책을 우선하면서 친일파 처단에 소극적이었으며 오히려 반민특위의 활동을 방해하였다. 반민특위 활동에 앞장섰던 국회 의원들을 간첩 혐의로 체포(국회 프락치 사건, 1949. 4.)하는가 하면 경찰들이 반민특위 사무실을 습격하는 일도 발생하였다.(반민특위 습격 사건, 1949. 6.)

3정보
약 30,000㎡이다. 농지 개혁법(1949)에 따라 가구당 농지 소유 상한선은 3정보로 제한되었다.

경자유전(耕者有田)
'농지는 농사짓는 사람이 소유할 수 있다.'라는 의미.

지주들의 토지 매각
농지 개혁 실시가 지연되는 동안 일부 지주들은 농지 개혁이 실시되면 좋지 않은 조건으로 토지가 정부에 넘어갈 것이라 판단하여 토지를 미리 팔아 버렸다. 이에 따라 분배할 대상 농지가 감소하였다.

농지 개혁의 방법
3정보를 상한으로 하여 그 이상 지주가 소유한 농지는 국가가 유상 매입하고 지주에게는 지가 증권을 발급하였다. 국가에서 매수한 농지는 영세 농민에게 3정보를 한도로 유상 분배하고 농민은 분배받은 토지에서 거두어들일 수 있는 1년 평균 생산량의 1.5배를 생산물로 5년에 걸쳐 나누어 내야 했다.

사료읽기

농지 개혁법(1949)

제5조 정부는 다음에 의해 농지를 취득한다.

　　2. 다음의 농지는 본법 규정에 의해 정부가 매수한다.

　　　　(가) 농가 아닌 자의 농지

　　　　(나) 자경하지 않는 자의 농지

　　　　(다) 본법 규정의 한도를 초과하는 부분의 농지

제12조 농지의 분배는 1가구당 총 경영 면적 3정보를 초과하지 못한다.

남한의 농지 개혁과 북한의 토지 개혁 비교

구분	남한	북한
법령 공포	1949. 6.(1950. 3. 개정)	1946. 3.
대상	농지(임야, 산림 제외)	모든 토지
원칙	유상 매입 · 유상 분배	무상 몰수 · 무상 분배
토지 소유 상한선	3정보	5정보

(4) 6·25 전쟁(1950. 6. 25.~1953. 7. 27.)

배경	• 미군의 철수, 미국의 애치슨 선언 발표
북한의 남침	• 1950년 6월 25일 기습 남침
국군의 철수	• 3일 만에 서울을 함락당함 • 낙동강 전선까지 후퇴(8월)
국군과 UN군의 반격	• 맥아더의 인천 상륙 작전 성공(9월 15일) • 9·28 서울 수복(9월 28일) • 38도선 돌파(10월 1일) • 압록강까지 진격
중국군의 공격으로 후퇴	• 흥남 철수 작전(12월) • 1·4후퇴(1951년 1월, 서울을 다시 빼앗김)
재반격	• 서울 재탈환(1951. 3.) • 38도선 부근에서 전선 고착화
휴전 협상 (1951. 7.~ 1953. 7.)	• 소련이 유엔에서 휴전 제의 → 휴전 회담 시작 → 포로 송환 문제로 난항 • 이승만 정부의 북진 통일 주장 및 휴전 반대 범국민적 시위 발생 • 이승만의 반공 포로 석방(1953. 6.) • 휴전 협정 체결(1953. 7. 27.)
전쟁의 영향	• 수백만의 사상자 발생, 이산가족 발생, 한·미 상호 방위 조약 체결

▲ 6·25 전쟁의 전황

(5) 이승만 정부의 장기 집권 도모

	개요	• 6·25 전쟁 중인 1952년 임시 수도 부산에서 개정된 1차 개헌
발췌 개헌 (1952. 7.)	배경	• 이승만 정부는 국회의 간접 선거로는 대통령 재선이 어렵다고 판단함
	경과	• 국회의원들이 탄 통근 버스를 헌병대로 연행하는 등 공포 조성 • 공포 분위기 속에서 기립 표결을 거쳐 발췌 개헌안을 통과시킴
	개헌 내용	• 대통령 직선제(대통령 간선제를 직선제로 바꿈) • 국회 양원제(민의원, 참의원) → 양원제는 실제로 시행하지 않음
	결과	• 1952년 8월 국민의 직접 선거로 이승만 대통령 재선 성공
사사오입 개헌 (1954)	배경	• 자유당이 이승만 대통령의 장기 집권을 위해 개헌 시도
	경과	• 초대 대통령에 한하여 3선 제한을 철폐하는 헌법 개정안 국회 제출 • 국회 표결 결과 1표 차이로 부결 → 자유당은 부결 이틀 만에 사사오입(반올림)의 논리를 내세워 개헌안이 통과되었다고 번복함
	개헌 내용	• 초대 대통령의 3선 제한(중임 제한) 철폐: 초대 대통령(이승만)에 한하여 횟수의 제한 없이 대통령에 출마할 수 있도록 함
3대 대통령 선거 (1956)	후보	• 민주당 : 신익희(대통령), 장면(부통령) • 자유당 : 이승만(대통령), 이기붕(부통령) • 무소속 : 조봉암(대통령)
	구호	• 민주당 : '못살겠다 갈아 보자.' • 자유당 : '갈아 봤자 더 못산다.'
	결과	• 이승만 대통령 당선, 부통령에 장면 당선

▲ 3대 대통령 선거

6·25 전쟁의 배경
남한에 주둔한 미군은 대한민국 수립 이후 유엔 한국 위원단의 감시하에 철수하기 시작하여 1949년 6월에는 군사 고문단만 남겨 놓고 모두 철수하였다. 또한 미국 국무 장관 애치슨은 미국의 태평양 지역 방위선에서 한국과 타이완을 제외한다는 애치슨 선언을 1950년 1월에 발표하였다.

이승만의 반공 포로 석방
휴전 회담이 거의 타결되어 갈 무렵 이승만 대통령이 반공 포로들을 전격적으로 석방하여 휴전 회담이 위기에 처하기도 하였다.

대통령의 임기와 선출
제헌 헌법에서의 대통령의 임기는 4년이었고 1회 중임이 가능하였으며 대통령은 국회에서 간접 선거로 선출(대통령 간선제)하였고, 국회는 단원제로 구성하였다.

자유당
1951년에 창당한 친이승만 계열의 보수 정당.

사사오입 개헌
당시 개헌을 통과하기 위해서는 당시 국회의원 재적 수 203명의 3분의 2인 135.333……명, 즉 136명의 찬성을 얻어야 개헌안이 통과될 수 있었다. 그런데 투표 결과 135명이 찬성해 부결되었다. 그러나 이틀 뒤 자유당은 수학의 사사오입, 즉 반올림하면 135가 된다는 논리를 내세워 개헌안을 통과시켰다.

(6) 4 · 19 혁명(1960)

배경	• 3 · 15 부정 선거(1960. 3.) : 자유당의 대대적인 부정 선거 자행
경과	• 3월 15일 : 선거 당일 마산에서 부정 선거에 대한 대규모 규탄 시위가 일어남 • 4월 11일 : 부정 선거 규탄 시위에 참가했다가 행방불명된 김주열 시신 발견 • 마산에서 대규모 시위 및 전국적으로 확산 • 4월 19일 : 학생들과 시민들이 경무대(지금의 청와대)로 향함 • 정부는 계엄령을 선포하고, 경찰로 하여금 무차별 사격으로 진압하게 함 • 4월 25일 : 대학 교수들이 시국 선언문을 발표하고 행진 시위 전개 • 4월 26일 : 이승만은 '국민이 원한다면 사임하겠다.'라는 성명을 발표하고 하야
결과	• 이승만의 하야 → 허정을 수반으로 하는 과도 정부 수립

② 장면 내각(제2 공화국, 1960. 8.∼1961. 5.)

(1) 허정 과도 정부 : 3차 개헌(1960. 6., 내각 책임제와 양원제 국회로 개헌)

사료읽기

> **3차 개헌(내각 책임제 개헌)**
>
> 제32조 양원은 국민의 보통, 평등, 직접, 비밀 투표에 의하여 선거된 의원으로써 조직한다.
> 제33조 민의원의 임기는 4년으로 한다. …… 참의원의 임기는 6년으로 하고……
> 제53조 대통령은 양원 합동 회의에서 선거하고 재적 국회의원 2/3 이상의 투표를 얻어 당선된다.
> 제70조 국무총리는 국무 회의를 소집하고 의장이 된다. …… 국무총리는 국무위원을 대표하여 의
> 안을 국회에 제출하고 행정 각 부를 지휘 감독한다.

(2) 장면 내각의 성립과 활동

성립	• 새로 구성된 국회는 민의원과 참의원 합동 회의에서 윤보선을 대통령으로 선출 • 민의원에서는 실권을 행사하는 국무총리에 장면을 인준함	
당시 상황	• 각계각층의 민주화 요구 분출 • 통일 논의 활발	
활동	• 경제 개발 5개년 계획 마련(실행에 옮겨지지는 못함) • 4차 개헌 : 3 · 15 부정 선거자 처벌을 위한 소급 입법 • 통일 정책 : UN 감시 아래 남북한 총선거 주장	 ▲ 1961년 5월 '가자, 북으로! 오라, 남으로!'를 외치며 통일 촉진 궐기 대회가 열렸다.
한계	• 민주당 당내 권력 다툼으로 분열, 5 · 16 군사 정변으로 약 9개월 만에 붕괴	

---

3 · 15 부정 선거

1960년의 정·부통령 선거를 앞두고 자유당은 이승만을 대통령으로, **이기붕**을 부통령으로 당선시키기 위해 부정 선거를 획책하였다. 야당인 민주당은 대통령 후보에 **조병옥**을, 부통령 후보에 **장면**을 내세웠다. 그러나 조병옥이 후보 등록 직후 갑작스럽게 사망하여 이승만은 단일 대통령 후보가 되었다. 이에 따라 선거의 초점은 부통령 선거에 집중되었다. 자유당은 이기붕을 부통령에 당선시키기 위해 조직적인 부정 선거를 추진하였다.

내각 책임제(의원 내각제)

국회 내 다수당이 내각(수상과 각료)을 구성하는 정부 형태로, 수상(국무총리)이 정치적 실권을 행사하고 왕이나 대통령은 상징적 국가 원수이다.

민의원과 참의원

민의원이란 양원제 국회에서 하원에 해당하는 것으로 상원에 해당하는 참의원과 함께 국회를 구성하는 일원을 말한다. 제2 공화국 시기에는 민의원과 참의원의 양원으로 국회를 구성하고 있었다.

장면 내각

1960년 4 · 19 혁명으로 무너진 제1 공화국(이승만 대통령의 자유당 정권)의 뒤를 이어 1960년 8월에 성립되었다. 대통령으로 윤보선, 국무총리로 장면이 선출되었는데, 대통령은 명예직에 가까웠고 실권은 국무총리가 지니고 있어 흔히 장면 내각이라고도 부른다.

③ 5·16 군사 정변과 박정희 정부의 성립

(1) 5·16 군사 정변(1961. 5.)과 군사 정부의 활동

배경	• 장면 내각이 사회 혼란과 무질서를 제대로 수습하지 못함
경과	• 박정희를 비롯한 일부 군인들이 정변을 일으켜 정권 장악
군정 실시	• 헌법의 효력 중단, 국가 재건 최고 회의 구성 • 정치인들의 활동 금지, 중앙정보부(중정) 창설 • 1962년부터 경제 개발 5개년 계획 추진
민정 이양	• 군사 정부는 정부 형태를 민정으로 바꾸어 정권을 계속 장악하려 함 • 5차 개헌 : 대통령 중심제, 단원제 국회, 대통령 직선제 • 군사 정변 주체 세력이 중심이 되어 민주 공화당 창당 • 5대 대통령 선거(1963) : 국민의 직접 선거(직선제)로 박정희 대통령 당선

사료읽기

5·16 군사 정변 때 발표한 혁명 공약

1. 반공을 국시의 제1의로 삼고 지금까지 형식적이고 구호에만 그친 반공 체제를 재정비 강화할 것입니다.
3. 사회의 모든 부패와 구악을 일소하고 퇴폐한 국민 도의와 민족 정기를 다시 바로잡기 위하여 청신한 기풍을 진작할 것입니다.
4. 절망과 기아선상에 허덕이는 민생고를 시급히 해결하고……

▲ 군사 정변의 주역들

(2) 박정희 정부의 활동(제3 공화국, 1963. 12.~1972. 10.)

한·일 국교 정상화 (1965)	• 배경 : 경제 개발에 필요한 자금 확보 • 과정 : 6·3 시위 격화(1964) – 굴욕적인 한·일 수교 반대 • 결과 : 많은 반대에도 불구하고 1965년 한·일 협정 체결 • 한계 : 일본의 식민지 지배에 대한 사죄가 없음
베트남 파병 (1964~1973)	• 내용 : 베트남 전쟁에 우리나라 국군 파병 • 영향 : 베트남 전쟁 특수로 경제 성장
3선 개헌 (1969, 6차)	• 배경 : 1967년 6대 대통령 선거에서 박정희 대통령 재선 성공 • 목적 : 박정희 대통령의 3선을 위해 헌법 개정 • 결과 : 대통령의 3회 연임을 허용하는 개헌안을 편법으로 통과시킴 • 영향 : 1971년 7대 대통령 선거에서 김대중을 이기고 박정희 당선
7·4 남북 공동 성명	• 남북한 정부 당국의 비밀 접촉을 거쳐 1972년 7월, 7·4 남북 공동 성명이 서울과 평양에서 동시에 발표됨

사료읽기

김종필 오히라 메모(각서) 내용(1962. 11.)

박정희 군사 정부 시기인 1962년, 한국의 김종필 중앙정보부장과 일본 외상 오히라 마사요시 간의 비밀 회담 끝에 1962년 11월 대일 청구권 문제에 관한 합의 사항을 메모로 교환했다. 그러나 이 내용이 이후에 폭로되면서 국민들의 심한 반발을 일으켰다. 그 내용은 다음과 같다.

1. 일제 35년간의 지배에 대한 보상으로 일본은 3억 달러를 10년간 걸쳐서 지불하되 그 명목은 '독립 축하금'으로 한다.
2. 경제 협력의 명분으로 정부 간의 차관 2억 달러를 3.5%, 7년 거치 20년 상환이라는 조건으로 10년간 제공하며, 민간 상업 차관으로 1억 달러 이상을 제공한다.

(3) 유신 체제(제4 공화국, 1972. 10.~ 1979. 10.)

성립	• 한국적 민주주의라는 명분을 내세워 국민 투표를 통해 유신 헌법 확정
유신 헌법 (7차 개헌)	• 통일 주체 국민 회의에서 간접 선거로 대통령 선출 • 대통령의 중임 제한을 없애 영구 집권을 가능케 함 • 대통령의 임기가 6년으로 연장 • 대통령 권한 극대화 : 긴급 조치권, 국회의원 1/3 추천권, 국회 해산권

유신 헌법 하에서의 대통령 선거 현황(통일 주체 국민 회의에서 간접 선거로 선출)

선거	후보	재적 대의원	참석 대의원	찬성	반대	무효
8대 대통령(1972)	박정희	2359	2359	2357	0	2
9대 대통령(1978)	박정희	2581	2578	2577	0	1

사료읽기

유신 헌법(7차 개헌)

제39조 대통령은 통일 주체 국민 회의에서 토론 없이 무기명 투표로 선거한다.

제53조 대통령은 천재지변 또는 중대한 재정·경제상의 위기에 처하거나 국가의 안전 보장 또는 공공의 안녕 질서가 중대한 위협을 받거나 받을 우려가 있어, 신속한 조치를 할 필요가 있다고 판단할 때에는 내정, 외교, 국방, 경제, 사법 등 국정 전반에 걸쳐 필요한 긴급 조치를 할 수 있다.

제59조 대통령은 국회를 해산할 수 있다.

대통령 긴급 조치 1호(1974. 1.)

1. 대한민국 헌법을 부정, 반대, 왜곡 또는 비방하는 일체의 행위를 금한다.
3. 유언비어를 날조 및 유포하는 일체의 행위를 금한다.
5. 이 조치에 위반한 자와 이 조치를 비방하는 자는 법관의 영장 없이 체포, 구속, 압수, 수색하며……

(4) 유신 체제의 붕괴(1979. 10.)

YH 무역 사건 (1979. 8.)	• YH 무역 여공들이 회사 폐업 조치에 항의하여 신민당 당사에서 농성 • 경찰이 강제 진압하는 과정에서 여공 1명 사망
김영삼 제명 (1979. 10.)	• 야당 총재 김영삼이 외신 기자 회견에서 국가를 모독하였다는 이유로 여당에 의해 국회에서 제명됨
부·마 항쟁 (1979. 10.)	• 김영삼 총재 국회 제명 등 유신 체제에 대한 불만 폭발 • 부산, 마산 등에서 유신 체제에 반대하는 대규모 시위 발생
10·26 사태 (1979)	• 부·마 항쟁의 진압 방법을 둘러싼 정부 내부의 갈등 발생 • 이 과정에서 중앙정보부장 김재규가 박정희 대통령 살해

▲ YH 무역 사건   ▲ 김영삼 제명   ▲ 부·마 항쟁   ▲ 10·26 사태

④ 5 · 18 민주화 운동(1980. 5. 18.~5. 27.)

배경	• 전두환 등 신군부 세력이 군권과 정치적 실권 장악(12·12 사태, 1979. 12.) • 신군부 세력이 비상 계엄을 전국으로 확대
개요	• 신군부 세력의 퇴진과 계엄령 철폐, 김대중의 석방 등을 요구한 민주화 운동
전개	• 신군부의 계엄령 확대에 반발하여 광주에서 시작 • 학생과 시민들의 시위 → 계엄군의 폭력 진압 및 발포로 많은 희생자 발생 • 광주에서는 시민군을 조직하여 대항했으나 계엄군에 의해 무력으로 진압됨
의의	• 1980년대 이후 민주화 운동의 밑거름이 됨 • 5 · 18 광주 민주화 운동 기록물은 유네스코 세계 기록 유산에 등재됨

사료읽기

광주 시민군 궐기문(1980. 5. 25.)

우리는 왜 총을 들 수밖에 없었는가? 그 대답은 너무 간단합니다. 너무나 무자비한 만행을 더 이상 보고 있을 수만 없어서 너도나도 총을 들고 나섰던 것입니다. …… 또한 18일 아침에 각 학교에 공수 부대를 투입하고 이에 반발하는 학생들에게 대검을 꽂고 "돌격 앞으로!"를 감행하였고 …… 20일 밤부터 계엄 당국은 발포 명령을 내려 무차별 발포를 시작했다는 것입니다. …… 우리가 어떻게 해야 되겠습니까. …… 우리는 당할 수만은 없었습니다. ……

▲ 5 · 18 민주화 운동

⑤ 전두환 정부(제5 공화국, 1981~1988)와 6월 민주 항쟁

(1) 전두환 정부의 성립과 정책

성립	• 8차 개헌(1980. 10.) : 대통령 간선제(대통령 선거인단 간선), 7년 단임제 • 개정된 헌법에 따라 대통령 선거인단의 간접 선거로 전두환이 대통령으로 선출
강압 정책	• 언론 통제, 사회 민주화 운동 및 노동 운동 탄압 등
유화 정책	• 야간 통행금지 해제, 중 · 고생의 교복 자율화, 해외여행 자유화 • 프로 야구 및 프로 축구 출범

(2) 6월 민주 항쟁(1987. 6.)

배경	• 박종철 고문 치사 사건(1987. 1.) : 서울대생 박종철이 경찰의 고문으로 사망 • 정부의 4 · 13 호헌 조치(1987. 4.) : 대통령 간선제 헌법을 고수하려 함
전개	• 국민들은 '호헌 철폐', '독재 타도' 등의 구호를 내세우고 시위 전개 • 시위에 가담한 연세대생 이한열이 경찰의 최루탄에 맞아 중상(후에 사망)
결과	• 여당 대통령 후보 노태우의 6 · 29 선언 : 대통령 직선제 개헌 수용 선언(1987. 6.) • 9차 개헌(1987. 10.) : 5년 단임의 대통령 직선제로 개헌

사료읽기

6월 민주 항쟁(6·10 대회 선언문)

국가의 미래요 소망인 꽃다운 젊은이를 야만적인 고문으로 죽여 놓고 그것도 모자라서 뻔뻔스럽게 국민을 속이려 했던 현 정권에게 국민의 분노가 무엇인지를 분명히 보여 주고, 국민적 여망인 개헌을 일방적으로 파기한 4 · 13 폭거를 철회시키기 위한 민주 장정을 시작한다.

신군부 세력의 대두
박정희 대통령이 서거하자 정부는 국무 총리였던 최규하가 통일 주체 국민 회의에서 대통령으로 선출되었다. 그러나 며칠 후인 12월 12일에 전두환, 노태우 등을 중심으로 한 신군부 세력이 병력을 동원하여 군권과 정치적 실권을 장악하였다.

계엄령
국가 비상시 국가 안녕과 공공질서 유지를 목적으로 법률이 정하는 바에 따라 헌법 일부의 효력을 일시 중지하고 군사권을 발동하여 치안을 유지할 수 있는 국가 긴급권의 하나이다.

5 · 18 광주 민주화 운동 기록물
2011년 유네스코는 5 · 18 광주 민주화 운동이 대한민국의 민주화와 아시아 여러 나라의 민주화 운동에 큰 영향을 주었다고 평가하고 이 운동과 관련된 정부 기록 문서, 시민군의 성명서, 피해자들의 병원 치료 기록 등 총 4,200여 권, 필름 2,000여 컷, 사진 1,700여 점 등을 세계 기록 유산에 등재하였다.

제5 공화국의 성립 과정
1980년 8월 최규하 대통령이 사임하자, 통일 주체 국민 회의에서 전두환이 11대 대통령으로 선출되었다. 이어서 10월에는 8차 개헌을 하였는데 이 헌법의 골자는 대통령 선거인단이 간접 선거로 대통령을 선출하고, 대통령의 임기는 7년 단임으로 한 것이었다. 개정된 헌법에 따라 1981년 2월 대통령 선거인단의 간접 선거로 전두환이 다시 대통령으로 선출되어 12대 대통령으로 취임함으로써 제5 공화국이 출범하였다.

여소야대 정국과 3당 합당

1988년 4월 국회의원 선거에서 야당이 다수 의석을 차지하여 민주 정의당은 소수파 여당으로 전락하였다. 여소야대의 상황으로 어려움을 겪던 노태우 정부는 1990년에 여당인 민주 정의당과 야당인 통일 민주당(김영삼), 신민주 공화당(김종필)을 통합하여 민주 자유당(민자당)을 만드는 정계 개편을 하였다.(3당 합당)

금융 실명제

금융 거래의 투명성을 확보하기 위해 금융 거래 시 실제 명의를 사용하도록 한 제도.

역사 바로 세우기 운동

김영삼 정부는 신군부 세력에 의한 12·12 사태를 '쿠데타적 사건'으로 규정하고 광주에서 일어난 5·18 민주화 운동의 희생자들에 대한 추모식을 거행하고 이들의 명예를 회복시켰으며, 신군부 출신의 전직 대통령인 노태우와 전두환을 구속 기소하였다.(1995)

외환 위기

다른 나라와 무역에 필요한 외환(외국 돈)이 부족하여 경제에 어려움이 닥치는 것을 말한다. 나라마다 들어오는 외화가 적어지거나 나가는 외화가 너무 많아지면 외화가 부족해져 외환 위기가 발생하기도 하는데, 이러한 상황을 해결하기 위해 국제 통화 기금(IMF)이라는 기구에서 구제 금융을 받는다.

사료읽기

여당(민주 정의당) 대표이자 대통령 후보 노태우의 6·29 선언(6·29 민주화 선언, 1987. 6.)

여야 합의하에 조속히 **대통령 직선제 개헌**을 하고 새 헌법에 의해 대통령 선거를 통해 88년 2월 평화적 정부 이양을 실현토록 해야겠습니다. 오늘 이 시점에서 저는 사회적 혼란을 극복하고 국민적 화해를 이룩하기 위해서는 대통령 직선제를 택하지 않을 수 없다는 결론에 이르게 되었습니다.

6 민주주의의 진전(제6 공화국)

(1) 노태우 정부(1988~1993)

성립	• 국민의 직접 선거로 노태우가 13대 대통령으로 당선 → 1988년 2월 취임
활동	• 여소야대 정국, 3당 합당(1990) • **북방 외교** 추진 : 헝가리 및 폴란드(1989), 소련(1990), 중국(1992)과 수교 • **88 서울 올림픽 개최**(1988) • 5·16 군사 정변 이후 중단되었던 지방 자치제 부분적 실시 • **남북한 UN 동시 가입**(1991) • **남북 기본 합의서 채택**(1991), 한반도 비핵화 공동 선언 채택(1992)

(2) 김영삼 정부(문민 정부, 1993~1998)

성립	• 14대 대통령 선거에서 김영삼 당선 → 1993년 2월 취임
활동	• 고위 공직자의 재산 등록제 실시, **금융 실명제 실시** • 지방 자치 단체장 선거를 시행하여 **지방 자치제를 전면적으로** 확대 실시 • **OECD(경제 협력 개발 기구) 가입**(1996) • 역사 바로 세우기 운동(조선 **총독부 건물 철거**, **전두환·노태우 구속 기소** 등) • 1997년 **외환 위기**가 발생하여 **국제 통화 기금(IMF)**에 구제 금융 요청

💡 김영삼 정부의 금융 실명제 실시는 가장 출제 빈도가 높다.

(3) 김대중 정부(국민의 정부, 1998~2003)

성립	• 15대 대통령 선거에서 김대중 당선 → 1998년 2월 취임
활동	• 햇볕 정책(대북 화해 협력 정책) 추진 • **남북 정상 회담 최초 개최**(2000. 6.) → 6·15 남북 공동 선언 발표(2000. 6.) • **외환 위기 극복(IMF 관리 체제 극복)**

(4) 노무현 정부(참여 정부, 2003~2008)

성립	• 16대 대통령 선거에서 노무현 당선 → 2003년 2월 취임
활동	• 제2차 남북 정상 회담(2007) → 10·4 남북 공동 선언(2007)

실전 기출 및 예상 문제

01 다음 법률에 의해 추진된 정책에 대한 설명으로 옳은 것을 |보기|에서 고른 것은?

1949년 6월 21일에 공포된 이 법률은 농지를 농민에게 적절히 분배함으로 써, 농민 생활을 향상시키고 국민 경 제를 발전시키는 것을 목적으로 제정 되었다.

┤보기├
ㄱ. 소작 쟁의가 증가하게 되었다.
ㄴ. 자작농이 늘어나는 계기가 되었다.
ㄷ. 유상 매입, 유상 분배가 원칙이었다.
ㄹ. 친일파, 일본인의 토지가 몰수되었다.

① ㄱ, ㄴ   ② ㄱ, ㄷ   ③ ㄴ, ㄷ
④ ㄴ, ㄹ   ⑤ ㄷ, ㄹ

 해설

이승만 정부 때 실시된 농지 개혁에 대해 묻고 있다. 농지 개혁은 1949 년 6월 농지 개혁법이 공포되고, 1950년 3월에는 일부 개정되어 시행 에 들어갔다. 농지 개혁은 경자유전의 원칙하에 3정보를 상한으로 하 여 그 이상 지주가 소유한 농지는 국가가 유상 매입하고 지주에게는 지가 증권을 발급하였다. 국가에서 매수한 농지는 영세 농민에게 3정 보를 한도로 유상 분배하고 농민은 분배받은 토지에서 거두어들일 수 있는 1년 평균 생산량의 1.5배를 생산물로 5년에 걸쳐 나누어 내야 했 다. 그 결과 자작농이 증가하는 계기가 되었고, 근대 농업 경제 발전의 발판을 마련하였으며, 6·25 전쟁이 일어나기 전에 농지 개혁을 시행 한 것은 남한의 공산화를 저지하는 데에도 기여하는 요인이 되었다.

 정답 ③

02 다음 개헌안의 내용으로 옳은 것은?

• 1952년 5월, 정부는 부산 일대에 비상 계엄령을 선 포하고, 내각 책임제 개헌 추진 주동 의원들을 체포 하였으며, 국회에 등정하 던 국회의원 40여 명이 탄 통근 버스를 헌병대로 연행 하였다.
• 1952년 7월, 임시 수도 부산에서 국회의원들은 공포 분 위기 속에 기립 표결을 거쳐 출석 의원 166명 중 찬성 163표, 반대 0표, 기권 3표로 개헌안을 통과시켰다.

① 대통령 직선제
② 초대 대통령의 중임 제한 철폐
③ 7년 단임의 대통령 간선제
④ 통일 주체 국민 회의에서 대통령 선출
⑤ 국회 간접 선거에 의한 대통령 선출

해설

제시된 내용은 6·25 전쟁 중인 1952년 임시 수도 부산에서 있었던 발 췌 개헌(1차 개헌, 대통령 직선제)이다.
6·25 전쟁이 일어나자 국회는 정부와 함께 부산으로 피난하였다. 전 시 체제에서도 국회 의원들의 원내 활동은 활발하게 이루어졌다. 이 승만 대통령의 임기 만료가 가까워지자, 국회의 지지를 상실한 이승 만 정부는 국회의 간접 선거로는 이승만 대통령의 재선이 어렵다고 판단하고 대통령 직선제의 개헌을 준비하였다. 1952년 5월 이승만 정 부는 부산 일대에 비상 계엄령을 선포하고 국회의원들이 탄 통근 버 스를 헌병대로 연행하는 등 공포 분위기를 조성하였다. 1952년 7월 결 국 국회의원들은 공포 분위기 속에서 기립 표결을 거쳐 대통령 직선 제 개헌안을 골자로 하고 내각 책임제 개헌안을 약간 가미하여 절충 한 발췌 개헌안을 통과시켰다.

오답 분석
② 사사오입 개헌(2차 개헌, 1954. 11.)
③ 8차 개헌(1980)
④ 유신 헌법(1972. 12.)
⑤ 제헌 헌법(1948)

 정답 ①

03 다음 사건이 끼친 영향으로 옳은 것은?

> 1960년의 정·부통령 선거를 앞두고 자유당은 이승만과 이기붕을 당선시키기 위하여 부정 선거를 획책하였다. 야당인 민주당은 조병옥을 대통령 후보로, 장면을 부통령 후보로 내세웠으나, 조병옥이 후보 등록 직후 미국의 병원에서 급서하여 이승만은 단일 대통령 후보가 되었다. 그러나 자유당은 이기붕을 부통령으로 당선시키기 위해 철저한 부정 선거를 추진하였다.

① 4·19 혁명
② 5·16 군사 정변
③ 12·12 사태
④ 5·18 광주 민주화 운동
⑤ 6월 민주 항쟁

해설

제시된 자료의 사건은 1960년 3·15 부정 선거이다. 3·15 부정 선거는 4·19 혁명(1960)이 일어나는 원인이 되었다. 4·19 혁명의 결과 이승만 대통령이 하야하고 허정을 수반으로 하는 과도 정부가 수립되었다.

오답 분석

② 장면 내각이 사회 혼란과 무질서를 제대로 수습하지 못하자 이를 구실로 삼아 1961년 5월 16일, 박정희를 비롯한 일부 군인들이 정변을 일으켜 정권을 장악한 사건이다.
③ 1979년 12월 12일 전두환과 노태우 등을 중심으로 한 신군부 세력이 일부 병력을 동원하여 계엄 사령관 정승화 육군 참모총장을 체포하고 군권을 장악하고 정치적 실권도 장악한 사건이다.
④ 1980년 5월 18일부터 27일까지 광주 시민들이 중심이 되어 신군부 세력의 퇴진과 계엄령 철폐 등을 요구하며 전개한 민주화 운동이다.
⑤ 전두환 정부의 강압적인 통치하에서도 계속된 민주화 요구는 1987년 박종철 고문 사망 사건과 4·13 호헌 조치를 계기로 6월 민주 항쟁(1987)으로 발전하였다.

정답 ①

04 다음 헌법이 공포된 시기를 연표에서 옳게 고른 것은?

> 제39조　대통령은 통일 주체 국민 회의에서 토론 없이 무기명 투표로 선거한다.
> 제40조　통일 주체 국민 회의는 국회의원 정수의 3분의 1에 해당하는 수의 국회의원을 선거한다.
> 제53조　대통령은 천재지변 또는 중대한 재정·경제상의 위기에 처하거나, 국가의 안전 보장 또는 공공의 안녕 질서가 중대한 위협을 받거나 받을 우려가 있어, 신속한 조치를 할 필요가 있다고 판단할 때에는 내정, 외교, 경제, 사법 등 국정 전반에 걸쳐 필요한 긴급 조치를 할 수 있다.
> 제59조　대통령은 국회를 해산할 수 있다.

1948	1960	1965	1979	1987	2000
	(가)	(나)	(다)	(라)	(마)
대한민국 정부 수립	4·19 혁명	한일 협정	10·26 사태	6월 민주 항쟁	6·15 남북 공동 선언

① (가)　② (나)　③ (다)　④ (라)　⑤ (마)

해설

제시된 자료의 헌법은 유신 헌법이다. 박정희 정부는 1972년 10월 이른바 '10월 유신'을 선언하고 헌법을 개정(1972. 11.)하여 대통령의 권한을 극대화한 유신 헌법을 공포하였다.

※ 유신 헌법 핵심 요약

− 통일 주체 국민 회의에서 간접 선거로 대통령 선출
− 대통령의 중임 제한을 없애 영구 집권을 가능케 함
− 대통령 권한 극대화 : 긴급 조치권, 국회 해산권 등

정답 ③

05 다음 운동에 대한 설명으로 옳은 것은?

> 우리는 왜 총을 들 수밖에 없었는가? 그 대답은 너무 간단합니다. 너무나 무자비한 만행을 더 이상 보고 있을 수만 없어서 너도나도 총을 들고 나섰던 것입니다. …… 18일 아침에 각 학교에 공수 부대를 투입하고 이에 반발하는 학생들에게 대검을 꽂고 "돌격 앞으로!"를 감행하였고 …… 20일 밤부터 계엄 당국은 발포 명령을 내려 무차별 발포를 시작했다는 것입니다. …… 우리가 어떻게 해야 되겠습니까 …… 우리는 당할 수만은 없었습니다.
>
> 「○○ 시민군 궐기문」

① 4·13 호헌 조치에 반발하여 일어났다.
② 한·일 국교 정상화에 반대하였다.
③ 신군부 세력의 퇴진을 요구하였다.
④ 3·15 부정 선거가 직접적 원인이 되었다.
⑤ 이승만 대통령의 하야를 이끌어 냈다.

해설
제시된 자료는 광주 시민군 궐기문으로 5·18 광주 민주화 운동(1980)에 대해 묻는 문제이다.
1979년 12월 12일 전두환과 노태우를 중심으로 한 신군부 세력이 군권을 장악한 후 정치적 실권까지 장악하였다. 1980년 5월, 신군부 세력은 계엄령 철폐와 신군부 세력 퇴진 등을 요구하는 5·18 광주 민주화 운동(1980. 5.)을 계엄군을 투입하여 무자비하게 탄압하였다.

오답 분석
① 전두환 정부의 4·13 호헌 조치에 반발하여 일어난 사건은 6월 민주 항쟁(1987)이다.
② 1964년 6·3 시위(6·3 항쟁)에 대한 설명이다.
④, ⑤ 1960년 4·19 혁명에 해당한다.

정답 ③

---

06 다음 선언문과 관련된 민주화 운동의 영향으로 옳은 것은?

> 오늘 우리는 전 세계 이목이 주시하는 가운데 40년 독재 정치를 청산하고 희망찬 민주 국가를 건설하기 위한 거보를 전 국민과 함께 내딛는다. 국가의 미래요 소망인 꽃다운 젊은이를 야만적인 고문으로 죽여 놓고 그것도 모자라서 뻔뻔스럽게 국민을 속이려 했던 현 정권에게 국민의 분노가 무엇인지를 분명히 보여 주고, 국민적 여망인 개헌을 일방적으로 파기한 4·13 호헌 조치를 철회시키기 위한 민주 장정을 시작한다.

① 허정을 수반으로 하는 과도 내각이 들어섰다.
② 관련 기록물이 유네스코 세계 기록 유산으로 등재되었다.
③ 친일파 처벌을 위한 반민특위가 설치되었다.
④ 이승만 대통령이 하야하는 계기가 되었다.
⑤ 대통령 직선제 개헌이 이루어졌다.

해설
제시된 자료는 1987년 6월 민주 항쟁과 관련된 6·10 대회 선언문이다.
박종철 고문 치사 사건과 전두환 정부의 4·13 호헌 조치(대통령 간선제 헌법 고수)를 배경으로 하여 발생한 6월 민주 항쟁에서 국민들은 '호헌 철폐', '독재 타도' 등의 구호를 내세우고 시위를 벌였다. 결국 정부는 국민들의 민주화 요구를 수용하여 대통령 직선제 개헌 등을 주요 내용으로 하는 6·29 선언(6·29 민주화 선언)을 발표하였다.

오답 분석
①, ④ 4·19 혁명(1960)으로 이승만 대통령이 하야하고, 허정을 수반으로 하는 과도 내각이 들어섰다.
② 5·18 광주 민주화 운동(1980) 기록물이 2011년 5월, 유네스코 세계 기록 유산으로 등재되었다.
③ 반민특위(반민족 행위 특별 조사 위원회)는 1948년에 설치되었다.

정답 ⑤

3 경제 발전과 사회·문화

1 이승만 정부

(1) 미국의 경제 원조(1950년대)

개요	• 미국은 전쟁 중에는 물론 전후 복구 기간에도 많은 경제 원조를 제공함
원조 형태	• 주로 식량 및 생필품, 면화·설탕·밀가루 등 소비재 산업 원료에 집중됨
영향	• 미국에서 들어온 농산물은 식량 문제를 해결하는 데 도움을 줌 • 삼백 산업 중심의 소비재 산업 발달 • 농촌 경제 타격(국내 농산물 가격 하락, 밀이나 면화 생산 타격)

(2) 사회·문화

한국학 연구	• 한글 학회의 「우리말 큰 사전」 완간(1957)
교육	• 초등학교 의무 교육 실시

> **보충하기** 　1950년대 경제(원조 경제)
>
> 1950년대 한국 경제의 성격은 원조 경제라고 할 수 있다. 1950년대 미국의 원조는 주로 식료품과 의복, 의료품과 같은 생활 필수품과 밀가루, 면화, 설탕과 같은 소비재 산업의 원료에 집중되었다. 원조 물자 중 가장 많은 부분을 차지하는 것은 농산물이었다.
>
> 〈미국의 잉여 농산물 도입 현황〉
>
> | 구분 | 1955년 | 1956년 | 1957년 | 1958년 | 1959년 |
> |------|--------|--------|--------|--------|--------|
> | 도입 실적
(백만 달러) | 28.3 | 51.7 | 48.2 | 39.7 | 27.0 |
> | 도입 품목 | 원사, 연초 | 쌀, 소맥, 대맥,
원사, 낙농품 | 쌀, 소맥, 대맥 | 소맥, 대맥, 수수,
당밀, 옥수수 | 소맥, 원사,
옥수수 |

2 박정희 정부

(1) 제3 공화국 시기(1960년대)

경제	• 1·2차 경제 개발 5개년 계획 추진(경공업 중심의 경제 정책 추진) - 특징 : 수출 주도형 성장 전략, 경공업 육성 및 저임금 정책 - 성과 : 고도 성장, 1970년 경부 고속 국도 개통 • 베트남 특수로 경제 발전에 큰 보탬이 됨
사회	• 새마을 운동 시작(1970) - 박정희 정부 주도, 농촌 환경 개선과 소득 증대 목표 - 근면·자조·협동을 바탕으로 한 지역 사회 개발 운동으로 전개 • 전태일 분신 사건(1970) : 노동 문제에 대한 대학생과 지식인의 관심을 높임
문화	• 교육 : 국민 교육 헌장 선포(1968)

소비재
일상생활에서 직접 소비되는 상품들.

삼백 산업
제분(밀가루), 제당(설탕), 면방직 산업을 의미하는 것으로 소비재 산업이다.

▲ 인천항에 쌓인 밀더미

1·2차 경제 개발 5개년 계획 기간
1차 : 1962~1966년
2차 : 1967~1971년

전태일 분신 사건
1970년 11월 서울 청계천 평화 시장에서 재단사로 일하던 전태일이 "근로기준법을 지켜라.", "우리는 기계가 아니다." 등의 구호를 외치며 분신하여 암울한 노동 현실을 고발하는 사건이 일어났다.

(2) 유신 체제기(1970년대)

경제	• 3 · 4차 경제 개발 5개년 계획 추진(중화학 공업 육성) - 수출 주도형 성장 정책 지속적 추진 - 경공업 중심에서 중화학 공업 중심으로 전환 - 농어촌 개발을 위한 새마을 운동 추진에도 노력 - 성과 : 중화학 공업 발전, 1977년 수출 100억 달러 달성(돌파) • 유신 체제의 경제 위기 - 1차 석유 파동 : 중동의 건설 사업에 진출해 오일 달러를 벌어들여 극복 - 2차 석유 파동 : 중화학 공업에 힘을 쏟던 한국 경제는 큰 위기를 맞음
사회 문화	• 장발 유행에 따른 장발 단속 • 동아일보의 백지 광고 사태(1974) • YH 무역 사건(YH 사건)

▲ 100억 불 수출의 날 기념 우표(1977)

▲ 장발 단속

③ 1980년대 이후의 정부

(1) 전두환 정부(1981~1988)

경제	• 저금리, 저유가, 저달러의 3저 호황(1986)
사회 문화	• 야간 통행 금지 해제, 중 · 고생의 교복 자율화, 해외 여행 자유화 • 프로 야구 및 프로 축구 출범 • 제 10회 서울 아시아 경기 대회 개최(1986)

(2) 노태우 정부(1988~1993) : 88 서울 올림픽 개최(제24회 서울 올림픽, 1988)

(3) 김영삼 정부(1993~1998)

경제	• 경제 협력 개발 기구(OECD) 가입(1996), 금융 실명제 실시 • 국제 통화 기금(IMF) 구제 금융 요청(1997) →IMF 관리 체제로 들어감
기타	• 국민학교를 초등학교로 개칭 → 역사 바로 세우기 운동의 일환

(3) 김대중 정부(1998~2003)

경제	• 정부의 노력과 국민들의 금 모으기 운동으로 IMF 관리 체제 극복(2001, 외환 위기 극복)
기타	• 노사정 위원회 구성 • 2002년 한 · 일 월드컵 개최(한국 4강 진출)

▲ 금 모으기 운동

(4) 노무현 정부(2003~2008)

경제	• 한 · 칠레 자유 무역 협정(FTA) 발효(2004) : 우리나라 최초의 자유 무역 협정
기타	• 고속 철도(KTX) 개통(2004)

---

3 · 4차 경제 개발 5개년 계획 기간
3차 : 1972~1976년
4차 : 1977~1981년

1차 석유 파동(1973)
1973년 아랍과 이스라엘 전쟁이 발생하자 아랍 석유 수출국 기구(OAPEC)와 석유 수출 기구(OPEC)는 두 차례에 걸쳐 원유 가격을 대폭 인상하였다. 그 결과 세계 경제는 큰 혼란에 빠졌다. 우리나라도 어려움에 직면했으나, 중동의 건설 사업에 진출해 오일 달러를 벌어들여 이를 극복할 수 있었다.

2차 석유 파동(1979)
세계 제2의 석유 수출국 이란이 원유 수출을 중단함으로써 발생하였다.

동아일보 백지 광고 사태
유신 정권의 언론 탄압으로 동아일보에 광고를 내기로 했던 회사들이 대거 해약하고, 그 결과 동아일보에서는 광고를 채우지 못한 부분을 백지로 내보내거나 아예 전 지면을 기사로 채웠다.

3저 호황
1980년대 중반에 국제 경기가 저유가, 저달러, 저금리 상태가 되면서 한국 경제가 호황을 누리던 상황을 말한다.

노사정 위원회
1997년 외환 위기로 국제 통화 기금(IMF)의 관리를 받게 되면서 노동자의 대량 실직 사태가 발생하였다. 이에 김대중 정부는 노사정 위원회를 구성하여 구조 조정에 따른 실업이나 노사 문제 등을 해결하고자 하였다.

실전 기출 및 예상 문제

22회기출

01 가상 우표 (가)~(라)에 나타난 사건을 일어난 순서대로 옳게 나열한 것은?

현대사 우표 전시회

(가) 경부 고속 도로 준공
(나) 제1차 경제 개발 5개년 계획 실시
(다) 금강산 관광 사업 시작
(라) 제24회 서울 올림픽 대회 개최

① (가) - (나) - (다) - (라)
② (가) - (나) - (라) - (다)
③ (나) - (가) - (다) - (라)
④ (나) - (가) - (라) - (다)
⑤ (다) - (나) - (가) - (라)

해설

(가) 경부 고속 도로 준공은 1970년 박정희 정부 시기 때의 일이다.
(나) 1차 경제 개발 5개년 계획 기간은 1962년부터 1966년까지이다.
(다) 금강산 관광 사업은 김대중 정부 때인 1998년 11월에 시작되었다.
(라) 24회 서울 올림픽은 1988년 노태우 정부 때 개최되었다.

따라서 정답은 (나) - (가) - (라) - (다)이다.

정답 ④

02 다음 모습을 볼 수 있는 정부 시기의 경제 상황으로 옳지 <u>않</u>은 것은?

100억 불 수출

YH 사건

① 금강산 관광 사업이 시작되었다.
② 포항 종합 제철 공장이 완공되었다.
③ 중화학 공업 중심으로 경제 발전의 방향을 전환하였다.
④ 3, 4차 경제 개발 5개년 계획이 추진되었다.
⑤ 석유 파동으로 경제 위기를 맞기도 하였다.

해설

수출 100억 달러 달성은 1977년, YH 사건은 1979년에 있었던 사건으로 모두 유신 정권기(1972. 10.~1979. 10.)에 있었던 사실이다.
정부는 경공업 중심의 경제 발전이 한계에 부딪히자, 1970년대 3, 4차 경제 개발 5개년 계획에서 중화학 공업 중심으로 경제 발전의 방향을 전환하였다. 정부는 중화학 공업 육성을 적극 추진하면서 철강, 금속, 조선 공업과 기계, 전자, 화학 공업 등을 집중적으로 지원하였다.
이에 따라 이 시기에는 포항 종합 제철 공장이 완공되고 창원, 구미 등에는 공업 단지가 건설되었다. 한편, 1973년 1차 석유 파동과 1979년 2차 석유 파동으로 어려움에 직면하기도 하였다.

오답 분석

① 금강산 관광 사업은 김대중 정부 때인 1998년 11월에 시작되었다. 금강산 관광은 처음에는 배를 이용하였으나, 2000년 6·15 남북 공동 선언의 영향으로 후에는 금강산 육로 관광도 가능해졌다.

정답 ①

03 (가)~(라) 시기의 경제 상황으로 옳은 것을 |보기|에서 고른 것은?

(가)	(나)	(다)	(라)
박정희 정부	전두환 정부	김영삼 정부	김대중 정부
제1차~제4차 경제 개발 5개년 계획 추진	3저 호황으로 무역 흑자 기록	경제 협력 개발 기구 (OECD) 가입	기업·금융·공공·노동의 4대 부문 개혁 추진

|보기|
ㄱ. (가) - 농지 개혁을 처음 실시하였다.
ㄴ. (나) - 베트남 파병으로 경기가 활성화되었다.
ㄷ. (다) - 금융 실명제를 실시하였다.
ㄹ. (라) - 국제 통화 기금(IMF) 관리 체제를 극복하였다.

① ㄱ, ㄴ　　② ㄱ, ㄷ　　③ ㄴ, ㄷ
④ ㄴ, ㄹ　　⑤ ㄷ, ㄹ

해설
ㄷ. 김영삼 정부는 금융 거래의 투명성을 확보하기 위해 금융 거래 시 실제 명의를 사용하도록 한 금융 실명제를 실시하였다.
ㄹ. 김대중 정부 때인 2001년 8월 국제 통화 기금(IMF) 관리 체제를 극복하였다.

오답 분석
ㄱ. 농지 개혁을 처음 실시한 것은 이승만 정부이다. 1949년 농지 개혁법이 공포되었고, 1950년 3월에 일부 개정되어 시행에 들어갔다.
ㄴ. 베트남 파병(1964~1973)은 박정희 정부 때에 이루어졌다.

정답　⑤

04 다음 사건들이 있었던 정부 시기의 상황으로 옳은 것은?

• 세계 무역 기구(WTO) 출범
• 수출 1,000억 달러 돌파
• 경제 협력 개발 기구(OECD) 가입
• 국제 통화 기금(IMF) 구제 금융 요청

① 금융 실명제 실시
② 2차 석유 파동
③ 한·일 월드컵 개최
④ 제10회 서울 아시아 경기 대회 개최
⑤ 저유가, 저금리, 저달러의 3저 호황

해설
제시된 사건들은 모두 김영삼 정부 시기에 있었던 사건들이다. 김영삼 정부는 금융 거래의 투명성을 확보하기 위해 금융 거래 시 실제 명의를 사용하도록 한 금융 실명제를 실시하였다.

오답 분석
② 2차 석유 파동(1979)은 유신 정권기의 일이다.
③ 한·일 월드컵은 2002년 김대중 정부 시기의 일이다.
④, ⑤ 제10회 서울 아시아 경기 대회(1986)와 3저 호황은 전두환 정부 시기의 일이다.

정답　①

통일을 위한 노력

닉슨 독트린
1969년 미국의 닉슨 대통령이 발표한 대아시아 외교 정책으로 '아시아의 방위는 아시아인의 힘으로 한다.'라는 내용을 담고 있다.

1 박정희 정부(제3 공화국)

7·4 남북 공동 성명 (1972. 7.)	
발표	• 남북한 정부 당국이 비밀 접촉을 거쳐 1972년 7월 서울과 평양에서 동시에 발표
배경	• 1969년 닉슨 독트린 발표 이후 동서 진영 간의 화해 분위기 고조 • 남북 적십자 회담 개최(1971)
내용	• 자주·평화·민족 대단결의 통일 원칙 • 서울과 평양 사이에 상설 직통 전화 가설 • 남북 조절 위원회를 구성하여 운영
의의	• 남북한 당국이 분단 이후 최초로 통일과 관련하여 합의·발표한 공동 성명

사료 읽기

7·4 남북 공동 성명의 통일 3원칙

1. 통일은 외세에 의존하거나 외세의 간섭을 받음이 없이 자주적으로 해결한다.
2. 통일은 서로 상대방을 반대하는 무력 행사에 의거하지 않고 평화적으로 실현한다.
3. 사상과 이념, 제도의 차이를 초월하여 하나의 민족으로서 민족적 대단결을 도모한다.

2 전두환 정부(1981~1988)

사건	• 남북 이산가족 고향 방문단 및 예술 공연단의 교환 방문(1985)
의의	• 최초의 남북 이산가족 상봉

3 노태우 정부(1988~1993)

남북한 UN 동시 가입	• 1991년 9월 남북한이 유엔에 동시 가입함
남북 기본 합의서	• 5차 남북 고위급 회담에서 남북 기본 합의서 채택(1991. 12.)
한반도 비핵화 공동 선언	• 남북한이 함께 한반도의 비핵화를 약속한 공동 선언(1992)

사료 읽기

남북 기본 합의서(남북한 화해와 불가침·교류 협력에 관한 합의서)

서문   남과 북은 분단된 조국의 평화적 통일을 염원하는 온 겨레의 뜻에 따라 7·4 남북 공동 성명에서 천명된 조국 통일 3대 원칙을 재확인하며…… 다각적인 교류·협력을 실현하여 민족 공동의 이익과 번영을 도모하고, 쌍방 사이의 관계가 나라와 나라 사이의 관계가 아닌 통일을 지향하는 과정에서 잠정적으로 형성되는 특수 관계라는 것을 인정하며, 평화 통일을 성취하기 위한 공동의 노력을 경주할 것을 다짐하면서, 다음과 같이 합의하였다.

제1조   남과 북은 서로 상대방의 체제를 인정하고 존중한다.

제9조   남과 북은 상대방에 대하여 무력을 사용하지 않으며 상대방을 무력으로 침략하지 아니한다.

제15조   남과 북은 민족 경제의 통일적이며 균형적인 발전과 민족 전체의 복리 향상을 도모하기 위하여 자원의 공동 개발, 민족 내부 교류로서의 물자 교류, 합작 투자 등 경제 교류와 협력을 실시한다.

④ 김대중 정부(1998~2003)

정책	• 햇볕 정책(대북 화해 협력 정책) 추진
소 떼 방북	• 1998년 정주영 현대 그룹 명예 회장이 소 떼를 이끌고 북한 방문
금강산 관광	• 1998년 금강산 관광 시작(배를 이용한 해로 관광)
6·15 남북 공동 선언 (2000.6.)	• 김대중 대통령이 평양을 방문해 남북 정상 회담 최초 개최 • 6·15 남북 공동 선언 발표 • 6·15 남북 공동 선언의 영향 – 이산가족 상봉 및 이산가족 서신 교환 – 이산가족 면회소 설치 추진 – 경의선 복구 사업 및 개성 공단 조성 사업 추진 – 금강산 육로 관광이 가능해짐(2003.2.)

첫 남북 정상 회담(2000)

2000년 6월 김대중 대통령이 평양을 방문하여 북한의 김정일 국방 위원장과의 남북 정상 회담이 열렸고, 통일 문제와 남북 관계를 처리하는 기본 방침을 담은 6·15 남북 공동 선언이 발표되었다. 이후 남북 협력 사업은 더욱 활성화되어 끊어진 경의선과 동해선 철도의 연결이 추진되고, 북한의 개성에 남한 기업이 공업 단지를 조성하였다.

사료 읽기

6·15 남북 공동 선언(2000)
2. 남과 북은 나라의 통일을 위한 남측의 연합제 안과 북측의 낮은 단계의 연방제 안이 서로 공통성이 있다고 인정하고, 앞으로 이 방향에서 통일을 지향해 나가기로 하였다.
3. 남과 북은 올해 8·15에 즈음하여 흩어진 가족, 친척 방문단을 교환하며 비전향 장기수 문제를 해결하는 등 인도적 문제를 조속히 풀어 나가기로 하였다.
4. 남과 북은 경제 협력을 통하여 민족 경제를 균형적으로 발전시키고 사회, 문화, 체육, 보건, 환경 등 제반 분야의 협력과 교류를 활성화하여 서로의 신뢰를 다져 나가기로 하였다.

💡 6·15 남북 공동 선언은 사료읽기에 노란색 중요 표시된 것이 핵심이다.

⑤ 노무현 정부(2003~2008)

10·4 남북 공동 선언	• 노무현 대통령이 평양을 방문하여 2차 남북 정상 회담 성사 • 10·4 남북 공동 선언 발표(2007)

2차 남북 정상 회담(2007)

2007년 10월에는 노무현 대통령이 평양을 방문하여 김정일 국방위원장과 정상 회담을 가져 남북 관계 발전과 평화 번영을 위한 선언(10·4 남북 공동 선언)을 하였다.

사료 읽기

10·4 남북 공동 선언(남북 관계 발전과 평화 번영을 위한 선언, 2007)
1. 남과 북은 6·15 공동 선언을 고수하고 적극 구현해 나간다.
2. 남과 북은 사상과 제도의 차이를 초월하여 남북 관계를 상호 존중과 신뢰 관계로 확고히 전환시켜 나가기로 하였다.
5. 남과 북은 민족 경제의 균형적 발전과 공동의 번영을 위해 경제 협력 사업을 공리공영과 유무상통의 원칙에서 적극 활성화하고 지속적으로 확대 발전시켜 나가기로 하였다.
6. 남과 북은 민족의 유구한 역사와 우수한 문화를 빛내기 위해 역사, 언어, 교육, 과학 기술, 문화 예술, 체육 등 사회 문화 분야의 교류와 협력을 발전시켜 나가기로 하였다.

💡 사료에 6·15 공동 선언이 나왔다고 해서 무조건 6·15 남북 공동 선언이라고 단정 지어서는 안 된다.

실전 기출 및 예상 문제

25회 기출

01 다음 성명을 발표한 정부의 통일 노력으로 옳은 것은?

7·4 남북 공동 성명

첫째, 통일은 외세에 의존하거나 외세의 간섭을 받음이
없이 자주적으로 해결하여야 한다.

둘째, 통일은 서로 상대방을 반대하는 무력 행사에 의거
하지 않고 평화적 방법으로 실현하여야 한다.

셋째, 사상과 이념, 제도의 차이를 초월하여 우선 하나의
민족으로서 민족 대단결을 도모하여야 한다.

① 개성 공단 조성에 합의하였다.
② 남북 조절 위원회를 구성하였다.
③ 남북 기본 합의서를 채택하였다.
④ 경의선 철도 연결 사업을 시행하였다.
⑤ 금강산 육로 관광 사업을 개시하였다.

해설

7·4 남북 공동 성명(1972)을 발표한 박정희 정부의 통일 노력을 찾는
문제이다. 1972년 7월에는 남북한 정부 당국이 비밀 접촉을 거쳐 통일
에 관한 기본 원칙을 담은 7·4 남북 공동 성명을 발표하였다. 그 결과
남북 조절 위원회가 구성되고 남북한을 오가며 3차례에 걸친 회담이
진행되었다.

오답 분석

①, ④, ⑤ 김대중 정부는 남북 간의 평화 정착을 위한 햇볕 정책을 추
진하였다. 그리하여 2000년 6월에는 김대중 대통령의 평양 방문
으로 남북 정상 회담이 이루어져 6·15 남북 공동 선언이 발표되었
다. 이 선언의 영향으로 개성 공단 조성 사업 및 경의선 복구 사업
이 추진되었고, 금강산 육로 관광도 가능해졌다.
③ 노태우 정부 때인 1991년 12월에는 서울에서 열린 5차 남북 고위급
회담에서 남북 기본 합의서가 채택되었다.

정답 ②

02 다음 선언의 영향으로 추진된 통일 노력으로 옳은 것을 | 보
기 |에서 고른 것은?

1. 남과 북은 나라의 통일 문제를 서로 힘을 합쳐 자주적
으로 해결해 나가기로 하였다.
2. 남과 북은 나라의 통일을 위한 남측의 연합제 안과 북
측의 낮은 단계의 연방제 안이 서로 공통성이 있다고
인정하고, 앞으로 이 방향에서 통일을 지향해 나가기
로 하였다.

| 보기 |

ㄱ. 남북한이 동시에 유엔에 가입하였다.
ㄴ. 경의선 복구 사업이 추진되었다.
ㄷ. 개성 공단 조성 사업이 추진되었다.
ㄹ. 남북 기본 합의서 및 한반도 비핵화 공동 선언이 채택
되었다.

① ㄱ, ㄴ   ② ㄱ, ㄷ   ③ ㄱ, ㄹ
④ ㄴ, ㄷ   ⑤ ㄷ, ㄹ

해설

제시된 자료는 6·15 남북 공동 선언이다.

2000년 6월 김대중 대통령이 평양을 방문하여 북한의 김정일 국방
위원장과의 남북 정상 회담이 열렸고, 통일 문제와 남북 관계를 처리
하는 기본 방침을 담은 6·15 남북 공동 선언이 발표되었다.

※ 6·15 남북 공동 선언(2000)의 영향

– 이산가족 상봉 및 이산가족 서신 교환
– 이산가족 면회소 설치 추진
– 경의선 복구 사업 추진
– 개성 공단 조성 사업 추진
– 금강산 육로 관광

오답 분석

ㄱ, ㄹ 노태우 정부 때인 1991년에는 남북한이 유엔에 동시 가입하였
고, 서울에서 열린 5차 남북 고위급 회담에서 남북 기본 합의서가
채택되었으며, 핵무기를 개발하지 않는다는 한반도 비핵화 공동
선언이 채택되었다.

정답 ④

03 밑줄 그은 '정부'의 통일 노력으로 옳은 것은?

> ## ○○ 신문
>
> 제△△호   ○○○○년 ○○월 ○○일
>
> ### 드디어 국제 통화 기금 관리 체제 종료!
>
> 정부가 국제 통화 기금(IMF)으로부터 빌린 차입금 최종 잔액을 모두 상환함으로써 3년 8개월 만에 IMF 관리 체제가 정식으로 종료되었다. IMF 총재 호르스트 쾰러는 한국의 외채 조기 상환을 '획기적인 일'이라고 평가하면서 한국 경제의 안정과 회복에 대한 확신을 표시하였다.

① 남북 조절 위원회를 설치하였다.
② 남북 기본 합의서를 채택하였다.
③ 7·4 남북 공동 성명을 발표하였다.
④ 남북 정상 회담을 최초로 개최하였다.
⑤ 한반도 비핵화 공동 선언에 합의하였다.

해설
국제 통화 기금(IMF) 관리 체제를 극복한 것은 김대중 정부 때이다. 따라서 김대중 정부의 통일 노력을 묻는 문제이다. 2000년 6월 김대중 대통령이 평양을 방문하여 북한의 김정일 국방 위원장과 최초의 남북 정상 회담을 가졌고, 통일 문제와 남북 관계를 처리하는 기본 방침을 담은 6·15 남북 공동 선언이 발표되었다.

오답 분석
①, ③ 박정희 정부 때인 1972년 7월에는 남북한 정부 당국이 비밀 접촉을 거쳐 통일에 관한 기본 원칙을 담은 7·4 남북 공동 성명을 발표하였고, 그 결과 남북 조절 위원회가 구성되고 남북한을 오가면서 3차례에 걸친 회담이 진행되었다.
②, ⑤ 노태우 정부 때인 1991년 12월에는 서울에서 열린 5차 남북 고위급 회담에서 남북 기본 합의서가 채택되었고, 이어서 1992년에는 핵무기를 개발하지 않는다는 한반도 비핵화에 관한 공동 선언도 채택되었다.

정답 ④

---

04 다음 합의서가 채택된 정부 시기의 사실로서 옳은 것은?

> 남과 북은 분단된 조국의 평화적 통일을 염원하는 온 겨레의 뜻에 따라 …… 쌍방 사이의 관계가 나라와 나라 사이의 관계가 아닌 통일을 지향하는 과정에서 잠정적으로 형성되는 특수 관계라는 것을 인정하며, 평화 통일을 성취하기 위한 공동의 노력을 경주할 것을 다짐하면서 다음과 같이 합의하였다.
>
> 제1조   남과 북은 서로 상대방의 체제를 인정하고 존중한다.
> 제9조   남과 북은 상대방에 대하여 무력을 사용하지 않으며 상대방을 무력으로 침략하지 아니한다.
> 제15조   남과 북은 …… 민족 내부 교류로서의 물자 교류, 합작 투자 등 경제 교류와 협력을 실시한다.

① 남북 정상 회담이 이루어졌다.
② 남북한이 유엔에 동시 가입하였다.
③ 최초의 남북 이산가족 상봉이 있었다.
④ 금강산 관광이 시작되었다.
⑤ 7·4 남북 공동 성명이 발표되었다.

해설
제시된 합의서는 노태우 정부 때 채택된 남북 기본 합의서(1991. 12.)이다. 따라서 노태우 정부 시기의 사실을 찾는 문제이다. 노태우 정부 때인 1991년 9월에는 남북한이 유엔에 동시 가입하였다.

오답 분석
① 남북 정상 회담은 김대중 정부와 노무현 정부 때 이루어졌다.
③ 전두환 정부 때인 1985년에는 남북 이산가족 고향 방문단 및 예술 공연단의 교환 방문이 서울과 평양에서 이루어짐으로써 최초의 남북 이산가족 상봉이 이루어졌다.
④ 금강산 관광은 김대중 정부 때인 1998년 11월에 시작되었다.
⑤ 7·4 남북 공동 성명이 발표(1972. 7.)된 것은 박정희 정부 때이다.

정답 ②

부록

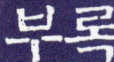

1 우리의 땅 독도

(1) 독도 관련 역사

① 「삼국사기」에 따르면 6세기 초 신라 지증왕 때 이사부가 현재의 울릉도
와 독도 일대에 있던 우산국을 정벌하여 신라에 복속시켰음

② 조선 숙종 때 <mark>안용복</mark>이 일본으로 건너가 울릉도와 독도가 조선의 영토
임을 확인받음

③ 1877년 일본 정부 최고 행정 기관인 태정관은 독도가 일본과 관계가 없
다는 결론을 내림(태정관 문서)

④ 대한제국은 1900년 대한제국 <mark>칙령 41호</mark>로 독도가 한국의 영토임을 명
확히 하고 관보에 게재해 세계에 알림

⑤ <mark>러·일 전쟁 중</mark>인 1905년 2월 일본은 대한제국 정부에 알리지 않고 독
도를 일방적으로 자기들 영토에 불법적으로 편입(시마네 현 고시 제40호)

⑥ 1946년 연합국 최고 사령관 각서 제677호에서 독도를 한국의 행정 관
할 구역으로 선포

(2) 독도 관련 문헌

① 「삼국사기」 : 6세기 초 신라 지증왕 때 이사부가 우산국을 정벌하여 신라에 복속시킴

② 「세종 실록 지리지」 : 울릉도와 독도를 강원도 울진현 소속으로 구분하고 있음

③ 「신증동국여지승람」의 '팔도총도' : 울릉도와 독도를 별개의 섬으로 하여 그림으로 그려 놓음

2 간도

(1) 백두산 정계비(숙종, 1712)

① 조선 숙종 때 조선과 청은 국경을 확정하기 위해 백두산 정계비를 세움

② 백두산 정계비 : '서쪽은 압록강, 동쪽은 토문강을 국경으로 삼는다.'라고 되어
있음

▲ 백두산 정계비(그래픽 복원도)

(2) 19세기 <mark>간도 귀속 문제 발생</mark>

① 청나라의 주장 : 백두산 정계비의 토문강이 두만강이라고 주장

② 조선의 주장 : 토문강이 송화강 상류이므로 간도가 우리 영토임을 주장

(3) 대한제국의 활동 : <mark>1902년 이범윤을 간도 관리사로 파견</mark>

(4) 간도 협약(1909) : 일제는 만주 안봉선 철도 부설권과 푸순 탄광 채굴권을 얻는 대가로 청과 간도 협약을 체
결하여 간도를 청의 영토로 인정함

❸ 시험에 나오는 세시 풍속

(1) 봄

설(구정)	• 시기 : 음력 1월 1일(설날), 음력 정월 초하룻날 • 신정(新正)으로 일컬어지는 양력설의 상대 개념으로 구정(舊正)이라고도 함 • 풍속 : 연날리기, 윷놀이, 널뛰기, 떡국 끓여 먹기
정월 대보름	• 시기 : 음력 1월 15일 • 풍속 : 오곡밥 먹기, 줄다리기, 쥐불놀이, 부럼 깨기, 달집태우기 등 ※ 달집태우기 : 생솔가지나 나뭇더미를 쌓아 '달집'을 짓고 달이 떠오르면 불을 놓아 액을 멀리하고 복을 기원하는 풍속
한식	• 시기 : 양력 4월 5일경, 동지 후 105일째 되는 날 • 풍속 : 조상 산소에 제사, 더운밥을 피하고 찬밥(찬 음식)을 먹는 풍습

(2) 여름

단오 (수릿날)	• 시기 : 음력 5월 5일 • 풍속: 그네뛰기, 수리취떡(수리떡), 창포물에 머리 감기, 씨름
삼복	• 시기 : 음력 6월에서 7월 사이의 절기로 초복, 중복, 말복을 가리킴 • 풍속 : 삼계탕 먹기, 개장국 먹기(된장 푼 국물에 개고기를 넣고 양념해 끓인 국)

(3) 가을

칠석	• 시기 : 음력 7월 7일, 헤어져 있던 견우와 직녀가 만나는 날 • 풍속 : 별을 보며 바느질 솜씨를 좋게 해 달라고 빌었음
백중 (머슴날)	• 시기 : 음력 7월 15일 • 풍속 : 백중놀이, 머슴에게 일손을 쉬게 하고 돈을 주어 하루를 즐기도록 함 ※ 밀양 백중놀이 : 음력 7월 보름 무렵 밀양에서는 백중놀이가 열린다. 이것은 농사일을 거의 끝낸 해방감과 풍년을 기원하는 마음이 융합된 민속놀이다.
추석 (한가위, 가배)	• 시기 : 음력 8월 15일 • 풍속 : 송편, 강강술래, 씨름

(4) 겨울

동지 (작은설)	• 시기 : 양력 12월 22일경, 일 년 중 밤이 가장 길고 낮이 가장 짧은 날 • 풍속 : 팥죽을 쑤어 먹는 풍습
섣달그믐 (제석, 제야)	• 시기 : 음력 12월 30일경, 음력으로 한 해의 마지막 날 • 풍속 : 수세(섣달그믐날 밤에 집안 곳곳에 불을 밝히고 잠을 자지 않는 풍속)

④ 한국의 유네스코 지정 유산

(1) 세계 유산(세계 문화유산 및 자연 유산)

해인사 장경판전	• 팔만대장경을 보관하고 있는 건물(위치 : 경상남도 합천군)
종묘	• 조선 왕조 역대 왕과 왕비의 신주를 모신 조선 왕조의 사당(위치 : 서울)
석굴암·불국사	• 통일 신라 경덕왕 때 김대성이 창건하기 시작해 혜공왕 때 완공(위치 : 경북 경주)
창덕궁	• 조선 태종 때 지어진 궁궐
수원 화성	• 정조가 건설, 정약용이 만든 거중기가 수원 화성을 쌓을 때에 사용됨
남한산성	• 인조가 병자호란 때 피난하였다가 항복한 후 삼전도에서 굴욕을 당함
기타	• 경주 역사 유적 지구, 고창·화순·강화 고인돌 유적, 조선 왕릉 • 한국의 역사 마을 : 하회와 양동 • 제주 화산섬과 용암 동굴(자연 유산)

(2) 세계 기록 유산

훈민정음	• 세종 25년에 우리말의 표기에 적합한 문자 체계를 완성하고 훈민정음이라 함
조선 왕조 실록	• 태조부터 철종까지 472년간의 역사를 연월일 순서에 따라 편년체로 기록한 책
난중일기	• 이순신 장군이 임진왜란 때에 진중에서 쓴 친필 일기
조선 왕조 의궤	• 왕실 의례에 관한 기록물로, 왕실의 중요한 의식을 글과 그림으로 기록
승정원 일기	• 승정원에서 왕명의 출납, 각종 행정 사무와 의례 등에 관해 기록한 일기
기타	• 직지심체요절, 고려대장경판(팔만대장경) 및 제경판, 동의보감, 일성록 • 5·18 광주 민주화 운동 기록물, 새마을 운동 기록물 등

(3) 인류 무형 문화유산

농악	• 꽹과리, 징, 장구, 북, 소고 등 타악기를 합주하면서 행진하거나 춤을 추며 연극을 펼치기도 하는 기예가 함께하는 종합 예술
판소리	• 한 명의 소리꾼과 한 명의 고수(북 치는 사람)가 음악적 이야기를 엮어 가며 연행하는 장르
줄타기	• 공중에 맨 줄 위에서 재미있는 이야기와 발림을 섞어 가며 재주를 부리는 놀이
종묘 제례 및 종묘 제례악	• 종묘 제례는 종묘에서 행하는 제향(나라에서 지내는 제사) 의식임 • 종묘 제례악은 종묘에서 제사를 지낼 때 의식을 장엄하기 치르기 위해 연주하는 기악과 노래, 춤을 말함
기타	• 아리랑, 택견, 매사냥, 강강술래, 제주 칠머리당 영등굿, 강릉 단오제 • 김장 문화, 한산 모시 짜기, 가곡, 처용무, 영산재, 대목장, 남사당놀이

5 근현대의 인물사

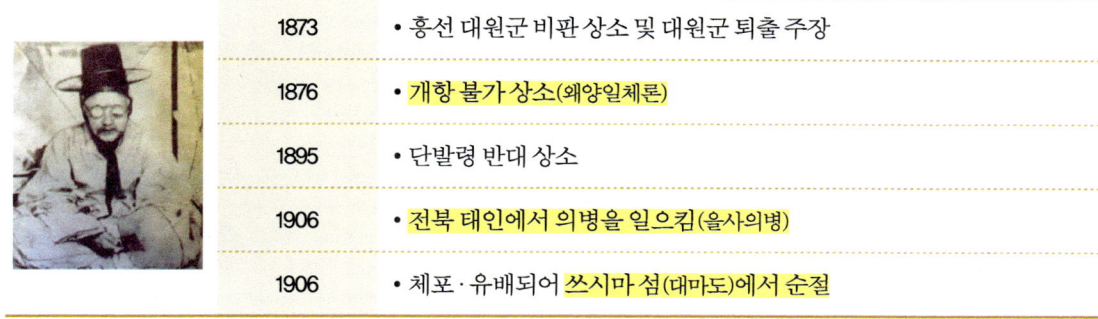

● **최익현** (1833~1906)

1873	• 흥선 대원군 비판 상소 및 대원군 퇴출 주장
1876	• 개항 불가 상소(왜양일체론)
1895	• 단발령 반대 상소
1906	• 전북 태인에서 의병을 일으킴(을사의병)
1906	• 체포·유배되어 쓰시마 섬(대마도)에서 순절

● **김옥균** (1851~1894)

1872	• 알성 문과에 장원으로 급제
1881	• 조사 시찰단으로 일본에 다녀옴
1883	• 차관 교섭을 위해 일본 방문
1884	• 갑신정변 주도(정변 실패로 일본 망명)
1894	• 상하이로 건너갔다가 홍종우에게 살해됨

● **김홍집** (1842~1896)

1880	• 2차 수신사로 일본 방문 및 「조선책략」 입수
1894~1896	• 1~4차 김홍집 내각
1896	• 아관 파천 직후 광화문에서 피살

● **김윤식** (1835~1922)

1881	• 영선사에 임명되어 청에 파견됨
1882	• 임오군란이 일어나자 청군과 입국
1884	• 갑신정변이 일어나자 위안스카이에게 구원 요청

● 홍영식 (1855~1884)

1873	• 문과에 급제
1881	• 조사 시찰단의 일원으로 일본 시찰
1883	• 보빙사로 40여 일 동안 미국을 방문하고 귀국
1884	• 우정국 총판에 임명됨
1884	• 갑신정변 때 청군에게 피살

● 유길준 (1856~1914)

1881	• 조사 시찰단의 일원으로 일본에 감
1883	• 보빙사로 미국에 갔다가 체류(최초의 일본 유학생이자 미국 유학생)
1885	• 귀국하여 연금됨(연금 기간 중에 「서유견문」 집필) • 한반도 중립화론 제기
1895	• 을미개혁 주도
1896	• 아관 파천으로 인해 일본 망명

● 박영효 (1861~1939)

1882	• 3차 수신사로 파견
1883	• 「한성순보」 간행 주도
1884	• 갑신정변 실패 후 일본 망명
1894	• 2차 갑오개혁 주도
국권 피탈 후	• 일본 작위를 받는 등 친일 행적을 남기기도 함

● 서재필 (1864~1951)

1884	• 김옥균, 홍영식 등과 갑신정변을 일으킴(갑신정변 실패 후 일본 망명)
1885	• 미국으로 망명
1896	• 귀국(1895) 후 1896년에 「독립신문」 창간 및 독립 협회 창립 주도
1898	• 미국으로 출국
일제 강점기	• 미주 지역에서 독립운동

● 헐버트 (1863~1949)

1886		• 길모어와 함께 육영 공원의 교사로 초빙되어 외국어를 가르침
1905		• 고종의 특사로 을사조약의 부당함을 알리기 위해 미국에 파견됨
1907		• 헤이그 만국 평화 회의에 헤이그 특사 파견 건의
1949		• 국빈으로 초대되어 한국을 방문하였으며, 그해 8월에 서울에서 사망 ※ 그의 묘비에 '나는 웨스트민스터 성당보다도 한국 땅에 묻히기를 원하노라.'라는 글귀가 적혀 있음
저서		• 「사민필지」를 한글로 써서 세계 지리와 역사, 풍습 등을 소개

● 이상설 (1870~1917)

1906		• 서전서숙 건립(북간도)
1907		• 헤이그 특사로 파견
1910		• 유인석과 13도 의군 결성(연해주)
1910~1911		• 성명회 조직(1910, 연해주)·권업회 조직(1911, 연해주)
1914		• 대한 광복군 정부 정통령 취임(연해주)

● 박은식 (1859~1925)

1909		• 유교 구신론(양명학 강조) 주창
1910		• 조선 광문회 조직
1925		• 대한민국 임시 정부 2대 대통령
저서		• 「한국 통사」, 「한국 독립운동지혈사」 등

● 신채호 (1880~1936)

1906		• 「대한매일신보」 주필
1923		• 의열단의 요청으로 '조선 혁명 선언' 작성
1923		• 국민 대표 회의에서 창조파로 활동
저서		• 「독사신론」, 「조선 상고사」, 「조선사 연구초」 등

부록

● 홍범도 (1868~1943)

1907	• 정미의병장
1919	• 대한 독립군 조직
1920	• 봉오동·청산리 전투 참여, 대한 독립 군단 참여
1921	• 자유시 참변 이후 연해주 등에서 생활
1937	• 중앙아시아로 강제 이주됨

● 지청천 (1888~1957)

1919	• 신흥 무관 학교 교관
1920	• 서로 군정서 간부, 대한 독립 군단 참여
1921	• 자유시 참변을 겪음
1925	• 정의부 조직
1928	• 혁신 의회 조직
1930년대	• 한국 독립군의 한중 연합 작전
1940	• 한국 광복군 총사령관

● 김좌진 (1889~1930)

1915	• 대한 광복회 부사령
1919	• 북로 군정서 총사령관
1920	• 청산리 전투를 승리로 이끎, 대한 독립 군단 참여
1925	• 신민부 조직
1930	• 공산주의자에 의해 암살됨

● 김원봉 (1898~1958)

1919	• 의열단 조직 (만주 길림성)
1925	• 황포 군관 학교 졸업 (광저우)
1932	• 조선 혁명 간부 학교 설립 (난징)
1935	• 민족 혁명당 조직 (난징)
1938	• 조선 의용대 창설 (우한 한커우)
1942	• 임시 정부에 합류 (한국 광복군 부사령관)

● 김규식 (1881~1950)

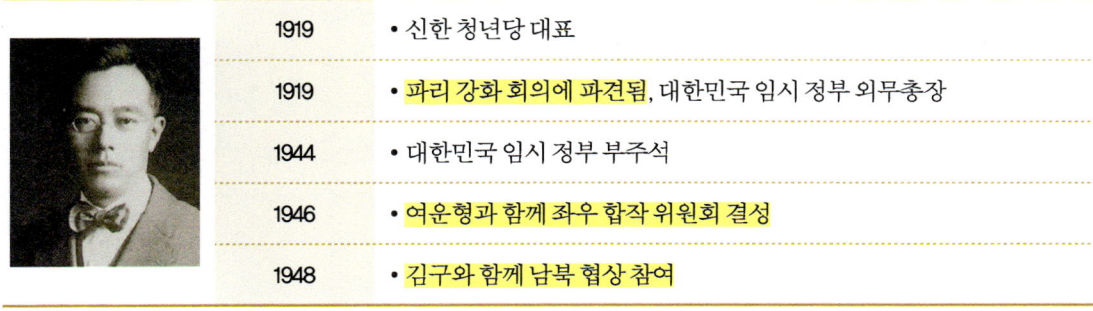

1919	• 신한 청년당 대표
1919	• 파리 강화 회의에 파견됨, 대한민국 임시 정부 외무총장
1944	• 대한민국 임시 정부 부주석
1946	• 여운형과 함께 좌우 합작 위원회 결성
1948	• 김구와 함께 남북 협상 참여

● 이회영 (1867~1932)

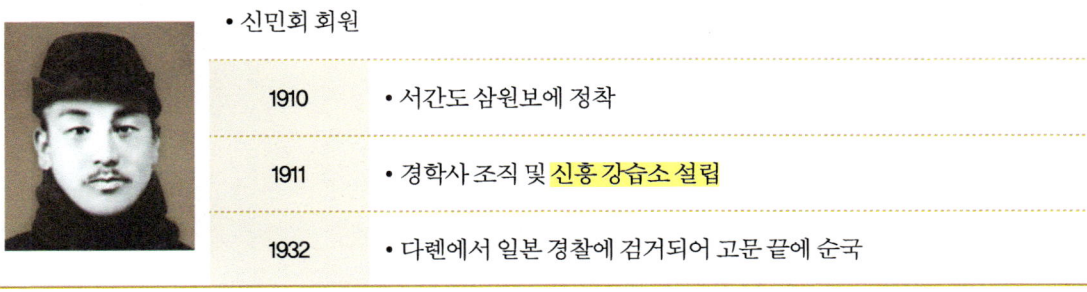

	• 신민회 회원
1910	• 서간도 삼원보에 정착
1911	• 경학사 조직 및 신흥 강습소 설립
1932	• 다롄에서 일본 경찰에 검거되어 고문 끝에 순국